ザ・クイーン

エリザベス女王と
イギリスが歩んだ一〇〇年

著者
マシュー・デニソン
訳者
実川元子

KANZEN

THE QUEEN

Cover Photo
Max Mumby/Indigo/Getty Images

Book Design
ALBIREO

THE QUEEN

不撓不屈の女王、エリザベス2世。2022年、在位70周年を迎えた。

右上　1926年5月、生後約1カ月のエリザベス王女を母であるヨーク公妃がやさしく見守る。

左上　エリザベス王女1歳のころ。すでに道ゆく人たちの挨拶に手を振ってこたえることを覚えていた。

祖母のメアリー王妃に抱かれた生後11カ月のエリザベス。物怖じしない落ち着きを見せている。1927年3月マーカス・アダムス撮影。

1931年10月24日メアリー王妃の姪でエリザベスのはとこにあたるレディ・メイ・ケンブリッジとヘンリー・アベル＝スミス大佐の結婚式で、初めて花嫁付き添い人をつとめた5歳のエリザベス。

6歳の誕生日祝いとしてウエールズの人たちから贈られた「小さなおうち」の前に立つエリザベス。ウエールズの伝統的な藁葺き屋根の家のミニチュアである「小さなおうち」は、家具や食器まで本物そっくりのミニチュアでそろえられていて、王女たちはなかでおままごとを楽しんだ。

エリザベス王女が7歳になった夏にフィリップ・ド・ラズローが描いた肖像画には、王族であることを示すものは何ひとつ描かれていない。だが画家はすでにこのとき「将来は英国の女王になられるだろう」と確信していたという。

エドモント・ブロックにヨーク公妃が依頼した家族肖像画が1936年に完成し、ロイヤル・アカデミーに展示された。画家は王女たちの肖像画を何枚か手がけているが、のちにジョージ6世となる父は特にこの絵が気に入っていた。

左　1935年8月26日、祖父ジョージ5世と両親とともに四輪馬車に乗り、教会まで日曜礼拝に向かうエリザベス王女。エリザベスは幼少時から欠かさず夏はスコットランドで休暇を過ごしている。

右　1930年に妹マーガレットが誕生し、1933年にヨーク公爵一家は広い庭園がありプライバシーが保たれるロイヤル・ロッジに引っ越した。エリザベスは妹と自転車で走りまわり、乗馬を楽しんだ。

1937年5月12日、父ジョージ6世の戴冠式後、エリザベスとマーガレットは両親と祖母とともにバッキンガム宮殿のバルコニーに立った。

1938年12月20日、王室御用達の写真家マーカス・アダムスが、
一家がバッキンガム宮殿に引っ越して最初に撮影した家族写真は、国民のあいだで絶大な人気を博した。
「我々四人」と家族の絆を強調した一家を象徴するこの写真を、両親は翌年のクリスマスカードに使った。

バッキンガム宮殿の「弓の間」でセシル・ビートンが撮影した16歳のエリザベス王女。ブルーのリボンがついたパフスリーブのピンクのドレスが初々しい。

左　1945年、エリザベス王女は戦争末期、補助地方義勇軍（ATS）の下士官となり、輸送車両訓練センターでトラックの整備を行なった。

右　1944年、サンドリンガムで愛馬と微笑むエリザベス。

1947年春、王室一家は全員で南アフリカを公式訪問し、王室列車で全国をまわった。マーガレットとエリザベスは長い汽車旅の気晴らしに蒸気機関室を見学した。左からマーガレット、エリザベスと南アフリカ運輸大臣のF・C・スタロック。

1947年11月20日、エリザベスはフィリップ・マウントバッテン大尉と結婚式を挙げた。フィリップはギリシャとデンマーク王家の血を引く王子で、英国に帰化後、ジョージ6世よりエジンバラ公爵殿下の称号を授けられた。エリザベスのティアラは母に借り、イヤリングは21歳の誕生日に祖母メアリー皇太后から贈られたもの。

1948年、ウィンザーでクリケットの試合を観戦するエリザベスとフィリップ。フィリップがウィンザー・グレートパーク・チームAの打者になる前。

1948年11月14日、第一子となるチャールズ・フィリップ・アーサー・ジョージが誕生。生後6カ月の息子とともにエリザベスは輝くような笑顔を見せている。1949年4月27日撮影。

上　1953年6月2日、戴冠式後バッキンガム宮殿のバルコニーにフィリップとともに立つエリザベス女王。当時首相だったチャーチルは「神意によって我々に遣わされた輝かしい人である」と称えた。

下　王のしるしである十字架付き宝珠と王笏を手にし、ウエストミンスター寺院を背景に輝く笑みを見せるエリザベス女王。戴冠式後のエリザベスを見たある少女は「ママ、あの人きらきらしていた」と言ったという。撮影はセシル・ビートン。

1955年、ピエトロ・アンニゴーニによる肖像画は「女王らしい風格が備わり、自然で若々しい威厳」を見せるエリザベスの姿を描いたと高い評価を受けた。エリザベス自身も大変気に入っていた。

1953−1954年、エリザベスは英連邦諸国をめぐる173日間の長い外交の旅に出た。
フィジー島のスバ・ワーフでは、のちに息子が著名なクリケット選手となるアディ・カイノナから
フィジーの花のブーケを贈られ礼を受けた。

1969年7月30日、西部艦隊の観閲に臨むエリザベスはチャールズ、アンとマウントバッテン卿と、王室ヨット・ブリタニア号船上で合流した。

上　1958年7月1日、炭鉱に女性が入るのは不吉だとする古い迷信を打ち破り、つなぎの作業服を着てヘルメットをかぶったエリザベスはスコットランドのファイフにあるローゼス炭鉱を視察した。

下　1956年、エリザベスはチャールズとアンとコーギー犬を連れて、ウィンザー・グレートパークにフィリップのポロ競技観戦に訪れた。

上　1959年、カナダ公式訪問中、ケベック州シェファーヴィルを訪れたエリザベスとフィリップ。

下　1960年、妹マーガレットが写真家のトニー・アームストロング＝ジョーンズと結婚した。姉妹の絆は強く、何かと面倒を引き起こす妹をエリザベスは最後までかばいつづけた。写真は右からマーガレット、トニー、エリザベス。

ある宮廷人の妻はエリザベスについて「すべての伝統としきたりが凝縮された人物」と言った。1964年議会開会宣言後に議場を出ていく姿はその言葉を納得させる。

1966年、トルーピング・ザ・カラーの儀式で観閲する儀礼軍服姿のエリザベス女王。

1969年7月1日、息子チャールズをプリンス・オブ・ウエールズに叙任し、カーナーヴォン城でウエールズの人々に披露した。エリザベスが連合王国の君主、ウィンザー朝の女王で母という3つの役割をになっていることを印象づけた。

1966年春、英連邦公式訪問でバハマを訪れたエリザベス。バハマは7年後の1973年英国から独立し、英連邦に加盟する15番目の王国となった。

わが母に捧げる

「そう、あのお方を見たいのです、
なぜなら本当にあの方こそが王国でいらっしゃるから」
――一九八六年七月二三日、アンドリュー王子とセーラ・ファーガソンの結婚式が行なわれるウエストミンスター寺院の外で待ちかまえていたひとりの女性が、自分が見たいのは新郎新婦ではなく女王だ、と言ってその理由を説明した。

「我は常に神のもとで、国の長としての力と守りの姿勢を示し、
わが臣民の忠誠心と善き意志を奮い立たすように振る舞ってきた」
――スペインの攻撃に備えて、ティルベリーに集結したイギリス軍を鼓舞するためにエリザベス一世が行なった演説より。エリザベス二世は、将来女王となる覚悟を語った二一歳の誕生日スピーチで一部を引用した。

「王たるものの心は、天の高さ、地の深さほどに計り知れない」
――旧約聖書・箴言　25：3

ザ・クイーン　目次

ウィンザー王朝の系譜

メアリー 1867〜1953 ＝ ジョージ5世 1865〜1936

- ジョン 1905〜1919
- ジョージ（ケント公爵）1902〜1942 ＝ マリナ（ケント公爵夫人）1906〜1968
  - マイケル・オブ・ケント 1942〜 ＝ マリー＝クリスティーヌ 1945〜
  - アレクサンドラ 1936〜
  - エドワード（ケント公爵）1935〜 ＝ キャサリン（ケント公爵夫人）1933〜
- ヘンリー王子（グロスター公爵）1900〜1974 ＝ アリス（グロスター公爵夫人）1901〜2004
  - リチャード（グロスター公爵）1944〜 ＝ バージット（グロスター公爵夫人）1946〜
  - ウィリアム・オブ・グロスター 1941〜1972
- メアリー（プリンセス・ロイヤル）1897〜1965

- エドワード（ウェセックス伯爵）1964〜 ＝ ソフィー（ウェセックス伯爵夫人）1965〜
  - ジェームズ（セヴァーン子爵）2007〜
  - ルイーズ 2003〜
- アンドリュー（ヨーク公爵）1960〜 ＝ セーラ（ヨーク公爵夫人）1959〜 ※離婚
  - ユージェニー 1990〜
  - ベアトリス 1988〜
- アン（プリンセス・ロイヤル）1950〜 ＝ マーク・フィリップス 1948〜 ※離婚
  - ザラ・ティンダル 1981〜
  - ピーター・フィリップス 1977〜
- アン（プリンセス・ロイヤル）1950〜 ＝ ティモシー・ローレンス 1955〜

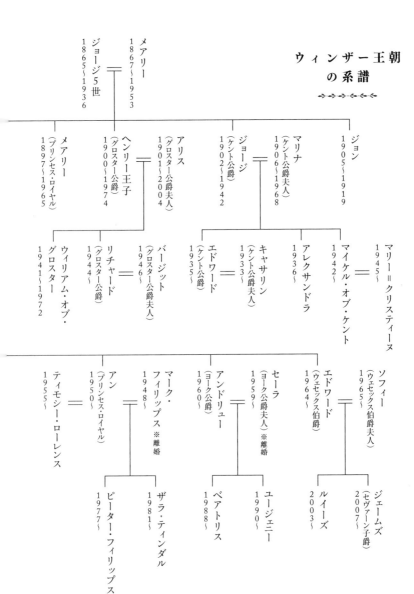

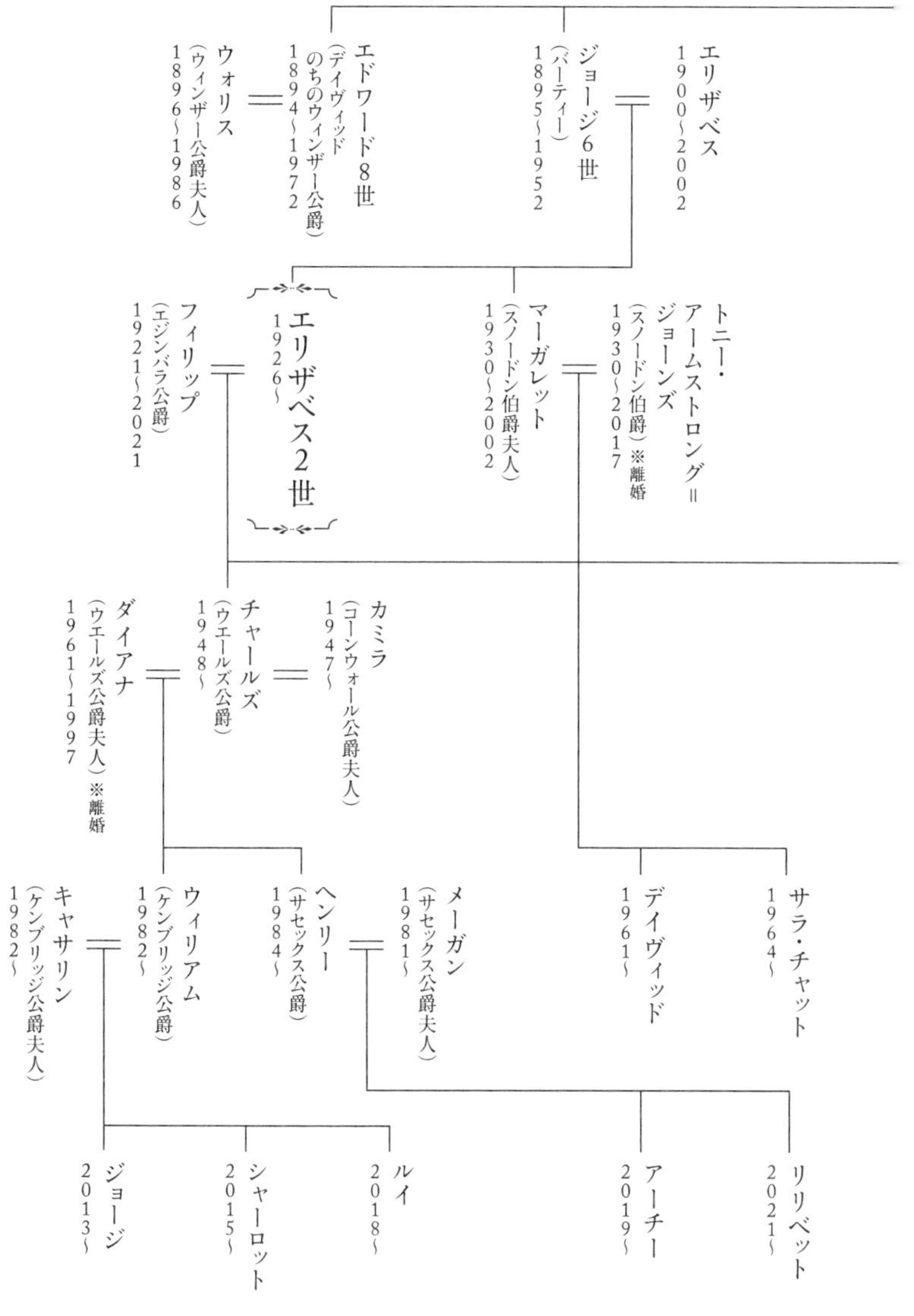
エリザベス 1900〜2002
ジョージ6世 （バーティー） 1895〜1952
エドワード8世 （デイヴィッド のちのウィンザー公爵） 1894〜1972
ウォリス （ウィンザー公爵夫人） 1896〜1986
トニー・アームストロング＝ジョーンズ （スノードン伯爵） 1930〜2017 ※離婚
マーガレット （スノードン伯爵夫人） 1930〜2002
エリザベス2世 1926〜
フィリップ （エジンバラ公爵） 1921〜2021
カミラ （コーンウォール公爵夫人） 1947〜
チャールズ （ウエールズ公爵） 1948〜
ダイアナ （ウエールズ公爵夫人） 1961〜1997 ※離婚
サラ・チャット 1964〜
デイヴィッド 1961〜
メーガン （サセックス公爵夫人） 1981〜
ヘンリー （サセックス公爵） 1984〜
ウィリアム （ケンブリッジ公爵） 1982〜
キャサリン （ケンブリッジ公爵夫人） 1982〜
リリベット 2021〜
アーチー 2019〜
ルイ 2018〜
シャーロット 2015〜
ジョージ 2013〜

エリザベスを支える人々

王室メンバー

プリンセス・アリス　アスローン伯爵夫人。父バーティーの叔母。メアリー皇太后の弟嫁

マリー・ルイーズ王女　ヴィクトリア女王の孫。
ソダーブルク＝アウグステンブルクの公女

エリザベスの親戚

マーガレット・ローズ　エリザベスのいとこ。王母エリザベスの姉とスコットランド貴族
第16代エルフィンストーン卿の娘

レディ・メアリー・ケンブリッジ　エリザベスのはとこ。ボーフォート公爵夫人

フィリップの親戚

アリス・オブ・バッテンバーグ　フィリップの母。ギリシャ王子アンドレアスの妻

ソフィア　フィリップの一番下の姉。ハノーファー王子夫人。通称・タイニー

ルイス・マウントバッテン卿　フィリップの叔父。ジョージ6世のいとこ。通称・ディッキー

エリザベスの友人

メイリ・ヴェーン＝テンペスト＝スチュワート　エリザベスの幼なじみ。ロンドンデリー侯爵夫人の末娘

シンシア・アスキス　エリザベス一家の友人。母エリザベスの伝記の著者

エリザベスの私生活を支えた人々

エアリー伯爵夫人メイベル　メアリー王妃の女官

アン・ビーヴァーズ　エリザベスの最初の乳母。通称・乳母B

クララ・ナイト　乳母Bの後任。通称・アラー
マーガレット・マクドナルド　エリザベスの女官。通称・ボボ
マリオン・クローフォード　エリザベスの家庭教師。通称・クローフィー
レディ・エルフィンストーン　女王付き女官。王母の姉
ヘンリー・マーテン　エリザベスの個人教授。イートン校副校長
ピーター・タウンゼント　ジョージ6世のロイヤル・ハウスホールド執事。空軍大佐。マーガレットの恋人
パトリック・プランケット　ロイヤル・ハウスホールド執事
デイヴィッド・マニング　外交官。のちに王室アドバイザー
デイヴィッド・オグルヴィ　第13代エアリー伯爵。宮内長官

エリザベスの個人秘書たち

アラン・ラッセルズ　ジョージ6世、のちにエリザベスの個人秘書。通称・トミー
マイケル・エイディーン　エリザベスが即位して最初の個人秘書
ジョック・コルヴィル　エイディーンの後任。広報官
マーティン・チャータリス　コルヴィルの後任
フィリップ・ムーア　チャータリスの後任
ウィリアム・ヘーゼルタイン　コルヴィルの後任
ロバート・フェローズ　ダイアナの義兄
ロビン・ジャンヴリン　フェローズの後任
クリストファー・ガイト　ジャンヴリンの後任。のちに儀式担当の終身侍従
エドワード・ヤング　ガイトの後任

エリザベス関連年表

年	エリザベスに関する出来事	英国と世界の出来事	英国首相
1926	4月21日 誕生	炭鉱ゼネスト	スタンリー・ボールドウィン
1930	妹マーガレット誕生		ラムゼイ・マクドナルド
1936	1月 祖父ジョージ5世崩御／エドワード8世即位 12月 エドワード8世退位／父ジョージ6世即位 エリザベスは王位継承権第一位に		スタンリー・ボールドウィン
1937			ネヴィル・チェンバレン
1939		9月 第二次世界大戦勃発	
1940			ウィンストン・チャーチル
1945		8月 第二次世界大戦終戦	
1947	春 王室一家で南アフリカ公式訪問 11月 フィリップ王子と結婚	インド独立	クレメント・アトリー
1948	長男チャールズ皇太子誕生		
1950	長女アン王女誕生		
1951			ウィンストン・チャーチル
1952	ジョージ6世崩御／エリザベス2世即位		
1953	3月 メアリー皇太后死去 6月2日 エリザベス2世として戴冠式		
1955			アンソニー・イーデン
1956		10月～11月 スエズ動乱	
1957			ハロルド・マクミラン
1960	次男アンドリュー王子誕生／マーガレット王女結婚		
1962		プロフューモ事件	
1963		ＥＥＣへの加盟申請が却下される	アレック・ダグラス＝ヒューム
1964	三男エドワード王子誕生	ローデシアの独立運動激化 北アイルランド問題激化	ハロルド・ウィルソン
1966		アベルヴァンの惨事	
1967		ポンド切り下げ／「英国病」が深刻に	
1970			エドワード・ヒース
1972	ウィンザー公死去	血の日曜日事件	
1973	アン王女結婚	イギリスがＥＥＣ加盟	
1974			ハロルド・ウィルソン

1976			ジェームズ・キャラハン
1977	即位25周年 シルバー・ジュビリー		
1978	マーガレット王女離婚		
1979	英連邦ルサカ合意を裏で取りまとめる マウントバッテン卿暗殺		マーガレット・サッチャー
1981	チャールズ皇太子とダイアナ・スペンサーが結婚		
1982	王孫ウィリアム王子誕生	フォークランド紛争	
1984	王孫ヘンリー王子誕生		
1986	アンドリュー王子結婚		
1989		ベルリンの壁崩壊／12月 冷戦終結	
1990			ジョン・メージャー
1992	チャールズとダイアナ別居／アンドリュー結婚破綻 アン王女離婚・再婚／ウィンザー城火災		
1997	ダイアナ事故死	香港返還	トニー・ブレア
1999	エドワード王子結婚		
2002	2月 マーガレット王女死去 3月 王母エリザベス死去 6月 即位50周年 ゴールデン・ジュビリー		
2007	結婚60周年	世界金融危機	ゴードン・ブラウン
2010			デイヴィッド・キャメロン
2011	ウィリアム王子とキャサリン・ミドルトン結婚		
2012	即位60周年 ダイヤモンド・ジュビリー	ロンドン・オリンピック開催	
2013	曽孫ジョージ王子誕生		
2014		スコットランド独立住民投票	
2015	曽孫シャーロット王女誕生		
2016		EU離脱国民投票	テリーザ・メイ
2017	フィリップが公務からの引退を表明		
2018	曽孫ルイ王子誕生／ヘンリー王子とメーガン・マークル結婚		
2019	曽孫アーチー誕生		ボリス・ジョンソン
2020	ヘンリー王子王籍離脱	コロナ禍でロックダウン	
2021	フィリップ王配死去／曽孫リリベット誕生		
2022	即位70周年 プラチナ・ジュビリー		

王室に関連する建物地図

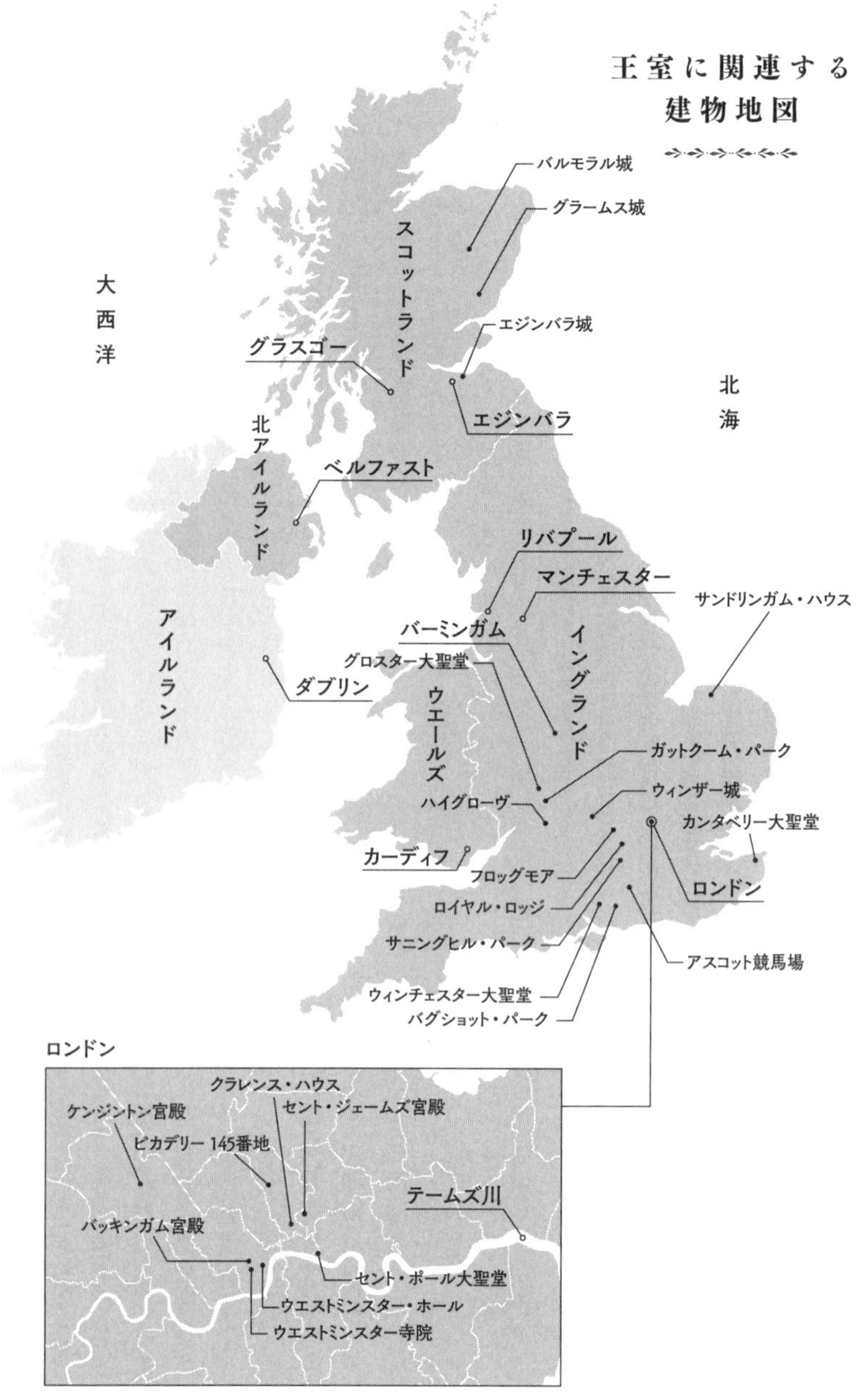
バルモラル城
グラームス城
エジンバラ城
スコットランド
グラスゴー
エジンバラ
大西洋
北海
北アイルランド
ベルファスト
リバプール
マンチェスター
サンドリンガム・ハウス
アイルランド
バーミンガム
イングランド
グロスター大聖堂
ダブリン
ウエールズ
ガットクーム・パーク
ウィンザー城
ハイグローヴ
カンタベリー大聖堂
カーディフ
フロッグモア
ロンドン
ロイヤル・ロッジ
サニングヒル・パーク
アスコット競馬場
ウィンチェスター大聖堂
バグショット・パーク
ロンドン
クラレンス・ハウス
セント・ジェームズ宮殿
ケンジントン宮殿
ピカデリー 145番地
テームズ川
バッキンガム宮殿
セント・ポール大聖堂
ウエストミンスター・ホール
ウエストミンスター寺院
＝グレートブリテンおよび北アイルランド連合王国

ザ・クイーン

エリザベス女王とイギリスが歩んだ一〇〇年

プロローグ

王室の運命を背負った女性

これから紹介する話を、おとぎ話と読みといてもいいだろう。

主人公は、金髪がふわふわとカールした女の赤ちゃんだ。

赤ちゃんは一九二六年四月二一日早朝、帝王切開で生まれ、五週間後にバッキンガム宮殿内にある王室のプライベートチャペルで洗礼を受け、エリザベス・アレクサンドラ・メアリーと命名された。与えられた称号はエリザベス・オブ・ヨーク王女。

父は王子で、感受性豊かに見えるが、感情を外にあらわさないようにしている。王室の一員らしく趣味は射撃、狩猟とテニス。神経質な彼は吃音《きつおん》になることがある。両親を畏《おそ》れ、装いはいつも完璧だ。

母は微笑むとえくぼができる愛らしい女性で、出自はまごうことなき高貴な一族だ。

父バーティーと母エリザベスは王家の公爵、公妃として敬愛されていた。新聞や写真誌、当時黎《れい》明期《めいき》だったニュース映画は、王室の慶事を甘ったるい美辞麗句《びじれいく》で伝えた。
背後に控えるのは父方の祖父母であるジョージ五世とメアリー王妃だ。ふたりは一九二六年にあるべきと考えられていた王と王妃の姿を体現している。生真面目《きまじめ》で、昔かたぎで、王室の使命を一点の揺るぎもなく信じている。本分に忠実で謙虚で知性をひけらかしたりしない。王は大英帝国の支配力を地球の隅々まで拡大させた。服装の細部に時代遅れなこだわりを見せ、ジャズやマニキュアに怖気《おぞけ》をふるった。何百万人もが王と王妃に称賛を送った。なぜなら王は宗教や人種が異なる大勢の男女を統治する世界の君主であり、皇帝だからだ。

彼らの孫娘もまた将来は君主となるのだが、孫娘が受け継いだときには帝国はすでに衰退していて、未来への希望が彼女に託されることになる。彼女は一九五二年二月八日の加盟評議会［訳注：国王崩御後に王室の継承者が決まる会議］で、「神の恩寵《おんちょう》により、グレートブリテンおよび北部アイルランド連合王国ならびに海外自治領の女王となり、信仰の擁護者《ようごしゃ》」となることを誓い、王室が価値をおく継続性の哲学を初めて意識することとなる。

物語の最大の盛り上がりは、赤ちゃんの伯父が黒髪の女性との結婚を望み、その女性が罵《ののし》られて伯父と共に消えてしまうところにある。邪《よこしま》な女性の名前はウォリス。おとぎ話の意地悪な継母に匹敵する伯母は、赤ちゃんの子ども時代に暗い影を落とし、人生の進路を変えてしまう。

成長した王女は、遠い海の向こうからやってきたハンサムな王子と結婚する。名前はフィリップで、ギリシャ語で「馬の恋人」を意味する。彼女が情熱を注ぐ馬に縁がある名前の王子だ。ふたりの結婚は七〇年以上続き、夫フィリップは彼女が九〇代になるまで支えつづける。

その息子や孫たちは、美しい女性たちと結婚する。そして後年、バチカンが彼女の王国に「最後のキリスト王国」と賛辞を贈り、俗世間の政治家たちの政争から彼女を引きあげて、聖性と俗性を隔てる境界に据えた。彼女について本が書かれ、映画や演劇も制作される。『ザ・クラウン』というドラマシリーズでは、脚本家は彼女を「鞭《むち》を持ち甲冑《かっちゅう》をつけた成人男性のテーマパーク」を支配する「知性が足りない田舎のおばさん」と片付け、事実を歪曲《わいきょく》し、彼女が統治してきた世界に泥を塗った。

子どものころから、彼女は公的、私的両方の世界で威光を輝かせてきた。生涯を通して、その名声はローマ皇帝アウグストゥス、ナポレオンやヒトラーさえもしのぐほどとなった。彼女の治世は歴史上の「偉大な」男性たちよりも血にまみれることなく、野心に溺《おぼ》れることなく、虚飾とは無縁となるだろう。

おとぎ話の魔法使いは、ゆりかごに眠る彼女に長寿を、世界一の富を、冷静沈着な気質を、スタミナを、人間味を、愛を約束した。そして保守的な本能を授けた。年齢を重ねるうちに、知恵と道徳の力を持って威厳を備えるようになるはずだ。母からは鉄の意志、父からは冷静沈着、用心深さと頑固という資質を、どちらからも深い信仰心を受け継いだ。

おとぎ話には予言がつきものだ。一九二六年晩春、フランスの起業家がはじめた新しいメディアで、パテ社などが提供するニュース映画は、千里眼《せんりがん》のように彼女の未来を見通した。サイレントのモノクロ画像で撮影された彼女の誕生を告げるニュースのシンプルな予言が、人々を仰天させた。「愛の女王が今日生まれた。彼女はおそらくいつの日かイギリスの女王となるだろう」。またデイリー・スケッチ紙も「昨日、イギリスの女王が誕生した」と伝えている。

そして私たちはその予言が実現したのを見てきた。父の身分は王の次男で、健康に問題がない長男が当然王位を継ぐはずであったが、それにもかかわらず継いだのは次男とその娘となった。プリンス・オブ・ウエールズである長男のエドワード皇太子は、ほんの短期間、一幕だけエドワード八世として登場しただけとなった。

国歌にこめられた彼女の加護への祈りは聞き入れられた。彼女の治世はイギリスの君主として最長のものとなり、高祖母であるヴィクトリア女王までさかのぼる君主制のモデルを不朽《ふきゅう》のものとしている。

揺るぎなき女王として

だが現実には、エリザベス二世の人生は、はじまりからしておとぎ話からはほど遠い。前世紀までの過剰な美辞麗句で飾られた王室の虚像がはぎ取られた時代を、エリザベス女王は生きている。君主は、平民と変わらない普通の人が、非凡な地位について国に君臨するものだという考え方を、王室そのものが公《おおやけ》に掲げる時代だ。

この考え方は、エリザベス二世が一九八二年、シェフィールドの主婦たちに、自分も自宅の床を清潔に保つのに苦労していると語った逸話《いつわ》にあらわれている。または一九九〇年、デザイナーのジョン・アンダーソンに、背丈《ちぢ》が縮んだのでコートの襟《えり》を短くしてほしいと頼んだことに。または王室の財政が最悪の状態に落ちこんだ二〇〇〇年のクリスマス・メッセージで「暮らしをやりくりする私の家計の基本は、ほかの何百万人もの人々と変わりはないのです」とテレビ画面を通してメディアと国民に慈悲を訴えたことにも。

一九九一年二月、リーディング・イヴニングポスト紙の女性編集長は書いた。「私たちは女王が私たちと同じであることは望まない。だが女王が私たちと共にあることを望む」

七〇年間にわたって、歴史上かつてないほどメディアが王室に大きく関わってきた時代を生きているにもかかわらず、女王は一般国民と距離をおくことと、親近感を持ってもらうことのバランスをとってきた。白い手袋をはめた手を挨拶《あいさつ》のために差し伸べるというやり方で。

即位三〇周年のとき、デイリーミラー紙はエリザベス女王が「偉大なる特権を享受《きょうじゅ》して人生を生きてきたが、私たちのほとんどが享受しているプライバシーの特権を知らない」と書いた。

存在を信じてもらうために、自分は人々から注視されねばならない、というようなことを女王は言ったことがある。

『エリザベス女王戴冠式』の執筆者たちは女王を「国民の主人でありしもべである」と書く。

女王が第一に考えなくてはならないのは、国家と国民に奉仕することだ。二一歳の誕生日のスピーチで女王は、国に奉仕し、「大英帝国の家族」に仕えるために一身を捧げると誓った。

二〇一五年、いとこのマーガレット・ローズはその治世を振り返ってこう言った。「自分がこれから生きていく人生で、自分自身の選択を示す余地はなく、何カ月も先まで何をするかがすでに決められていて、自分の意志などまったく顧《かえり》みられない人生を送ることを誓うとは、信じられないほどの勇気ある決意だった」

即位後七〇年経って、エリザベス女王の目には君主制が大きく変化したと映っているかもしれない。だが女王は、改革には慎重で、通例とは異なる経緯で自分が王位を継いだことを強く意識しながら王室を維持している。父から授けられた教育や薫陶《くんとう》のおかげで、生まれながらに持っていた女王の保守的性向が揺らぐことは一度もなかった。実際のところ、父や祖父の君主制を模範として永続させていってほしいと願う助言者、政治家、メディアや多くの国民たちの期待があまりに大きすぎて、たとえ少しでも現行の君主制を改革したいと願ったとしても、それを本当に実行できる機会はほとんどなかったのだ。

その結果、即位して間もないころから、女王は「時代遅れ」と非難されてきた。しかし時が経つにつれて、女王の姿勢に向けられる声は変わった。長い年月にわたってエリザベス女王の、時代を超越した（ときに時代遅れとも評される）価値観のおかげで、女王の姿は英国国民が自信を回復する拠《よ》りどころとなり、激しく移り変わる時代における静止点となった。

進歩的な意見は、女王の率直な訓戒の前では影が薄くなる。たとえば「単純な物質的発展よりも、精神の問題のほうがより重要で永続性があります」というような訓戒に、リベラルな意見は太《た》刀《ち》打ちできない。女王は英国人の長いものに巻かれたがる気質から超越しており、うつろいやすくけばけばしいセレブ文化など一顧《いっこ》だにしない。王冠への敬意を持ちつづけ、歴史的に自分より前に治世で成功した人々と同様、自分自身の女王としての姿勢を人間味のあるものにしている。

よい行ないをすることにためらいがなく、信仰心が篤《あつ》く、両親や祖父母から受け継いだ義務を頑《がん》として貫《つらぬ》く。あるテレビコメンテーターが女王夫妻の結婚五〇周年を祝す番組で述べたように「君主として支配はしなくとも、過去の専制君主たちと同じくらい、多くの人々の精神的な支えとなり模範となる」という考え方を夫婦で共有していた。

立憲君主制を支える憲法の妥当性からは、大胆に奇抜なことをやろうとする君主はよしとされない。エリザベス女王は自分の地位にはめられた枠を全面的に受け入れてきた。政治的中立を厳格に守り、国家元首としての役割の遂行よりも、国民国家の長としての役割を果たすことにはるかに多くのエネルギーを割くのが、自分に課せられた使命だとわきまえている。

かといって言いなりになっているだけではない。女王の側近の助言者たちは、君主制の権力を守るために、おそらく彼女の同意のもとで積極的に動いている。

たとえば、女王の個人的な利益や王室の特権に影響する恐れがある法律については、議会にはかる前に閣僚は女王の同意を取らねばならない「クイーンズ・コンセント」という慣習がある。「規定がはっきりと議会で制定される前の早い段階で相談されなければ、強く抗議せねばならない」と女王の個人秘書は前もっての相談がなかったときに抗議している。

君主は英連邦の後見人であるというのは、エリザベス女王が独自に考案した考え方だ。帝国主義時代に大英帝国が支配した世界の領土に向けられる変わりない愛情と関心は、「国民国家との最も重要なコンタクトは、そこの人々と触れ合うことだ」という信条に支えられており、おかげで英連邦は生き残っただけでなく、九カ国から五四カ国にその数を増やしている。そのなかで一五の独立国家は、今もエリザベス女王を自分たちの女王としているのだ。世界のほかの君主国家のなかで唯一、女王の威光はグローバルに及んでいる。

一九七二年、テームズ・テレビジョンは視聴者にこう言った。「一千年をさかのぼっても、エリザベス女王ほど愛され、尊敬された君主はいない」。現代的な考え方をする視聴者のなかにはそんな意見に困惑する人もいただろう。一方でエリザベス二世を敬愛する多くの人々にとって、その意見は真実である。

1

「王室の後継者となる直系の男子」

エリザベス　0歳〜4歳

ロイヤル・ベイビーの誕生

エリザベス二世が生まれた家は、彼女が子ども時代を送った地域のほかの多くの建物と同様、もう残っていない。

ブルトン・ストリート一七番地は、ボンド・ストリートとバークレー・スクエアをつなぐ公道（この地域は現在より静かな高級住宅地だった）に立つ、一見目立たない建物だった。思いやり深く、保守的で家族思いで、慎み深く貴族的な母方の祖父母、第一四代アール・アンド・ストラスモア＝キングホーン伯爵と伯爵夫人が一九二〇年から住居としていた。

エリザベスの誕生より前に、その住居はニュースを賑《にぎ》わせたことがある。三年前、同じようにどんよりした四月の日、エリザベス・ボーズ＝ライアンが、高くそびえる邸宅前に敷かれた鮮やかな

1
「王室の後継者となる直系の男子」

色彩のインド絨毯《じゅうたん》を歩いて、ハンサムだがきわめて控えめな性格のバーティーことアルバート・フレデリック・アーサー・ジョージ王子（ヨーク、アール・オブ・インヴァネス公爵およびキラーニー男爵）との結婚式に向かうためにあらわれたときだ。黒く塗られた手すりが通りに設置され、物見高い人たちが馬車に乗りこむ彼女を見守った。

そこは一族がかつて暮らしていたセント・ジェームズ・スクエア二〇番地の邸宅ほど豪邸ではなかったが、五階建てでコリント様式の円柱は重々しい付柱で装飾され、超高級住宅地であるメイフェア地区の地主が好む典型的な様式で建てられていた。伝統を重んじるストラスモア家らしい邸宅で、一九二六年の英国の富には不釣り合いなほど豪奢《ごうしゃ》な住居だった。

邸宅内には、生まれてくる赤ちゃんのために一部屋が準備されていた。一九二六年ごろ、王族は病院ではなく自宅で出産した。

赤ん坊が手術で取り出す必要がある逆子《さかご》だと有名医師のヘンリー・シムソン卿が診断するまで、出産準備は内々に進められた。公妃は産後に付き添う看護師アン・ビーヴァーズを一月八日に予約した。四月半ばには気遣いのあるメアリー王妃から最上のリネンで仕立てられた産着《うぶぎ》がたくさん届けられ、公妃はお礼を伝えている。産着の多くは、メアリー王妃が後援しているロイヤル・スクール・オブ・ニードルワーク（王室裁縫学校）の職員である、手先が器用だが経済的に困窮《こんきゅう》している良家の女性たちによって縫われた。ほかの衣類は公妃自身、公妃の母とメアリー王妃が縫ったと、新聞の家庭欄には書かれている。

子ども部屋の準備が整い、王室専属医師のバートランド・ドーソン卿が、出産を予定日より早い週末にすると決めたことで、周囲は安堵《あんど》した。ドーソン卿は出産を早めることについて王におうかがいを立てた。

出産の一〇日ほど前の四月一二日に書かれた手紙で、公妃は「ただじっと座って待っているだけなんて」と、退屈のあまりに苛立《いらだ》って不平をもらしている。

ロイヤル・ベイビーが誕生すると、国じゅうが幸福感に酔いしれた。祝電が各地の知事、植民地の総督、インド藩王国から届けられた。王室のシムソン産科医と、サマリタン婦人病院の顧問であるウォルター・ジャガー産科医から「ヨーク公爵妃殿下は今朝午前二時四〇分に無事王女様をご出産されました」と報告書が出され、翌朝の新聞には「母子共にすばらしい夜を過ごされた。出産はあらゆる面で順調で満足のいくものだった」との発表が掲載された。

祖父となったジョージ五世にとっては、ヨーク公爵夫妻の初めての子どもであること以上の意味があった。王には四人の男子がいて、一九二三年と二四年には唯一の娘であるプリンセス・ロイヤル〔訳注：君主の長女にだけ与えられる称号〕であるメアリーにふたりの男子の孫、ジョージとジェラルド・ラッセルズも生まれていた。王室は後継者には事欠いていなかった。

「かくも愛らしく愛し合っている夫婦」と言われたバーティーとエリザベスにとっては、すでに十分に幸せだった結婚生活が、娘の誕生によって最高レベルまで引きあげられた。

結婚してすぐに子どもに恵まれなかったことで、夫婦には焦《あせ》りがつのっていた。前年八月にバーティーは、プリンス・オブ・ウエールズ、家族間ではデイヴィッドと呼ばれていた兄に「あなたもお察しのように、私にはひとつ待ち望んでいることがあります」と手紙を書いていた。妻の気持ちも夫と変わりなかった。妊娠を知ったバーティーは極度に緊張した。彼の神経質なところと、「歯ぎしり」と呼ばれた突然の癇癪《かんしゃく》は、ふだんはおだやかな結婚生活を波立たせることもあった。公妃は夫を「とても神経質なお方」とやわらげた言い方で表現している。バーティーは、噂されているように、子どものころにかかったおたふく風邪が原因で自分の生殖能力に問題があるのではないかと疑っていた。また叔母のアスローン伯爵夫人、プリンセス・アリスの反応――「エリザベスの希望がかなったというあなたの知らせに感激で身震いしました。やれやれです」――に見られるような王室内のプレッシャーが妊娠の妨《さまた》げになっているとほのめかしていた。

一九二六年四月二〇日夕刻、バーティーは「不安と心配のあまり」義理の祖父母の家のなかを早足で歩きまわり、そのうろたえぶりや落ち着きのなさは、妻を気遣うたんなる興奮を超えていた。のちに自分の母に書いたように「子どもができて、私たちの幸せはやっと完璧になる」と彼は信じていた。そして赤ちゃんの誕生で、そのとおりだったとわかったのだ。

バーティーとエリザベスの赤ちゃんは自動的に王位継承権第三位となったが、憲法上での身分がどうなるかについて、両親と記者たちは気にしていただろうか？　どんよりとした四月の夕刻から不安な時間を過ごし、出産が終わり深夜にもかかわらず光輝く気分の両親も、またブルトン・ストリート前で待機していて、朗報と共に振る舞われたあたたかいコーヒーにほっとした記者たちも、赤ちゃんの憲法上の身分など誰も気にもしていなかった。

ましてや、王の直系の息子と王族ではない女性とのあいだの嫡出子《ちゃくしゅつし》の誕生は三世紀ぶりであることなど、王室マニアでも気づいてさえいなかった。

第一次世界大戦の傷跡が癒《い》えぬ時期に、バーティーが外国の王女ではなく英国で生まれ育った女性を伴侶《はんりょ》に選んだことを、ジョージ五世はおおいに歓迎した。デイヴィッド・ロイド・ジョージ首相は、王が息子の選択を喜んだと語っている。ヨーク大主教は「国民の幸せはおふたりの喜びにある」と表現した。メディアは「おふたりが結ばれることは、英国内と海外領のあらゆる身分階級の人々の心にかない、共感を得るものだ」と祝福を送った。メディアは欧州の王室との姻戚関係に言及するかわりに、ヨーク公妃となるエリザベスがスコットランドの国王ロバート一世の血をひくことを強調した。

そして一九二六年四月、ヨーク公爵家に生まれた赤ん坊は、英国王室の直系の血筋であるというだけで、人々は十分に満足した。

赤ちゃんは宮殿で生まれたわけではなく、父親は王の長子ではなかったが、慣習により政府の一員がひとり、誕生に立ち会う必要があった。宗教界の悪名高い確執からか、もしくはご都合主義の側近から吹きこまれた噂をグレートブリテン王国初代君主であるアン女王が信じたことからか、はじまった慣習だ。一六八八年、アン女王の父であるジェームズ二世と、カトリック教徒であった二番目の妻メアリー・オブ・モデナのあいだに生まれた子どもが、ふたりの本当の子どもではなく、あたためられた平鍋に入れられて産室にこっそり運びこまれ、すりかえられた健康な身代わりの赤ちゃんだったという噂だ。以来、大臣がひとり、王家の誕生に立ち会って、インチキが行なわれないように見張ることになった。

それゆえ、ブルトン・ストリートの高層邸宅で寝ずの番をしていたのはバーティーひとりではなく、保守党内務大臣のウィリアム・ジョインソン＝ヒックス卿が一緒だった。バーティーと違って疲労困憊《こんぱい》していたジョインソン＝ヒックスは、勤務時間外の重責に二の足を踏んだ。四月二〇日まで、炭鉱労働者と炭鉱を所有する資本家とのあいだで賃金と労働時間をめぐって長時間の討議が重ねられたものの対決姿勢が強まっており、かってない規模での労働争議が勃発《ぼっぱつ》寸前だった。ヨーク公爵家の赤ちゃんは、右寄りの新聞が「革命」と書き立てたゼネストがまさに起ころうとしているただなかに誕生しようとしていた。ヴァージニア・ウルフの言葉を借りれば、その時期、英国社会は「異様な、ただならぬ雰囲気」に包まれ、「(ゼネストは)偉大な運動であるが、正常な生活を送らせてくれない」という日々だった。ジョインソン＝ヒックスは、ヨーク公妃の出産立会いよりも、逼迫《ひっぱく》した、そう簡単にはいかない政治闘争のためのエネルギーを必要としていた。

だが横になっている公妃をはじめとするその場にいた人たちと同様、ジョインソン＝ヒックスも、自分の義務を果たした。まだ街が眠りについている時間に、彼はロンドン市長へ、伝統の儀礼にのっとって吉報を伝えた。それとは別に、伝令がウィンザー城にニュースを伝えた。ビアリッツにいたプリンス・オブ・ウエールズには電報が打たれた。メアリー王妃は午前四時に王と共に目覚めて「いとしいエリザベスが娘を授かった」という朗報を聞き、「本当にほっとして喜んでいる」と言われた。

王と王妃は、ブルトン・ストリート前に集まっていた見物人と同じ心境で誕生を待っていた。モーニングポスト紙はその様子を翌日の新聞でこう書いている。「ブルトン・ストリート一七番地の灰色の建物の外は時折にわか雨に見舞われたが、誰も気にせずにひと晩中大勢が待ちつづけた」

娘の誕生は、そんなどんよりとした空気を吹き飛ばすような喜びだったはずだが、バーティーは母であるメアリー王妃に、感情を外にあらわさないあなたたちが、本当に女の子の誕生を喜んでいるだろうか、と不安を訴えた。「あなたと父上が、女の子の孫が生まれたことを、私たち夫婦と同じくらい喜んでくださることを願います。またきっとすぐに男の孫が生まれることを願っています」

それは杞憂《きゆう》に過ぎず、両親は息子と同じくらい喜んでいた。誕生から一夜明けた日の午後、王と王妃はブルトン・ストリートに息子と嫁と孫を訪ねた。出産に王と王妃が立ち会わなかったのは幸いだった。一九二三年、一人娘のプリンセス・ロイヤルが出産する際、ジョージ五世は「うろうろと歩きまわり、（その場に立ち会っている人たちを）自分の友人の妻たちが出産時に亡くなった話でもてなした」からだ。メアリー王妃は日記に、初めての女の子の孫の印象を「美しい肌ときれいな金髪の愛らしい子」と書いている。二日後にはバーティーに「とってもかわいらしくきれいな赤ちゃん」と月並みな言葉で、自分が満足していることを手紙で伝えた。

新米の両親は、母となったエリザベスのたっての願いを考慮し、さらには一九二五年一一月に亡くなった、バーティーが大好きだった祖母アレクサンドラ皇太后の名前をもらうことも、赤ちゃん誕生前に決めていたのだろう。ふたりの希望は、四月二四日にスペクテイター紙に掲載された読者の感情に沿ったものと同じだった。「もしお子様がいかにもイギリスらしい名前をつけられたら、国民は大変望ましいと思うだろう」

赤ちゃんの名付けは、大衆よりも王の承認が必要だった。そこでバーティーは、誕生後わずか六日で父におうかがいを立てた。慎重に言葉を選んで、自分たちの強い意志を伝えた。「この名前をお許しいただくことを願っています。私たちは最初の子どもにエリザベスと名付けることを切望しております」。王は承認し、子どもの名前はエリザベス・アレクサンドラ・メアリーとなった。王妃に自分が承認したことを伝えてから、王は息子に承諾を伝えた。ヴィクトリア女王がエリザベスという名前を「これまで聞いたなかで最もみっともない〝家政婦〟のような名前だ」と言っていたことに誰もふれなかったのは明らかだ。

新聞各紙は「新しい王女のイニシャルは、御母堂であるエリザベス・アンジェラ・マーガレット公爵妃と同じEAMとなる」と報じた。そして名前が三つしかないのは王室の赤ちゃんとしてめずらしく、「キリスト教の聖人名によるクリスチャン・ネームをふんだんに使っている」ことを指摘した。

ヨーク公爵の選択が「英国の歴史で有名な女王の名前を王家によみがえらせた」と書いたのは少数の新聞しかなかった。ふたりのエリザベスが比べられるのは、もっと時が経ってからである。

王制変革期に生まれた王女

メアリー王妃の指示で侍女《じじょ》が書いた手紙からは、ジョージ五世とメアリー王妃が新たに誕生した孫をどう思っていたかが察せられる。侍女の手紙には、王と王妃夫妻が「赤ちゃんの誕生をことのほか喜ばれ、大変かわいらしいと思っておられる」とある。「この場合、ありがたいことに性別は問題ではありません」と手紙にはあり、その断定的な口調は王妃自身の意見であることをうかがわせる。その言葉は赤ちゃんが将来最高位につくかもしれないとメディアが斟酌《しんしゃく》することを、きっぱりと抑えるものだった。

以前にパーティーに誕生の祝いを伝えたときに王妃が「私たちは王室の後継者となる直系の男子の誕生を期待します」と書いていたにもかかわらず「性別は問題ではない」と言ったのは、現実的に考えると、まだ未婚ではあるがプリンス・オブ・ウエールズやヨーク公夫妻に、次は男の子（ヨーク公妃はまだ二五歳だった）が生まれ、小さな王女に代わって将来王位を継承する可能性が高いことを意味していた。

このとき王妃も王も幸いなことに、プリンス・オブ・ウエールズが友人のピアズ・リーに向けて書いた手紙を読んでいなかった。「私自身は生まれてくる子が男の子であることに賭《か》けていた！でもみんな喜んでいるみたいだね」。皇太子の内々の取り巻きのなかではすでに予想されていたことを、王も王妃も知らなかった。皇太子が「将来王笏《おうしゃく》を守るために自分が立ち上がることはないだろう」と親しい友人たちに打ち明け、友人たちは彼が「喜んで王位を放棄するだろう」とささやいていたのだ。

一方でメアリー王妃が「ありがたいことに」と強調したのは、女の子であったために、赤ちゃんが王冠の重積をまぬがれるかもしれないと安堵したことも示している。

第一次世界大戦後に社会が大きく変わり、欧州のいたるところで王たちが追放され、ロシアではロマノフ朝の皇帝一族が殺された。また労働者が組織化されて力を持ち、ゼネラルストライキの形でその力が示されようとしていた。すべてが王政に異議を申し立てる方向へとイデオロギーが変化したことのあらわれだった。ジョージ五世の治世がはじまったとき、英国でも王室の経費をめぐる財政法案をめぐって庶民院が貴族院に出した異議申し立てが通り、王室のあり方が問われていた。

尊大で、無愛想で退屈だが、おおむね寛容なジョージ五世は、王室の安定をはかるために尽力した。一九一七年、彼は王室の名称をサクス＝コバーク＝ゴータからウィンザーに変更し、自分の妻の兄弟たちを含む英国の王族がドイツの称号を持つことを廃止した。そして、王室と国民との距離を慎重に縮めていこうとした。新聞の「(ジョージ五世の)王室は単なる仰々《ぎょうぎょう》しいお飾りではない、王族たちは国民と共にある」という見方は広く支持された。ジョージ五世は、高級士官の堅苦しい物腰を失わず、変化を極度に恐れ、杓子定規《しゃくしじょうぎ》に法の遵守《じゅんしゅ》に固執して融通が効かないところがあったが、ゼネストの件では首尾一貫して公明正大で注意深く中庸を守った。いくらか成果をあげると、大臣たちに調停を強要し、「ひとつに団結した人々が希望に満ちていること」を自分は目指しているのだ、と独特の言いまわしで語った。

第一次世界大戦後の世界は、王といえども切手収集と狩猟を楽しむだけですまなくなったことで王座の居心地は悪くなったが、王も王妃もそれは十分に理解していた。だが、ふたりともそういった変化が当然だとは少しも思っていなかった。ジョージ五世のいとこであるギリシャのクリストフォロス王子は「イギリスでは、主権を有する国王とその家族に対して、国民一人ひとりが愛情を抱いている。王室に対して忠誠以上の深い思いがあることを、王たちは十分に理解されている。ほかの国での運命がどうあろうと、王政はイギリスでは決して滅びることができない。国民の心にあまりにも深く根づいているからだ」と言ったが、それはジョージ五世の本音でもあったろう。祖父母のどちらもが、変わってしまった世界で新しく生まれた女の子の孫に王冠の重責を背負わせたいと思っていなかったことは、十分にうなずける。

生まれおちた瞬間から注目の的《まと》

王女は母の実家で誕生した。母方の祖父母はスコットランドの地主で、祖父母共に質実剛健ながら、典型的な貴族の生活を送っていた。

王女の父と母も、自分たちの両親の生き方をそのままなぞった暮らしを送っていた。その世界には特権階級の人しかいなかった。母エリザベスは一〇人きょうだいの九番目の末娘で、向こうっ気の強さが口さがない人たちから「カントリーハウスによくいるタイプ」と言われ、夫バーティーに嬉々《きき》として奴隷《どれい》のように従っていると陰口をたたかれた。両親は、二〇世紀初頭のエドワード七世時代を引きずる自分たちの生活慣習を、小さな王女にも受け継がせようと気を配っていた。家族をいちばん大事にし、犬や子馬やピクニックといった戸外のカントリーライフをこよなく愛し、抽象的な思考や芸術などの上位文化に重きをおかず、ハートフォードシャー、ロンドンとアンガスの豪邸を行き来する、優雅な特権階級の生活様式である。二〇世紀前半までの社会でリーダーシップをとる人たちから見ると、それはある意味でめずらしい生き方だった。

四月二〇日ブルトン・ストリートに集まった群衆は、自分たちが待っているのは普通の赤ちゃんの誕生ではないと知っていて、時間が経つにつれ、その思いはどんどん強くなっていった。

モーニングポスト紙によれば、翌朝「身ぎれいで、てきぱきとした所作の看護師」が徹夜で待っていた群衆たちに応えた。上階の窓から顔をのぞかせた看護師は「通りを見下ろした。見上げた顔が聞きたいことはひとつだ。それに対して看護師はひとつうなずき、安堵の表情を浮かべて、なかに引っこんだ」。見物人のなかには、赤ちゃんの叔母にあたるプリンセス・ロイヤル（メアリー王女）が王室からの最初の訪問者として真紅のカーネーションを手にやってきたあと、午後に王と王妃がやってくるまで、その場に残っていた人たちもいた。公妃が娘と共におさまった最初の写真が掲載されている写真誌が発売されて、人々は王室が新しい後継者を得たことを実感した。浮世離れした、だがロマンチックな親子写真は、王室専属の子ども写真家であるリチャード・スペイトにパーティーが注文したものだ。小さな赤ちゃんが何層も薄布を重ね刺繡《ししゅう》で縁取りされた枕に横たえられ、うっとりとそれを見つめる母は純白の白鳥の羽毛と三連の真珠のネックレスをつけている。家庭的な雰囲気に欠け、芝居がかった構図の写真だった。

絵葉書を書くのが国をあげての娯楽だった当時、年間一〇億枚以上の絵葉書が売られていた。J・ビーグルズ&カンパニーは肖像写真から二枚を選んで絵葉書にして売り出した。まだゆりかごに横たわっているときから、王女はすでに大衆に消費される存在だった。

ほとんどの場合、同時代の伝記作家によれば「優雅な威厳とにじみでるやさしさがうまく組み合わさった」公妃が示す愛情が、娘の魅力を引きだしていた。「公妃は私的な家庭生活に変わらぬ関心を持ちつづけたことで、国民的な人気を勝ち得た」とヨークシャーポスト紙は書いている。グラフィック誌は「この国における第四の重要な地位にある赤ちゃんの魅力は、美しい母親が大衆にかけた魔法によってより増した」と書いた。五月三日にはじまるゼネストを前に社会に不安が高まっていた時期に、ヨーク家の赤ちゃんの誕生と、ブルトン・ストリートに出入りする王室の人々や看護師たちは、人々に害のない気晴らしをもたらした。

その時期、ロンドンではタイムズ社が放火される事件が起こった。首都の交通機関は麻痺《まひ》し、バスに代わってタクシーが人々の足となったために「ジグソーパズルのように通りは車でいっぱいになり、数十センチ刻みでしか動けなくなった」。街全体が不穏な静けさに包まれ、「店は開いているのに、誰も買い物に来ない日曜日のよう」だった。バッキンガム宮殿の歩哨《ほしょう》はいつもの真紅のコートと熊の毛皮のかわりにカーキ色の服と略帽をかぶって立ち、その姿は人々に、自分たちも攻撃されるのではないかと恐怖を引き起こした。

先の見えないことからくる恐怖が、ストラスモア家の玄関で振り払われたと多くの人たちが思った。玄関前に群がった人たちは、看護師の腕に抱かれた王女をひと目でいいから見たい、できればお出かけする姿を見たいと切望した。「今の季節、バークレー・スクエアの静かな地区で芝生は目がさめるほど青々として、枯れ木のあいだからレースのように木々のつぼみがほころびはじめている。そこに大切にそっとくるまれた小さな赤ちゃんが散歩するお姿が見られたら……」と「いつでも何人かが王女をひと目見んと待ちかまえている」とデイリーメール紙は伝えている。

王位につくはずのない赤ちゃんの洗礼式

バーティーは、五月一四日に予定されている娘の洗礼式に、聖地からヨルダン川の水をひと瓶届けてもらえるようエアリー伯爵夫人メイベルに伝えてくれ、と母の侍女に頼んだ。メイベルが王女を訪ねるのはそれが二度目となるが、初めて訪ねたときには「将来の英国の女王を表敬訪問したのだとは思ってもみなかった。なぜならプリンス・オブ・ウエールズが一、二年以内にご成婚だと皆が期待していたから」とのちに思い出して言っている。彼女のそんな予想を誰も疑わなかったし、その言葉は王室の人々にも確実に影響したに違いない。ただひとり、プリンス・オブ・ウエールズ自身をのぞいては。魅力的で、自堕落《じだらく》で、取り巻きのへつらいで思慮深さが損なわれがちの皇太子は、家督《かとく》相続権によって束縛されるのを嫌い、父王の個人秘書に言わせると「国家の機能や、王政の〝目に入るうわべだけの〟象徴となることにうんざりしていた」。

そういった事情を気にしている大衆のなかには、王女が祖父の王冠を受け継ぐ確率も少しはあると見る人もいた。だがデイリーグラフィック紙が書いたように、人々の頭には「（赤ちゃんが）王室の運命を左右するかもしれない、という誕生の喜びに水を差すようなこと」はまったく浮かばなかった。

五月二九日にバッキンガム宮殿のプライベートチャペルで行なわれる赤ちゃんの洗礼式の日には、宮殿のゲート前に設置された柵前に大勢が詰めかけた。もっと見やすい場所を取ろうと柵の上によじ登っている人までいた。ゲートが開かれ、洗礼式からブルトン・ストリートの自宅に戻ろうと公爵と公妃が乗った車があらわれると、警察が設置したゆるい柵が前に押し出されるほど人々は身を乗り出し歓声をあげた。

洗礼式そのものは、バーティーとエリザベスの友人であるヨーク大主教コスモ・ゴードン・ラングによって執りおこなわれた。のちに退位騒動で王室が危機にあったとき、ふたりを支えた忠実な人物である。このときはそんなことが起こるとは誰も予想していなかったが。

赤ちゃんの四人の祖父母たちが代父母となった。バーティーの妹であるメアリー王女と母エリザベスの一番上の姉メアリー（レディ・エルフィンストーン）も同じく代母となった。また代父には、父バーティーのときも代父をつとめた、ヴィクトリア女王のお気に入りで唯一存命の息子だった七七歳のアーサー王子、コノート＝ストラサーン公爵も連なった。

祖父が首長である英国国教会の儀式にのっとって、王女は洗礼を授けられた。象徴的な意味で、王女はこの儀式によって王室の一員となり、その人生が決まった。王室のありかたや王家の一員としての生き方も、成文化されていない身分と機会と行為に関する決まりごとに縛られることも決まった。その決まりごとは高祖母であるヴィクトリア女王までさかのぼる。権威ある一族に自分の信念を激しい情熱で伝えた女王が、王室は唯一無二の存在であることを繰り返し主張したことにはじまっている。「我々の地位は、ほかの人たちとはまったく異なる」。それに抗議するには幼すぎる赤ちゃんのエリザベスは、儀式のあいだじゅう元気に泣き声をあげつづけた。

昔ながらの育児

誕生以来一カ月間、ヨーク公妃が親しみをこめて「いとしい乳母《ナニー》B」と呼んでいたアン・ビーヴァーズは、ブルトン・ストリートの子ども部屋を冷静にてきぱきと仕切っていた。子ども部屋は窓から屋根越しに隣接するグラフトン・ストリートをのぞみ、公妃の寝室の真上に位置していた。乳母Bのやり方は、六〇代のエアリー伯爵夫人から見ても前時代的だった。タイムズ紙が子ども部屋の家具や飾りつけが「典型的な英国調」と満足気に描写したことを考えても、時代錯誤だったのだろう。しかし公妃は不満をもらさなかった。ビーヴァーズ夫人が役目を終えたとき金時計を贈って感謝をあらわし、次の乳母として、自分の乳母でもあり、ビーヴァーズ夫人と同じくらい時代遅れのいかめしい中年女性である「アラー」ことクララ・ナイトを指名した。

王女はまもなく愛らしい巻き毛の幼児に成長した。王室の身分と「未来につながる希望」を体現する象徴的存在であることとあわせて、王女の愛らしさが彼女のニュースバリューを不朽のものにした。

初めてのわが家

　エリザベス王女は「めまぐるしく変わりつつあるロンドンの街中で生まれた。つまり王女が過ごす家のそばを、車やバスやタクシーが昼夜を問わずひっきりなしに走っている」とスペクテイター紙は伝えている。

　だが、ブルトン・ストリートの家は王女自身の家ではない。乳母のアン・ビーヴァーズがお役御《ご》免《めん》になるころから、ヨーク夫妻は真剣に自宅を探しはじめ、それが生まれて初めての夏を迎える赤ちゃんの生活に影を落としていた。

　持ち家がないことは、これまで王の息子たちに起こったことがない問題だ。母エリザベスがお産のために家にこもるまで、夫妻は住む場所の問題を解決できなかった。厳密に言えば、彼らには住む家が一軒あったし、それは十分に広い邸宅だった。リッチモンド・パークにあるホワイトロッジだ。メアリー王妃の子ども時代の住居で、王妃は最初に結婚した息子がそこに住めばいいと考えていた。だがその邸宅は、週末になると大勢の見物人が訪れ、古くなった配管がしょっちゅう詰まり、階下にトイレがひとつしかなく、電気の配線が不安定で安全性を欠くなどで、住み心地がいいとは言えなかった。おまけに邸宅を維持していくための人件費が恐ろしくかさむうえ、ロンドンの中心部から遠くて不便なので、ヨーク公爵夫妻は別の家を探すと決めていた。

　一九二五年一〇月、エリザベスは姑《しゅうとめ》に、秋になるとリッチモンド・パークは霧《きり》が立ちこめてうら寂しくなるので、と言い訳を書き送っている。ホワイトロッジに住むことを、彼女は如才《じょさい》なく立ちまわって避けつづけてきたが、妊娠したおかげでようやく別の住処《すみか》を探すきっかけができた。若い夫婦の計画をくつがえすことに慣れていないメアリー王妃と夫は、前向きに対応した。ストラスモア家は、短期間ならと寛大に夫婦に居場所を提供してくれた。だが、母の実家に王家の夫婦がずっと住みつづけるわけにはいかない。

やがてピカデリーにある家が候補に浮上した。邸宅の一面からはグリーンパークが見渡せて、遠くにはバッキンガム宮殿ものぞめ、反対側は広大なハイドパークの緑が広がり、乗馬学校が静かに営まれているロッテン・ローに面している。

その当時は「豪奢《ごうしゃ》な建物やホテル、クラブや店が立ち並ぶピカデリーには不釣り合いな質素な家」と描かれているが、現在の基準ではピカデリー一四五番地は豪邸である。一九二一年の不動産仲介業者の資料では、「著名な大邸宅」で、室内と屋外の玄関ホールは「広々として照明設備が整っている」と紹介されている。「三階までの乗用エレベーター、客間、ダイニングルーム、舞踏室、書斎、図書室、寝室二五室、サンルームなど」を備えた邸宅で、庭園は芝生が広がり、ゼラニウムの花壇に縁取られている。乳母が乳母車を押して散歩でき、子どもが大きくなったら三輪車を乗り回せる広さだ。敷地は柵で囲まれており、物見高い見物人は赤ちゃんが屋外に散歩に出かけるのを見物することもできるし、一度などはハイドパークから逃げ出した鴨《かも》の一家が柵の隙間からやってきたこともあった。

バーティーは賃料と修理費のあまりの高さに二の足を踏んだはずだ。子ども部屋に非常口を取りつける必要があったし、ホワイトロッジのカーテンはどれも合わない。メアリー王妃はひと部屋分の装飾費の提供は申し出たが、家具や美術品の貸し出しを王に直接頼むことは牽制《けんせい》した。

母エリザベスの決断は素早かった。夫は自分のやることに不本意ではあっても、何事も黙認するとわかっていた彼女は、計画に乗り出した。だが、新しい家の準備と母になった最初の夏の日々を公妃が楽しんでいたかというと、そうではない。暗雲が立ちこめていた。

ひとつには、バーティー自身が言い出したのだが、一九二七年初めにオーストラリアの新首都キャンベラに議事堂が完成するにあたって、公爵みずから開館式を執りおこなうため、公妃も夫に同行することになった。赤ちゃんのエリザベスは留守番である。王室の外遊では子どもを同伴しないのが通例だ。

赤ちゃんと離ればなれになると思うと、母エリザベスは恐怖にかられた。メアリー王妃は、六カ月の外遊中、赤ちゃんは三カ月間自分たちと一緒に過ごしたらいいと申し出たが、それは王命ほどの重さに聞こえた。八月初め、バーティー、エリザベスと赤ちゃんはロンドンを離れてスコットランドにあるストラスモア家の城に向かった。母エリザベスは、義母からのバルモラル城への誘いを受け流した。貴重な休暇を短縮されるのがいやだったし、政府が決めた彼女と夫の派遣計画をくつがえすことができなかった以上、スコットランドでの休暇が唯一、自分と赤ちゃんが過ごす時間を守る方法だった。

世話をする乳母に付き添われた赤ちゃんは毎晩静かに眠りに落ち、朝になると屋外で過ごし、オランダ式庭園のダリアが植わっている花壇におかれた乳母車で昼寝した。未練がましく、母エリザベスはラジオで同情的な（もしくは同情のかけらも見せない）視聴者に、新年から「ぞっとする旅行」がはじまると訴えた。

一方で、母エリザベスはピカデリー一四五番地を整える計画に没頭し、装飾、カーペット、家具や全体の配置など細部にいたるまで目を配った。邸宅はヨーク公爵夫妻の外遊中に改装が完成することになっている。完成の記念写真を今見ると、現代人の目には豪勢に映るかもしれないが、だだっぴろい印象は否《いな》めず、ロンドンにまだ残っていた貴族のタウンハウスと変わらなかった。パーティーの野心的ないとこであるルイス・マウントバッテン卿のパークレーンにあるブルック・ハウスのように、百人が会食できるダイニングルームがあり、ヴァン・ダイクの肖像画四枚シリーズが飾られているような豪華なタウンハウスもあったが、パーティーたちの邸宅はそれよりだいぶ見劣りした。

公妃は赤ちゃんと長期間離ればなれになることに悲嘆にくれていた一方で、夏の終わりから秋の初めにかけて何回か友人たちを訪問している。そのたびに赤ちゃんのエリザベスはレディ・ストラスモアと共にグラームスで留守番をした。それが当時の貴族の世界での公妃の生き方だった。母エリザベスは本質的に保守的で、自分が育った家庭の暮らし方を変えるなど考えもしなかった。

外遊する両親と離ればなれに

外遊に出発する前夜、両親と七カ月の赤ちゃんはドーヴァー・ストリートにあるチルドレンズ・スタジオを訪れ、写真家のマーカス・アダムズに家族写真を撮らせた。

このとき御用写真家スペイトではなくアダムズを選んだのは、夫妻に自立宣言の意図があったのかもしれない。アダムズは過激にならない程度に新しさを取り入れる写真家だった。

一二月二日、アダムズは両親それぞれと赤ちゃんの写真と、赤ちゃんひとりの写真を撮った。リスのように頬をふくらませ、ふわふわとした羽毛のような金髪の赤ちゃんは、両肩に大きなリボンがついてサッシュを結ぶ白いドレスを着ている。「妖精のような優美なドレス」は公妃の好みだ。アダムズの写真の二枚は皮革の折りたたみ式フレームに入れられ、バーティーとエリザベスが旅に持っていった。もう二枚は絵葉書として売り出された。

　母エリザベスにとってわが子と離れることは、予想していたよりもはるかにつらかった。「赤ちゃんと別れるとき、とてもみじめな気分だった」と書いている。

　数週間後、赤ちゃんエリザベスは、アダムズの写真館をまた訪れた。両親が外遊中に四回訪れることになるが、その一回目だ。今回は小さなエリザベスが両親の写真をじっと見つめているポーズで撮られていて、すぐさま両親のもとに送られた。

　ハートフォードシャーにあるストラスモア家のカントリーハウス、セント・ポール・ウォオールデン・ベイリーに滞在中、赤ちゃんはハイハイに夢中で、とても速くなったという。レディ・ストラスモアの客間で、赤ちゃんは祖母が飼っているチャウチャウの毛を思い切りつかんだり、毛糸玉を勢いよくほどいたかと思うと、ソリティアのカードをカーペットじゅうにばらまいたりした。「最高なのは、誰かが抱きあげると、ピアノの音の高低に合わせて、小さな力をいっぱいにこめて両手の拳《こぶし》でバンバンと叩く様子」と祖母は語っている。

　その後、赤ちゃんはバッキンガム宮殿の王と女王のもとに長期逗留《とうりゅう》した。ヨーク公妃はメアリー王妃に「娘のことが恋しくてなりません。五週間が五カ月のように感じられます」と書き送っている。

　母の不在は祖母にとって孫を溺愛するチャンスだ。三月にアダムズが撮影した新たな写真は、

「北棟の風通しのいい部屋で、メアリー王妃は孫娘にすっかり魅了なされた様子です」というヨーク公妃の家庭教師だったアン・リングの言葉を裏付けている。小さな王女が欲しがるものをすぐに察してかなえようとするところに、王妃の献身ぶりがあらわれていた。イースターのために王室がウィンザー城に移るに先立って、王妃はヴィクトリア塔にある赤ちゃんエリザベスの子ども部屋を王室庭園の花でいっぱいの楽しい雰囲気にすることも含めて、細かいところまで気を配った。

アダムズが撮影した写真と共に、乳母のアラーは赤ちゃんの成長記録を忠実に記して書き送った。三月八日の記録は、まるでエリザベス王女自身が語っているような筆致である。「もしお母様が大きく開けた私の口のなかを虫眼鏡でご覧になったら、きっと二本の歯が生えてきているのを見つけられるでしょうね」。エリザベス王女は「バーイー」という言葉を覚え、アラーの膝の上で立ち上がろうとした。

メアリー王妃が嫁に書き送った手紙は、白黒写真では伝えきれない生き生きとした様子が綴《つづ》られている。「赤ちゃんエリザベスは今朝、朝食時にオウムのシャルロットにたいそう喜び、種子を食べる様子を夢中になって見ていました」。四月初めには、息子バーティーに向けて、赤ちゃんと一緒に車で外出したときのことを書いている。その楽しさは生涯忘れられないだろうと書き、「あなたのかわいらしい子どもは本当にいい子で、犬を見かけるたびに大声で歓声をあげていました」。

宮廷の子ども部屋はエリザベスのいとこにあたるラッセルズ家の子どもたち、ジョージとジェラルドが生まれたときに改装され、ウエストミンスター・ガゼット誌によれば、「プリンス・オブ・ウエールズが以前に遊ばれたおもちゃ」がおかれていた。朝食時やお茶の時間に祖父母のもとを訪れるときや、王室の馬車でハイドパークに出かけるとき以外、赤ちゃんはその子ども部屋で過ごした。

　謹厳で愛情表現がとぼしいジョージ五世だったが、アラーに付き添われた孫娘と共に馬車に乗って出かける父が、孫娘の喜ぶ様子を見て実に幸せそうな表情を浮かべていることは、バーティーを驚かせた。一歳の誕生日には、ラッセルズ家の男の子たちや、代父コノート公爵の孫息子でエリザベスより七歳年上のアレクサンダー・ラムゼイも一緒に馬車で出かけた。のちにエリザベスは飼っているカナリアにアレクサンダーの名前をとって「サンディ」と名付けている。

「初めて公の場にあらわれたときから、エリザベス王女に国中が感じている親愛の情は明らかだった」と一九三七年のウィルズの煙草カードの記念アルバムに書かれている。小さな王女がまだつぼみが硬い裸木の下を王室の馬車に乗っていく様子を、大衆ははっきりと愛情をあらわして見守った。走りすぎていく馬車に笑顔で手を振る人々の気持ちに気づいたのは、王女ではなくアラーである。練習してきたエリザベスは、アラーにうながされて人々の歓迎に応えた。だが、自分がやっていることの重要性に赤ちゃんは気づいていなかった。

　ビーグルズ社は公園で馬車に乗っている王女の絵葉書を売り出した。同じ写真がスケッチ誌にも掲載された。キャプションには、王女は「最も話題になる、最も重要人物たる小さな貴婦人で、頻《ひん》繁《ぱん》に公園を馬車で通られる姿が見られ、大きな関心を呼んでいる」とある。その年の後半には、馬車で公園に出かける王女を見物する人たちを撮った写真が絵葉書になった。ビーグルズ社は「ファンに手を振る王女」とキャプションをつけた。

　エリザベスが普通の赤ちゃんとは、誰も考えなかった。ハイドパークの見物人も、絵葉書を買った人や受け取った人、ジャマイカ、フィジー、ニュージーランドとオーストラリアで両親を歓迎し、まだ見ぬ子どもに山のようなプレゼントを渡した人たちにとっても、赤ちゃんは特別な存在だった。

王と王妃が馬車で孫娘を連れ出し、オウムを飼って喜ばせているあいだ、両親は地球の反対側で歓迎する人々、市民、企業から「おもちゃ、飾りもの、アクセサリーや思いつくかぎりの小物、王女自身よりも大きな人形、大量の巨大なテディベア」を贈られ、贈り物を収納した船室に監視員をひとりおかなくてはならないほどだった。英連邦自治領が王女に捧げる貢物《みつぎもの》だ。バーティーは母に向けて「(娘エリザベスの)誕生がこちらでどれほど歓迎されているかは驚くほどです」と書いている。「私たちが訪れるいたるところで娘に喝采《かっさい》が送られ、子どもたちから娘に宛てた手紙を渡されます」

王女自身は、自分が公的私的の二重のアイデンティティを持っていることを理解するには幼すぎたし、ファンたちからの山のような贈り物で甘やかされてしまうこともよくわからなかった。ともあれ、甘やかされることはまずなかった。アラーは厳格に定めたルールをきっちりと子どもに守らせた。エリザベスの子ども部屋は恐ろしいほど秩序立っていた。エリザベスは大人になっても秩序正しい生活習慣を保ちつづけ、一般の富裕家庭の子どもたちよりはるかに質素に育てられた。

しかしスパルタ式だったわけではない。心地よさを愛する母に、厳格な育児は相容《い》れなかった。当時の貴族階級が重視していた簡素な育児だ。ジャーナリストたちは、王室の子ども部屋の素朴さと常識的なセンス、シンプルな食事、公妃が選ぶ服を称えた。エリザベス王女は長い丈ではなく、短い丈の白い亜麻布《あまぬの》で仕立てられたスモックドレスを着せられた。大衆の異常なほどの高い関心に配慮した選択だ。

1
「王室の後継者となる直系の男子」

六月にヨーク公夫妻が帰国したとき、イラストレイテッド・ロンドンニュースは元気に笑っているエリザベス王女の写真を一面全部を使って掲載し「ヨーク公夫妻を家へ引きつける〝磁石〟」と見出しをつけた。「この写真を見てもおわかりのとおり、魅力的なお子さんだ」。いつもと同じ白いドレスを着て、交差した裸足《はだし》がフリルの下からのぞいている。カールした髪は後光がさしているように輝き、笑みを浮かべた口元はほころんでいる。珊瑚《さんご》ビーズのネックレスは母エリザベスが子どものころにつけていたものだ。この写真は、赤ちゃんは誰もが愛さずにはいられない子どもであることを読者に印象づけた。

母方父方両方の祖父母や英国王室のメンバーと共に、バッキンガム宮殿の大広間で赤ちゃんは両親と再会した。メアリー王妃の入念な指揮のもとに、宮廷特有の型にはまった堅苦しい親密さが演出されたなかで、ヨーク公妃の自然な笑顔が光っていた。

その後一同はバルコニーに登場し、メアリー王妃は母娘《おやこ》の上にパラソルをかざした。翌日にはピカデリー一四五番地のバルコニーからも挨拶があった。東洋絨毯が手すりにかけられたバルコニーに立った母と父と子どもは、俗界の聖なる家族として、帽子を高く掲げた群衆に手を振った。国民の歓迎は熱狂的で、長期間留守したおかげで興奮度はより高まった。「王室の方々が外遊から帰国したときに国民が見せた親愛に満ちた興奮は、長く離れていた親子の再会というハッピーエンドの喜びを分かち合ったからこそより高まったのは間違いない」とイラストレイテッド・ロンドンニュースは書いている。

王室のメンバーの人間的な側面に焦点をあてることがこの段階ではっきりとあらわれ、赤ちゃんの生涯を通して、王室と国民の関係では、それがもうひとつのテーマとなった。ヨーク公妃が王家出身ではないことからはじまり、ヨーク公夫妻が「恋愛結婚だったと広く認められ」、ヨーク家は「一般」家庭の理想形として自分たちを印象づけることができた。

ヨーク公爵は吃音があるために大衆受けする演者にはなれなかったが、その代償として家庭的な面が美徳として称えられた。また彼が王冠から距離がある地位にあったことで、ジャーナリストたちは王や王妃やプリンス・オブ・ウエールズを扱う記事に見られる畏怖《いふ》の念をこめずに、彼とその家族を扱った。タイムズ紙でさえも、母エリザベスがわが子と再会したときに見せた率直な喜びに感動した記事を掲載した。「満面の笑顔のヨーク公妃は王女を二回も前に掲げた」。母エリザベスは、娘の人生の半分の期間離れてしまったことで抱いていた不安を、乳母Bに宛てた手紙で吐露《とろ》した。「(王女は) すぐに私に笑顔を見せ、心底ほっとしました」

帰国して三日後に公爵、公妃と一四カ月になった王女は、またマーカス・アダムズのカメラの前に座った。母娘ふたりのエリザベスは、七月末発売のタトラー誌の表紙を飾った。アダムズ撮影の写真のなかから「この国で最も人気のふたりのレディのポートレイトを独占的に掲載する。ひとりはいつか英国女王になるかもしれない」とキャプションにある。それが現実になるとは誰も予想していなかった。だが繰り返しその予想が語られることによって、赤ちゃんに対する国民の見方が形作られていき、特別な存在という印象が持ちつづけられた。

家族がそろった新しい家での暮らし

ピカデリー一四五番地に、メアリー王妃とレディ・ストラスモアが、エリザベス王女と子ども部屋のものを移動しておいたので、帰国した日からヨーク公一家の三人は落ち着いて生活をはじめることができた。

一家に仕えるのは、「美しいマナー」が有名な執事のエインズリー氏、家政婦のエバンズ夫人、コックのマクドナルド夫人だ。そのほかに副執事、侍従、家政婦手伝いが三人、キッチン手伝いが三人、夜間警備員、執事付きボーイ、雑用係、運転手が雇われていた。公妃には着付け係、公爵には侍従と会計係のバジル・ブルックが個人的に仕えた。電話を操作する係や、一週間に一回大時計のネジを巻く職人もいた。スコットランドのブラックアイル半島出身の鉄道員の娘、マーガレット・マクドナルドが、乳母付きメイドとしてスタッフに加わった。王女から「ボボ」と呼ばれるようになった彼女は、その後七〇年にわたってエリザベスに仕えて身のまわりのこまごまとした用事をこなすことになる。

邸宅の正面からは、ピカデリー広場と歩道で警備にあたっている警官が見えた。最上階には、日中と夜間を過ごす子ども部屋と、子ども用のキッチンと食糧貯蔵庫、アラーとやがてやってくる家庭教師の寝室があった。どの部屋も簡素なしつらえで、階段に通じる鮮紅色のカーペットが敷かれた中廊下に面しており、廊下の天井を見上げると大きな天窓のドーム状の明かりとりがあった。そこから階下を見下ろすと、階段を上り下りする人たちが見渡せ、中廊下は「乳母車を押して歩ける広さがあり、かけっこもできるし、汽車ごっこもできた」。

子ども部屋は両親の居間の小型版だった。肘掛け椅子が数脚と、ストライプのインド更紗《さらさ》がかけられた二人掛けのソファが一台。フリルの垂れひだがついたカーテン、木製部分は黒で統一され、暖炉の上にかけられた鏡に、側面の壁の一八世紀様式のウォールライトの光が反射している。テーブルやマントルピースには、花と、パーティーとエリザベスの写真が革張りのフレームの写真立てに入って飾られている。子ども部屋であることを示すのは、揺り木馬と赤ちゃんのナイトドレスがかけてあるハンガーラックくらいだ。生まれた直後から、王女は両親の世界で暮らすための準備をはじめており、それが変わるかもしれないという懸念はまったく感じられなかった。

何も変わらない予想が、王女の子ども時代を動かす重要な要素だった。同じ年「妃殿下ご本人の了承のもとで」レディ・シンシア・アスキスはヨーク公妃の伝記を書いた。アスキスは母娘を「うっとりするほどの魅力にあふれた笑顔のふたりのエリザベス」として描いた。前首相の義理の娘であり、作家J・M・バリーの秘書で、ヨーク公妃と同じスコットランド貴族の出身であるシンシア・アスキスは、読者が長期にわたって期待する「娘は母に似てほしい」という願いに同調している。それは、伝統にのっとり、また伝統に縛られた社会における願いであり、その時代には典型的な考え方だった。華麗な将来を予想していたのは不謹慎なジャーナリストだけだった時代に、小さな王女にかけられる期待は、母に似た娘になることであったに違いない。

子ども時代もそれ以降も、エリザベスはこの種のプレッシャーを繰り返し味わった。王家の両親や祖父母がはめる型に順応することが、王女を君主制に組みこむ道筋だった。「笑顔のふたりのエリザベス」の片割れとして、王女は独立したアイデンティティを持つことを拒否されていた。「母に似た娘になれ」という要求は、やがて王女に強いられるようになる。

溺愛されたリリベット

エリザベス王女の存在感は、ピカデリー一四五番地でしだいに増していった。水晶のように透き通った声が邸宅中に響きわたり、三階を駆けまわる足音が一階まで響いてきて、ときにはテディベアや人形がミサイルのように訪問客の頭の上に降ってくることもあった。

エリザベス王女が生活する子どもの世界と両親の大人のそれは、物理的に分けられていた。ヨーク夫妻が、愛情深く形式ばらない育児スタイルを実践《じっせん》することで境界が揺らいでいるとはいっても、親と子の生活は別々だった。両親とも、お茶や入浴のときにはできるかぎり子ども部屋を訪れてはいたが。

一九二七年の外遊のときのように親子が離れることはあったものの、王女は同時代の育児スタイルの特徴だった、親から感情的に切り離されるしつけは受けなかった。子ども時代に影響を与えた人たちは誰ひとり、王女がそんな育児をされるべきだとは思っていなかったからだ。家庭の規律を重んじるあまり、妻や子どもに手紙でしか愛情を表現できない王でさえ、ヨーク家の幸せを気にかけた。王は息子に、パーティーとエリザベスが娘とまた一緒に暮らせるようになったことを喜んでこう書いた。「私はあなたがたのいとしい小さな赤ん坊が、両親のことを親だとわかって、好いていると信じている」

その夏、母エリザベスは公務を軽減して、夫と子どものことに集中すると決め、バーティーと共にロンドンを離れてスコットランドに向かった。スコットランドでエリザベス王女は歩くことを覚え、大好きな母に王女は「舞い上がってしまいそう」なほどの感動を与えた、と母エリザベスは義理の両親を喜ばせている。

　王はパーティーに、王女は「これまで以上に楽しい」存在だと書いている。「小さな孫娘が（王に）与える喜びは感動的です」とメイベル・エアリーは書いた。「リリベットは（王の孫のなかで）いつもいちばん愛情を注がれています」

　王女もまた、無愛想な老人である王が大好きだった。王女は王を「イングランドおじいちゃま」と呼んでいた。王室一家の愛情を一身に受けて、エリザベス王女は特別扱いを享受していた。王家とストラスモア家が恒例にしていたスコットランドで過ごす夏休みでも、王女は大人たちの世界で、大人たちに溺愛されて過ごした。


　マーカス・アダムズが撮影した、王女が二歳時のうっとりするくらい愛らしい写真は、一九二八年七月に発表された。アダムズはエリザベス王女をマシュマロのようなソフトなイメージで表現した。ふっくらとした頬、フリルがついた服からのぞくぷくぷくした腕、金髪のカールした髪、生えそろった歯をいっぱいに見せて笑みを浮かべている。もちろん写真は国民に公開され、ジャーナリストたちは「生き生きとしたお茶目なお子さん」と大喜びで書いた。絵葉書の一枚には「ロイヤル・スマイル。エリザベス王女殿下」とある。イラストレイテッド・ロンドンニュース紙は一〇月二十七日付の一面に、落ち葉柄の絨毯の上に立っているエリザベスの写真を掲載した。キャプションはシンシア・アスキスによるヨーク公妃の伝記から引用され、「黄金の兜《かぶと》をかぶった〝世界の小さな友だち〟」とある。そして、その写真を見た読者へ、王女が「よちよち歩きの赤ちゃん時代を脱した」ことを指摘した。

1
「王室の後継者となる直系の男子」

九月に、王女と公妃とアラーは、バルモラル城に滞在している王と王妃のもとを訪れた。メアリー王妃の個人的なアルバムには、マイック湖の岸辺で王が魚網を引くのを手伝っている様子を、白いドレスの幼児が眺めている写真がおさめられている。アラーが近くに立ち、メアリー王妃が背後から王女を支えているように見える。城の前で撮られた写真では、王女の注意はオウムのシャルロッテと、王が王女のために飼ったケアンテリア犬のスニップの両方に向けられている。王と王妃は、交代で小さなエリザベスを見守っていた。

その秋、シンシア・アスキスがピカデリー一四五番地を訪れたとき、王女はしっかりと歩くおしゃべりな幼児に成長していた。「この段階ではまだ、一段ずつ両足をそろえながらではあったが、確かな足取りで階段を上から下まで降りていた」と書いている。

まだ口がよくまわっていないものの、子どもらしいおしゃべりもできるようになった。そして、二歳半で自分のことを三人称で話すようになった。アスキスは、今に続く王女の個性があらわれてきたという。独立心、「輝くような笑顔」、物真似上手、そしてはずれているホックや安全ピンにほどけたレースなど「あるべき姿にないものにすぐに気がつく観察眼の鋭さ」だ。また「エリザベス」と発音できなくて、「リリベット」と言ったのが、家族のあいだでの彼女のあだ名になった。

ピカデリー一四五番地でオーストラリアのクリケット選手たちを歓迎するレセプションのとき、ヨーク公夫妻から王女は「ラジウム原子ほどの明るさ」と紹介された。サンドリンガムで働く人たちのために王が開いたクリスマス・パーティーでは、王女は白い清楚《せいそ》なシルクのドレスを着て出席した。メアリー王妃は「赤ちゃんはとてもかわいらしく、クラッカーを投げて楽しんだ」と記録している。母から渡されたクラッカーを客たちに投げたときの様子だ。このクリスマスの訪問のあとにパーティーに宛てた手紙で、王妃は王女がお気に入りであるのを少しも隠すことなく「あなたとエリザベスはお気づきでしょうが、あなたたちの子どもは私たちにとって大きな喜びです。一緒に過ごすのがどれほど楽しいか。この家で、彼女はまた本当にかわいらしく、自然体で楽しい子どもでした」と書いた。

　自分たちは親として子育てに失敗したと思っていた国王夫婦だが、王女は努力なしに二人に自然体で接して、自分のひたむきな崇拝者にした。王と王妃は、その年バルモラルで王女に会ったウィンストン・チャーチルが、王女には「品性がある」と言ったことが強く頭に残っていた。チャーチルは「王女様は幼いのに驚くほどの威厳と思慮深さをお持ちです」と予言めいた指摘をしたのだ。その言葉に影響された王と王妃は、エリザベスがまだ幼いときから宮廷の正式な儀式に臨席させ、儀式、エチケット、階級や忠誠の複雑さを感じさせようとした。王室への崇敬にかぎりなく近い服従の文化のこと、君主という女王蜂を中心にした蜜蜂の巣のような王室の組織のこと、あわせてジョージ五世の「国民は王にその国家を維持してもらいたいと思っている」という見方についてなども。

　二歳の誕生日のとき、すでに王女は王室での振る舞いを身につけ、子どもとして、また王女として、二重の意味で成長していた。だがそれに王女が気づくのは、のちになってからである。

　エリザベスは一一月一一日に慰霊碑で行なわれた第一次世界大戦の休戦記念日には出席しなかった。その一〇日後、王は自分では「風邪で発熱」したと言い張ったが、医師によって「肺疾患」と診断された。連鎖球菌による肺炎で敗血症と気管支炎が引き起こされ、横隔膜の裏側に悪性の膿瘍《しゅよう》ができていた。何週間にもわたってジョージ五世は死線をさまよった。そのため、その年のクリスマスにサンドリンガムを訪れる人はいなかった。王の臣民は特別に公開された教会で回復を祈り、パーティーと年下のきょうだいたちはロンドンで母に付き添った。ヨーク公妃は「心も体も消耗しています」と実家の一番上の姉に訴えた。

長い療養期間中、王はエリザベス王女と過ごす時間があった。一九二九年二月九日、王はロンドンからサセックスのボグナー郊外に移り、サー・アーサー・デュ・クロスが王のために借りた海岸沿いにあるクレイグウェイル・ハウスで療養することになった。王妃は、エリザベス王女を連れてきて、王を元気づけてあげてほしいとヨーク公夫妻に頼んだ。王と王妃の、孫娘に対する特別な愛着を示す頼みである。だがこのときパーティーは母に、母娘とも肺炎をわずらっていると返事をした。

三月の第二週になるまで王女は海辺のカントリーハウスに向かえなかったが、母エリザベスが「砂遊びをするのが待ちきれなくて大騒ぎしています」というほど、王女は心待ちにしていた。孫娘がやってくる前に、ウォータールー広場のバージェス・バザールで、王妃はバナナ、パイナップル、オレンジ、りんごの型抜きができる砂遊びの道具を買い求めていた。シェフィールド・デイリーテレグラフ紙のコラムニストは茶目っ気たっぷりにこう書いている。「エリザベス王女がボグナーに到着するやいなや、王に『おじいちゃま、早く来て、一緒に砂遊びしましょうよ。シャベルを貸してあげるから』と言ったと聞いている」。三月の寒さのなかで、カーディガンを着た王女は半時間にわたってアラーや子ども部屋付きのメイドと共に砂や小石で遊び、陽気にはしゃいだ。

「王が大変喜ばれたのは、クレイグウェイルの北西のテラスを散歩する車椅子に乗った王のかたわらを、王女が一緒に歩く時間だった。風が冷たくて外に出られないときには、王は午前中いっぱい自分の寝室で孫娘と長いあいだおしゃべりを楽しまれた」。サンデイ・ディスパッチ紙によれば、王女のおしゃべりは「人々や出来事についてのとびきり楽しい独創的なコメント」だったという。また王女のもうひとつの「最高のお楽しみ」は、「とても深い愛情を持っている王妃と共に」過ごす時間だった。

愛されすぎる弊害

エリザベス王女の誕生時に、「マリーゴールド」という名前のゴシップ・コラムニストが「赤ちゃんがそれにふさわしいほど成長したとたん、国の四番目のレディには称賛の声が降り注ぐことだろう」と書いた。ニュージーランドとオーストラリアへの外遊時に三トンものプレゼントが贈られたことに見られるように、両親は一九二九年春ごろから娘に過剰なまでに浴びせられる称賛の声に悩まされるようになった。

王女が祖父母と共にウィンザー城に滞在しているあいだ、ヨーク公夫妻は公務でエジンバラを訪れた。スコットランドでの歓待はとりわけ熱狂的で、エリザベス王女が同行しなかったことを残念がる声が多く寄せられた。「人々が王女をどれほど愛しているかを見て、私は怯《おび》えすらおぼえるほど驚きました」と公妃はメアリー王妃に手紙を書いている。「それはいいことだとは思いますし、愛されるに値する人になってほしいと望んでいます。でもちょっとかわいそうかもしれません」

シンシア・アスキスが王女を評した「世界の小さな友だち」という言葉を、大衆が額面どおりに受け取っているのではないかと遅ればせながら気づいた母は、胸騒ぎをおぼえた。その不安は折にふれてかき立てられた。

この件に関して、公妃がどこまで心配していたかは明らかではない。王室の一員ではなかった自分の子ども時代が、娘の育児をはかる母の基準になっていた。メディアは誇張して報じる。たとえばアメリカのコラムニストは「子ども（王女）は世間の注視のなかで人生を送る。姿を見せると群衆は歓声をあげ、乳母と共に外出するときには、護衛や兵士たちがそばに立って目を配る。小さな手をあげるのは、落ち着いてという意味だ」とその育児に懐疑的な見方をした。その内容はかなり歪《ゆが》められているが、一面真実だ。

そして、ピカデリー一四五番地を、新聞は「女性たちの聖地」と表現した。「一年三六五日、ヨーク公爵邸の前には、王女をひと目見ようと大勢の崇拝者たちがいつも待ちかまえている」。公妃が姑に宛てた手紙で訴えたことは、王室の生活でメンバーがたえず抱えてきた難題そのものだった。大衆が自分たちの子どもに向ける強い関心に対して両親が感じる無力感。見知らぬ人からむやみに見境なく降り注がれる「愛情」に子どもが応えるようにしろという要求。当然ながらメアリー王妃も、どう対処するかの答えは持っていなかった。

当時の貴族たちは現在のセレブと同じように世間の注目を集めていたが、王室のメンバーはそのなかでも万人注視の的だった。ヨーク家はプリンス・オブ・ウエールズに比べれば注目度は低かったし、両大戦間に活躍した伝記作家のヘクター・ボリートによれば「高貴な身分の人たちはきっと華麗《かれい》でにぎやかな人生を送っているはずだという世間の思いこみから、自分たちの生活を守ることはできた」が、それでも王にとって唯一の孫娘で初めての「王室直系の孫」であるエリザベス王女は、誕生時から唯一無二の地位にあった。

王女の生活のどんなささいなことも公にされた。姿を見せること、身のまわりの品々、日課が話題となり、おどけたしぐさは「上品」か「ひょうきん」と表現され、パーティー用のドレスは「サファイアブルー」「プリムローズ・イエロー」「美しい花のようなピンク」と報じられた。車酔いすること、トフィー〔訳注：キャラメルに似た甘いお菓子〕が好物なこと、水たまりを跳ねちらすのを楽しむこと。性格は「明るい」「きらきらしている」「陽気にはしゃぐ」「太陽みたい」「生命力にあふれている」「愛想がいい」「快活」と表現された。すべてが過剰なほどの甘ったるさで、王女の美点（当時の表現では「愛らしさ」）として強調された。

王女が四歳になったとき、彼女の最初の伝記作家は「そのうちにエリザベス王女は、ほかのすべての子どもたちの目が自分に注がれていることに気づくだろう。子どもたちは彼女を愛とあこがれをもって、つまりお手本として見る」と書いた。

プリンス・オブ・ウエールズは「我々の肖像はメディアにはめったに登場しない。だから通りを歩いても気づかれることはない」と言ったが、それは一世代前の王族の意見だ。絵葉書、ニュース映画、何よりも新聞や雑誌の写真が普及し、王女は無名の存在ではいられなくなった。乳母のひとりだったリングは、四歳であっても人々の模範となる振る舞いをすることを王女に強いた。

しかしその時代の人たちは、世間から注目されることで、子どもの健全な成長がそこなわれないように育てようというヨーク公夫妻の努力は、成功していると判断していた。「エリザベス王女が、もし国をあげての絶対的な称賛を真《しん》に受けるにたるほど成長しているとしたら、それはもうはるか以前の赤ちゃんのころだったに違いない」とタトラー紙は六歳の誕生日に書いた。

1
「王室の後継者となる直系の男子」

「英国人は賢明で、英国王室はとりわけ賢い」というのがひとりのアメリカ人が達した結論だ。彼はジョージ五世とメアリー王妃の慎み深さと、個人としての傲慢《ごうまん》さを見せないことを指摘し、「エリザベス王女はアメリカ富裕層の平均的な息子や娘よりも甘やかされていない」と書いた。英国の読者はこのおだてを支持しただろう。この称賛は、ヨーク公夫妻が王女を感情面でしっかりと支えていることと、アラーの揺るぎない常識的育児が成功している証《あかし》であった。

差しあたり、生来の快活さのおかげで、王女の子ども時代は底抜けに輝いていた。一九二九年のタイム誌の「王冠から三段の距離にあることを、王女はまだ知らない」という意見は正しいし、しばらくその状態は変わらなかった。ハイドパークで手を振る見物人、「女性たちの聖地」に集まる崇拝者たち、ピカデリーの邸宅の裏にあるハミルトン・ガーデンズの柵越しに王女が遊んでいる姿をひと目見ようとのぞいている物見高い人たちに見られる世間の関心は、王女の生活のひとコマにすぎなかった。

あるとき新聞が報じた出来事は、王女がひとりの子どもとして自分の性格を見せた逸話として紹介されている。一九三〇年二月、王女は友だちのメイリ・ヴェーン＝テンペスト＝スチュワートと遊んでいた。王女より五歳近く年長のレディ・メイリは、七代目ロンドンデリー侯爵の娘で、ふたりの両親が知り合いだったし近所に住んでいたことで、庭で一緒に遊んで友情を育《はぐく》んでいた。「エリザベス王女は庭で遊んでいる自分たちを眺めている人たちに親しみある好奇心をもたれた」とランカシャー・イヴニングポスト紙は言う。「ある日その気持ちを行動に移して、見物人たちにうれしい驚きをもたらした。彼女は走り去ったかと思うと、レディ・メイリの手を引っ張って柵のところに連れてきて、誇らしげに紹介した。『メイリよ』。そうやって見物人と王女たちは知り合いになった」。この何気ない逸話はおそらくだいぶ脚色されているだろうが、記事を書いた人たちはそこに、王女の偏見なく率直な性格と本能的な礼儀正しさを見てとり、王女の模範であることを強調したかったのだ。

王室の一員にふさわしい少女へ

大人たちに囲まれていた王女は、何事も大人のやることを真似《まね》ることからはじめた。「王女はいつも大人たちを真似ることが大好きだった」とシンシア・アスキスは書く。「小さな戸棚に入って、電話の受話器を握っているふりをして、親しい人たちの声音《こわね》や口調を真似ながら長々と会話をする遊びが大好きだった。また化粧台で母になりきるのも大好きだったし、侍女のように母にヘアピンやパフや何やかやを手渡したりするのも好きだった」。レディ・シンシアのハンドバッグの中身を探って、ピルケースや小銭を取り出したりもした。「小さな鼻にメガネを乗っけて、流し目で器用に白粉《おしろい》をはたく様子は見ものだった」

ヨークシャーポスト紙は、五月に王女の電話好きの逸話を紹介した。記事は遺憾な話としてではなく、貴婦人らしい礼儀正しさの証、王女の性格をあらわすものとして書かれている。「エリザベス王女はすでに魅力的な独立心を見せておられる」と書き、幼いいたずらっ子から独立心旺盛な子どもへと評価は変化した。「(母エリザベスの義妹の)デイヴィッド・ボーズ=ライアン夫人に赤ちゃんが誕生したという知らせが届くやいなや、王女は電話をかけて祝辞を伝えられた」

王女の成長がうかがえるいちばんの逸話は、スコットランドで夏を過ごした四歳のときのものだ。グラームス駅に到着すると、王女はプラットフォームから駅の出口まで、母と手をつなぎ、初めて鉄道橋を渡った。「鉄道橋を自分の足で歩いて渡られたことは、王女にとってひとつの冒険だった。それまでは駅長に抱っこされて渡っていたからだ」。フォーファー・ヘラルド紙は成長ぶりをこう書く。「だが今回はかなり成長した王女という扱いを受け、つないだ母の手だけを頼りに一段一段階段をのぼられた」

　そして、鉄道橋をのぼっただけでなく、翌日には地元の本屋に買い物に行って支払いをすることもやってのけたと報じている。「エリザベス王女は昨日、祖母のストラスモア伯爵夫人とフォーファーの本屋を訪れ、もう赤ちゃんではないことをしっかりと示された」。王女の育ちのよさと経済感覚の鋭さが記事では強調されている。自然について知識と愛情があることも注意を引く。「愛らしく微笑まれて」王女は動物の本を見せていただきたいと言った。「何冊もの本を専門家のような目で検分され、何冊かは『これはもう読んだわ』と却下《きゃっか》された。最後に一冊がお眼鏡にかなったが、王女に流れるスコットランド人の血に、おそらく慎重さをうながされたのだろう、購入を決められる前に値段をお尋ねになった」

　犬と子馬に夢中であること、祖母とフォーファーに出かけて本を買うときや、キャッスル通りにあるピーター・リードのロックショップでチョコレートやお菓子を買うときも、お小遣いの範囲であるのを確認されたこと――そういう記事で伝えられる性格は、読者の好奇心を満たしたが、それ以上に祖父は王女への関心を高めた。

　だが多くの意味で、王女の子ども時代は普通の子どものものとは大きく違った。エジンバラにいる母に宛てた一九二九年五月二二日付の手紙で、アラーが王女の言葉を伝えている。「こちら（ウィンザー城）にいらして、兵隊さんたちと楽隊を見てね。私はとても元気で、とても忙しいです」

その月に撮影され、メアリー王妃のアルバムにおさめられた写真で、王女は城の中庭にいる。一枚の写真では乳母も祖父母もそばに付き添っておらず、王女はひとりで衛兵の司令官に敬礼している。兵士たちと楽隊は王に所属し、王女は最前列の特等席にいるが、敬礼するというのは、その年のふつうの子どもにとっては怖気《おじけ》づくような要求だったはずだ。

ウィンザー城で四歳の誕生日を迎えたときも、兵士たちが王女に敬礼した。そのときは見物人がいて、ラッセルズ家のいとこたちも付き添っていた。その日の衛兵交代のイベントは一〇時半からはじまった。リングが『エリザベス王女物語』のなかでこう描写している。「交代する衛兵があらわれると同時に、王女が小さないとこたちと一緒に中庭に出てきた。儀式後に王女はバグパイプの楽隊のところに行かれて演奏を観賞され、自分の場所に戻られたが、衛兵たちが兵舎へと行進して戻るとき、勇敢にも立ち上がって将校の敬礼を見守られた」。その後王女は「何百人もの群衆がノルマン門や聖ジョージ門前に詰めかけて、笑ったり歓声をあげているのに気づかれた」。そこで彼らのほうに歩み寄って手を振り、投げキスし、最後にやっと乳母車に乗って城内に戻った。

「エリザベス王女は公的な儀式に参加することは許されていません」とヨーク公妃付きの侍女であるレディ・ヘレン・グラハムは、一九二九年七月にある招待を受けての返事で書いている。赤ちゃんのときにエリザベスの公的生活と私的生活を区別する線引きは非常に曖昧《あいまい》だった。大勢の人々が城門の前で見守る衛兵の行進のような公的な行事のごとく、誕生日のような王女の「私的な儀式」が人前で行なわれることはほとんどなかった。

父から「いとしいリリベット」への四歳の誕生日プレゼントのひとつとして、最初の誕生日からの恒例で、プラチナのチェーンにふたつの真珠が加えられた。王家に生まれた娘たちが誕生日ごとにふたつずつ真珠をプレゼントされる伝統は、ヴィクトリア女王からはじまった王族の慣行だ。

母を真似て遊ぶのが大好きなエリザベス王女は、空想で侍女をはべらせて、母のように髪を整え、化粧し、自分の真珠のネックレスを誇らしげにつけた。メアリー王妃からもらった積み木でも従順に遊んだ。大英帝国が支配する土地から集めてきた五〇種類の木材で作られた積み木だ。

三カ月後、バッキンガム宮殿内の厩舎《きゅうしゃ》にあるプライベートな乗馬学校で、王女は初めての乗馬レッスンを受けた。その年に贈られた数々の誕生日プレゼントで、祖父から贈られた子馬ほど王女を喜ばせたものはない。王女の初めての持ち馬は、シェトランドポニーのペギーといい、王女がペギーにまたがっている姿の蠟《ろう》人形は、その年の夏にマダム・タッソー館で披露された。黒毛のポニーに無帽でまたがり、馬丁を従えた王女だ。「この蠟人形だけでマダム・タッソー館で最大の観客を集めた」とデイリーミラー紙は伝えた。「なんてかわいらしい！」という感想が、たくさんの方言でつぶやかれた。

一九三〇年夏、ヨーク公妃は数カ月間王室の公的行事の参加を見合わせていた。妊娠したからだ。王女のひとりっ子の期間が終わろうとしていた。「新しく生まれてくるのが男の子であれば、プリンス・オブ・ウエールズ、ヨーク公爵についで王冠の第三位継承者となる」と一九三〇年八月八日にウエスタン・ガゼットは書いた。だが今のところその地位は「エリザベス王女が占めている」。

2

「一輪の薔薇《ばら》のつぼみ、静かにおだやかに、王室に春を告げる」

エリザベス 4歳〜7歳

妹の誕生

赤ちゃんは言うまでもなく、女の子だった。出産は予定日よりもかなり遅れて、一九三〇年八月二一日にグラームス城で誕生した。ヨーク夫妻の「アン・マーガレット」はどうだろうかというおうかがいをジョージ五世が拒否したあと、赤ちゃんは三週間名前がないままで過ごした。新聞記者たちは次子も女の子であったことの影響を憶測した。

だが、公妃は次の子も女の子であることをきっと勘づいていたに違いない。メアリー王妃に宛てた七月二一日付の手紙に「私が望むのは、次の娘（？）の出産があまり遅れないようにということだけです」と書いている。一方でヨーク公が妻に宛てた手紙からは、夫婦とも息子を望んでいたことがうかがわれる。「私は男の子であってほしいと思っているし、きっとあなたもそう望んでい

2

「二輪の薔薇のつぼみ、静かにおだやかに、王室に春を告げる」

ることを私は知っている」

娘だと知ったとき、公爵はエリザベスのよい遊び相手ができたと自分を納得させている。国のトップに立つひとりとして、メアリー王妃はどう反応するかためらった。すべてを王の反応に従ってきた王妃は、男の子よりも女の子同士のほうが長く一緒に遊べるだろうと喜んでいる王の見方に従った。

公爵の「私たちはまだ若いから、時間がたっぷりある」という結論は、おそらく妻が感じているはずの自責の念を軽くする意図があったのだろう。またこの言葉は、夫妻が王室の次世代は自分たちにかかっているという責任にようやく気づいた可能性をあらわしているとも言える。

プリンス・オブ・ウエールズは三六歳で、結婚する気配がなかった。王はパーティーにも母エリザベスも、昨年療養期間中に王に言われたことを忘れていなかった。王はパーティーに「わかるだろう、おまえの兄は決して王にはならない」と言ったのだ。「私たちはふたりで顔を見合わせて思った。『そんな馬鹿な』」とのちに母エリザベスは回顧している。馬鹿なことかどうかは別にして、その時点でふたりの子どもたちが王位継承の地位にあることは間違いなかったし、世間はそうなるだろうと了解していた。

赤ちゃんは一〇月三〇日に洗礼を授けられ、マーガレット・ローズと名付けられた。モーニングポスト紙ははっきりと「ヨーク公妃に二人目の娘が生まれたことを、国民は喜んでいると言わせてほしい。すでに安泰だった王位継承はより強固になった」と書いた。

エリザベス王女にとって、妹の誕生による変化は、子ども部屋のなかだけにとどまっていた。乳児期に世話をする乳母Bがまたヨーク家に戻り、彼女が去るとアラーが交代した。エリザベス王女の世話は主にボボ・マクドナルドがになうことになった。

ピカデリー一四五番地の夜間保育室の洗面台に、ふたつ目の花柄の水差しと洗面器がおかれた。ゴルディロックスの物語の三匹の子熊の柄がついたマーガレット用の身のまわりのものは、当然ながらエリザベス王女のものよりも小さかった。同じように目に見えた変化は、マーガレットが生まれたことで、エリザベス王女が生まれたときよりもその未来がはっきりと表立って語られるようになったことだ。「マーガレットの誕生によって、自然な成りゆきとしていずれ英国の王冠をかぶるのは女王になる可能性が増した」という声があがるようになった。

男性の継承者が依然としていないことから、継承を決める法律で代替手段がもうけられていた。シェフィールド・デイリーテレグラフ紙はこう書いている。「姉妹の片方がもう一方に対して継承の優先権を持つか、それとも姉妹ふたりともが同等の継承権を持つかという問題が起こる。一般的には男兄弟のときと同様に、姉が優先されることが想定されるが、その妥当性には問題があるかもしれない」。ジョージ五世はその点を明確にするよう命じた。王は喜んでエリザベス王女に優先権を与えたかった。その点に注目していた人たちは、ヨーク夫妻が三人目を妊娠して、男子が生まれ、王女に代わる継承者となる可能性には疑問を呈した。結婚後、エリザベス王女誕生まで三年、マーガレット王女誕生までさらに四年かかっていることを考えると、そうした疑問も当然だ。

最初から、エリザベス王女は妹の誕生に大喜びだった。メアリー王妃は彼女が生後四日目の妹に「夢中だ」と書いている。「赤ちゃんにお湯をつかわせることは許されていないにもかかわらず」、王女は赤ちゃんが湯あみするそばを離れなかった。エリザベス王女は「赤ちゃんごっこ」をすると言って「お気に入りの人形で、乳母Bが赤ちゃんにやることをおごそかに真似していた」。

2

「二輪の薔薇のつぼみ、静かにおだやかに、王室に春を告げる」

エリザベス王女は仲間ができることを待っていた。シンシア・アスキスは、ウィンザー城にあるとき巻き毛の男の子が招待され、王女がほかの子どもと遊ぶ機会がもうけられたときの話を記録している。「男の子のくるくるした巻き毛に興味を惹《ひ》かれた王女は、すぐさま手袋を脱いで触り、『髪を感じた』」。そのことで、ふたりのあいだには初対面のぎこちなさがすっかり消えた。王女は男の子をスタンリー・ボールドウィン（首相）のところに引っ張っていって、「この人かっこいいでしょ？」と紹介した。赤ちゃんのマーガレットにも、王女は同じような反応を見せた。「すばらしい子ども、エリザベスは大興奮です」とグラームス城の客が書いている。「（王女は）最初赤ちゃんをすてきな人形だと思い、やがて生きていることに気づかれました。それから三人の医師たち一人ひとりの手を取って、『私の妹の赤ちゃんをご紹介したいと思います』と言ったのです」。友だちのメイリ・ヴェーン＝テンペスト＝スチュワートをハミルトン・ガーデンスで見物人たちに紹介したときと同様、王女はたとえ堅苦しさがあるにせよ、本能的に礼儀正しい振る舞いができた。

九月第一週の終わりに、公爵はグラームス城に公妃と赤ちゃんを残し、エリザベス王女だけを連れてバルモラル城に行った。王女の言葉を公爵が代筆した手紙が母に送られたが、最後に鉛筆で王女が書いたキスマークが並んでいた。「半分はお母様に、あと半分は私たちの新しい赤ちゃんに」。王女は王が飼うテリアのスニップに、ティータイムにビスケットをあげたときの興奮を綴っている。二日後の手紙で、王女は「お母様と私の赤ちゃん」に会うのが待ち遠しいと書いているが、「いなくて寂しい、ほんとに寂しくてたまらない」という相手は母だけだった。

両親は王女が二番目の子どもに嫉妬《しっと》することを見越して、さまざまな手を打っていた。グラームス城では子どもだけのガーデン・パーティーを開き、王女を招待主にして二〇人の客を招いた。風船で飾りつけして、かくれんぼで遊んだパーティーのハイライトは、招待客を連れて子ども部屋にマーガレットを見にいくことだった。翌週に王女は自宅でのパーティーでも招待主をつとめた。公妃の姉ローズの子どもたちであるメアリーとグランヴィル・ルーソン＝ゴア伯爵、それに兄ジョックの娘たちが集まった。ジョックはその年の初めに四三歳の若さで肺炎のため亡くなっていた。ふたたびかくれんぼが行なわれ、長い石づくりの回廊や薄暗い部屋の突拍子《とっぴょうし》もない場所に子どもたちは隠れた。その一週間後にまた城に遊び友だちが招かれた。公妃のもうひとりの姉メアリーの子どもたち、つまりエリザベスのいとこのアンドリューとジーン・エルフィンストーンだ。

幼い王女が触れ合う友人たちは、貴族であるストラスモア家の子弟たちという狭い範囲に限られていた。王位継承者であることが確定するまで、両親は王女が限られたグループ以外の人たちと接触するのに熱心ではなく、王女は両親が定めた狭い世界で日々を送っていた。

すでに王女は城の外には別の世界があることに気づいていた。アラーと村を散歩しているとき、王女は立ち止まって学校の校庭で遊んでいる子どもたちを見たいと頼んだことがある。アラーはその頼みを聞いた。王女はしばらく子どもたちの様子を眺めていた。ほとんどの場合、眺められるのは王女自身だった。フォーファーのような田舎でも、見物人が押し合いへし合いして彼女を観察した。地位と知名度のせいで、幼いエリザベスは見物されて取り囲まれる見世物になっていた。動物園の檻《おり》の前での「大騒ぎ」のようなものだ。四歳にして王女が「正常」な社会生活を送るのは不可能だった。

お姉さんに格上げされたからといって、短期間で王女が高潔な精神を持ったわけではないし、「茶目っ気たっぷり」のいたずらっ子から脱却したわけではない。九月の雨模様の午後、王女が父の衣装部屋にいるところを発見された。手にはヘアオイルのからっぽの瓶を持っていた。「金髪の巻き毛はベタベタで、テーブルには四体の人形とテディベアが王女の頭髪同様ベタベタにされて座っていた」

一九三一年一月二二日、マーカス・アダムズが一年ぶりに撮影したエリザベス王女の新しい写真にも、いたずら好きが少しも変わっていないことがうかがわれる。歯を見せて笑っているエリザベス王女は、目がきらきらと輝き、以前と変わらぬフリルたっぷりの白っぽいドレスを着ていた。

「ふつうの家庭」を目指して

ふたりの娘に恵まれた幸せを噛《か》みしめていたヨーク夫妻は、頻繁にアダムズの写真館で家族写真を撮影した。撮られた写真は、大衆が彼らを理想の家庭とみなすことに間違いなく貢献した。王室の伝統的な肖像写真ではなく、夫婦間や子どもたちとの愛情を称えるような写真を公爵一家は何回も撮った。ヨーク公爵一家が幸せな家庭をアピールする写真を公開したのは、王が療養期間中に予言したこととは裏腹に、自分たちが君主になるかもしれないという可能性を、両手をあげて歓迎しているわけではないという意思表示の意味もあった。「プリンス・オブ・ウエールズが結婚しないかもしれないという予想は、いつも私を苛立たせます。皇太子はまだ十分に若いし、そんなふうに判断するのは失礼です」と公妃は侍女に書いている。

公妃はまた、自分の娘たちには、親子の絆《きずな》や、ボウズ＝ライアン家のきょうだいたちとの交流を大切にし、複雑な人間関係に悩まない幸せを与えると決意していた。マーガレット出産前に「私に何か起こったときのパーティーへのヒント」というメモを公妃は残していた。三つの「ヒント」はすべて、親子が最大限愛情をもって「喜びに満ちて信頼しあうこと」を目的にしている。「(リリベットに) 同封した手紙を、マーガレット・ローズからだといって渡してください」という手紙には、特別にリリベットに宛てて鉛筆でキスマークを書いた。「これを彼女に渡して伝えてくれますか?」。公妃はマーガレットが生後三週間のとき、夫にそう頼んだ。母は妹が生まれた当初から、姉妹が仲良くすることを望んでいた。

アダムズの写真では、公妃は真珠のネックレスだけをつけ、王女たちはふわふわとしたドレスを着て、英国の富裕ブルジョワ階層の家庭の範囲内の服装をしており、表面的には派手派手しさを抑えている。

一九三〇年代初め、ヨーク公爵夫妻の結婚生活は洗練されてはいるが、決して豪奢《ごうしゃ》ではなかった。ヨーク公爵の王位継承権が第二位であったために、ジョージ五世やプリンス・オブ・ウエールズに比べると、与えられる資産はささやかだったからだ。一九二九年、大恐慌で経済状況が悪化するなかで、王室に対しては迅速《じんそく》で賢明な対応がとられた。

風刺画家のオズバート・ランカスター卿は、当時の持たざる人たちが「上流階級に抱いた不快な感情」を描いている。そうした「不快な感情」を考えて、公爵夫妻は子ども向けのチャリティに、王女が使わなくなったり、余分に持っていたりするおもちゃを提供することにした。一九三一年二月二七日、ラグビー・アドバイザー紙はハミルトン(児童)養護施設を支援する目的で開催される子どもたちのダンスとパーティーのチケット情報を掲載している。「このパーティーの目玉は、エリザベス王女殿下のおもちゃがコーンウェル卿によって販売されることです」と新聞は伝えた。

大衆がヨーク家を「普通」と認めていたとしたら、それはマーカス・アダムズの写真のおかげだと言えるだろう。髪型は普通だったし、うんざりしている様子は微塵《みじん》も見せず、いたって落ち着いた家庭の写真だった。

予測される未来に向けて、公爵、公妃とふたりの王女たちは全員一致で、「普通の家庭」を体現しようとしていた。

王女としてのしつけ

アラーはエリザベス王女の早期教育を受け持っていた。毎朝二時間、子ども部屋は学校の教室に変わった。絵本、文字の積み木やビーズ紐を使って、エリザベスは読み書き算数を教わった。労働者階級のような教育が推奨された。王女は「大きなポケットと前立てに真珠ボタンがついたコットンのプリント地の上っ張り」を午前中のユニフォームとして着た。花柄のシルク地の「よそゆき」ドレスは、午後の外出時や両親とのお茶の時間に取っておかれた。物覚えがよく、学習意欲があって、五歳の誕生日を迎えるころには学習はかなり進んでいた。

家族の友人たちは、王女が勉学にいそしんでいるとほのめかすことを止められていた。王族の知性偏重は、王女の親族のあいだだけでなく、世間に疑いの目を向けられる可能性があったからだ。勉学にいそしむかわりに、君主としての義務を果たす重要性を植え付けることのほうに熱意が向けられた。「計算に少し退屈したり、書き取りの授業がやや長びいてあきた様子だと、アラーが計算や綴りができなければ本物の王女になれませんよ、と注意する。すると、王室の生徒はたちまちよく従った」とランカシャー・イヴニングポスト紙は報じている。

王女の授業は新しい日課となった。

読み書き算数のレッスンに加えて、フランス語が教えられた。王室の子ども部屋に時代の先端を行く設備が整えられていたのは、エリザベス王女のフランス語学習のために、蓄音器が用意されたことからもわかる。学習速度は「速い」と言われた。王女は学習成果を祖父母の前で披露した。新聞は、王自身が言語の才能には恵まれていないことは上手に避けながら、王が「王女が蓄音器を利用してリンガフォン（語学録音教材）を聴きながらフランス語を学ぶ様子をことのほか喜ばれた」と書いた。

王女はピアノのレッスンも受けた。ロシアのコンサート・ピアニスト、ゲオルグ・チャヴチャヴァツェも、先生のメイベル・ランダーの教え子だった。最初のレッスンはもっぱら「スツールを上げたり下げたりすること」に費やされた。新聞各紙はエリザベス王女の上達が速いと報じており、王女と先生はすぐに友だちになって、ランダー先生のことを「グージー」と呼ぶようになった。

同時に王女は整頓《せいとん》と倹約をしつけられた。ボボ・マクドナルドは王女に、リボンや包装紙のしわをのばして丁寧に畳み、箱に入れてとっておくようにさせた。アラーはおもちゃと衣服の整理整頓に熱心だった。王女の大きなマホガニーの整理ダンスにかけたドレスのそばに、合わせるコートと帽子を並べ、すぐ下にそれに合う靴をおいた。「整理整頓の必要を認識するために、エリザベス王女は乳母を手伝って着替えのたびに脱いだ服をしまった」という。

のちに王女の家庭教師となるマリオン・クローフォードは、王女が「非常にきちんとした子ども」で、「就寝時に毎回ベッドから数回飛び起きて、靴がまっすぐに並んでいるか、服がきちんとかけられているかを確かめた」と証言している。

お気に入りのおもちゃは車輪つきの馬で、ふたりの王女はいっとき三〇台も持っていたことがある。毎晩馬たちは、子ども部屋の「厩舎」に寸分の狂いもなくきっちりと定位置に並べられた。夜間の子ども部屋の椅子の下にはぴかぴかに磨かれた靴がやはりきちんとそろえて並べられ、しわをのばしたコートが畳まれておかれていた。

エリザベス王女の「しつけ」は、最終段階に入っていた。王女の生活は、特権階級の頂点に立つ人たちと同じく特別な行事に沿って営まれており、その多くを、王と王妃である祖父母と共に過ごすことになる。サンドリンガムでのクリスマス、ウィンザー城でのイースター、バルモラル城で過ごす夏休みなどだ。王女は「あふれるほどの生気を発散できる自由を満喫《まんきつ》し、物見高い見物人からのぞきこまれて、金魚鉢の金魚になったような気分から解放されてほっとしていた」とダンディ・クーリエ紙は伝えている。

一九三一年のクリスマス、エリザベス王女はサンドリンガムの舞踏室で、母とメアリー王妃とダンスのレッスンに参加した。三人はポルカを習ったが、王女はただ跳び跳ねていただけだった。

国民のアイドル

六月に、王妃は王女をオリンピアのロイヤル・トーナメント〔訳注：一八八〇年から毎年開催されていたイギリス軍のイベント」に連れていった。ふたりは軍服の将校たちにエスコートされ、その様子はカントリーライフ誌全面を使って報じられた。

秋にはふたりの王女たちの言葉が、王室一家の行動の公的記録であるコートサーキュラーに刻まれることになった。その後、ほかの子どもたちとは違って、ふたりの行動は逐一ザ・タイムズ紙に重要な出来事として掲載されるようになる。

それでも、ヨーク公妃の友人で王女たちの乳母もつとめたアン・リングは、一九三二年一〇月に王女が「彼女の生活のもうひとつの側面である、王女としての役割については、何もわかっていなかった」と証言している。

家庭のなかで、家族とともに狭い世界で暮らす王女とは別に、もうひとり、小さな王女が外の世界に存在していた。社会の集団的想像力が産みだした、「黄金に輝く金髪の魅力的な国民的アイドル」としての王女である。カッコ付きの「エリザベス王女」は、感傷的に報道するジャーナリストとマーカス・アダムズが何度も創りだした完璧な子ども像であり、本人の意思と関係なく大衆を幻惑した。

王女の名前は慈善事業、営利事業や愛国活動と、広範囲にわたる活動と結びつけられていた。一九三二年二月、ヴィクトリア&アルバート・ミュージアムで開始された人工シルク展示会では、エドムンド・ハルステッド社が新商品のタフタ生地に「プリンセス・エリザベス」と命名して展示した。「子ども服やランジェリー用素材で、パステルカラーに松葉牡丹《ぼたん》の花を散らした一〇〇％人工シルク地」である。翌月にはベスサル・グリーンのクイーンズ小児病院で、二六床の五歳以下病棟が「プリンセス・エリザベス病棟」と命名され、オープン式典にヨーク公妃が立ち会った。同じ

2
「二輪の薔薇のつぼみ、静かにおだやかに、王室に春を告げる」

週に南極の新たな領土の命名式があった。発見した探検隊のリーダー、サー・ダグラス・モーソンはそこを「プリンセス・エリザベス・ランド」と名付けた。王女の曽祖父が築いた大英帝国の領土だったカナダのニューファンドランドで、初めて切手に登場した。六セントの切手には、マーク・アダムズが一九二九年に撮影した写真が使われ、イングランドの象徴である薔薇とスコットランドの国花であるあざみがあしらわれていた。

子どもの王女が望んでいようがいまいが、そのような扱いをされて、ますます彼女の知名度は上がった。王女が子どものあるべき理想の姿であり、臣民の子どもたちの模範でいてほしいという期待が、そこにはこめられていた。

一九三二年三月にヨーク公爵夫妻がカーディフを訪問したとき、王女の公的な世界とプライベートとの境目が曖昧であることをあらわす出来事があった。夫妻は、ウエールズ地方の伝統的なコテージの子ども向けミニチュア版「藁《わら》屋根の小さなおうち」を、お嬢様にと正式に贈呈されたのだ。ミニチュアサイズの「小さなおうち」は、細部にわたるまで完璧で、小さくともさりげなく自然な日常感が演出されていた。

「小さなおうち」は、物質面で何ひとつ不自由ない子どもにとっても、高価で途方もなく贅沢《ぜいたく》なプレゼントだった。ウエールズ地方は当時、鉱山業と工業が不振で深刻な経済危機にあり、生活に困窮する労働者やコテージのメーカーにとって、「小さなおうち」への関心を呼ぶことが、生き残るための苦肉の策だったのだ。

新聞各紙は「ウエールズのコテージ」について報じた。「公妃と私は、ここ数年の厳しい経済状況によって地域に蔓延《まんえん》する疾病《しっぺい》と貧困を救うための資金集めに、この家がひと役買うに違いないと格別に喜んでおります」と、公爵は寄付を呼びかけた。

王女が実際にプレゼントを受け取ったのは、五月も半ばになってからだった。それまでカーディフからロンドンまで、コテージはあちこちで展示された。最後に展示されたのはエンパイア・ホールで開催された「理想の住まい展」だ。一〇万人が訪れ、五〇〇〇ポンドの寄付が集まった。

王女がひとりで、あるときはマーガレットや両親、祖父母と一緒に、「小さなおうち」で遊ぶ写真が報道された。ウエールズからの贈り物は、ヨーク家が「普通の家族」であることの象徴だった。

広がる外の世界

最初、エリザベス王女はひとりでコテージに入って、掃除や皿洗いをやっていた。マーガレットは一緒に遊ぶには幼すぎた。子ども部屋での学校ごっこもマーガレット抜きでやっていた。アラーが教師役で、ぬいぐるみが生徒で、母に買ってもらったイーゼルに立てかけた黒板を使った遊びだ。それを目撃した人によれば、「大きなタータンチェックのリボンをつけたテリアのぬいぐるみが座って授業を受けていた」という。

やがて、日課になっているハイドパークやウィンザー・グレートパークへの馬車でのお出かけに、マーガレットが加わるようになった。アラーとボボ・マクドナルドに付き添われて、マーガレットは姉エリザベスと一緒にセント・ジェームズ・パークでアヒルを眺めたりした。こういった外出は相変わらず人々の注目を集め、どんなささいなことも話題になった。「キンポウゲの花の黄色の縁がついた」新しい帽子や、新しい乗馬服（茶色のズボンに小さなベルベットのジャケットと

2

「二輪の薔薇のつぼみ、静かにおだやかに、王室に春を告げる」

キャップ）も当然噂になる。ビーグルズ社は、毛皮がついたコートとベレー帽をかぶった五歳のエリザベス王女が馬車に乗っている絵葉書を売り出した。向かい側の座席には帽子をかぶったマーガレットがアラーの膝に座っている。一九三二年の王女たちには、生まれもってそなわっている人を惹きつける魅力があった。写真家や絵葉書の発行者たちは、その魅力のおかげで宣伝の費用も努力も必要としなかった。

エリザベス王女の周囲にいる人々は、相変わらずほぼ家族だけだった。マーガレットをのぞけば、付き合いがある自分と同世代の子どもたちは、ラッセルズ家のいとこたちか、機会は少ないがヨーク公妃の大勢の甥や姪たちだ。一九三一年一〇月には、サセックスで行なわれたメアリー王妃の姪レディ・メイ・ケンブリッジの結婚式で、エリザベスははじめて花嫁付き添い人のひとりになった。一緒に付き添い人をつとめたのは、ヨーロッパにいるほかの王室の親戚たちだった。

前の世代と比べると、エリザベス王女が子どものころには、姻戚関係にある王室の女性たちとの付き合いは少なくなっていた。王族出身ではない母が、親戚付き合いにおいて自分の係累を優先したことが影響している。王室の系図にこだわりがあるメアリー王妃が、孫娘のためにほかの花嫁付き添いの子どもたちと王女との複雑な姻戚関係について説明してくれた。王室について学び、自分もその一員であることを認識することは、エリザベスの教育の一環であり、それには祖母が多大なる貢献をした。

エリザベス王女はまた、ロンドンで近所に住む貴族の子どもたちとも遊んだ。メイリ・ヴェーン＝テンペスト＝スチュワートや、両親がブルトン・ストリート一三番地に住んでいたメアリー・アンナ・スタートともよく遊んだ。一九三二年五月、侍従アレンデール子爵とその家族が地方からロンドンのピカデリー一四四番地に引っ越してきた。母エリザベスは「これはエリザベス王女にとって朗報だわ。アレンデール家の子どもたち（ウェントワース、エラとリチャード・ボーモント）はロンドンにいるあいだきっといい遊び友だちになる。ハイドパークに面した庭で遊ぶといいわ」と言っている。

ウィンザー城で誕生日の一カ月前に開催された六歳の誕生パーティーには、両親と妹マーガレット、王と王妃、プリンス・オブ・ウエールズ（お気に入りの伯父さん）、ラッセルズ家のプリンセス・ロイヤルといとこたちと家族が勢ぞろいした。エリザベス王女はみずから招待状を書いて送った。彼女からの特別のもてなしは「初めて祖父母やほかの招待客に向けて、誕生日プレゼントのお礼状を非常に読みやすい丸っこい字で書いたこと」だ。王のシェフ製作の六本の蠟燭《ろうそく》が灯されたピンクの砂糖衣がかかったケーキのおかげで、行事の堅苦しさが少しやわらいだ。

エリザベスへの家族からのプレゼントは、大きな人形と自分で読めるたくさんの本だった。「女の子はみんな人形が好き」という世間一般の思いを代表する役割をになわされていた以上、人形は避けられなかった。両親宛に一般の人たちから贈られたプレゼントは「王室の曲げられないルールに従って」送り主に返送された。唯一ルールが曲げられたのは、『不思議の国のアリス』のモデルになったアリス・ハーグリーヴスから贈られた同名の本だったが、子馬に夢中で活発な王女はルイス・キャロルのややこしいファンタジーは楽しめなかった。

王室に通じた作家のベティ・スペンサー・シューが一九四七年に明らかにしたところによると、王女が初めて独力で読んだ本は、子ども向けのシンプルなストーリーの『私が自分に読んで聞かせるお話の本』というシリーズだったそうだ。

だが本より明らかに王女が大興奮したプレゼントは、三輪車に替わる自転車だ。プレゼントしたのは英国自転車オートバイ製造販売業者組合のメンバーたち。エリザベス王女は自分から声をかけた新しい友だちのソニア・グラハム・ホジソンと一緒に自転車を乗りまわした。ソニアはジョージ五世のレントゲン技師ハロルド・ホジソンの娘で、ハミルトン・ガーデンズで遊んでいたときに初めて出会った。ソニアは「ある日小さな女の子が私のところにやってきて言った。『私とゲームしない？』」と、その日の思い出を語る。ふたりはフレンチ・クリケットで一時間ばかり遊び、ソニアは「エリザベスの特別な女友だちになった。ティーパーティーにはいつも呼ばれたし、セント・ジェームズ・パークの散歩も一緒だったし、ピカデリーハウスの裏庭でのゲームも一緒だった」という。ソニアのほうが八カ月だけ年長で、背も高く、自分で言うには親分風を吹かせていた。すぐに王女と技師の娘は休みの日以外ほとんど毎日一緒に遊び、ソニアが学校に行くまでそれは続いた。ソニアは自転車に乗るときに白い手袋をしたし、着ている服もエリザベスと似ていたし、父親が仕事で王室の人たちとつながりはあったが、特権階級の外の出身だった。

ロイヤルファミリーとしての自覚の芽生え

一九三一年の晩夏、メアリー王妃はバルモラル城で孫娘に新しい王妃付女官のレディ・ヴィクトリア・フォレスターを紹介した。このときのエリザベスの反応が記録されている。「ヴィクトリアですって？　聞いたことがある名前だわ」。五歳の王女にしてはウィットに飛んだ発言だと広く伝えられた。

たとえ五歳だとしても、エリザベスが高祖母であるヴィクトリア女王の名前をそれまで耳にしたことがないとは考えられない。わずか三〇年前に亡くなった女王は、子孫たちの意識にその存在の記憶が深く刻まれていた。バルモラル城はいまだにヴィクトリア女王のハイランドにある静養所と認識されていたし、王室年中行事は女王が作ったものがモデルになっていた。女王の道徳的高潔さと帝国の絶対的存在価値は、王室に対する見方にも影響を与えていた。

王と王妃、また廷臣たちと宮廷に勤める人たちにとって、尊敬すべき前任者の記憶はまだ少しも色あせていなかった。プリンス・オブ・ウエールズは「国王が君主としての振る舞いのモデルとしていたのは、ヴィクトリア女王だった。王の宮廷は最後までヴィクトリア女王時代の香りを保っていた」と指摘する。一方で皇太子のいとこのルイス・マウントバッテン卿は、ジョージ五世が「ヴィクトリア女王が君主となった初期の時代の思想に凝り固まっている」と公然と非難していた。

エリザベス王女がヴィクトリアの名前を知っていたのは、その後の彼女の運命に気づいていたからだと遠回しにほのめかす声があったが、それはあたっていない。名前を知っていたことではなく、王女が少しもものおじせず、「遊び仲間を確固たる意志で統率する」姿が報じられたことが、彼女に出会った多くの人たちの頭に、ヴィクトリア女王を彷彿《ほうふつ》とさせたのだ。

公妃はそんな疑いでエリザベス王女の未来に影を落とすつもりはまったくなかった。ふたりの娘の将来に望むのはもっとシンプルなことだ。「成長して振り返ったときに、幸せだったという子ども時代を送らせること。これからやってくる日々の前に楽しい思い出をたくさん積み重ねること」だ。シンシア・アスキスは王室について書いた別の書物で、公妃が「明るい現在に、未来のどんな影も落とさせない」と決意していたという。

メアリー王妃に、エリザベス王女に対する世間の関心が高すぎるという懸念を二度と相談しなかったにもかかわらず、ヨーク公妃が周期的に不安に襲われるという噂が飛び交った。「ヨーク公妃は幼いエリザベス王女の一挙手一投足に大衆の視線が注がれることを、避けられないとわかっていても、心配していた」と一九三二年夏にあるコラムニストが情報源なしの話として書いている。「少女はもう十分（その視線に）気づくほど成長し、自分が重要人物として扱われることが影響して自意識が芽生えているところがある。馬車で公園に出かけると誰もが彼女を見て、敬意をあらわして帽子を持ちあげ、ハンカチが振られる」

おそらく赤ちゃんのころから面倒を見ているアラーから、見物人が手を振ったときには同じように返しなさいと教えられたのか、もしくは王室の流儀を伝えるとみずから決めていたメアリー王妃が教えたのだろう。エリザベス王女の長じてからの振る舞いや、長い生涯を通じて喝采を受けたり自己宣伝したりすることを拒否しつづけているのを考えると、見物人から手を振られたら挨拶を返すことは王室のステータスには欠かせないことだ、と早期に学んだと思われる。

双子のような姉と妹

短期的に見れば、母の懸念はふたつの結果につながった。エリザベス王女の教育の次の段階についての会話ができたことと、年齢差があったとしても、エリザベスとマーガレットをできるだけ一緒にして育てるようにしたことだ。

公妃は初期段階で、エリザベス王女を厳格に教育することで、大衆からちやほやされることからある程度引き離せるのではないかと期待していたと言われている。だがそんな期待ははずれた。

エリザベスとマーガレットをできるだけ近い距離において一緒に教育するという二番目の策は、目に見える結果が出た。シルヴィア・メイフェアと名乗るあるジャーナリストが五月にこんなことを書いている。「王室のファッションは間違いなく多くの母親たちが真似る」。公妃はふたりの娘たちの服装を同じにすると決めた。「馬車に乗って公園に出かけるふたりの王女たちが、そっくり同じ服装をしているのを私は見た。ラズベリーピンクのウールのコートを着て、薔薇のつぼみがひさしについた帽子をかぶり、ふたりとも手袋をはめていなかった」

以後一〇年以上にわたって、ふたりの王女たちはまったく同じ衣装を身につけた。初めてエリザベスとマーガレットが同じ服装であらわれたときのことを、ひとりの友人が一九四〇年六月七日付の日記に記している。それはふたりに姉妹の絆を結ばせようという決意のあらわれであり、王女としてふたりは平等であることも示唆していた。シルヴィア・メイフェアが予想したとおり、姉妹がおそろいの服を着るのは流行になったが、エリザベスとマーガレットのように寸分のたがいもない同じ服を着ることは、一九三〇年代の英国においてはほかの少女たちとは違う存在であることをはっきり示していた。王の孫娘ふたりが、年齢や地位においても同等の存在であると示すことは、ある種の幻想を抱かそうという思いからだ。ヨーク公爵はたった一八カ月遅く生まれた次男であることに苦しめられてきた。だから、自身が王位につく前から、公爵も公妃も下の娘に同じような不合理な思いをさせるつもりはなかった。長期的に見れば、その思いが強すぎたためにマーガレットを甘やかし、不幸な結果を招いた一因でもあるが、全面的に両親のせいというわけではない。

王女たちは服装が同じであるばかりでなく、家庭でも外でも同じことをやった。七月にエリザベスはアスター子爵夫人が開催した子どものパーティーに出席した。アラーとマーガレットが同伴した。マーガレットは二歳の誕生日前日でもう歩いておしゃべりができたが、家族以外のパーティーに出るのは生まれて初めてだった。これ以降、招待状は必ず両方の王女に送られるようになった。劇作家で詩人のクリストファー・ハッサルは王女たちを「二輪の薔薇のつぼみ／静かにおだやかに／王室に春を告げる」と詠《うた》い、ふたりを「イングランドの誇り」と呼んだ。

最初からエリザベス王女には二重の任務が課せられた。自分が楽しむと共に、妹の面倒を見ることだ。マーガレットが亡くなるまで、公私両面でエリザベスは妹の面倒を見つづけ、姉であることが一つのアイデンティティになっていた。ときにはその役割が重くのしかかった。ヨーク公夫妻がその夏グラームス城で過ごすのを楽しみにしていることを報じた新聞は「エリザベス王女は妹に、スコットランドで過ごす夏休みは、好きなだけ遊べるからとても楽しいと説明している」と書いた。王女たちのロンドンでの暮らしがさまざまに制限されていることを推《お》しはかっての言葉としても、まだ六歳の少女が妹にこういう説明をすることは、姉が教師としての責任をになわされていたのをうかがわせる。

エリザベスはアスター家のパーティーで、マーガレットよりも喜び方が「控えめ」で、「六歳のレディの威厳を漂わせていた」と言われた。マーガレットは「生来物静かな姉に比べると、より衝動的で無責任」だと第三者は見た。マーガレットは初めて公の場に出たときから、気まぐれで移り気な性格を表に出し、姉とは対照的だった。それはエリザベスのほうが王冠により近いために、より正しい振る舞いや自制が求められる立場にあったからだ。行動様式は姉妹それぞれの役割に応じて設定された。

エリザベスは徐々に自分の立場に気づくようになるが、このときはまだ彼女の人生は明るく輝いていた。「あれほど人生を愛しているお子さんを見たことがない」とシンシア・アスキスは書いている。

祖父の誕生日の六月に、トルーピング・ザ・カラーというエリザベスの胸を躍らせる行事が開催された。エリザベスは王と同じように馬が大好きで、すでにすっかり入れこんでいた。行事のリハーサルのとき、子ども部屋の窓からピカデリー広場を近衛騎兵が馬に乗って行進するのを「窓に顔を押し当てて眺め、興奮して手を振りつづけ、兵士たちに笑顔を振りまいた」と伝えられている。その二週間前、ヨーク公爵夫妻はケント海岸沿いでアスコット・ウィーク〔訳注：アスコット競馬場で王室が開催する競馬レースのある週〕を過ごした。王女たちはサンドウィッチ湾の海辺の小石で遊び、エリザベスは自転車に乗った。王女たちには「自分たちの庭を持つ」計画が進んでいた。ヨーク家の「普通の家庭」の実態はこのようなものだ。馬、海岸での遊び、自転車、ガーデニング。エリザベスはそのすべてを楽しんでいた。

ロイヤル・ロッジへの引っ越し

しかし一九三二年までに、ヨーク家の伝統がひとつ終わった。公爵が六つの狩猟場をすべて売り払ったのだ。家族はラグビー近くのソーンビー・グランジというカントリーハウスによく滞在して長い時間を過ごしてきた。だが大恐慌の余波で経済不況に苦しむ英国は金本位制を廃止し、ポンドの価値が下落したため、ジョージ五世は政府から受け取っている王室費を五〇％削減することを命じた。息子たちも含む王室のほかのメンバーにも経費削減を命じた。狩猟はヨーク公爵家にとって費用がかかりすぎた。馬やソーンビー・グランジのような狩猟用の邸宅や、これまでノーサンプトンシャーやウォリックシャーで借りていた狩猟場も手放した。

エリザベスは事情を理解するには幼すぎたものの、両親の秩序正しい快適な生活に変化が起きていることはうすうす感じていた。受け継がれてきた無形の地位を守ること、祖父母が支配する厳格な階級制度を維持していくこと、土地所有によって富を得ること、多くの使用人に囲まれた家庭生活を営むこと、そういう環境でエリザベスは育ってきた。一九世紀末から、地主階級の社会的、政治的、財政的な支配権がしだいに力を失っていく傾向が数十年にわたって続いており、この時期に衰微の勢いが加速していた。

しかし、ヨーク家にとって経済状況の悪化はひとつ幸運をもたらした。カントリーハウスを所有するチャンスがめぐってきたのだ。ウィンザー・グレートパーク内にあるロイヤル・ロッジである。一九三一年秋、最後にロイヤル・ロッジを所有していた、王室のサラブレッド厩舎の管理者だったメジャー・フェザーストンハフが亡くなり、王がヨーク公爵夫妻に提供した。それまでの王室の基準からすれば小さな家だ。少なくとも建設したジョージ四世はコテージ＝小さな家と呼んでいた。

一九三一年当時、家は長年手入れもされずに放置され、一部は崩れていて、増設や改築が繰り返された結果、建てられた当初にあった美しさが損なわれていた。手入れが行き届いていない広大な庭園のなかに立っていて、ウィンザー城から三マイルほど、プリンス・オブ・ウエールズが休暇を過ごすカントリーハウス、フォート・ベルヴェデーレからも同じくらいの距離にあった。メアリー王妃に宛てて公妃は「最高に気持ちのいい場所で、庭も魅力的です」と書いている。「子どもたちにとってすばらしい場所ですし、きっととても幸福な時間が過ごせるでしょう」。公妃は固くそう信じていた。王妃はしばらくのあいだ反対していた。王室経費を削減しなくてはいけない時期に、経費がかかる取り壊しと再建を公爵が依頼してきたからだ。公爵の公式伝記作家によれば、カントリーハウスを改築する目的は、仲のよい四人家族にとって「本物のホーム」をつくることであり、公爵が王家の「家庭的な男」であることを印象づけるためには適切な事業だ、とされた。

一九三三年新年までに改築は完成し、のちに訪れた人によれば「非常に一九三〇年代的で、すべてクリーム色とスイートピーカラーで統一されていた」という。敷地の奥まった場所に生垣で囲われた庭が作られ、「小さなおうち」が移築された。

ロイヤル・ロッジはヨーク公爵家の輝ける「普通の家庭」の舞台だった。王家のほかの豪邸に比べると規模が小さいことや、公爵夫妻が庭園にこだわったことも、一家が典型的な核家族であるという神話を不滅のものにした。コラムニストたちはヨーク公妃が「ふたりの娘たちに家事のスキルを学ばせる完璧な環境を整えた」という見方をした。

だが、エリザベスはおままごとよりも馬に乗っているほうが幸せだった。七歳の誕生日プレゼントは、ジェム（宝石）という名前のより大きな子馬だった。「この子は本当の宝石よ！」と王女は宣言した。家族全員からのプレゼントは、ウェルシュコーギー・ペンブローク種の子犬ロザヴェル・ゴールデン・イーグルで、「ドゥーキー」と呼ばれた。その後すぐにロザヴェル・レディ・ジェーン、「ジェーン」という名前の子犬も加わった。それから八〇年にわたって、コーギー犬が最低でも一匹はいつもエリザベスのそばにいる。

ロイヤル・ロッジと「小さなおうち」の両方で家族写真が何回となく撮影され、ストラスモア家の影響をうかがわせる、ヨーク一家ののんきで親しみやすい雰囲気がアピールされた。

家庭教師との勉強

秋になると、ロイヤル・ロッジに新しい家庭教師がやってきた。エジンバラのモーレイハウス教員養成大学を最近卒業したマリオン・クローフォードだ。寝室と居間を与えられて住み込みで教師をつとめることになったクローフォードは、スコットランドのエアシア出身の機械工の娘で、二二歳だった。彼女はヨーク家に一五年つとめることになる。皆からはクローフィーと呼ばれた。ヨーク家の人たちと彼女は、共に過ごした日々を互いに心から楽しんだ。

エリザベスの教育があれこれ憶測されることは避けられなかった。その生活のすべてがニュースになるのだから、ましてや教育については最大の関心事となる。新聞が、サウスウォールド地方のサフォーク海岸にある私立小学校に王女が入学するのではないかと報道したこともあった。すぐにその噂は否定された。「メイフェア・ゴシップ」欄の筆者は「王女の初等教育を私立学校で行なう意図はない」と書いた。「王女はすでに読み書き算数の簡単なレッスンを受けており、そのうち家庭教師が王女の教育にあたることになるだろう。この計画は孫娘の健康と成長に非常に関心を持っておられる王妃に承認されている」

クローフィーがその家庭教師だった。若いにもかかわらず、その身元調書には公妃のお眼鏡にかなうしっかりと保証された経歴が記されていた。彼女の英語の知識と人間性は十分に合格点で、そこは大歓迎すべきだった。やや不安なのが数学の知識だったが、メアリー王妃は、エリザベスとマーガレットが「家計簿をつけることは決してないだろう」と、数学はそれほど重要ではないと判断した。公妃にとってクローフィーの能力と知識不足はたいした問題ではなかったのだろう。夫が即位したあとでさえも、公妃が望むのは娘たちの幸せと健康だったからだ。ふたりの娘たちには自分が受けたのと同じく、ふさわしい結婚のための準備を目的にする教育を望んでいて、クローフィーの能力の範囲内で気持ちよく教えてもらったらいいという要求しかなかった。

クローフィーの野心的ではないカリキュラムは、二〇世紀後半の立憲君主として、都合の悪い好奇心や飛躍に富んだ想像力をあまり持たないようにするうえで、エリザベスにはふさわしかったと言えるかもしれない。クローフィーが特に力を入れてエリザベスを鍛えたのは、速読能力だった。生徒とは一六歳しか年が離れていない若いクローフィーは、王女たちに臆することなく接した。クローフィーが苦心したのは、エリザベスに揺るぎない自信をつけさせることだった。だがこのアプローチは、マーガレットにとってはフラストレーションがたまるものとなる恐れがあった。マーガレットの将来は、姉とは違って先が見えないものだからだ。年齢差のために、ふたりの子どもたちのあいだには当然の能力の差がある。クローフィーが家庭教師になったことで、姉妹ふたりの差が鮮明になった。一九三三年にクローフィーが教えていたのはエリザベスであって、マーガレットではなかった。下の子どもが不利にあると感じてほしくないと両親は願っていたはずなのに、ヨーク夫妻自身がよかれと思ってやっていることが、姉妹のあいだにある差をより広げるような結果になっていた。

2

「二輪の薔薇のつぼみ、静かにおだやかに、王室に春を告げる」

秋にエリザベスは、公妃と共に昼に行なわれるチャリティに出席したり、日曜日の教会の礼拝に行ったりするようになった。デイリーメール紙はそういった外出が「半公的」なものだと表現した。第三者の目には、エリザベスは王の孫たちのあいだで抜きんでた存在と映っており、新聞各紙は母娘が一緒に登場することを喜ばしいニュースとして報じた。娘が有名人扱いされることについての公妃の懸念には、いっさい頓着《とんちゃく》しなかった。そして言うまでもなく、活発で礼儀正しいエリザベスは称賛に値する振る舞いを見せた。「王女は母に教わって、適切な振る舞い方を模範どおりに披露し、『連れていってもらう』ことを心から楽しんでいる」と、メール紙の「オンルッカー」というコラムには書かれている。母の腕に手をからませて微笑むエリザベスの写真は、この評価の正しさを示していた。

クローフィーはエリザベス王女の第一印象について、一九五〇年に発行された『王女物語』（みすず書房）に書いている。「ふさふさした巻き毛の少女」がベッドに座り、ガウンの紐を手綱《たづな》に見立てておもちゃの馬を操って「公園を一周、二周させていた」という。「出会った最初から、私はリリベットに〝特別〟なものを感じた。まだ幼いのに大物の風格がおありになった」。クローフィーだけでなく、七歳のエリザベス王女に会ったほかの人たちも同じ印象を語っている。その年、エリザベスの肖像画を描いたフィリップ・ド・ラズローは「最高に賢くて美しい少女」と言った。内緒だけれど自分もあなたと同じように絵を描くのだ、と王女は画家に打ち明けたそうだ。「私は絵がうまいの。次にこちらにうかがうときに私の絵をお見せします」。ド・ラズローも「王女は非常に人望があり、将来の英国女王と見られて尊敬を集めておられる」と言った。

クローフィーの授業は、公妃が彼女に任せる比較的短い時間内にすませられる基礎学習に絞られていた。絶対にはずせない神聖な日課は、両親が娘たちと一緒に過ごす時間だった。朝食後に公妃の寝室で跳ねまわる時間、お茶のあとのカードゲーム、お風呂の時間、子ども部屋での枕投げのようなお遊び、日課になっているベッドでの絵本の読み聞かせである。授業は、美容師や仕立屋が呼ばれた、歯医者の予約がある、などの理由でキャンセルされがちだった。

その冬、子どもたちが大勢集まって一週間に一回ダンス教室が開かれ、その後王女たちとお茶の時間がもうけられたことが新聞で報じられている。ダンス教室に参加したのは、ヨーク家の近所に住む子どもたちや公妃の友人であるレディ・プランケットの三人の息子たちだ。ダンス教師のマルゲリーテ・バカーニは「上流社会の子どもたちのあいだで有名な先生」で、英国生まれのスペインのエナ女王が推薦した。先生は王女の第一印象を「ブルーの目をした笑顔の女の子で、会うのが楽しみになる」と語った。

午後は勉強はなしで、屋外で遊ぶことが推奨されていた。馬車で公園に出かけたり、エリザベスが飼っているマダム・バタフライという名前の日本青海亀に餌《えさ》をやったり、庭で自転車を乗りまわしたりする時間だ。

公妃と王妃両方に仕えた女官であるキャヴァン伯爵夫人の自宅で、週に一回の歌のレッスンもあった。エリザベスは、二歳年上で、ヨーク公妃から名前をもらった伯爵夫人の長女レディ・エリザベス・ランバートと一緒にレッスンを受けた。

クローフィーは、こういった娯楽のあいだをぬって勉学の時間をやりくりするしかなかった。クローフィーが授業を行なえるのは毎朝二時間半から三時間という短い時間で、その間にエリザベスに歴史、文学と算数を教えた。「ほかの子どもたちと同じく歴史と文学は好きだった」という。彼

2
「二輪の薔薇のつぼみ、静かにおだやかに、王室に春を告げる」

女が王女たちのために「発明」したなかに「汚い」遊び時間がある。かくれんぼ、おしくらまんじゅうやロンドンの煤《すす》で汚れた灌木《かんぼく》の茂みでの追いかけっこなどだ。「いつも王女らしく、かわいらしいお人形さんのようでいるべきだ」と考えていたアラーの監視を受けていては、王女たちは「おしとやかなお嬢さんのお遊びで、はめをはずすことがない」と思ったクローフィーは、「汚い」遊びをこっそり教えた。

ロンドンでのクローフィーの授業は、客間の小部屋で行なわれていた。午前一一時の軽食の時間など、授業がさえぎられることは山のようにあった。エリザベスのために特別に出される軽食で、王女が特に嫌いだったのはミルクプディングだ。ロイヤル・ロッジでの教室は日がさんさんと射しこむ部屋で、楽しいのがいちばんという公妃の信条に沿って明るい色のカーテンがかかっていた。「大変熱心に授業を受けて、一週間よく勉強しました」というときにはご褒美《ほうび》として、週末にロイヤル・ロッジに友だちを招待してもいいという許可が出た。

公爵と公妃は口出ししなかった（「（公爵夫妻ほど）使用人の邪魔をしない人はいなかった」とクローフィーは書いている。娘が学んでいる内容に両親がどんな価値をおいているのか、クローフィーにははっきりしなかった。エリザベスはひとりで授業を受けており、ほかに比べる学友がいない以上、本人も両親も学習の進捗《しんちょく》具合をどう評価したらいいかわからなかった。

仲間うちでどれくらいの力があるかを測る数少ない機会は、編み物くらいだった。メアリー王妃が主宰する裁縫ギルドで、エリザベスがオレンジとグレーのニットスカーフを編んでボランティアに貢献した、と新聞で紹介されたが、見出しには「いとこは三本編んだ」とあった。エリザベスは編み物が嫌いで、父や祖母が得意とする針仕事も嫌っていた。スカーフは「忍耐強い作業の成果だった」が、いとこのジェラルド・ラッセルズががんばったせいで、王女の出来栄えはかすんだ。クローフィーがヨーク家と長い時間を過ごしたのは、家族四人全員を彼女が大好きだったからだ。だが、教師としてはフラストレーションを感じていた、とほのめかしている。

クローフィーの話をわざとゆがめて、エリザベスの両親が娘の教育に関心がなかったかのように伝える人もいる。だが、この時代に貴族の子女が、私的に雇われた家庭教師から受ける教育の目的が、学問に秀でることであるのはめったになかった。エリザベスの時間割に割りこんでくる「レディらしい」教養——ダンス、絵画、乗馬——はその時代の上流階級の子女なら身につけるべきものので、今とは違って驚くことではない。

ジョージ五世がエリザベスとマーガレットの学校教育で望んだなかで最も知られているのは、ふたりが「ちゃんとした字が書けるようになること」で、それはふたりともできた。当然、ふたりが書く字はいつも目にしている母の書く字に似ていた。

エリザベスが王位継承から遠い位置にいるかぎり、またプリンス・オブ・ウエールズが遅ればせながら自分の義務をはたして男性の跡取りを作るだろうという前提が共有されるなかで、国民は公妃と共にエリザベスの「課外活動」の様子を楽しんだ。そしてクローフィーはそのとき知らなかったが、ダンスはのちにエリザベスの人生にとって重要なスキルとなることが一度ならず証明されることになる。クローフィーは授業で自分のやっていることが否定的に評価されていることに気づいていたし、両親があまり教育に熱心でないことが学習の進捗《しんちょく》を妨げていると懸念していた。さらにエリザベスの疑う余地がない能力が、家庭教師としての苛立ちを倍加させた。クローフィーはエリザベスの「頭の回転の速さ」を買っていた。エリザベスは「どんなこともすぐに理解なさり、長々と説明する必要がなかった」と書いている。またエリザベスの従順さについても指摘している。「子どもにはめずらしいある種の素直さ、聞きわけのよさがおありになると、最初から気づいていた」。異なる状況ならば、理想的な評価となる資質だ。エリザベスは自分に期待されていることを理解し、それを受け入れていくようになる。

クローフィーはひとりで闘っていたわけではない。彼女はメアリー王妃が味方であることを発見した。王と王妃のふたりの孫娘に対する愛着は本物だった。自分の子どもやほかの孫の誰も、王のヘアクリップをソファの下にもぐりこんで拾ってくれたりしなかった。

メアリー王妃がエリザベスに対して授ける教育は、たんなる孫への愛情を超えていた。ジョージ三世のひ孫であるヴィクトリア女王によって堅持された英国の君主制に身を捧げることは、王妃にとって人生の指針だった。祖母の目には、エリザベスが王冠を継承して、最も高貴な台座に座る可能性が見えていた。頂点に立つ運命にある孫娘には、適切な準備が必要だ。レディ・エアリーは「メアリー王妃ほど王室に身を捧げている人が、お気に入りの孫に将来の女王の姿を見ないことは考えられない」と書いている。メアリー王妃は「エリザベス王女がすぐれた子どもの本を読むように大変気を遣っておられて、よく自分で選んでおられた」という。ロバート・ルイス・スティーヴンソン、キプリング、ジェーン・オースティンといった作家の本だ。王妃は「わが子以上にふたりの王女たちの教育に高い関心を持っていた」。

エリザベス王女へのフランス語のレッスンには、王妃は早くから熱心だった。エリザベスが蓄音機で学んでいるのに加えて、ヨーク家は通いのマドモワゼルを雇った。マドモワゼルは「動詞の変化を際限なく書いて覚えるように」と主張した。「あまりに過激なそのやり方にうんざりした」エリザベスは、大きな銀のインクポッドに頭を突っ込んで抵抗し、「インクが顔に垂れて、ゆっくりと金髪がブルーに染まった」。マドモワゼルは首になった。メアリー王妃は休暇中だけの家庭教師を雇ったらどうかと勧めた。そこで公妃は自分のフランス語の家庭教師だったジョルジーナ・ゲランを選び、彼女は一九三五年から家族と共にバークホールとバルモラル城に滞在した

王妃は詩を暗記することが「すばらしい記憶トレーニングになる」とも勧めた。エリザベスはロバート・ブリッジスの「ロンドンの雪」、ワーズワースの「水仙」やウォルター・デ・ラ・メアの五編ばかりの詩が暗誦《あんしょう》できるようになった。

だが、ラテン語のレッスンを一九三五年からはじめることを主張し、お礼状を必ずすぐに書くようにしつけたのは公妃だ。一九三四年二月にエリザベスは子どもらしく、お礼とは関係のない内容の手紙を祖母に送っている。「サンドリンガムにあなたと一緒に滞在するのが私たちは大好きです。私は昨日の朝、前歯が抜けました。マーガレットと私はレディ・アスターのすてきなドレスパーティーに行きました」

エリザベス自身は自分の教育をめぐる周囲の緊張に気づいていなかった。表面的には緊張は丁寧に隠されていたからだ。公爵と公妃は、娘たちがなんの不安もない家庭生活を楽しむように配慮していた。クローフィーは嫌味ではなく「季節はいつも春だった」と述懐している。

幸せは公妃の行動動機の常にトップにあった。一九三四年一月に家族で初めてサーカスに出かけたのも、公妃がエリザベスとマーガレットに音読用に選ぶ本や詩も、すべて幸せを感じさせるためだ。「妖精の物語」、『黒馬物語』、『北風の裏』、『ピーターパン』など、馬や犬について書かれた本は片端から読んだし、シェイクスピアの『テンペスト』にあるエアリエルの歌『おいで、この黄色い

砂浜へ』みたいな楽しい詩も読んだ」と伝えられている。公妃はまた、自分の母が読んでくれたように聖書物語を読み聞かせたが、そのことはエリザベスが強い信仰心を持つきっかけとなった。姉妹はふたりとも、王室のディストピアを描いた幻想的な物語であるサッカレーの『薔薇と指輪』も読んだ。プリンス・オブ・ウエールズが姪にプレゼントした本のなかにはA・A・ミルンの『くまのプーさん』があった。エリザベスのお気に入りの本は、衛兵交代について書かれた『バッキンガム宮殿』で、最後の質問がこの特殊な読者にとってはおかしくてたまらなかった。「王様は私のことが全部わかっていると思いますか？」

しかしほとんどの時間は、メアリー王妃は祖母として孫娘と遊ぶことに大きな喜びを覚えていた。冬の午後、太陽が明るく輝くなかで、王妃とエリザベスはサンドリンガムからハンスタントンの海岸までドライブして、「小さな王女はおもちゃのバケツに貝殻を集め、王妃は貝殻の場所を教え、ふたりは水たまりを歩いてわたった」そうだ。王妃はまた、公爵とエリザベスが地所の塀から蔦《つた》を剝《は》がすのを監督した。

七歳の誕生日

両親、祖父母、赤ちゃんのマーガレット、アラー、ボボ・マクドナルド、従僕のオーウェン、クローフィー、歌のクラスを担当するエリザベス・ランバート、ダンスのレッスンを一緒に受けているプランケット家の男の子たち……エリザベスは全面的な信頼を寄せる人たちが、結束力強く自分を守ってくれる世界で生きていた。当面のあいだ、その世界は変わりなく回りつづけていく。

エリザベスの七回目の誕生日は早めにウィンザー城で祝われた。朝食後にプレゼントが渡された。午前中の授業を取りやめて、ウエールズ衛兵の閲兵交替式が城の中庭で行なわれ、エリザベスとラッセルズ家のいとこたちだけでなく、ウィンザー城とイートン校を見物に来た二〇〇名ものベルギーから来た団体も含めて、大勢の見物人が見学した。

家族では王と王妃、プリンセス・ロイヤル、プリンス・オブ・ウエールズも一緒に誕生日を祝い、王のシェフからいつものように砂糖衣のケーキが振る舞われた。そして七歳になっても、引き続きエリザベスは王室の公式行事への参列が見合わされることが伝えられた。ダンディー・イヴニングテレグラフ紙は「ヨーク公爵と公妃はふたりの娘たちは公務を果たすには幼すぎると決められた。少なくともあと一年は、ロイヤル・トーナメントやロイヤル・ホースショーのような場には、御母上に付き添われるかぎりにおいての出席となる」と報じた。

3

「まさにイギリスらしい子どもを描いた喜びに満ちた一《いっ》幅《ぷく》の絵」

エリザベス　8歳〜10歳

デイヴィッド伯父さんの問題

一九三四年九月一七日、バラッター駅のプラットフォームで、両親と共にエリザベスは「見るからに興奮を抑えきれない様子で」ギリシャ王女マリナを出迎えた。レッドカーペットの上をくるくると元気いっぱい踊って出迎えたエリザベスに、マリナ王女はかがんでキスした。ギリシャの退位した王ゲオルギオス二世のいとこであるマリナ王女は、バーティーの一番下の弟であるケント公爵ジョージと婚約したばかりだった。マリナの母である、気位が高く野心的な旧ロシア大公女エレナ・ウラジーミロヴナは、ロシア皇帝だったアレクサンドル二世の孫娘で、七年前にプリンス・オブ・ウエールズが一番年下の娘マリナに関心を持ったのに興奮したことがある。だが、何も起こらなかった。デイヴィッドの愛情はまた、なじんだ関係である既婚者の愛人フリーダ・ダドリー・

ウォードに戻ってしまったからだ。これまでの数多くの「ふさわしい花嫁候補」と同様に、彼はマリナをふった。

バルモラル城でその秋、家族が集まってマリナを歓迎するパーティーが開かれたとき、エリザベスとマーガレットはデイヴィッド伯父さんの「問題」に気づいていなかった。一九二四年からすでに、ジョージ五世は長男のことを吐き捨てるように「手に負えない頑固者」だと言っていた。それから一〇年経ち、苛立ちはさらに強い感情へとふくらんでいた。半分は恐怖、半分は確信である。「皇太子の仕事」にうんざりしていることをはっきりと認めていたデイヴィッドが、王座につくことはないという自分の確信を、王は次男のパーティーとその嫁に話していた。時が経つにつれて、ジョージ五世の確信は正しいことが明らかになっていった。この予言があたったことは大きな痛みと衝撃を与え、王室の家族の多く、特にエリザベスの人生を大きく変えてしまった。

デイヴィッド自身はマリナが弟と結婚することになんの未練も感じなかった。友人に「『王室の結婚』について私がどんな考えを持っているか、きみは知っているよね」と書いている。女性との恋の戯《たわむ》れは「どれくらい続くだろうと思っているうちに終わる」ものだったからだ。一一月二九日、彼はパーティーと共に、ウエストミンスター寺院で行なわれた結婚式で、弟ジョージの付き添い人をつとめた。参列者には「まったく魅力がない平凡なイギリス男」のアーネスト・シンプソンと、その妻である「一五〇%アメリカ人」のウォリスもいた。保守党議員のサー・ヘンリー・シャノン、通称チップス・シャノンは自著で、「陽気で飾り気がなく、知的でもの静かで控えめで無愛想な小柄な女性」であるウォリスは「部屋に入ってきたときから、皆が自分にかしずくことを期待しているような雰囲気を漂わせていた」と書いている。二回結婚しているそのアメリカ人こそ、デイヴィッドの最新の愛人だった。

妖精のような王女

　エリザベスはその年と翌年に執りおこなわれたふたつのロイヤル・ウエディングで花嫁付き添い人をつとめ、どちらも忘れられない思い出となった。

　マリナ側の参列者には、王室が消滅したオランダのユリアナ王女を除く、欧州の成人した王女たちが勢ぞろいした。エリザベスと、はとこでメアリー王妃の甥の娘でもあるレディ・メアリー・ケンブリッジが、マリナのウエディングドレスのすそ持ちをつとめた。ふたりともパーティーや記念写真で着るような白いチュールのドレスを着た。

　エリザベスがただ姿を見せるだけでは大衆の関心を集めなくなっていた。それ以上に、彼女の振る舞いに注目が集まった。マリナの結婚式参列者について新聞各紙は、エリザベスが「誰よりも真剣だった」と満足げに報じた。バッキンガム宮殿で行なわれたリハーサルのときも、結婚式本番と同じくらい自分のやるべきことに真面目に取り組んでいた。そんな姿勢が姉妹の年齢差をふたたび際立たせた。両親と一緒に座っていたマーガレットは「小さな手を顔の前にあげてエリザベス王女に向かって親しみをこめてひらひらと振った」。だが、「王族の盛儀に参列している誰よりも威厳のあるエリザベス王女は、眉をしかめて声に出さずに叱った」とノッティンガム・イヴニングポスト紙は伝えている。すでにその年齢から、姉妹はそれぞれの役割を演じていた。いたずら好きで茶目っ気があり自由奔放《はんぽう》なマーガレットと、真面目で早熟したエリザベス。その真面目さと威厳を称賛する声は——八歳の子どもにとってそれが長所なのかと現代人は疑問に感じるだろうが——エリザベスが「王族」のふさわしい振る舞い方を必然的に理解せざるをえなかったことを示している。「声に出さずに叱る」ことは、やがて非難を表現する彼女の独特のポーズとなる。

一一カ月後の一九三五年一一月六日、エリザベスはふたたび花嫁付き添い人をつとめた。バーティーのすぐ下の弟グロスター公爵ヘンリーと、母エリザベスと同じスコットランドの貴族クイーンズベリー公爵の娘レディ・アリス・モンタギュー＝ダグラス＝スコットの結婚式である。このときは五歳のマーガレットが、姉と一緒に花嫁付き添い人になった。

ふたりは初めてノーマン・ハートネルがデザインしたドレスを身につけた。その後両親の戴冠式の姉妹のドレスから、のちには自分たちの結婚衣装やエリザベス自身の戴冠式の衣装も、ハートネルが担当することになる。ハートネルは「洗練された帝政様式《アンピール》〔訳注：一九世紀前半に起こったデザイン運動〕」を頭に描いていたが、孫娘たちの「かわいい小さな膝」が見たいというジョージ五世の要求によってその構想はくつがえされた。抗議したが「ふたりを小さな妖精のように見せたい」という王の声には逆らえなかった。

娘を持ってからは、子どもたちを妖精のように見せることはヨーク公妃自身の願いでもあった。読み聞かせする物語や詩から、室内装飾に使われるマーガレット・タラントが描く水彩画にいたるまで、ピカデリー一四五番地の日中の子ども部屋には妖精があふれていた。妖精たちは優美で、ときには気まぐれで、ときにはいたずらをしかける存在で、無邪気に子どもらしくいられる理想郷を象徴していた。ふたつの結婚式のときに、マーカス・アダムズは妖精の扮装《ふんそう》をしたエリザベスの写真を撮った。一九三四年一一月に撮影された写真は、アダムズの最高傑作である。

九月にバルモラル城でエリザベスに会った外交官のマイルズ・ランプソンは、「エリザベス王女ほど人を魅了する子どもはめったにいない」と言った。またふたりの王女が庭で遊ぶ姿を、パークレーンを走る二階建てバスから偶然目にした皿洗いメイドのモリー・モランは「やわらかな金髪に縁取られた桃色とクリーム色の肌のかわいらしいお顔を見てうっとりとした」という。外交官とメイドのふたりとも、王女たちが妖精のように見えたと証言している。アダムズが撮影した写真で、エリザベスはクッションにもたれかかり左手の上に顔を載せて、写真を見る人のほうを見つめている。そのまっすぐな眼差しは、見る人をじっと冷静に評価しているようだと言われるようになった。それは自信と、ある種の自己抑制のイメージだ。どちらもその後のエリザベスの資質として繰り返し言われつづけることになる。

祖父の即位二五周年記念祝典

ジョージ五世の即位二五周年を祝う祝典、シルバー・ジュビリーを執りおこなうことを政府が決めた。英国の歴史上そのような祝典が行なわれることは初めてであり、一九三五年の二五周年祭は、王室一族の人生において特筆すべき出来事となった。

さまざまな行事のあいだ、祖父母のかたわらで参加するエリザベスが頻繁に見られた。そのことはまず王女が「私と私の国民とのあいだにある個人的なつながり」「国民からの自然に湧きでる忠誠と愛情の献上」といった王の言葉を、直接耳にする経験を意味した。数々のイベントに祖父母のそばで参加し、国民の反応を見たことで、幼少のころから生真面目で観察眼が鋭いエリザベスが、祖父母はまた自分の統治者でもあり、その家庭生活は広範囲の利益のために捧げられているという印象を永久に胸に刻んだことは間違いない。

一月、エリザベスは自分の洗礼式のときに「バタシーの貧しい子どもたち」からプレゼントされたケーキのお返しをした。サウスウエールズのブライナという町にある少年指導センターに、砂糖衣をかけてデコレーションしたケーキを贈ったのだ。

数週間後、父がニューサウスゲートの工場を訪問した際、姉妹それぞれにスタンダード・テレフォンズ・アンド・ケーブルズ社から電話機が贈呈された。アイボリー色にゴールドがメッキされ、ダイアルもついている電話機は、実際に使うことができた。

このふたつの出来事は、王室にはふたつの側面があることを象徴している。高い地位にあることで労せずに貢物を得ることができるという一面と、恵まれない人たちを思いやる義務がある、という一面だ。王室は貢物を受ければ思いやりを持って返す、という認識が広まっていた。八歳半のエリザベスは、ケーキを贈ることと電話機をプレゼントされるというふたつにそういう側面があるのは認識していなかったが、その後の長い人生で、王室と国民のあいだにはそうした「契約」があることをしっかりと理解するようになる。

三月一日、BBC幹部は「王女から子どもたちへのメッセージを放送する機会をもうけてくださったらとてもありがたい」という意向を明らかにした。即位二五周年記念祝典の準備をするなかで、エリザベスの存在に初めて大きな注目が集まった。「二五周年祝典に関心を持つよう、子どもたちに向けた特別な配慮となるだろう」と新聞一紙は書いた。だがエリザベスが『チルドレンズ・アワー』特別番組に出演するアイデアは実現しなかった。両親と祖父母が許可しなかったからだ。

3
「まさにイギリスらしい子どもを描いた喜びに満ちた一幅の絵」

公共放送からこういった意向が出てきたこと自体、エリザベスが王室の次世代において突出した存在とみなされていたことは明らかだ。カナダでは即位二五周年記念品として一セント切手にエリザベスの肖像を採用した。英国の子どもたちの関心を呼ぶために、BBCが王室の孫のなかでエリザベスに白羽の矢を立てたのも、そのあらわれだ。国王の孫たちのなかで、エリザベスは最も祖父に近い存在だった。病からの回復期間を過ごした海沿いの邸宅で、付き添いとして選んだのはエリザベスだったし、最も頻繁にウィンザー城に呼ばれるのも彼女だった。

その春エリザベスは、ウエストミンスター寺院で執りおこなわれる王室洗足式「訳注：聖金曜日前の聖木曜日に開催される英国国教会の礼拝。貧しい老人に銀貨を配る儀式」に初めて出席した。また「国王陛下が熱中している切手収集に影響されてご自分もコレクションをはじめられた」と伝えられた。

五月六日、セント・ポール大聖堂で行なわれる感謝礼拝のあとに、エリザベスはバッキンガム宮殿のバルコニーで祖父母のあいだに立ち、大勢の地域住民たちからの歓呼に応えた。ヨーク公一家の馬車が王室の先頭を走った。妹とおそろいの淡いピンクのドレスを着た「エリザベス王女は、おだやかで落ち着いた表情で手袋をはめた白い手を群衆に振った」とベルファスト・ニューズレター紙は報じた。ヘンリー（チップス）・シャノン下院議員は「轟《とどろ》くような喝采だった」と書いている。明るい日差しが降り注ぐなかを、国旗が打ち振られ、沿道の飾りつけがはためくさまは、集まった観衆を愛国心の陶酔にひたらせた。観衆のひとりは、エリザベスとマーガレットを「まさにイギリスらしい子どもを描いた喜びに満ちた一幅の絵のようだ」と表現した。

セント・ポール大聖堂で、エリザベスが「驚嘆して大きく目を見開いて」司式を見守ったかどうかはわからない。カンタベリー大主教が捧げた熱烈な賛辞にどう反応したかもわからない。だが大主教がジョージ五世について述べた、国民に「敬意と信頼」を命じ、「王位にふさわしい静かな威厳」を示し、「(国へ)無私に献身してきた」姿勢が、その後エリザベスの父と自分自身にとっての君主制統治のあり方の指針となった。

一週間後、王と王妃は前触れなくイーストエンドを訪問した。ふたりに付き添って、ロンドンで最も貧しい地区をまわったのはエリザベスである。「国王夫妻たちの訪問は野火のようにたちまち伝わり、狭い路地のあちこちから、ほかのどの地区にも負けないほどの心からの愛情のこもった歓迎が寄せられた」とスコッツマン紙は伝えている。群衆が押しかけたために王室の車は一度ならず動けなくなった。男性も女性も子どもたちも、踏み台に飛び乗ろうとし「無我夢中で叫び、手を振った」という。王と王妃は感動したが、危険を感じた様子はなかった。エリザベスにとっては桁《けた》はずれに強烈な歓迎ぶりで、王室と国の絆の強さを個人レベルで感じた経験となった。擦り切れた国旗や万国旗が垂れ下がる通りからは、王室に寄せられる忠誠が波のように押し寄せてきた。だがそれは君主制という制度に対してではなく、祖父母個人に寄せられる忠誠であった。

イーストエンド訪問の翌朝、王室記録は簡単に「ヨーク家のエリザベス王女が国王陛下夫妻を訪問され、昼餐を共にされた」とだけ書かれている。新聞はもっと詳しく、王と王女は「楽しい友だち」関係だと表現した。ジョージ五世の子どもたちは誰もそんな評価を受けなかった。その夏の日記に、王は端的な言葉でこう書いた。「子どもたちはとてもいい子たちばかりだが、リリベットとマーガレットほどいとおしいとは思わない」。その気持ちをふたりの王女たちに真珠のネックレスを贈ることであらわした。エリザベスには三連の、マーガレットには二連のネックレスだった。

祖父の死

ジョージ五世にとって、明るい日差しが降り注ぐなかで五月に行なわれた二五周年祝典は最後の行事となった。六月に王の気管支炎が悪化した。二週間サンドリンガムで保養した王は、一時的に健康を取り戻し、例年のようにレガッタのレースが行なわれるカウズ・ウィークからバルモラル城で夏を過ごした。スコットランドのバルモラル城を訪れたカンタベリー大主教と王は「プリンス・オブ・ウエールズの最新の（ウォリス・シンプソンとの）友人関係について」話し合われ、「大変心配している」と伝えられた。

ヨーク家はロンドンかロイヤル・ロッジに残った。七月にふたりの王女は、ローハンプトンにあるマウントクレアで『パンチとジュディ』の人形劇を鑑賞し、祝典の儀式の堅苦しさから解放されて子どもらしいお楽しみの時間を過ごした。人形劇を彼女が楽しんだことは、早くも威厳を備えた生真面目な少女であってもまだ子どもで、子どもらしい感性と趣味を持っていた証である。

一九三五年のクリスマスは、ウールワースにプレゼントを買いに外出したあと、エリザベスとマーガレットは両親抜きでサンドリンガムに出かけた。公妃は肺炎を患っていたので、夫と共にロイヤル・ロッジに残った。公妃は長女に宛てて「みんなに礼儀正しくしなさい。何か聞かれたら丁寧に答えるのですよ。どんなに馬鹿げた質問でもね！」という手紙を書いて、王家のパーティーが儀礼を重んじていることと、マナーが重要であることに注意をうながした。例年姉妹は祖父母を手伝って、地所の労働者たちにプレゼントを配っていたが、今年はグロスター家の結婚式で着た「妖精」のドレスを身につけた。家族パーティーで、一同は王のクリスマス・メッセージの放送に耳を傾け、帝国の「家族である国民たち」という表現と、「平和を祈願する」という希望を聴いた。年老いた王がムッソリーニとヒトラーの台頭を懸念していることを理解するにはふたりは幼すぎた。

狩猟に出かけることがかなわなくなった王は、新年に狩猟用の馬で静かに乗馬を楽しんだ。「白いポニーのジョックに乗った王が霧のなかからあらわれた」と元使用人が述懐する。「ポニーを先導するかのように、頭部のかたわらに、小さなエリザベス王女が歩いている姿が見えた。王女は祖父を家まで連れていった」。ボグナー海岸でかつて療養していた王を元気づけたように、このときも王女は祖父に寄り添っていた。だが今回は健康状態が上向くことはなかった。

王の心臓は日増しに弱り、呼吸が浅くなり、歩行が困難になり、目覚めている時間が短くなっていった。古くからの友人に話したように、散歩に付き添い、無事に家まで帰れるよう見守ってくれる少女に、王は慰めを見出していたのだろう。エリザベスへの王の評価は最高点で、レディ・アルジャーノン・ゴードン・レノックスに「長男が決して結婚せず、子どもを持たないで、バーティーとリリベットと王冠のあいだに何も邪魔が入らないことを神に祈っている」と言った。伝統を重んじる保守主義者で、君主制に対する考え方も保守的だった王にとって、プリンス・オブ・ウエールズに対する失望を口に出したことは相当な思いがあったはずだ。

エリザベスは、ふたりだけで話をしようというカンタベリー大主教の誘いを頑固に断った。一緒に散歩しようと誘われても、「これ以上神様のことでお話しすることはありません。私は全部知っていますから」と返事をした。大主教の誘いよりも、エリザベスにとっては、雪が降った一月一七日にマーガレットと雪だるまを作る楽しみのほうが魅力的だった。翌日に春を思わせる陽光が降り注ぐと、ふたりは雪のなかを跳ねまわって雪合戦を楽しんだ。メアリー王妃の平静を装う努力のかいがあって、エリザベスは祖父の死が迫っていることに少しも気づかなかった。

王女たちが雪だるまを作ってから数時間後、王の容態悪化が初めて報じられた。ふたりには翌朝知らされた。午後にサンドリンガムからロンドンに列車で向かったふたりは、真っ赤なコートと帽子を身につけていたが、エリザベスは悲痛な思いを隠せない様子だった。

二日後、王は亡くなった。医師によって致死量のコカインとモルヒネが頸静脈に注射され、死が早められた。発表のタイミングがはかられ、家族は最初の報が夕刊紙に掲載されて品悪く軽く扱われるよりも、厳粛にタイムズ紙で報じられるほうを選んだ。エリザベスとマーガレットには朝食後に伝えられた。その日の午後、デイヴィッドはもはやプリンス・オブ・ウエールズではなく、エドワード八世として王位につく意志を示した。女たらしで有名で、その血を引いているとずっと言われつづけてきた祖父エドワード七世と同じ名前を選んだわけだ。

祖父亡きあと

王の死は、まだ幼いからと守られていたマーガレット王女をのぞくヨーク家全員にとって、人生の転機となった。「私の人生はこの一二年間、あなた様と切っても切れないご縁で深く結ばれてまいりました」と公妃はメアリー王妃に書いた。一二年間中一一年間は王と王妃にとってヨーク公妃はただひとりの嫁で、その如才なさで気難しい国王夫妻となんとかうまく付き合って、宮廷のなかで特別な地位を占めていた。国王夫妻の子どもたちが誰ひとりやれなかったことだ。エリザベス、続いてマーガレットの誕生によって国王夫妻とヨーク家との関係はいっそう緊密になった。

だが公妃が自分の両親を基準に国王夫妻をはかると、欠けているものがあった。ジョージ五世はときどき家族を支配する暴君となり、息子たちに「理解を示さず助けてやりもせず」ただ恐れさせる存在となった。エリザベスは「おじいちゃま」にそんな恐ろしさなどまったく感じなかった。馬、切手収集とスコットランドのハイランドが好きなところは共通していた。ジョージ五世は「ひたすらまっすぐに神を信じるシンプルな信仰心が印象的で心打たれる」といわれたが、そんな宗教に対する姿勢も同じだった。祖父と孫は率直な愛情で結ばれていた。ふたりにはひとつの取り決めがあったという。毎朝決めた時間に、ピカデリー一四五番地の子ども部屋の窓からエリザベスはバッキンガム宮殿に向けて白いハンカチを振る。祖父も窓のそばに立ってその挨拶を見つめた。

公妃は電報を打って、クリスマス休暇で帰省していたクローフィーを早めにロイヤル・ロッジに呼び戻した。家庭教師が戻ってきたときには公妃は留守で、メッセージが残されていた。「(エリザベスとマーガレットを）これ以上落ちこませないようにすることが絶対に必要です。ふたりはまだ子どもなのですから」。母のやさしい気遣いは、エリザベスの悲しみの深さを読み誤っていた。クローフィーはエリザベスが「感受性の強さから出来事を深く受け取っていた」という。エリザベスは悲しみから目をそらせなかった。おもちゃの馬で遊ぶことでも気はまぎれず、「彼女は心ここにあらずという様子で馬の手入れをする手を止めて、私をしばし見上げて聞いた。『ああ、クローフィー、私たち遊ばなくちゃダメ？』」。

エリザベスはウエストミンスター・ホールでの遺体の一般公開も含めて、王のいくつもある葬儀の儀式に参加した。新聞各紙は「メアリー王妃は特別に希望して、黒服の孫娘を通夜のあいだ深夜までそばにおいた」と書いた。「小さな王女は棺台《ひつぎだい》と、儀仗《ぎじょう》の衛士、国王衛士と近衛旅団から選ばれた歩哨たちが不動の姿勢で寝ずの番をする様子を、悲痛な眼差しで見つめていた」。王室の一団も歩哨交代の儀式に出席した。「王妃は孫娘がこの儀式も見守ることを熱望した」。歩哨となっている護衛官たちの交代時に、亡くなった王の四人の息子たちが代わりに歩哨として立つ、「王子たちの通夜」と呼ばれる儀式である。メアリー王妃はエリザベスに遺体を一般公開する意味と、棺の周囲におかれた王家の象徴的な事物について説明した。エリザベスが通夜に出席したことは、王妃が特別に王女を贔屓《ひいき》していることの証ととられたが、王妃の意図は複雑だった。王室の葬儀は王室成立の歴史を表象している。王位継承権第二位となった子どもにとって、王室の歴史を知ることは特別に重要な仕事であると祖母は考えた。エリザベスは祖母の好意の意味を探らなかった。彼女の記憶に刻まれたのは、デイヴィッド伯父さんが「王子たちの通夜」のあいだ不動の姿勢で立っていたことと、古い建物内の圧倒されるような静けさであった。「まるで王がまだ眠っていらっしゃるみたい」と彼女は言った。

一月二八日、クローフィーは九歳の王女をパディントン駅に連れていき、埋葬のためにウィンザーに向かう王の棺を出迎える砲架を待った。陰気な地下納骨所で聞こえるのは「沈黙と時折聞こえるすすり泣き」だけだった。エリザベスは苦しんでいた。「顔は真っ白で、わなないていた」。「こういうすべてが好きではなかったが、なんとかやりとげようとがんばっておられ、感情を押し殺しておられた」ことをクローフィーは覚えている。

それからの人生でいったい何度、彼女はそんな振る舞いを見せることになるだろうか。感情を押し殺し、自制することがよい振る舞いだという世界で彼女は育った。だがそんな世界から彼女は出ていかざるをえなくなる。六〇年後、プリンセス・オブ・ウエールズだったダイアナの死後、子どものころからエリザベスが身につけてきた、自制して感情をあらわにすることを慎むという振る舞いは、敵意を抱いた群衆や日和見《ひよりみ》主義のメディアによってさんざんに叩かれることになる。

王の死による混乱のなか、ヨーク家は将来を憶測する声からエリザベスを守りつづけた。エドワード八世が独身であるのを考えると、憶測されるのは避けられない。葬儀後、タトラー誌は一面を使って、グロスター夫妻の結婚式で花嫁付き添い人をつとめたエリザベスの白いドレス姿の写真をふたたび掲載した。記事はエリザベスがまた一段、王座への階段をのぼったと読者に伝えた。エリザベスは最高の位につくのにふさわしい資質があり、いつの日か王冠をかぶることになるだろうという。「愛嬌《あいきょう》のあるかわいらしい小さなレディは、推定王位継承者の長女で、いまや王位継承権第二位となった。すでにきわめてすぐれた人格をあらわしているエリザベス王女は、その若さで驚くほどの識見を持ち、ほかの人たちへの思いやりを欠かさない」とタトラー誌は報じている。

たしかにエリザベスが広く愛されていたことは間違いない。一方で、新しい王には映画スター並みのカリスマがあると賛辞が寄せられていたものの、「エリザベス王女はおそらく大勢の熱烈な〝ファン〟に慕われるだろう」と、その人気が新王をしのぐことをスフィア誌は示唆した。

遠回しに自分の将来をほのめかす出来事を理解するにはエリザベスは幼すぎた。祖父ジョージ五世の死の衝撃から、王女はすぐには立ち直れないでいた。着る服もそれまでとは変わった。グレーフランネル地の新しいコートが用意された。マーガレットとおそろいであることは変わらなかったが。夏用の麻のドレスは藤色と白になり、公妃がいつも選んでいた花柄コットン地のドレスに比べると地味だった。メアリー王妃が「王室の子どもたちは全員、イースターまでは半喪服を着るようにという希望を伝えた」からだ。喪に服する数週間、エリザベスは両親と共にグレーのコートを着て藤色の麦藁帽子をかぶった。

しかし、一九三六年イースター前に王室の服喪から抜ける出来事があった。三月初めに公爵夫妻は南部の海岸のイーストボーンに滞在して、一カ月間公妃の病気療養をすることになったのだ。メアリー王妃が悲しみのなかで「最大の喜びは孫娘たちと共に過ごすこと」と知らせておいたにもかかわらず、エリザベスとマーガレットは短期間だが両親とイーストボーンに滞在した。その年の春、イーストボーンの気候は六月のようにあたたかく、一家が所有する海辺の別荘には百合が咲き乱れていた。

公妃は遠足に出ると群衆につきまとわれることに不満をもらした。メアリー王妃に宛てて不服げに「昨日は神の恩恵に授かり、午前中に私たちが海辺に降りていくと、太陽がさんさんと降り注いでくれました。集まってくる人々には本当にうんざりさせられます。礼儀正しく静かにしてくれてはいるのですが、とにかく見つめて、見つめて、見つめるのです」と書き送っている。人々が見つめたいのは両親ではなく王女たちだ。最初の日曜日の三月八日には、教会内は人であふれ、王女たちが両親と共に礼拝に訪れるという情報を知った人たちが教会の外に詰めかけた。王女たちは「見られることに無頓着《むとんちゃく》」であるように見えた。レディ・アスターの姪であるジョイス・グレンフェルが、子どものパーティーに参加した王女たちが「いつも人から見られて集まってこられることを自然に受け止めている」と言ったこともある。

だが、公妃はとても無頓着ではいられなかった。デヴォンシャー公爵が一家のために借りたカントリーハウスのコンプトンプレイスはプライバシーが守られていたので、公妃はのぞき見する人たちをシャットアウトして、娘たちにふだんと変わらないのんびり気ままな日常を送らせた。それが公妃の優先事項だった。エリザベスとマーガレットをひと目見たい、もっと知りたいという大衆の欲求を遮断することは公妃にはできなかった。だが、王の死後に一家についての憶測が渦を巻くなかで、自分の不安を隠し通すことには成功した。

五月末、エリザベスは両親や祖母、親族たちと一緒に、処女航海に出るクイーン・メアリー号を見学するため、サウサンプトンに出かけた。船の見学に大興奮で熱中したエリザベスは、お茶の時間も忘れるほど熱心にエンジンルームからキッチンまで見学し、船内の子ども部屋で一時間ほど夢中になって遊んだ。最後にメアリー王妃がエリザベスにおみやげをひとつ選ぶように言うと、彼女は船の名前が入った帽子をかぶり、セイラー服を着た人形を手に取った。物質的に恵まれた特権階級にいることと、大衆からもてはやされることのどちらも、このときはまだ王女たちを甘やかしていなかった。

六月にヨーク公一家が、ロイヤル・ロッジの「小さなおうち」の前で、愛犬たちと共にくつろぐ写真が撮影され、その年末に『われらの王女たちと愛犬たち』という本に掲載された。リサ・シェリダンは、父、母と子どもたちが社会慣習どおりに割り当てられたそれぞれの役割を幸せそうに演じている姿を撮影した。シェリダンの写真で最も有名なのが、コーギー犬を抱いているエリザベスである。王女の表情にあるのは充足感だ。その表情を見た人たちは、前年の夏の王女たちの様子と同様に、「イギリスらしい子どもの喜びに満ちた写真」というレッテルを貼った。のちにリサ・シェリダンは回顧録で、初めてエリザベスに会ったときに、際立った自制心が印象的だったと記している。クローフィーはその性質は父親から受け継いだと見ていた。

その夏、ロイヤル・アカデミーにエドモンド・ブロックによる『ヨーク公妃殿下とお子様たち、エリザベス王女とマーガレット王女』という肖像画が展示された。三人の肖像画は、愛情に満ちた日常の場面をモチーフにしていたが、言うまでもなく堅苦しい様式で描かれている。公には「普通の家族」であるとされていても、その絵はヨーク家が疑いもなく貴族文化のなかで暮らしていることを示していた。

エドワード八世への非難

一九三六年、ウォリス・シンプソンがエドワード八世の退位の理由なのか、それともそれはたんなる口実なのかということは、エリザベス王女の人生の問題ではなかった。人生により重大な影響を与えたのは、王室内に起きた構造的な変化に伴って、エリザベスの祖母と母がエドワード八世の行動を自分たちの信念に基づいて解釈し、その後の道を選択したことだ。

ナンシー・アスターは一月に亡命ロシア貴族の大公夫人へ宛てた手紙で「ジョージ五世は自分の義務をよりよく果たした人として広く愛されていた」と書いた。一五歳の男子学生でさえ、作文に「(ジョージ五世が)どんなこともイギリスのために成していたから、すべての階級に人気があった」と書いたほどだ。

対照的に、その長男のエドワード八世は、王室内のみならず国民広くから、自分の義務を放棄している、と非難されていた。ヴァージニア・ウルフはタイムズ紙に「我々の息子、兄弟たちは妻や恋人やさらには命さえ国に捧げる。どうして国王はそれさえもしないのか?」と寄稿した。

退位は君主と国の団結を揺るがした。欧州が危機に陥るなかで、退位によって英国はナチス・ドイツの脅威に全面的にさらされた。また退位は王室の人々、とりわけバーティーと娘エリザベスの人生を大きく変えてしまった。ウィンザー朝にとってこの出来事は教訓となった。エドワード八世は王家の怪物であり、国王としての公的な義務を個人の意向が圧倒的な力でねじふせるとどうなるかという教訓話である。

　エドワード八世のやったことをひと言で説明すれば、独身のまま孤独に王座につくよりウォリス・シンプソンのほうを選んだ、ということだ。公式には国王は王位より愛を選んだとされている。その選択をラング大主教は「個人的な幸せを切望した」と非難し、エリザベスの人生に消えることがない影を落とし、彼女の王室の義務に対する見方を決定づけた。エリザベスの家庭内で、その選択は自己満足という悪魔に取り憑《つ》かれたものとされた。以後、感情の抑制が効かないことへの恐怖に、一家は凝り固まるようになった。国王の退位によってシンプソン夫人の運命も呪われた。

　エドワード八世に退位を迫ったのは、時の首相だったスタンリー・ボールドウィンだ。ボールドウィンは王とシンプソン夫人の結婚に執拗に反対してきた。また自治領の首相たちとメディアもこぞって王室の公私は不可分であると主張し、敵意をあらわにした。王はいかなるときも、人生のあらゆる側面において王である。英国王は離婚を認めない教会の最高位につくのであるから、人生の伴侶として選ぶ女性は、王のほかのすべての行動と同じように制限されることは避けられない。たしかに王の選択は明確に制限され、王が握るいかなる権力も、国民と行政の承認を得ることなく行使していいものではない。エドワード八世はぎりぎりまで、父ジョージ五世の「ヴィクトリア朝」を引きずる王室を時代に合わせようとしたが、そのことが国民の王族への見方を敵意に変えた。

　ウルフが記しているように「シンプソンのような女性を私たちは王妃と仰ぐことはできない。良識からそれはできない。彼女は私やあなたと同様王家の人ではない、と食料品店の若い女性が言った」。エリザベスより一世代前の人たち、とりわけ彼女の祖母は、作家オズバート・シットウェルが言うところの「道徳と社会問題を黒白ではっきりつける。曖昧なところはない」人たちだ。エリザベスはその世代の人たちから「退位による教訓」を吸収した。王室を揺るがすような出来事が起こるたびに、教訓を決して忘れてはならないと自分に言い聞かせた。冷笑的な見方にさらされた君主制は、あっという間に脆《もろ》く崩れると彼女は知った。個人の気まぐれによって、王室の魔法や神秘性は霧散しかねないことが実証されたのだ。

シンプソン夫人と新王

ジョージ五世の死から一カ月後、ヨークシャー・イヴニングポスト紙は読者に「新王が即位して以降、（エリザベス王女が）伯父に会っていないのはたんなる偶然である」と報道した。ほかの多くの同じような弁明と同様、「たんなる偶然」は的はずれな意見だ。シンプソン夫人はヨーク家とエリザベスのお気に入りの伯父との関係がぎくしゃくする大きな原因であり、一緒に過ごす機会が減るのは当然だった。

　公妃は義兄が即位する前からシンプソン夫人にいい感情を持っていなかった。その気持ちは時が経っても好転しなかった。「しかるべき人」であるメアリー皇太后に手紙で相談した公妃は「私から彼女に声をかけて、わが家にお招きすることはできないと感じています。そんな気持ちには今後もなれないだろうし、そのことで関係はいささかむずかしくなっています」と書いている。義理の母にはそれ以上を説明する必要はなかった。エドワード八世とシンプソン夫人の関係がはじまって以来、両親は動揺していたからだ。

一九三六年当時、アメリカ人で、短期間に二回離婚して元夫がふたりとも存命、という女性を王室に迎えることは、まったくもって論外だった。メアリー皇太后はただ不満をもらすだけに留まらず、はっきりと不賛成であることを示さずにはいられなかったのだろう。一九三六年初め、メアリー皇太后は宝石コレクションをジョージ五世の未婚の妹ヴィクトリア王女に分けた。ヨーク、ケントとグロスター公妃にも何点かが贈られた。新王には「シンプソン夫人に渡してしまいかねない」から何も分けなかった。

その年を通して、クローフィーは「(新王が)姪たちを訪ねてやってくることは以前よりずっと減っていた」と記憶している。一九八一年、伝記作家のクリストファー・ワーウィックは、姉より四歳年下のマーガレットには伯父の記憶はほとんどないと聞いて、エドワード八世とヨーク家の王女たちが親しかったという話は真偽が疑わしいという。「私たちは伯父のことを知りませんでした」とマーガレットは言った。

毎年四月に行なわれたエリザベスの誕生パーティーに、新王はめずらしく欠席した。ケーキをカットしたエリザベスは、ひと切れを伯父のためにとっておいた。その日の夕方になって、新王はプレゼントの乗馬用鞭《むち》を持ってロイヤル・ロッジにあらわれた。だが残念なことに、アメリカ製のステーションワゴンの新車に乗って、シンプソン夫人を含む取り巻き一団と一緒だった。この訪問の表向きの目的はなんであれ、その機会に公妃はシンプソン夫人を間近でじっくり観察する機会を得た。クローフィーは「私にはふたつのアメリカ製に対して夫妻が対照的な反応を見せたことが印象に残った。アメリカ製のステーションワゴンに公爵は興奮して興味を惹かれたが、公妃はもうひとつのアメリカ製をまったく気に入らなかった」。その訪問は、その後使用人や子どもたちのあいだで話題になることはなかった、とクローフィーは言う。

エリザベスは五月末にクイーン・メアリー号を訪問したときに、また新王を見かけた。記録には残っていないが、船内の子ども部屋の避難用スライダーを試したのはエリザベスひとりではなかった。伯父も試したのだ。もちろんエリザベスは、シンプソン夫人が王をしっかりとつかまえて「奴隷のように言いなりにしている」のを王室が心配していることなど気づいていなかった。

迫りくる伯父の退位

秋にはエリザベスの生活に関わる大人たちのあいだに不安が高まった。クローフィーはその時期が「神経をすり減らす緊張」の前触れだったという。だが、エリザベスの日々はなじんだ日課で過ぎていった。クローフィーと共に過ごすゆるやかな時間割で組まれた授業、双子のようなマーガレットと過ごす遊び時間、両親と一緒の恒例の遠乗り、乗馬や歌やダンスのレッスンなどだ。

海外メディアは英国の新王とボルティモアの田舎娘との関係を興奮して報じていたが、英国の新聞は意味深長に沈黙を守っていた。廷臣たちは新王の欠点を並べ立てた。怠慢、国事の書類に無頓着なこと、計算された無作法さなどだ。すでに決定権を持つ人たちは、前王の意図を反映して、王冠をパーティーに、その後エリザベスに譲る解決策に傾いていた。

公妃はバークホールにカンタベリー大主教のラングを招いて、ジョージ五世が懸念していたという秘密を打ち明けた。大主教はその際、妹といとこのマーガレット・エルフィンストーンと遊ぶエリザベスの姿を満足げに観察した。「子どもたちは歌をかわいらしく歌っておられた。小さいエリザベスが現時点で、王位継承権第二位となる運命が待っていることを考えると奇妙に思う。彼女と活発な妹は、間違いなくこれ以上ないほど魅力的な子どもたちだ」と記した。ヨーク公妃と会談したからといって、ラング大主教が退位に向かって何か事を進めたわけではない。だが舞台裏で大主教の愛国心は大きく影響を与えていたし、チップス・シャノンから訪問の報告を受けた新聞各紙は「英国国教会が（新王の）頭にピストルを突きつけた」と書いた。個人的にも公にも、大主教はエリザベスの両親に軍配をあげた。

エリザベスはまだポニーに夢中の少女に過ぎなかった。友だちのあいだではガキ大将ぶりを発揮するようになり、妹に対しては強い保護本能を見せた。服にはまったく興味を示さず、お気に入りのサファイアブルーのベルベットのマントを手放さなかった。クローフィーは彼女がまだ「農場好きが高じていて」、おもちゃの家畜たちで熱心に遊んでいることを記している。「もし私が女王になったら、日曜日に乗馬を禁止する法律を作るわ。お馬さんにもお休みが必要ですもの」と家庭教師に大真面目で言うような子どもだった。馬と兵士に最もハイライトがあたる王室行事のロイヤル・トーナメントでは、彼女とマーガレットは「前列に座って身を乗りだして一挙手一投足を見つめた」。エリザベスがロイヤルボックスの前に立っている写真がある。手を叩き、大きな口を開けて笑い、「熱中して」「大喜び」している写真だ。クローフィーは自宅でのポニーごっこに参加させられた。ウールワースで購入したパールの手綱をつけたおもちゃの馬に乗ったり、王女たちに引きまわされたりする遊びだ。エリザベス自身がポニーになることもあった。短靴をはめた手を蹄《ひづめ》に見立てて地面をひっかいたり、鼻を鳴らしたり、いなないたりした。ポニーになったときには、どんな質問をされても無視した。夜になると彼女とマーガレットは子ども部屋のおもちゃの馬たちの手入れをし、一点の汚れもついていないように磨いて清潔にした。馬丁のヘンリー・オーウェンから聞いた話を長々と語り、オーウェンのすぐれた能力に心から感嘆していた。また『黒馬物語』で牝馬ジンジャーがひどい扱いを受けたことに心を痛めた。ケント公爵の結婚式について彼女が記憶しているのは馬のことだ。「馬たちのたてがみが編まれていたことや、手綱の締め方がきついのは耐えられなかったとおっしゃっておられた」とシンシア・アスキスは書いている。

九月には、スコットランドで乗馬に替わって木登りを楽しみ、バークホールの家政婦であるマクドナルド夫人にケーキ作りを教わった。エルフィンストーンのいとこたちがやってきてバークホールに滞在した。長い一日は馬ごっこで埋められ、エリザベスは皆の先頭に立ってはしゃいだ。ミュイック川の砂州でのピクニックでは、黒パンに糖蜜をかけて、誰がいちばんたくさん食べられるかを競った。雨が降ると、いとこたちと一緒に一部屋しかない別棟で金属屋根に雨がドラムのように打つ音を聞きながら室内で遊んだ。エドワード八世の退位がいよいよ近づいて緊迫しても、ピカデリー一四五番地やロイヤル・ロッジの子ども部屋の日常は何も変わらず続いていた。

翌一九三七年五月一二日に予定された戴冠式でエリザベスは役目を与えられたが、マーガレットは出席者から除外された。長い儀式は「小さな王女が耐えるにはあまりに重荷だ」と考えられたからだ。エリザベスが、二年前のケント公爵夫妻の結婚式で一緒に花嫁付き添い人をつとめたユリアナ王女の花嫁付き添い人となるためにオランダに行くという話が伝えられたが、否定された。広く出回ったわけではないがもっとドラマチックな噂話もあった。メアリー皇太后が孫娘の摂政となることに同意したという噂だ。

一一月一七日、デイヴィッドは弟の公爵とメアリー皇太后に、シンプソン夫人と結婚できない以上戴冠式を取りやめる決断を伝えた。三日後に、放心状態のヨーク公爵夫妻はロンドンからウィルトシャーに向かい、ペンブック伯爵夫妻と週末の狩猟に出かけた。娘たちはロンドンに残した。

新王との堂々めぐりの話し合いの末、デイヴィッドに代わってバーティーが王位につく可能性が高まってきたことは、エリザベスの両親に耐えがたいほどの緊張をもたらした。王妃は「こんなにつらい日々が続くなかで、外に向かっては何も起きていないかのように話をして振る舞わなくてはならない」恐ろしさに苦悩した。だが自分の母への手紙でも、公の場でも、苦悩は出さなかった。

このときを振り返って、クローフィーは「水泳のレッスンがなかったら、いったいどうしたらいいのかわからなかっただろう」という。「水泳クラブのための外出は一週間のハイライトで、私たち全員の頭のなかを渦巻いていた黒雲を、一時追い払う助けとなってくれた」

エリザベスは黒雲についてほとんど何も知らなかったし、わかっていなかった。一二月三日に英国のメディアが沈黙を破り、屋外掲示板で王のジレンマが伝えられるまで、彼女が事態を感じたのは、父の消耗した様子と何か具合の悪いことが起きていそうな空気からだけだった。最後の最後に、公妃はまたもやインフルエンザにかかった。単なる不快感を超えたプレッシャーからだった。

一二月初めになると、最悪の事態を覚悟して、公爵は尊号をジョージ六世とすると決めた。父とのつながりと、より安定していた時代を引き継ぐことを意識しての名称だった。

ついに父が王に

一二月一〇日の昼時、エドワード八世退位法が王室で承認され、ヨーク公爵が兄から王位を継いだ。そして、退位したエドワード八世がウィンザーの公爵位を得ることを話し合った。退位後に王室から受け取る金銭についての交渉は、すぐに熾烈《しれつ》な争いとなった。

前王はブリテン島を去って、ヨーロッパ大陸に居を移した。だが、彼の姿は亡霊のように何年にもわたってつきまとい、残されたものたちの不安、怒りと苛立ちの元になった。仕組まれた排除に、彼は執拗に怒りをぶつけた。新しい王となった弟が、自分の妻にウィンザー公妃として王家の地位を与えるのを拒絶したことに対する怒りだ。

エリザベスは従僕から何が起こったかを聞いた。ピカデリーでの歓迎の声や、家を出入りする車、次々と届く電報、花束の配達人、ケント公妃の急な訪問などにエリザベスの疑問は深まった。子ども部屋でマーガレットは姉に聞いた。「つまりあなたは次の女王にならなくちゃいけないの？」

姉は答えた。「そう、いつかね」

「かわいそう」とマーガレットは言った。

子ども部屋の窓から、自宅前に集まる群衆がどんどんふくれあがっているのを、姉妹は腕を組んで見つめた。腕を組んだのは本能的だ。ふたりは通りを見渡すために窓辺に何回となく立った。

午後になってメアリー皇太后が公妃を訪ねて来たときには、通りの群衆は数千人にまでになっていた。姉妹のどちらかの姿が窓辺に見えると、人々の歓声はいっそう高まった。

4

「愛嬌のあるかわいらしい小さなレディは、次に王位を継承する身分となった」

エリザベス 10歳〜12歳

家庭的な王として

一九三二年、英国産婦人科医学校本部の新設式典で挨拶したウィリアム・ブレア＝ベル教授は、英国人の人生にヨーク公妃がよい影響を与えていると賛辞を送った。そのスピーチは、聴衆の喝采を浴びた。「公妃殿下におかれては、王女様たちを通して、幸福な結婚生活の理想像を大変に美しい形で私たちに見せてくださっている。国民はあなた様と喜びを分かち合い、王冠に献身を示します」。エドワード八世退位の日、新聞各紙はブレア＝ベル教授の大仰な賛辞をあらためて掲載した。彼のこの言葉の威力が「今日ほど重要であることはない」というコメント付きで。

強い絆で結ばれた家族の美点を、ジョージ六世は治世の中心テーマにすることになった。前国王のせいで傷ついた君主制を立て直すためには、理想の家庭像を示してしのぐしか、ほかに手がな

4
「愛嬌のあるかわいらしい小さなレディは、次に王位を継承する身分となった」

かったからだ。

独身だった前の国王は、身分の低い人との結婚のために務めを投げだした。彼に代わって王政を司《つかさど》ることになったのが、国民の子どもたちの教本に出てきそうな、好都合にできあがった家庭だった。王族としては歴史上初めて、新しい君主とその配偶者は、仲のよい夫婦と父母として、臣下である国民のあいだで有名だった。幸福を絵に描いたような、国民の希望の光となる模範的家庭の主要人物たちというわけだ。前王の退位によって落胆した国民は、「技量や優美さについては、長男より表面的には劣っている」ように見える次男に、ためらいがちながら光を見出した。次男の主たる取り柄《え》は、それはそれで役に立ちそうな頑固さと、うまくいっている家庭生活だ。「ヨーク公夫妻ほど王室の価値を高める英国の家庭はない」と一二月一一日付でデイリーミラー紙は書いている。

家庭的な新王ジョージ六世は王権神授説［訳注：一七世紀以降の英国の王が唱えた王権は神から授かった権力だとする説］に沿って王位についた。エリザベスとマーガレットの王女たちは母から「シンプルで家庭的な考え方」を受け継いだ、とある新聞は書いた。ニュース映画では「ジョージ六世とエリザベス王妃は我々の心からの慎ましい愛情をお受け取りになる。なぜならおふたりは、文明化された世界中のあらゆる男女が最も重視する、真《しん》に家庭を愛する方々だからだ」と報道された。

王室は、アンチヒーローが引き起こした惨事によってより結束を固めたようだった。前王デイヴィッドが去ったことで、バーティーは統治権を継ぐ唯一の後継者となった。

メアリー皇太后は、国の支援と彼女自身への厚意に表向き感謝を示すメッセージのなかで、繰り返し「あなた方の多くが享受しながら、私は得られなかったこのうえない恩恵を、王と妻と子どもたちはさずかっています。幸せな家庭という恩恵を」と呼びかけた。カンタベリー大主教が皇太后に送った文書では、未亡人となった皇太后は次男への支援を誓約したとある。皇太后は王となった息子の妻であるエリザベス王妃を称えると共に、臣下である国民はすでにその娘たちをあたたかく歓迎していることを思い出させた。新聞各紙は、メアリー皇太后が女家長であり、嫁に言わせると「岩のように王室を守っている」存在であることが明確な写真を掲載している。中心に皇太后が座り、両脇にエリザベスとマーガレットの王女ふたりが立ち、膝には新しく王室に加わったケント公の王子エドワードをのせている写真だ。過去と未来を、かつての栄光と来るべき希望とを可視化した写真と言えるだろう。バーティー自身は、王室のなかで遠慮なくずけずけと発言する日和見主義のいとこルイス・マウントバッテン卿に「きみやきみの子どもたちが、このぞっとする危機を乗り越えてわが国を引っ張るのに必要な資質を持っていたことは幸いだったよ」と言われた。

時が経つにつれて、退位によって揺れた国家は、王権の基盤であったはずの嫡流の正統性に替わって、誠実に家庭を営む人物が王位を継いだというトリックをおおむね受け入れた。デイヴィッド自身さえも不本意ながらも従った。一連の流れのなかで、家庭第一のヨーク公妃が、王家の血筋を途絶えさせるのではなく継続させたのだ。

家族の重要性は、ジョージ五世が晩年、折りにふれて国民に伝えてきて、広く受け入れられていた。一九三四年のクリスマス・メッセージで「愛する息子と嫁、ケント公爵と公妃の結婚」について、「国民の皆が息子と嫁にあたたかい愛情を持ってくれるのは大変に喜ばしい」「我々は皆、国民がケント公爵夫妻殿下に愛情深い言葉をかけてくれることをおおいに歓迎している」と語った。

王室専属のメディアは、こういった家庭重視という価値観を広めるのに役立った。「おふたりの少女たちが元気いっぱい、ごく自然に子どもらしく過ごしているかがわかるだろう」とウェンディと名乗るコラムニストは書いている。「王女たちは屋外で跳ねまわって遊ぶのが大好きだ。サーカスが好きで、パントマイムを楽しみ、パーティーを心待ちにしている。乗馬やダンスができるし、エリザベス王女はスケートを習っている。もちろん勉強もなさるが、勉強が大好きかどうか私はわからない！」。英国の正統的なありかたを象徴している王女たちの姿である。屋外で遊ぶことをおおいに楽しみ、大衆的な娯楽を選び、犬を愛し、健康的で頭でっかちではない。「楽しいことがいっぱいのロイヤル・ロッジの環境のなかで、王女たちは幸せな屋外生活を送っている」と、戴冠記念コレクションの一環として発行された、ウィリスのタバコカードにコメントが書かれた。

王位継承権第一位に

エリザベス王女は出来事を理解するには幼すぎたものの、両親が王位につくことによる代償を新たなるプレッシャーとして感じていた。いつも、とりわけ家族と一緒のときには、幸せでなければならないというプレッシャーだ。好都合なことに、幸せは生まれたときから王女の公的人格の中核を成していた。鉄の意志をもって王女たちについて語るアン・リングは、エリザベス王女が「一日中ご機嫌に過ごし」「情熱的に両親を慕っている」と称賛しているが、どちらの指摘も真実だろう。

王室の家庭に普通以上の何かを求めていた大衆にとって、ヨーク家の満ち足りた家庭生活を伝える話は、彼らを普通から引きあげた。デイヴィッド伯父は許容される形での幸せを見つけることに失敗して王座を追われた。一九三六年一二月、退位を目前にした前王は、そういう家庭生活の幸福がヨーク公爵の切り札だと説明した。その考え方は新王の妻と同様、ふたりの娘たちに受け継がれることになる。時が経つうちに、一家は自分たちに課せられたこの期待に見事に応えるようになった。「お互いのなかにある喜びは充足していて完璧だ」とサンデイ・エクスプレス紙は戴冠の前に書いた。この見方に家族四人全員が同意したに違いない。

ヨーク公爵が王になって四日後、マーカス・アダムズの写真館で、また一家四人で写真におさまった。お気に入りの写真家の前で家族は、たんなる一家ではなく「ロイヤルファミリー」としてポーズを取った。完全にくつろいだ様子は誰ひとりからもうかがえなかった。背景はいつものように暗く、四つの顔に照明があてられ光のなかに浮かび上がっている。四人は腕をからませあって親密さをあらわしている。その後一家が列車の駅に到着した姿を見た記者たちは、「エリザベス王女が妹のマーガレット王女の手をしっかりと握って王室専用車両から降りられた」ところを目撃した。お互いにしがみつくようなその姿は、不安を象徴していた。エリザベスが妹の手を力のかぎりぎゅっと握りしめるのは、マーガレットのその後の人生で何回も繰り返されることになる。

だが、姉妹が手を取り合う姿でふたりの関係が対等であるとみなした人は、エリザベス以外誰もいなかった。少なくとも一九三六年一二月においては。エリザベスの振る舞いは、彼女自身も自分たちの役割が異なると認めたことを示唆している。キングスクロス駅のその様子を伝えた記者は、駅舎を出る前に「エリザベス王女はつないでいた手をといて、駅員たちのところに歩いていって一人ひとりと握手を交わした」と書いている。彼女は一〇歳にして、いまや王位継承権第一位となり、マナーも仕込まれていた。

アダムズの写真館では、マーガレットではなくエリザベスがひとりでバストアップの肖像写真を

4
「愛嬌のあるかわいらしい小さなレディは、次に王位を継承する身分となった」

撮影されたが、そこには驚くべき成熟が見られる。微笑みを浮かべず、ひるまずまっすぐに視線をカメラに向けているその写真は、祖母のメアリー皇太后を喜ばせた。来る両親の戴冠式に出席するのも、マーガレット抜きでエリザベスだけだった。本来はデイヴィッド伯父のためだった日に行なわれることになった戴冠式に向けて、彼女が身につけるローブや王冠、参列者たちのことだけでなく「王家嫡流の王子と王女たちの行列の先頭にエリザベス王女が立つかどうか」にまで関心が高まっていた。大衆の貪欲な関心の中心にあるのはエリザベスだった。後戻りができないほど大きく変わったのは、エリザベスの人生なのだ。

四歳の年の差のおかげで、マーガレットの生活には「重大な任務」の影はまったく降りていなかった。姉に将来の役割について二度と聞くことはなかったし、姉も言わなかった。おそらく一九三六年一二月には、ただ遠い先のことのように思えたからだろう。そうだとしても、自分の運命をこのときからすでに甘受していたことは、エリザベスの将来にプラスになったはずだ。「私たちの生活は大きく変わるだろうと私は恐れています」と新王妃はクローフィーに言った。その変化の本質や衝撃を現実としてとらえるには娘たちは幼すぎた。ふたりともその時点では、現在の自分たちがおかれている立場に課せられた役割を一生懸命こなすだけで精一杯だった。

それから数カ月間のエリザベスの振る舞いを見た母方の祖母であるレディ・ストラスモアは、孫娘が「弟が生まれることを熱心に祈る」ようになったらしいと、レディ・エアリーからのまた聞きで報告されている。だがそんな様子は、ほんの束の間見られただけだった。エリザベス王女は不安な様子をまったく見せないようにしていたし、自分の力ではどうにもならない運命に逆らう様子もなかった。いとこのひとりが指摘したように「避けられないことを受け入れる」ことは、基本的に現実主義のエリザベスの性格の一部だった。

未来の女王への期待

エリザベスの立場は先例のないものだった。

父はたまたま王位を継承した。帝王学を仕込まれてもおらず、向いていない仕事とわかっても、父は引き受けざるをえなかった。ヨーク公は王には向いていないという意見は、マス・オブザヴェーションという会社が行なった世論調査でも大多数が同意している。

立場が変わってしまうことがわかったとき、王はメアリー皇太后の肩にもたれて涙にくれた。ふだんは感情を外にあらわさない母と息子が、一時間にわたって激しい不快感をあらわしたわけだ。気持ちが少しおさまると、王は母に、自分は海軍の将校としての知識しかないと訴えた。彼は控えめで自信に欠けていた。言語療法のおかげで吃音は少し改善されていたが、公共の場で演説すると考えただけでも怯えた。流暢《りゅうちょう》に話すことなど無理だった。スター性もなかったし、内気な微笑みも、細身の体型も、しょっちゅう体調を崩すひよわな体質も含めて、外見も王らしくなかった。短期的に見れば、彼の美点はカリスマ的な妻に負っていた。メアリー皇太后は王妃となった嫁とかわいらしい孫娘たちを「このうえなくいとおしい存在で、パーティーにとって大きな助けとなっている」と高く評価していた。

父とは対照的に、一〇歳のエリザベスは王女としてのあらゆる資質がそなわっているように見えた。顔立ちは整っており、金髪で、人生への情熱があふれんばかりで、理解力にすぐれ、生まれつ

4

「愛嬌のあるかわいらしい小さなレディは、次に王位を継承する身分となった」

き威厳があり、同時代人の目には父がいちじるしく欠いている魅力をすべてそなえていると映った。生誕のときからいつか王座を継ぐだろうと思われていたことが、父の退位後に王位を継ぐ正当性を強化していた。祖父母であるジョージ五世夫妻と親密であったことも、最終的な地位への道を約束する材料だった。エリザベスが一九二九年にボグナーの海岸で砂の城を作って遊んでいるそばで、病気からの回復期にあったジョージ五世が新聞を読んでいる写真が、一九三七年に発行されたイラストレイテッド・ロンドンニュースの戴冠記念特別号に掲載された。エリザベスを、同じ年頃だったときのメアリー皇太后になぞらえる創意工夫に富んだ記者もいた。「彼女は、まだメアリー・オブ・テックだったころの一八七七年当時の皇太后にそっくりだ。同じように健康的で美しい。目の色は同じブルーで体つきも同じだし、何よりも口元に強さがあり、顎《あご》に決断力があらわれているところが似ている」。新王がエドワード八世と比較されて欠けているところが指摘される一方で、娘は祖母の強さを相続したと言われ、コメンテーターたちは退位によって混乱した社会が必要としている安心材料をエリザベスに見出したと断じ、王女が希望の光となった。

一九三六年、王女が祖父母に似ていると主張することで、今後長期にわたって君主制のもとでの社会秩序確立が実現可能であるように思えた。一九三七年一月二八日、庶民院でひとりの平議員からの質問に、内務大臣のサー・ジョン・サイモンは、一七〇一年に定められた王位継承法をわざわざ改正して、王の長女としてエリザベスの王位承認要求を正式に法制化する必要はないと答えた。「現在の状況において、王の長女でおられるエリザベス王女殿下がただひとりの継承者として王位を継がれる」ことに疑いの余地はない、とサイモンは示唆した。それがあからさまな不安を呼び起こす可能性はなかった。

一〇歳のエリザベスは、王位だけでなく、一九三七年当時はまだ地球の四分の一を占めていた帝国の推定相続人だった。弟が誕生しないかぎりその地位は揺るがない。両親が君主にふさわしいかどうかを疑う懸念から、彼女の将来を思いやるまわりの声がしばらくあったが、エリザベス自身はマーガレットに聞かれたときに答えた以上の反応は何も示さなかった。

その後の議会での討論で、エリザベスの特別な地位が強調された。王室費についての議題が下院議員たちに提出されたとき、新王から、コーンウォール公領から得る個人収入からエリザベスのための準備金を作っておきたいという意向が伝えられた。ジョージ六世が長女を自分の後継者と定めたひとつの証だった。

一方、エリザベスの心配事は家庭内のことだった。ボボの父親が一月に亡くなり、サンドリンガムの便箋に黒のクレヨンで縁取りし、「私たちは皆とても悲しんでいます」と友だちに手紙を書き、最後には「リリベット（喪中）」とサインした。

先々王の遺産

「いとしいバーティーとエリザベスは、ジョージ五世と同じように務めを果たすでしょう」とデイヴィッドが去ったあと、メアリー皇太后はレディ・ストラスモアに手紙を送った。その予想は多くが知ることとなったが、おおむねあたっていることが証明された。

ウィンザー公爵デイヴィッドは「弟バーティーは父が送ってきた人生をそっくりなぞる生き方をすることで、間違いなく人気を勝ち得た」と一九五一年に回顧している。「英国民は父のやり方を

4
「愛嬌のあるかわいらしい小さなレディは、次に王位を継承する身分となった」


弟がそのままなぞってほしいと願っていたからだ」

一九三七年五月一八日、ウィンストン・チャーチルに宛てた手紙で新王は、「王として私は重大な責任と務めを引き受けたことを十分に理解している」と書いた。そのために、彼の能力のかぎりにおいてではあるが、父がやってきたように務めを果たそうとした。ジョージ六世にとって、父ジョージ五世の価値観を忠実に引き継ぐことが統治の基本となったが、それはのちにエリザベスの治世の一面を形作った。

先王のやり方を継続していくという原則は、兄デイヴィッドへの明白な反駁《はんばく》を示している。だが潜在的には単なる反駁に終わらず、父の人気を息子が継承していける効果がある。退位によって王室内は、王権を確たるものにするにはひとつの方法しかない、という確信をより強めた。予想も準備もしていないパーティーにとって自分が王として認められるためには、父のように振る舞うことが必要不可欠な対策だったのだ。彼の場合、生来的な保守主義と自信の欠如からその対策があっていたし、ほかの振る舞い方を考えることもしなかった。

同じような期待が娘にも及んだ。エリザベスの彼女らしくない真面目くさった写真の下に、戴冠式のある案内書はもったいぶってこうコメントを入れている。「彼女が王位につく日の儀式は、四分の一世紀間で祖父が磨いてきた洗練された伝統様式に沿って行なわれることに疑いの余地はない」と。

メアリー皇太后は息子とその嫁に「国民に愛されるあなた方ふたりが、お父様と私が守ろうとしてきた伝統に沿って儀式を行なうことは、私にとってどれほどの喜びでしょうか」と書いた。エリザベスは幼すぎたし、日々が一点の曇りもない幸せで満たされていたので、檻《おり》に入れられる将来が待ち受けている恐怖を実感することはなかった。伯父の退位は彼女の将来を決定づけた。ウエスタンメール紙は恐ろしげに「人生のこんなに早い時期から、帝国の任務に身を捧げられている」と書いた。小さな王女に最も近いところにいる重要人物たちの態度も、その将来の道筋をつけようとしていた。

バッキンガム宮殿への引っ越し

二月、新王と王妃はピカデリー一四五番地からバッキンガム宮殿に居を移し、娘たち、アラー、ボボ・マクドナルドとクローフィーも一緒に引っ越した。

記憶にはなかったが、エリザベスは一九二七年に両親がオーストラリアとニュージーランドに外遊していた期間中、バッキンガム宮殿で暮らしたことがあった。そのときに子ども部屋として使われていた部屋が、彼女の教室となった。あたたかい日には陽光がさんさんと降り注ぎ、広い庭園が望める部屋だ。エリザベスとマーガレットの寝室は両親の部屋のすぐ上の三階にあり、窓からはザ・マル〔訳注：シティ・オブ・ウエストミンスターにあるバッキンガム宮殿とトラファルガー広場を結ぶ通り〕を見下ろす位置にあった。閑静な庭園を見晴らす出窓があったピカデリー一四五番地の寝室とはずいぶん趣《おもむき》が異なった。

クローフィーの記憶のなかにある宮殿はもっと暗い。『王女物語』の読者はクローフィーが書いた宮殿に間違いなく怖気をふるうに違いない。どこに行くにも「へとへとになるほど」遠く、害獣たち、特にネズミにたえず「怯え」、豪奢な外側とは対照的に室内は老朽化《ろうきゅうか》が進み、配管、照明や

4

「愛嬌のあるかわいらしい小さなレディは、次に王位を継承する身分となった」

暖房設備は機能していない。引っ越し後、家庭教師は、自分の頑固な見方から宮殿を非難したが、子どもたちは屋内で自転車遊びができるくらい長い廊下に大喜びだった。

　庭園の中央には大きな池があり、住みついている鴨に王女たちは夢中になった。巣を探しているうちにエリザベスは池に落ちて、藻《も》にまみれてびしょ濡れになったけれど、母やアラーに見つかる前に宮殿に潜りこんだ。そんなことも楽しくてたまらなかった。あるとき、クローフィーはエリザベスの両足が泥だらけでひっかき傷ができていることに気づいた。庭はおてんば娘ぶりを発揮するのに格好の場所だった。じめじめした冬の午後には姉妹は少しおとなしい遊びを楽しみながら、上階の窓にかかったレースのカーテン越しに外の雲の様子を観察した。

　宮殿は「薄暗い」というのが一九三七年に女王付女官のひとりだったスペンサー伯爵夫人シンシアの感想だ。だが、数えられるだけでも七〇〇室以上ある宮殿の雰囲気は、驚くほど素早く変わった。「子どもたちにできるだけ我慢を強いないように」という配慮から、コーギー犬たちと一緒に王女たちが廊下を思いっきり走りまわり、ややぽっちゃりしたマーガレットが「リリベット、待って、待ってよ」と追いかける声が響くようになった。

　夫やレディ・エアリーから絶賛されたのは、宮殿を「家庭的に」変えた王妃の手腕だ。一九三七年春、王妃はこれまで以上に家庭生活の充実に焦点を合わせ、貴族階級出身の王妃と王の頭のなかにある〝家庭観〟の範囲ではあるが、宮殿を家庭的なしつらえにした。「王としての仕事は大変ではあったが、王自身は生来好んでいるシンプルな暮らしを送り、家庭生活が損なわれないことを望んでいた」とシンシア・アスキスは言う。「バッキンガム宮殿は規模としては巨大で、おびただしい数のスタッフがいたが、王たち一家にとってはコテージと同じように、そこは純粋に家庭であった」

バッキンガム宮殿でもヨーク公妃であったときと同じように「普通」の幻想を維持していこうとした王妃であるが、さすがに無理があった。宮殿での生活には公私の区別がない。家庭内の業務と同じく王室の公的業務を行なうスタッフの視線に常時さらされる日常を送らねばならない。世界中に広がる大英帝国の本部が宮殿内にあることはつまり、王の執務室と公邸が同じ場所にあるということだ。もはや偶然に知り合いができるチャンスは望めない。宮殿の暮らしでは隣に住んでいる人と付き合うことはありえないし、エリザベスやマーガレットがほかの子どもたちと対等な立場で交流することもできなくなった。バッキンガム宮殿とウィンザー城で暮らすようになったエリザベスたちは、文字どおり塔のなかに隔離される王女たちになった。

物事に動じないエリザベスはその変化を意に解さないようだった。同じくらいの年頃の友人は、彼女が「おおらかさを超越している」という。おそらくエリザベスは無意識であれ、自分たちの家庭が「普通」であるというのは一部しか真実でないと、常にある程度は理解していたのだろう。歩くより前に群衆に手を振ることを覚え、字を読む前にカーテシーと呼ばれる膝を曲げて腰をかがめる宮廷式お辞儀ができるようになった。肖像画家や彫刻家の前でモデルになり、誕生日には見知らぬ人たちからお祝いが届いた。これらすべてが普通ではないことを、エリザベスは知っていた。

バッキンガム宮殿の庭園の端には丘があった。その頂上からエリザベス、マーガレットとクローフィーは「広い世界を見晴らすことができた」。車、バス、「往来する人々、公園に向かう子どもたちとその乳母たち」を眺めた。ときには庭園の塀越しに二人は会話の断片を聴くこともあった。「お子様たちは好奇心の塊《かたまり》でいらした」とクローフィーは言う。宮殿の塀の向こうにあるものへの関心をエリザベスは持ちつづけた。「私はザ・マルを行き交う人々や車を眺めるのが大好きでした」と一九五四年に肖像画家のピエトロ・アンニゴーニに話している。「みんなとても忙しそうで。私はよくあの人たちは何をしているのだろう、どこに行くのだろう、宮殿の外で何を考えているのだろうと思っていました」

父の戴冠式

ウエストミンスター寺院で五月に行なわれた両親の戴冠式についてのエリザベスのコメントで最も有名なのは、王が戴冠した瞬間、屋根の天蓋と梁《はり》の覆いを見たときに「感動して頭に靄《もや》がかかった」という言葉だ。この謎めいた言葉は、戴冠式の感動を想像力豊かに表現したものであると言えるし、一一歳の少女が「全部とてもとてもすばらしかった」という感想で締めたことを考えると、家族に起こった変化は幸運だったと安堵して出てきた言葉かもしれない。

王と王妃とふたりの娘たちは、一二月以来戴冠式について考えることが生活の中心だった。戴冠式の計画と並行して特別行事も目白押しだった。エリザベスの誕生日には、ウィンザー城前に大勢の人々が詰めかけ、その規模の大きさは彼女がいっそう王座に近づいたことを示していた。城門前に詰めかけた千人以上が閲兵交代の儀式を見学し、ロイヤルファミリーの四人が入り口前に姿をあらわすと歓声が湧き起こった。エリザベスとマーガレットが両親抜きで城の中庭まで出てきて「芝生の中央に立ち、喝采に応えた」とき、歓声は高まった。エリザベスは三歳の誕生日以来、この種の儀式に立ち会ってきた。写真を見ると、彼女はほとんどくつろいでいるように見え、公開イベントでの自分自身の役割を理解していることがわかる。自分の役割は、高い地位にある自分に向けての称賛に適切に応えることであり、実際にそうしてきた。見物人は「彼女の威厳に満ちた態度は、祖母のメアリー皇太后から受け継いだようで、非常に好ましいし、ある種の思慮深さが見受けられる」と納得した。「その物静かな落ち着きで、彼女はほかの子どもたちのなかにいても目立っていた」と別の観察者は書いている。

幸いなことに、威厳だけがエリザベスの特徴だったわけではない。縁取りした紙に戴冠式の感想を書き、ピンクのリボンを結んで両親に渡した。子どもらしい興奮が生真面目な几帳面さで綴られ、両親への畏敬の念をこめた書簡はおそらく、重要かどうかに関係なく、印象に残ったことをすべて書き留めて記録するようにとクローフィーに言われて書いたものだろう。

エリザベスは早朝ロイヤル・マリーンズ・バンドの演奏で目がさめたことを書いている。ボボと一緒にワクワクと胸を躍らせながら羽根布団にくるまって窓辺にしゃがみ「霧がたちこめる寒い朝」に「最初の観客として」バンドの演奏を見物した。朝食は興奮のあまり喉を通らなかった。着ていたドレスは「白いシルク地にクリーム色のレースと金色のリボンが中央部分についていて、パフスリーブには中央に小さな蝶リボンがついていた。それからパープルのベルベット地にゴールドで縁取りした長いローブも着た」。彼女はマーガレットとプリンセス・ロイヤル、ケント公妃とグロスター公妃と一緒に「がたがたと揺れる」馬車に乗った。そして姉妹ふたりは「お客様たちやメイドたちの前に登場して」、その日初めて公の場で「王女として」出迎えられた瞬間について書いている。それもまたひとつのショーだった。エリザベスは次から次へと細かいところまで記録している。

4
「愛嬌のあるかわいらしい小さなレディは、次に王位を継承する身分となった」

両親が王冠をかぶった姿を見たときに、頭に靄がかかったようになったというのは、ある種の忘我の境地におちいったからだろう。「お母様が王冠をかぶって、女性貴族たちがみんな宝冠をかぶろうとするとき、腕と宝冠が空中に浮かんでいるみたいに見えて、まるで魔法のように腕が消えた。音楽もとてもすてきで、バンド、オーケストラと新しいオルガンがみんな美しかった」。思春期の入り口にあった子どもにとって、それは最も荘厳に執りおこなわれる王室ドラマの、桁はずれのパワーを見せつけられた、震えるほどの体験だった。メアリー皇太后は孫娘に、自分の戴冠式の記憶はほとんどないと明かした。エリザベスはそれを聞いて仰天した。エリザベスにとって両親の戴冠式は、想像をはるかに超える輝かしいもので、すべてが忘れられなかったからだ。

エリザベスにとってはすべてが驚きの連続だった。宮殿のバルコニーで「たくさんの人々が下で待っている」のを見たエリザベスは、誰の目にも興奮が抑えられない様子だった。チップス・シャノンは日記に、王女たちがウエストミンスター寺院に到着したとき「自分たちの宝冠とドレスの長いすそ」に興奮していたと書いている。

興奮はエリザベスの日常だった。タイムズ紙の記者は、エリザベスとマーガレットが寺院の王室の間に向かうとき「目を大きく見開き、これ以上ないほどよくできたおとぎ話が現実に繰り広げられているのにうっとりとしていた」と書いたが、それはまさにエリザベスが感じていたことだったろう。ニュース映画や写真のほうが、この記事よりエリザベスの表情にあった恍惚《こうこつ》感をとらえている。映像のエリザベスは「いつにない生真面目さと物静かな威厳」を漂わせている。目撃していたひとりは、両親の儀式に立ち会ったことで、エリザベスが「待ち受けている運命が現実である」と実感したのは間違いないと言っている。

エリザベスの感動の大きさは、年齢によるところが大きい。儀式のマジックにワクワクするほど子どもで、人生を変える重大事であることを理解できるほど大人という年齢だ。これまでの「お母様とお父様」が聖別され、堂々たる王妃と国王に変身する儀式を目撃し、両親、特に父に対してたんなる親としてではない畏敬と深い尊敬の念をおぼえるようになった。

両親の足跡をたどるうちに、彼女の価値観は両親の価値観をなぞっていたし、両親を模範として自分の君主観を形作っていった。王である父への憧憬《しょうけい》は決して揺らぐことがなかった。戴冠の放送で新王は臣民に「最高の栄誉は人々に奉仕することであり、王政の職務としてあなた方が私自身に捧げる言葉を深く厳粛に受け止める」と宣言した。その思いは以後君主のあり方について考えるときにエリザベスの頭のなかに一貫して響きつづけた。

しかしエリザベスに帝王学を仕込む機会を逃すまいとしたのは、メアリー皇太后だ。直接的に、ときに遠回しに、エリザベスの教育を補足する仕事に乗りだした。特に焦点を当てたのが、王女たるものが学ぶべき王室の伝統である。女官のレディ・シンシア・コルヴィルを通して、クローフィーからエリザベスの時間割を入手した皇太后は、王家の系図と王朝の歴史を含めた歴史、聖書の朗読、詩の暗記と自然地理学、特に大英帝国が支配する地域の地理学の授業をもっと増やすようにと指示を出した。戴冠式に先立って、クローフィーはエリザベスに、ヴィクトリア女王が書いた自身の戴冠式の話を読ませた。メアリー皇太后はジョージ四世の戴冠式の色付きのパノラマ画を宮殿の教室に貼らせ、姉妹ふたりに七〇〇人の参列者の身分と彼らが伝統的に支配してきた領地の文化について説明した。

エリザベスは戴冠式の歴史に夢中になった。戴冠式は両親が神格化される儀式であると教えられ

4
「愛嬌のあるかわいらしい小さなレディは、次に王位を継承する身分となった」

たことだけではない。初めて白テンの毛皮で縁取りされた長いすそを引くドレスを着る興奮や特別に作られた自分の宝冠が用意されたことに加えて、教室に貼られた絵に描かれた儀式の美しさが、戴冠式当日の恍惚感の下地となった。

戴冠式が行なわれた夏、「ロイヤル・カンパニー・オブ・アーチャーズ［訳注：スコットランド女王の護衛部隊］は緑の制服に鷲《わし》の大きな羽根をつけていて、絵のように美しい」とエリザベスが家族の目で細部まで記録したエジンバラでの訪問式典があり、一時注視から逃れてバルモラル城で休息を味わった。エリザベスにとっては友だちと遊べる期間となった。王族の娘たち、ダイアナ・リーとウィニフレッドとエリザベス（リビー）・ハーディングと共に王領の邸宅で遊んだ。エリザベスはバッキンガム宮殿の窓から見た衛兵交代の儀式について作文を書き、ときには外の世界に対する自分の好奇心や窓の向こうから見られている自分自身について書いた。少女たちは大人抜きで一緒に過ごす時間を楽しんだ。「ウィニフレッドはバターたっぷりのスクランブルエッグを作り、私たちはつまらない仕事をさせられた」とエリザベスは書いた。「リビーと私はポテトを揚《あ》げ、ソーセージを焼いた」。カーベリー・タワーのエルフィンストーン家で過ごすときは、枕投げとたっぷりのおやつを楽しんだ。

ロンドンに戻ると、ふたりの王女たちはメアリー皇太后の史跡めぐりに引っ張りまわされた。旧王宮のハンプトン・コート宮殿、グリニッジ宮殿、王立造幣局などだ。祖母の意図は、姉妹が王家の過去を知ることで、彼女たち自身が祖先とつながっており、生きた伝統であることを理解させることにあった。メアリー皇太后は毎週月曜日に行なっていた遠足を「教育目的のお楽しみ」と呼んでいた。

エリザベスほど祖母を敬愛していなかったマーガレットは、祖母に案内されて見学したことは覚えているが、楽しみは見出せなかった。姉妹は年老いた祖母のあとを急ぎ足で追いかけ「博物館や美術館を何時間も歩いて疲れはてた」。この遠足がエリザベスにどんな影響を与えたかははっきりしない。そんな遠足のおかげかどうか、エリザベスは歴史が大好きで、ヴィクトリア女王の孫で「いとこルイ」と呼んでいたマリー・ルイーズ王女［訳注：実際にはジョージ五世のいとこにあたる］に「歴史はワクワクする」と言った。

クローフィーは姉妹ふたりとも、結婚適齢期を迎えた若い女性たちが、王と王妃に挨拶をするパーティーに興奮したと書いている。窓越しに宮殿の前庭に到着した人々を子ども部屋からガウン姿で眺めていた姉妹は、君主の正装に身を包んだ両親が、王座の間に向かう行列の先頭に立つ姿を見ていた。エリザベスが「豆粒みたいに小さくしか見えない」と言ったその姿は、じれったいほど満足がいかないものだった。「いつかあなたと私はあそこに降りて楽しいことをみんなやるのよ」と自分自身と妹を慰めた。「完璧に長い長いすその衣装を着るの。何メートルもあるすそを引いてね」と付け加えたエリザベスは、成人した王女になるのを、このときは待ち焦がれていた。

孤立した王女姉妹

戴冠式が終わってふたたび以前の生活が戻ってきた。「宮廷のエチケットも儀式も忘れた。私たちはまた普通の家族に戻った」とクローフィーは書き、彼女にとっての堅実な生活基盤が健在であることを示した。

4
「愛嬌のあるかわいらしい小さなレディは、次に王位を継承する身分となった」

王と王妃は庭仕事に忙しく、娘たちは執事や運転手やクローフィーの助けを借りながら焚《た》き火のために木々を集めてくるのを手伝った。王女たちは乗馬を楽しみ、一九三八年のイースターに完成した屋外プールで泳ぎ、犬たちと遊び、「小さなおうち」の中や外で遊んだ。雨が降ると王の書斎の外にある揺り木馬に乗ったり、絵を描き、読書をし、編み物をした。ジグソーパズルをして、お茶の時間には以前と同じように「幸せな家族」らしくトランプもした。

エリザベスとマーガレットは、母にとってこれ以上望めないほど姉妹仲がよかった。エリザベスの妹に対する保護本能は健在だった。彼女が五歳、マーガレットが一歳半のとき、目を奪われるほど反《そ》っ歯の牧師がロイヤル・ロッジを訪ねてきた。牧師が話すと顎が上下するのを食い入るようにエリザベスは見つめた。ついに彼がマーガレットに会いたいと場違いな丁寧さで頼んだとき、エリザベスはきっぱり拒否、「あなたの歯はきっと妹を怖がらせます」とその理由を説明したように。

クローフィーの語りのなかには、事あるごとにエリザベスが妹に示す威張った振る舞いにいらいらさせられた話が出てくる。「やっぱりあの子は戴冠式に出るには小さすぎると思わない？」と、たぶんエリザベスは家庭教師に尋ねたのだろう。間違いなく優越感から出てきたそんな言葉を姉から聞かされたにもかかわらず、マーガレットは姉のことを英雄視しており、いじらしいほど信頼していた。子どもとしては異常なほど人目にさらされ、重荷だった公的な生活を送るなかで、マーガレットを指導したのはエリザベスだった。両親はほとんどどこか違うところにいたし、メアリー皇太后は怖い存在で、マーガレットはあまりなつかなかったからだ。ゴシップ好きのクローフィーは、エリザベスが宮廷のガーデン・パーティーでどう振る舞うかをマーガレットに教えていたことを記録している。「おもしろい帽子をかぶっている人を見ても、指差して笑ったらだめよ。それにティーテーブルまで人混みをかき分けて急いでいくのもだめ。それもお行儀がよくないの」

かと思うと、姉妹はつまらないことで取っ組みあいの喧嘩《けんか》や口論をした。ほかの家のきょうだいと変わりなく、ふたりはおもちゃの取り合いをした。父のすさまじい癇癪を受け継いだエリザベスは、狙いすましたパンチを繰りだすのをためらわなかった。マーガレットは噛みついて応戦した。クローフィーもメアリー皇太后も、マーガレットの小鬼のようないたずらは故意にやっていると見抜いていたが、両親は調和を保つためにエリザベスに責任を負わせた。「マーガレットはまだ小さいことを忘れてはいけません。妹が少しばかり意地悪をしても、あなたが我慢すべきです。むずかしいとわかっているけれど、あなたならできるし、あなたならやれるとわかっていますよ」――これは、マーガレットが八歳になったときに王妃がエリザベスに書いた手紙だ。

エリザベスはたまにやんちゃなことをしていたが、常に姉として振る舞う必要性から、しだいにそれは影を潜めていった。ケンブリッジ伯爵夫人からカードでずるをしたことをやさしく叱られたとき、エリザベスは答えた。「私はずるができるのよ。だって王女ですもの」。自分の地位を持ちだしたためずらしい例だ。

周囲と切り離されて孤立していることで、姉妹は団結した。儀式、宮廷のエチケット、セキュリティのための行動制限、生活の隅々まで目を光らせる大衆のつきることのない好奇心が、姉妹を同世代の子どもたちから切り離した。いちばん近い王室のいとこたちの世界からさえも、姉妹が暮らしている世界は隔たっていた。ジョージ六世の宮廷の伝統重視によって、王の嫡系の王女たちは真綿ですっぽりくるまれ、きわめて特殊に育てられることになった。姉妹の世界を支配していたのは、現実社会よりもむしろ王室社会における恭順の文化である。一九三七年四月、エリザベスがすでに「ある種の二重人格をはぐくむすべ」を身につけていたとジャーナリストは書いている。「ふたつの自我をかなり引き離すことができる。ひとつは王女としての重要な義務に関わる自我であり、もうひとつは普通の幸せな少女という私生活に関わる自我だ」。そのジャーナリストはエリザベスが実際に何を考えていたかを知っていたわけではないし、私生活を観察したわけでもなかったはずだが。

しかし、父が王位についてからの姉妹の生活が、普通の子どもとはかけ離れたものだったことを考えると、人格を公と私で区分するすべを身につけるのは、現実的かつほとんど絶対的に必要なメカニズムだった。自分自身と家族にとって、エリザベスは「リリベット」だ。一方でもっと広い外の世界にとって、自分が王位に最も近いところにいるのを彼女は次第に意識するようになっていた。

エリザベスたちには、同じような子ども時代を経験している近しい王室の子弟はいなかった。一般の子どもたちとは異なる子ども時代を送っている娘たちに友だちを見つけるかわりに、王の個人秘書のトミーことアラン・ラッセルズはタイムズの編集長宛に「現在明るく感受性豊かにお過ごしになっているおふたりの成長を損なうことのないように」メディアが注目しないよう「具体的な方策をとっていただきたい」と書簡を送った。だが、メディアの関心は少しも減じなかった。そんななかで、エリザベスだけは増長することなく、明るく感受性豊かに育っていった。

エリザベスの二重生活における公と私は重なり合っていた。一〇月末、彼女は王の初めての議会開会宣言に出席した。両親は王室の正装に身を包んで馬車に乗り、貴族院で王座についた。エリザベスは自動車に乗り、式部卿［訳注：国務大臣第六位の官職］のボックス席から、参加者としてではなく傍聴人として父の演説を聴いた。この儀式を記録した文書によれば、彼女は王座の後継者のために用意された議員席には座らなかったという。議会開会宣言に出たのは好奇心からであり、王が父親だったからだ。

エリザベスはガールガイド、マーガレットはもっと幼い子のためのブラウニーに入っていた。クローフィーは、ふたりを女性の育成を目的にしたこの団体に参加させたのは自分の功績だと自慢している。プリンセス・ロイヤルがガールガイド連盟の理事長をつとめており、一九二〇年に王妃（当時はストラスモア伯爵令嬢）もグラームスでガイドの活動をはじめたことを考えると、伯母と母が強い関わりを持った活動に娘たちが加わることに障害はなかったであろうことは想像がつく。だが、その計画はほとんど頓挫《とんざ》しかかった。のちに連盟の理事になるヴァイオレット・シングが、当時王女たちが入ろうとしていた団体のキャプテンをつとめており、活動を民主的に行なうことを原則としていた。「ガイドは全員が姉妹であるかのように接しなくてはなりません」とシングは説いた。彼女の不安は一蹴《いっしゅう》された。エリザベスとマーガレットはバッキンガム宮殿第一団のガールガイドとブラウニーとして、伯母から入団が認められた。エリザベスはカワセミ・パトロール隊の副キャプテンになり、はとこのパトリシア・マウントバッテンの下についた。彼女たちは水曜日の午後五時にプールやジョージ五世のサマーハウスなど宮殿のいろいろな場所に集合し、火おこしや道に迷わないようにしるしをつけることなどの訓練を受けた。その後ウィンザー・グレートパークを探検した。姉妹がおおいに楽しんだことで、隊の活動はその後も長く続いた。

バッキンガム宮殿のガールガイドが「普通」の少女時代を知る機会になったと言われると、鼻で笑いたくなる人もいるだろう。ガイドたちは全員公爵令嬢とマウントバッテン家の娘たちだったが、「それはまったく民主的ではない」などとけなしたりする人は誰もいなかった。多様性《ソーシャル・》の受け入れ《インクルージョン》と現在言われている概念は、当時の王と王妃の頭にはなかった。ふたりの頭にあったのは、娘たちが受け入れられること。そしてそれは達成された。

エリザベスとマーガレットを特別扱いしないという要請を無視する出来事がいろいろとあったにもかかわらず、特権階級にいる女性たちばかりで構成されたこの特殊なガールガイドの一隊は、お互いに「姉妹」のように接することに成功した。クローフィーは王室メンバーの子女たちには「王女様方に有利になるように、ゲームに勝てるように、また洗い物など汚れ仕事はやらさないように気遣う傾向があった」と記している。

タトラー誌は王室の一隊を「王女たちの個人的ご友人たちで構成された特別な隊」と正確に表現し、読者に「王女様たちはこの新しい遊びに夢中でいらした」と伝えている。パトリシア・マウントバッテンは、エリザベスがガイドとして「本当に有能で、とても計画的で責任感があり、熱心で積極的だ」と評価したが、それはまさにその後の長い人生においていろいろな場面で繰り返しエリザベスが受けた評価である。

迫る戦争の足音

母方の祖母であるレディ・ストラスモアの葬儀が一九三八年一月にグラームスで執りおこなわれたが、エリザベスとマーガレットは葬儀には参列せず、ロンドンからブルーのアイリスと白いカーネーションの花輪を送った。バークホールから母はふたりにヘザーの花束を送り、エリザベスには手紙を同封した。だがその夏、娘たちを暗い影から守ろうとする王妃のけなげな奮闘がむなしくなる危機が迫っていた。

毎日太陽が輝く暑い日が続いた。王はレガッタのレース、カウズ・ウィークを視察し、王妃は娘たちにワイト島のオズボーン・ハウスを見学させた。ポーツマスでは家族四人で王室《ロイヤル》ヨット［訳注：王室専用船を伝統的に「ロイヤルヨット」と呼ぶ。通常のヨットとは違い、大型の船舶］であるヴィクトリア・アンド・アルバート号に乗船してアバディーンまで静かな海の航海を楽しみ、そこからバルモラルまで行った。「その週はずっと戦争が勃発しそうだった」とチップス・シャノンは八月八日の日記に記録している。ヒトラーのとどまるところを知らない領土拡大の野望はチェコスロバキアに向けられ、欧州全土を巻きこむ戦争が一触即発の状況にあった。九月二八日にミュンヘン会談［訳注：チェコスロバキアのズデーテン地方の帰属問題をめぐってミュンヘンで開催された国際会議］によって危機が回避され、英国首相のネヴィル・チェンバレンは「我々の時代の平和」を約束したが、王妃は「恐怖と不安の悪夢」だと書いた。

王妃は娘たちに、自分が感じている不安をある程度は隠せていた。午前中の読書の時間はクローフィーによって進められ、休暇中の王女たちにフランス語を教えていた家庭教師のジョルジーナ・ゲランが、ふたたび教えるようになった。エリザベスとマーガレットは乗馬を楽しみ、時間があるかぎり王と狩猟人と一緒に周囲の丘で昼食を共にした。干し草の山で裸足で遊んだりもした。

長期にわたって建造されていた世界最大の客船クイーン・エリザベス号が完成し、王妃は自分の名前を冠したこの豪華客船の進水式のために九月二七日グラスゴーにおもむいた。娘たちを同伴すると約束し、王も妻と共に向かうはずであったが、戦争の準備が切迫していたのでロンドンに残った。ロンドンでは学童たちは疎開させられ、防空壕がハイドパークに掘られ、枢密院《すうみついん》〔訳注：国務に関する国王の顧問官の集合体〕は艦隊出動を承諾するため召集された。グラスゴーでは戦艦の命名式の様子がニュース映画用に撮影された。そのニュース映画を見た人は初めて、王妃のやわらかくやさしい声を耳にした。やわらかさとやさしさがその時代には何よりも大切だった。

クライド川の土手には三〇万人が集まって儀式を見学し、造船の街の誇りを感じ、大勢と一緒にいることで安心感をおぼえた。王室の人たちを歓迎するにぎやかなレセプションが気分をいっそう盛り上げた。「王妃が出身地にやってきてのイベントに影を差したのは、誰もが頭のなかに思い浮かべていることだった。だがイベントは、王妃の臣下に自分たちの感情を吐露する時間と機会を与えた」とノーザン・ホイッグ紙は書いた。ジョージ五世の即位二五周年祝典と戴冠式を経験したエリザベスは、群衆の規模を意に介していない様子で母のそばを歩いていた。王妃のスピーチには王からのメッセージもあった。「この国の国民は暗雲が立ちこめるなかでも明るい歓声を世界中に響かせるだろう」「我々は未来を占うことはできない。だが未来のための準備をするなかで、神の摂理と我々自身への信頼を示す」。来る戦争を通して、同じ言いまわしが王室の声明の特徴となる。王女たちはバルモラル城に避難した母の口から「暗雲が全世界を覆っている」と教えられた。

五カ月後、王は一〇年ぶりに英国で建造された戦艦の進水式を行なった。船は父の名前をとってキング・ジョージV号と命名された。エリザベスとマーガレットはウィンザー城で行なわれた千人のガールガイドによる分列行進に列席した。エリザベスはカワセミ隊のブルーのチュニックと紺色のプリーツスカートの制服を、マーガレットはブラウニーの制服を着た。メディアは、姉妹たちが初めて公の場に制服姿であらわれたことに注目した。

外交の一端をになって

エリザベスは戦争の危機が迫っていることを、両親の表情から察した。王の仕事量はうなぎのぼりに増えて、疲れた様子ながら、決然と任務に取り組んでいた。王室の仕事に加えて、同盟国や同盟が予想されている国からの訪問が頻繁になった。

一九三八年初夏、王と王妃は英仏親善の目的で、国賓としてフランスのパリを公式訪問した。エリザベスとマーガレットは留守番だった。フランス人は王女たちにため息が出るほどすばらしいプレゼントを用意していた。人形のセットだ。フランスとマリアンヌという二体の人形はどちらも背丈が一メートルあり、花入れや人工花の花屋セットにはじまり、王妃の衣装にも引けをとらない贅をつくしたワードローブもそろっていた。

エリザベスとマーガレットは一一月にバッキンガム宮殿でフランスの駐英大使からこのプレゼントを正式に受け取った。デイリーミラー紙が指摘したように、それはふたりが初めて公式に外国の大使とのレセプションに臨んだ機会であった。ふたりはフランス語でムッシュー・コルバンに感謝を伝えた。大使はエリザベスの発音を褒め、エリザベスは「それでは私は今からパリのお人形にフランス語で話さなくてはなりませんね」と巧《たく》みに応じた。人形は翌月から数カ月間、エリザベス王女によるシャドウェルのヨーク小児病院支援のための企画として、セント・ジェームズ宮殿に展示された。エリザベスは大使との面談について祖母への手紙に事もなげにこう書いている。「ムッシュー・コルバンが昨日フランス国民を代表して人形をお渡しにいらっしゃり、私たちは大使に人形のお洋服を全部お見せしました」

4

「愛嬌のあるかわいらしい小さなレディは、次に王位を継承する身分となった」

この時期、外国からのバッキンガム宮殿訪問客の記述が王室記録に散見される。両親はエリザベスとマーガレットをよく客に紹介した。初冬には、ルーマニアのカロル二世とその息子ミハイ皇太子を、母のそばに立ってふたりで出迎えた。翌年春にはエリザベスはポーランドの外務大臣、ベック大佐との昼餐に同席した。彼女はベック大佐とフランス語で会話した。三月に両親のパリ訪問の返礼としてフランスのルブラン大統領と夫人が宮殿を訪問したときには、エリザベスは慎重に練習してフランス語で歓迎スピーチをした。より非公式には、新しく駐英アメリカ大使に赴任したジョセフ・ケネディに会いに、王女たちはウィンザー城を何度か訪ねた。両親の公的任務に王女たちが臨席することは、ジョージ六世の王室の新しい典型的なもてなしとなった。エリザベスの帝王教育の一環として、王は時事問題や政治について娘と議論をするようになり、それは王が家族をひとつのユニットとして見ていることを示していた。のちに王は「我々四人」と表現して、家族が固く結びついたカルテットであることを強調するようになる。

一家の愛情深い絆の強さを疑う人はいなかった。一九三八年一二月二〇日、マーカス・アダムズは初めてバッキンガム宮殿で王室一家の写真を撮った。英国も大英帝国も戦争勃発の瀬戸際にあったこの時期、できあがった一家の写真は大変な人気を博した。宮殿入り口でエリザベスとマーガレットが両親の両脇に立っていて、コーギー犬のドゥーキーがエリザベスの足元にいる。四人が互いに腕を回したり手をつないだりして絆を確かめ合っているこの肖像写真で、一家は自信にあふれていた。ウォーターフォールシャンデリアや柱頭に金箔が貼られた柱といった豪奢な宮殿を背景に、淡い色のドレスを着た王妃とふたりの「妖精のような」娘たちは輝いている。以前のアダムズの写真では一家が普通であることが強調されていたが、このときの写真では高貴な人たちであることが伝わった。同時代人にとってそのイメージは、安心と共に誇りを感じさせるものだった。

このときアダムズは、ドゥーキーとエリザベスだけの写真も撮影した。時が経つうちに、愛犬と一緒の写真はかえってエリザベスの地位が孤独であることをあらわし、その地位に邪魔されることなく単純に仲間と言えるのは犬や馬だけだと解釈されるようになっていった。それは真実ではなかったが。

5

「会った瞬間から恋に落ちた」

エリザベス 13歳

大人の女性への第一歩

一九三九年三月、親戚の結婚式にあらわれたエリザベスのシルクのストッキングをはいている姿が、女性ジャーナリストのあいだに静かな興奮を引き起こした。王女はこのとき「濃いピンクのベルベット地」のコートを着て、色を合わせたベレーをかぶり、ローヒールの靴を履いていた。マーガレットはまだ白いくるぶしまでのソックスをはいてボンネットをかぶっていた。

エリザベスがあと数週間で一三歳の誕生日を迎えるというときだ。人気コメディアンのジョイス・グレンフェルは、叔母のレディ・アスターがセント・ジェームズ・スクエアで開いた子どものためのパーティーで「オランダの農婦」風に装った王女を見て「なんてチャーミングなお子さんなのでしょう」と感嘆した。「王女はぐっと成長なさり、かわいらしい小さなお顔と優美な手をお持ちで、すべてに大変魅力的でいらっしゃる」。ストッキングは王妃からのプレゼントで、まだ四歳年下の妹とおそろいの服を着てはいたが、エリザベスが大人の階段をのぼりはじめたことを王妃が認めたしるしだった。

とはいえ、子ども部屋、勉強室から家庭の日課まで、以前と少しも変わっていなかった。勉学ではエリザベスに負荷がほとんどかからなかったものの、フランス語を話す力はつき、歴史は熱中して学んだ。歴史に関しては自分の身のまわりの生きた学問であるから習得も早く、またクローフィーが全力で、めざましい努力で教えた成果であった。祖父が願ったように、彼女の手書きの文字はしっかりとして読みやすかった。

メアリー皇太后の「教育目的のお楽しみ」は、月曜日の午後に続けられていた。皇太后は持てる知識をめいっぱい盛りこんで姉妹に説明し、特に王族の話題には熱が入った。ベスナル・グリーン博物館（現ヴィクトリア＆アルバート博物館）で、エリザベスとマーガレットは祖母が昔遊んだおもちゃを見学した。展示するおもちゃを選んだのは、博物館のキュレーターで皇太后が信頼を寄せるアーサー・セイビンだ。マウントプレザントの中央郵便局と、ロンドン・ドックスと港湾局の本部も訪問した。マーガレットはこの盛りだくさんの遠足にどうしても楽しみが見いだせなかった。エリザベスは興味を持とうと一生懸命がんばり、これから先に待ち受ける仕事のトレーニングだと思って励んだ。

五月に王と王妃がカナダとアメリカに長期間の外遊に出たあと、クローフィーは王女たちをグレイト・ラッセル・ストリートにあるＹＭＣＡクラブに連れていった。この訪問で王女たちを最も興奮させたのは、セルフサービスのカフェでのお茶ではなく（それ自体も王女たちにとって目新しかったが）、王女たちが首を長くして待っていたセント・ジェームズ・パークからトッテナム・コート・ロードまでの初めての地下鉄乗車の旅だった。しかも三等車の喫煙車両である。ふたりの王女とクローフィーに、王妃付き女官でＹＭＣＡ理事長であるレディ・ヘレン・グラハムが付き添い、一行は誰にも見とがめられることなく旅を完遂できた。きちんとした身なりの上流階級の少女たちが乳母たちと一緒に地下鉄に乗るのは、ふたつの大戦にはさまれた一九三〇～四〇年代にはさほどめずらしい光景ではなかったし、当時は新聞の写真のクオリティが低くて王女たちの姿がはっきり知られていなかったこともある。

　エリザベスは両親にロンドン動物園に行った話を手紙に書いた。パンダの赤ちゃんを見たことと象に乗った話だ。母は愛情と親しみをこめて、外遊で目にした風景や自然を綴って返事を書いた。「パンダって名前はなんておもしろいのでしょう」と王妃は書いた。王妃はヒトラーの『我が闘争』を読んでいたが、エリザベス宛の手紙ではあえて欧州の政治情勢にふれることは避けて、カナダの山々がバルモラル周辺の丘と似ていること、ビーバーや黒い熊の赤ちゃんを見たこと、「小さな湖に何か黒いものがいると思ったら、ヘラジカが睡蓮《すいれん》のつぼみを食べていたんですよ」というような話を書いた。そしてロイヤル・ロッジの庭の森でツツジが咲いたかとか、新しく植えた香りが強い灌木はどうなったかと尋ねた。「私はあなたとマーガレットに会いたくてたまりません」と王妃は娘に書いた。「家に帰ったときにはしっかり抱きしめたいわ」。王妃が最大限努力したにもかかわらず、手紙にはユーモアめいたところはなかった。

　カナダ人の熱狂的歓迎は、ロイヤルカップルが自治領を訪問する価値を証明していた。「この地の人々が自分たちの王を目にすることがどれほど重要なのかを感じます。人々にとって王はたんなる象徴ではないのです」と五月二七日の手紙に王妃は書いた。一週間後、王妃はエリザベス宛に、トロントを離れて地方に出たときの群衆の歓迎ぶりを書いた。「彼らは〝王〟が自分たちと共にいることを大変に喜び、彼らの表情を見ると時々私は目が潤んできます。自分たちが忠誠を誓う君主を実際に見ることは、彼らにとってとても大きな意味があるのです」。のちにエリザベスの英連邦と国際社会での宣伝活動で中心的な職務となるのが海外訪問であり、そのなかにはカナダ女王としての役割も含まれることになる。海外訪問がもたらす価値を理解するようになるのは、両親が異なる領土と人々を結びつける生きた絆として、王室の大英帝国における正統性を忠実に実行していたことからはじまった。

王妃の手紙はエリザベスの教育にもつながった。四月に一三歳になり、エリザベスは歴史と憲政史をイートン校副校長のヘンリー・マーテンから学びはじめた。マーテンはメアリー皇太后と同世代で、ヴィクトリア女王を皇太后と同じくらい敬愛しており、エリザベスの大叔母にあたるプリンセス・アリスの友人だった。週末に王室一家がウィンザーに滞在するとき、クローフィーも同席してエリザベスを教えた。最初のころ、エリザベスは講義に楽しみがあまり見出せなかった。マーテンは「どこかシャイな少女で、私が質問をすると、親密な家庭教師に自信と助けを求めているようだった」という。しだいにマーテンに慣れてくると、エリザベスの学ぶ楽しさは増していった。六年をかけて、王女と副校長はサー・ウィリアム・アンソンの三巻からなる『憲法の法と慣習』を共に読んだ。マーテンは未来の女王に立憲君主と議会と国家の関係のあらましを解説した。実例として、また余談として、ヴィクトリア女王の例を引いて詳細に説明した。ヴィクトリア女王の個人秘書だったヘンリー・ポンソンビーの伝記を読むことを勧め、サクソン人のウェセックス王エグバートにはじまる王政の千年にわたる歴史の概要を語り、君主と臣下の交流が現在はどのように発展しているかについてエリザベスの注意をうながした。祖父のジョージ五世がはじめたクリスマスに国民に呼びかけるラジオ放送もその交流のひとつで、デイリーエクスプレス紙は「心と心を結ぶクリスマス談話」と呼んでいることを紹介した。また、一九三一年のウエストミンスター憲章によって大英帝国の海外領土の一部に内政や外交、軍事などの自治権が与えられ、英国の君主への忠誠で結ばれる関係になったことを話した。そこでジョージ五世が、カナダ、オーストラリア、ニュージーランド、南アフリカ、ニューファンドランドとアイルランド自由国それぞれの王とされたのをエリザベスは理解した。

「教育とは大まかに言うと、生徒が問題を多角的に見て評価し、自身で判断することを助けるものだ」という信念がマーテンの授業では貫かれていて、それは未来の女王の学ぶ姿勢にも生かされた。王妃は五月二三日の手紙に「私はあなたが土曜日の夕刻にマーテン氏と過ごす時間が楽しいものであることを切に願います」と線を引いて意志を示した。「マーテン氏からできるだけのことを学び、あの方が語る歴史にどのように人という要素が関わっているかに注目してください。当然ながら歴史は普通の人によって作られるものですし、そのことを忘れてはなりません」

七週間というこれまでで最も長期にわたって親子が離れていた結果、王妃の目から見たエリザベスの成熟ぶりを王も認識するようになった。クローフィーは親子がエンプレス・オブ・ブリテン号船上で再会したときの様子を書いている。船がサウサンプトンに到着する前に、王妃は娘たちが成長したという感想を漏らし、王は黙って驚きの目をみはってエリザベスを見つめた。「王はリリベットから終始目を離すことができないでおられた。私は王妃がマーガレットの手を握られ、王がリリベットをじっと見つめておられる写真を持っている」とクローフィーは言う。そうはいっても、再会後のランチは高尚さだけでなく子どもらしさが合わさったくつろいだもので、王室のお付きのひとりによれば「愉快で最高に騒々しいランチだった」という。王女たちはピンクでまとめられた船のダイニングルームに、飾りテープや風船が飾られているのに大喜びだった。王の提案で、入港のときには王お気に入りの曲「大きな栗の木の下で」を全員が振りつきで歌い、続いて「ランベス・ウォーク」が船のオーケストラによって演奏された。新聞各紙は「お祭り」の雰囲気と表現した。エリザベスの両親ふたりともにとって、そういう活気にあふれた家族行事こそ重要だった。

陸上ではどんちゃん騒ぎのレセプションが王室一家を待ち受けていた。外遊は、終わってみれば外交的に大成功だった（「もしロンドンが爆撃されたら、USAが参戦する」と王はルーズヴェルト大統領との会見後に記した）。「お帰りなさい、パテ・ガゼット・スペシャル」の映像は、王と王妃が「我々の信頼と、自由、平和、忍耐と独立という理想のすべてを体現した男女」であるとして国王夫妻の帰還を称えた。ヒトラーとムッソリーニの誠意のない好戦的な姿勢とははっきりと対照的である。

サウサンプトン駅から列車でウォータールーに向かう王室一家が車のなかから道路沿いに詰めかけた群衆に応えているとき、そういったどこか舞い上がった気分が歓呼の声を彩っていた。車中でそわそわと落ち着かないマーガレットは後部座席で両親のあいだにいたが、エリザベスはひとりで前部座席に座って周囲の騒ぎにも平静を保っており、両親は彼女の成長を認めた。

王女の初恋

成長を認めたとしても、両親はどちらも想像もしていなかった出来事だった。帰国から一カ月も経たないうちに、エリザベスは恋に落ちた。見た目がよくて、運動神経が抜群で、エビを信じられないほど大量に平らげるという男らしい男があらわれたのだ。出会いはやわらかな風が吹く夏の日の海辺、という恋にうってつけのシチュエーションだった。

エリザベスが憧れた男性は、財産を持たない王家の亡命者で、五歳年上の「金髪で、彫りが深い顔立ちで、突き刺すような鋭い青い目をしたヴァイキングのような少年」だった。ギリシャ王室とデンマーク王室の血を引き、エリザベスと同様ヴィクトリア女王の玄孫であるフィリップ王子だ。ふたりは以前にも、フィリップのいとこのマリナとエリザベスの叔父、ケント公ジョージの結婚式で出会っていたが、フィリップはそのとき「イートン校の制服を着た海外からやってきた小柄な王子」のひとりで、エリザベスも小さな花嫁付き添い人のひとりだった。その場ではふたりはお互いをまったく気にもとめなかった。一九四七年に当時を振り返ってエリザベスは「戴冠式かケント公妃の結婚式で会っていたかもしれないけれど、私は覚えていない」と書いている。

一九三九年七月二二日、ダートマスの王立海軍兵学校で出会ったとき、一三歳の誕生日から数カ月が過ぎたばかりのエリザベスは、フィリップにとってまだ妹とおそろいの服を着ている小さな女の子でしかなかった。フィリップのいとこの娘で、同い年でもあるユーゴスラビアのアレクサンドラ王妃によれば、フィリップはエリザベスのシャイなところが長く印象に残ったそうだ。エリザベスのフィリップに対する印象はかなり違った。

王室一家の王立海軍兵学校訪問は、若いふたりにとって絶好のタイミングだった。水ぼうそうとおたふく風邪が流行していたために、両親とカレッジの礼拝に行くのを取りやめた王女たちは、電車のおもちゃで遊んでいることになった。ジンジャービスケットとレモネードが用意され、そして留守番のお供役としてフィリップがいた。彼は食べ、飲み、遊び、それから退屈して王女たちをテニスコートに誘った。クローフィーは彼の態度にどこかぶっきらぼうなところがあるのを感じて不快だったが、エリザベスは自分の見方を決めた。

フィリップは一八歳で、その年齢の男子なら当然のこととして、内気で真面目で過保護な一三歳を「おチビ」と見てからかいの対象とした。テニスコートで彼は自分のやり方で楽しみ、ネットをジャンプして飛び越したりした。クローフィーは彼が見栄っ張りだと思ったが、悔しいことに「小さな女の子たちはとても感心なさった」。エリザベスはフィリップを見つめつづけた。「リリベットは彼の一挙手一投足から目が離せないご様子だった」とクローフィーは苦々しげに書いている。エリザベスは驚嘆して家庭教師に言った。「すごいわよね、クローフィー。あんなに高く跳べるなんて！」

夜になって、フィリップは王室ヨットでディナーをとった。そこには子ども部屋の日課で、早くベッドに行かされたエリザベスの姿は見えなかった。翌日ふたりはふたたび顔を合わせた。お茶の時間にエリザベスはもてなし役を務め、繰り返し「召し上がりたいものはありませんか？　何がご所望ですか？」と尋ねる声は上ずっていた。どれだけエリザベスが気を遣っても、フィリップは食べ物から顔を上げることさえしなかった。クローフィーによると、彼は「エビを何皿も平らげ、バナナスプリットも食べた」。エリザベスは気持ちがいっぱいで黙りこくってしまい「頬をほんのりと染めていかにも楽しそうで、彼を見つめつづけておられた」とクローフィーは『王女物語』にそのとき感じた自分の苛立ちを記録している。

エリザベスにフィリップが「生意気な少年」だという自分の見方を伝えて、エリザベスの気持ちに水を差そうとするクローフィーの最後のチャンスは、一家の見送りのときに見せた彼の大胆きわまりない虚勢であえなく失われた。訪問の最後に「国王、妃殿下がエリザベス王女とマーガレット・ローズ王女を伴われてトップデッキでお別れに手を振られているあいだ、王室ヨットはイギリス海峡を出るまで四〇〇艘もの船に付き添われ、海軍兵学校の五〇〇人近い士官たちも手漕ぎボートで加わっていた」。そのなかに、フィリップが漕ぐ小舟があった。「ダート川の緑の渓谷からの歓声が響くなかを、王室ヨットはヨットや手漕ぎボートや観光蒸気船、カッターボート、ディンギーヨット、スピードボートや母船に囲まれてゆっくりと海洋へと進んでいった。ほかの船が港へと戻っていっても、一艘の小さなボートがずっと王室ヨットの跡をついてくる。オールをたったひとりで握っているのはフィリップだった。『馬鹿な若者だ！』と王は叫ばれた。『戻るように合図したまえ！』」

エリザベスは双眼鏡で彼女のヒーローを見つめていた。彼女の恋心はもう後戻りできなかった。

仕組まれた出会い

エリザベスは一九四七年一一月、二一歳の誕生日を迎えた数カ月後に、デンマーク王家シュレスヴィヒ＝ホルシュタイン＝ソダーブルク＝クリュックスブルクの分家であるギリシャ王室のフィリップと結婚することになる。フィリップはそのころには英国に帰化していた。エリザベスの両親の同意がなければ、これほどまでに結婚が早く進むことはなかっただろう。

チップス・シャノンは一九四一年一月、エリザベスが一五歳になる前にすでにふたりの結婚は決まっていたと見ており、大陸の王室のあいだでも噂になっていた。フィリップ自身はそんな記憶はないと打ち消している。のちになって彼は、戦時中は王女との気まぐれな付き合いなどきれいに忘れてしまったと言っていた。「私はすべてを深刻に考えていたわけではない。私たちは頻繁に手紙をやり取りしていたけれど、家族間の付き合いを越えたような関係ではなかった。結婚を前提にしての付き合いだったわけではない」。自分自身のことを関係のない第三者に説明することに気が進まない男性側からの典型的な言い逃れだが、一方でジョージ六世は公式の伝記作家に、エリザベスはフィリップに「会った瞬間から恋に落ちた」ことを一九五八年に認めていたという。いとこのマーガレット・エルフィンストーンも、エリザベスがひと目ぼれだったと証言した。

エリザベスのフィリップとの結婚は、フィリップの叔父であり、フィリップの母アリス・オブ・バッテンバーグの一番下の弟であるルイス・マウントバッテン卿、通称ディッキーが仕組んだものだという説がある。一九三九年七月二二日にダートマスで王に随行していたマウントバッテン卿は、ふくれあがった野望を持つ男としてふたりの出会いを設定したという。彼自身の家系に対する過剰なばかりのプライドから、甥の結婚相手として釣り合いが取れるのは、高い地位にある一〇代の王女だと狙いを定めてお膳立てをしたのだ。彼が書いた筋書きに抵抗できる役者たちはいなかった。フィリップはしゃしゃり出る叔父をはっきりと牽制《けんせい》する手紙を書いている。「あなたがこのショーの総支配人でいるつもりなのははっきりしていますが、私は彼女がその筋書きに私ほど従順に従いはしないだろうと恐れています。彼女はあなたを、私と同じように親がわりの叔父さんであり、カウンセラーだとは思っていても、友人とは思っていないことを忘れないでください」。この手紙をフィリップが書いた一九四七年まで、マウントバッテンは結婚まで行き着かないのではないかと非常に気を揉んでいた。

5
「会った瞬間から恋に落ちた」

一九三九年には、英国王室とつながりを持つというアイデアは、マウントバッテンの頭のなかでまだ小さな芽を出していたにすぎなかった。彼の日記には、フィリップをエリザベスかマーガレットと結びつけることは短くしか書かれていない。「フィリップがV&Aに乗船してお茶に招かれ、子どもたちと過ごした時間は大成功だった」。このときの彼は、姉妹の年齢差や結婚対象としての違いを考慮しつつも王女たちふたりを区別していないし、自分が書いた台本でどちらを恋愛劇に登場させるつもりだったかはうかがえない。おそらく彼の目的はもっと単純なものだったのだろう。経済的に恵まれない甥のためになんらかの手助けをしたい、というだけ。王室を訪問するに先立って、王家の一族として踏みとどまりつづけるためにフィリップに「メッセンジャー」の役割を果たしてはどうかと示唆したのはマウントバッテンだった。

エリザベスが父に、世馴れた男性の家族として、フィリップとの恋の背中を押してほしいと願っていた、という推測にはなんの根拠もない。エリザベスの人生に男の子の影はほとんどなかった。クローフィーが言うには、男の子というのはエリザベスにとって別世界の生き物だった。ティーンエイジャーは恋をする。だが、エリザベスには恋愛する機会も、それに割くエネルギーもなかった。

流浪《るろう》の王子フィリップ

フィリップは目をみはるほどハンサムで、おもしろくて荒っぽかった。「魅惑の王子の条件をすべて備えていた」とエリザベスのいとこであるマリー・ルイーズ王女は言う。堅苦しい生真面目な王女の前で緊張する様子もなく、恥ずかしさから無口になるなどもまったくなかった。王室の出身で遠い親戚でもある。レディ・アン・グレンコナーはのちにフィリップのことを「理想的だった。見た目がよくて、外国の王子だったし」と評した。

フィリップの王族としての身分は、エリザベスのパートナーとして釣り合いが取れている。一三歳のエリザベスもそう考えた。両親の世代まで、英国王室のメンバーは、王家に属する者同士で結婚していた。一九三九年には、王家の血筋を引く者同士が結婚する「ロイヤル・マリッジ」はまだ欧州の王室のあいだで一般的だった。リテラリー・ダイジェスト誌は、エリザベスが一一歳だった一九三七年一月に、結婚相手として可能性がある人たちのリストを作成したが、そのなかにはフィリップも入っていた。姻戚関係があるもの同士が結婚することは頻繁にあり、エリザベスの祖父母も共にジョージ三世の玄孫だ。

ハンサムで活発なヴァイキングのようなフィリップは、王室の血が濃くも薄くもあった。英国王室の王位継承者と推定されるエリザベスに比べると、フィリップの王家の血は取るに足りない。フィリップにつながる王家は、王位についている人もいれば亡命している人もいて、欧州中に散らばっている。父側から見るとギリシャ王の甥で孫であり、デンマーク王クリスチャン九世のひ孫で、英国のアレクサンドラ王妃の甥の息子である。母側から見るとスウェーデン国王グスタフ六世アドルフの王妃の甥にあたり、最後のロシア皇帝ニコライ二世のアレクサンドラ・フォードロヴナ皇后の姪の息子で、ヴィクトリア女王の二番目の娘アリスがヘッセン大公国ルートヴィヒ四世と結婚し、そのひ孫にあたることからヴィクトリア女王の玄孫にもなる。

フィリップが一二歳のときに在籍していた英国の私立小学校の校長は「彼はいい王になるだろう。リーダーシップと個性というふたつの重要な資質を備えている」と言った。校長はフィリップの家族背景に基づいてこの評価を下したのであり、当時考えていたのは、エリザベスの夫としてではなく「ギリシャ王」としての評価だったとのちに説明した。

ギリシャ王になることはとうてい見込みがなかった。王家とはいえ四人兄弟の一番年下の父の息子では望みはない。二〇世紀の前半で存続が危うくなった王家は少なくないが、そのなかでもギリシャ王家は脆かった。ギリシャ王室のどのメンバーも、いつでも逃げだせるようにスーツケースに必要なものを詰めておくことが必須だったとフィリップの一族は言う。

フィリップ自身もまだ一歳にならない時期から亡命生活がはじまった。一九二二年、王の弟である父アンドレアスがギリシャ政府から虚偽の罪で死刑を宣告されたため、王妃が英国王室に頼みこんで、ジョージ五世が要請し、家族は英国の戦艦に救出された。彼は子ども時代をパリ郊外のサンクロードにいる金持ちの伯母マリー・ボナパルト王女の質素な別荘で送った。四人の姉の一番下よりもさらに七歳年下のフィリップは、女性たちに囲まれて、常に経済的な不安を抱えながら成長した。教育はパリ、イギリス、ドイツそしてスコットランドで受け、休暇になるとルーマニア、ドイツのヘッセン州と英国王室の親戚のもとで過ごした。ギリシャの両親、アンドレアス王子夫妻には財産も影響力もなく、ギリシャでの革命から生きて逃げだせただけで幸運だった。

実質的にはフィリップの「王家の身分」ははなはだ貧弱で、蜘蛛《くも》の巣のように脆かった。英国王室とも確かにつながりはあったものの、一八歳の海軍士官候補生はテニスのネットを飛び越えたとき、英国の王女たちとなんらかの関係ができることなどまったく期待していなかった。着ているものさえも、親戚から譲られたお古だ。彼が王族の一員として受け継いだのは、複雑で変わりやすい人の感情の機微を読み取る力だった。母は精神を病み、一九二九年に自分は聖人で「キリストの花嫁」であると宣言したときから病院に入れられており、フィリップは子ども時代にほとんど母と過ごしたことがない。父はフランスのリヴィエラに引きこもり、のちにアンドレ・ド・ラ・ビーニュ伯爵夫人を自称する女優の愛人とヨットの上で暮らした。

エリザベスと違って、フィリップは自分の力で生き抜いており、崩壊した家庭と王室を追われた一族のなかで生き残ってきた。落ち着いて安住できる国を持たず、王冠もなく、家もなく、やむなく孤児のように独力で生きた。決然として、強く前向きで、面《つら》の皮が厚く、独立心旺盛で、傷つきやすいいじめっ子であり、因習を打破する人だった。

エリザベスは女王になってから夫のことを「いつもたったひとりで自分の戦いを戦ってきた」と簡潔に評している。

戦争直前

一九三九年七月、エリザベスとマーガレットはまたロンドンのピカデリー一四五番地に戻った。クローフィーと王妃付女官のひとりと共に、チェイリーにある伝統工芸学校の支援を受けてピカデリーで開催された「王室の宝物展」を見学したのだ。

エリザベスはヴィクトリア女王のブレスレットを取り上げ、自分にぴったりと合うことを発見した。展示されていたヴィクトリア女王の眼鏡を、以前にかけてみたことがあるという話もした。姉妹は昔自分たちが夜を過ごした子ども部屋を再訪した。邸宅の裏手にあるエリザベスの以前の寝室には、お気に入りのおもちゃのコレクションが展示されていた。展示物には推定一〇〇万ポンドの保険がかけられていた。

例年のように王室一家はスコットランドで休暇を過ごしたが、その年の夏にはそこにも暗雲が立ちこめていた。欧州は戦争勃発の瀬戸際にあった。不安を抱えながら、王室一家はロンドンからハイランドに向かい、八月七日にバルモラルに到着した。だが王にとっては悲しくも、ほんの短期の滞在となってしまった。

6

「シンプルにまとまって家庭生活を送ることは、最優先すべき使命である」

エリザベス　13歳〜19歳

第二次世界大戦の開戦

「これまでで最高の誕生日プレゼントをいただきました」。一一歳のベティ・マーフィーは一九三九年一一月に母宛の手紙に記した。「エリザベス王女様のコートです。もう自分には小さくなったので、もし私に合うのであればお持ちになって、と王女様はおっしゃいました。栗毛色のコートで、内側に小さな結び紐がついています。ポケットがふたつついていますが、手を入れるためではありません。私はエリザベス王女様にすてきなプレゼントをありがとうと手紙を書くつもりです」

ベティ・マーフィーは学童疎開児だった。両親と離れて暮らしているのはエリザベスとマーガレットも同じだったが、共通点はそこだけだ。姉妹はバルモラルからバークホールの小さめの家に移って暮らしていた。

戦争が回避されることをぎりぎりまで信じていた王だったが、やむなくスコットランドでの休暇を切り上げてロンドンに戻り、八月二八日には王妃もロンドンに向かった。

開戦が宣言された九月三日、王女たちふたりと、バルモラルに滞在していたいとこのマーガレット・エルフィンストーンの三人はクラシー教会にいた。「小柄でやせぎすのラム博士という教会の牧師が大変に感動的な説教で、第一次世界大戦が終結して以来続いていた不安定な平和が終わったと信徒たちに告げた」と、マーガレット・エルフィンストーンはそのときを振り返って言う。夕刻に王は国民に向けてラジオ放送で語りかけた。兆候はしばしば感じとってはいたものの、ヒトラーはやがて折れるだろうという父の確信に満ちた言葉に惑わされ、また娘たちには自分たちが感じていた「深まるばかりの危機感」を悟らせないと両親共に決意していたせいもあって、エリザベスは驚いただろう。エリザベスが開戦で感じた不安は、妹の不安と同じだった。両親がロンドンに戻ると聞いたマーガレットは姉に単刀直入に聞いた。「ドイツ人はお父様たちをつかまえちゃうと思う？」。それに対しエリザベスは「あの人はここまでやってこないと思いたいわ」と答えた。エリザベスの言う「あの人」は、単純にヒトラーを指していた。

王妃は姉のローズ・グランヴィルに手紙で、自分や王にもし何かがあったら、エリザベスとマーガレットの面倒を見てやってくれと書いた。その内容から王妃の不安の深刻さがうかがわれる。「ふたりのいとしい子どもたちの幸せのためならすべてを犠牲にします」とレディ・グランヴィルは九月六日に返事を書いた。ジョージ五世の死後に休暇を早めに切り上げたときと同じく、開戦の知らせを聞いたクローフィーは休暇を打ち切って王女たちのもとに帰った。アラー、休暇中のフランス語家庭教師であるジョルジーナ・ゲラン、女官のレティス・ボウルビーも戻った。クローフィーは、互いに敵意を抱くフランス語教師と女官とのあいだの緩衝材の役目も果たした。

エリザベスとマーガレットとお付きの一団は、クリスマスまでバークホールにとどまったが、暖房のない家は夜間凍えるほどに冷えこみ、浴用スポンジやタオルがかちかちに凍ってしまうほどだった。一面霜でおおわれた窓には透かし模様ができて、かえって子どもたちはおもしろがった。ときどき王女たちはガールガイドとブラウニーの制服を着て、グラスゴーからの疎開者と共にミーティングに出席した。

クローフィーは王女たちの日々を充足させ、両親を心配する時間をできるだけ作らないように尽力した。王妃がバッキンガム宮殿でやっていることにヒントを得て、独自の「戦時業務」を取り入れた。学校の教室で「小作人」や農民、領地に雇われている人たちの妻のために裁縫パーティーを開き、王女たちはティーカップとケーキを配って「さまざまな女性たちと楽しげに話してまわったり」、時代遅れの蓄音器でレコードを大音響でかけたりして楽しませた。王女たちは赤十字のために編み物をしたし、「ハイキングやティーパーティーや外遊び」を楽しみ、外遊びでは疎開児童たちと交流した。大人たちのあいだで成長し、礼儀を仕込まれてきた姉妹は、地味なティーパーティーを上手にこなした。

まだクローフィーが休暇中だったとき、エリザベスは手紙で「私たちのまわりにはグラスゴーからやってきた人たちが何百人もいます」と書いていた。エリザベスは自分とはかけ離れた生活を送る子どもたちに圧倒されていたのかもしれない。王女たちが疎開児童との交流で感じる居心地の悪さは、疎開児童たちも同じように感じていた。うまくいったのは、ベティ・マーフィーにコートをあげたように、着なくなった服やおもちゃを寄付したときくらいだ。ベティは母宛の手紙に、王女

6
「シンプルにまとまって家庭生活を送ることは、最優先すべき使命である」

からもらったコートのポケットは単なる飾りだと書いたが、母が存命中、エリザベスはポケットに手を入れることが許されなかった。九〇代になって初めて、エリザベスはポケットに手を入れている写真を撮られている。

両親はエリザベスに戦争が必要であることを説明した。王妃はユーゴスラビアのパヴレ王子への手紙で、戦争について「精神の葛藤《かっとう》、有害な思想、傲慢と物質主義に対して、真実、自由と正義が戦っている」と書いた。クローフィーは王妃が「お茶のあとに子どもたちに新聞を読み、あまりにも恐ろしすぎる事柄を除いて、今どんなことが起こっているかをできるだけ伝えるようにしておいでだった」と書いている。王女たちはラジオにも耳を傾けた。ドイツから英国にナチスのプロパガンダを送ったホーホー卿の放送が始まると、本やクッションをラジオに投げて野次《やじ》り、コメディアンのアーサー・アスキーが週に一度放送する「バンド・ワゴン」という番組を楽しんだ。

王妃の指示で、クローフィーは戦争がはじまり落ち着かないなかで、年末には授業を再開するよう全力を尽くした。王女たちは両親から離れて過ごしたことで、平和な時期のロンドンでの気晴らしがどれほどありがたいものだったかがわかった。エリザベスのヘンリー・マーテンによる個人教授も、論文を書いて投函すると、添削されて返却されるという方法でなんとか続けられていた。王女たちのドイツ語の先生であるハンニ・デイヴィーも宿題を郵送してきた。ジョルジーナ・ゲランはフランスに帰国して、フランス・レジスタンス運動に加わった。フランス語のレッスンはモントードン＝スミス、通称モンティに委ねられた。

王と王妃は毎晩六時に電話してきて、姉妹はふたりともそれを心待ちにしていた。九月半ばに王妃は一週間、姉妹のもとを訪れた。王妃は疎開者たちを慰問し、熱意に満ちたエリザベスに救急時の包帯の巻き方をやってみせた。エリザベスは教わったやり方をマーガレットに教えた。姪のボーフォート公妃と共にしぶしぶバドミントン・ハウスに避難していた祖母のメアリー皇太后に、エリザベスは定期的に手紙を書いた。メアリー皇太后は従軍している高級船員たちにウールマフラーとセーターを編んでいた。エリザベスが知っていたかどうかはわからないが、そのなかにはギリシャのフィリップ王子も含まれていた。

戦時中の体験は、エリザベスの性格に大きな影響を与えた。バークホールで過ごした秋の日々で、ハイランドへの愛は揺るぎないものとなり、マーガレットとの絆は切ってもきれないものとなった。だが、将来彼女の臣下となる多くの人々への理解は深まらなかった。王女たちがこもっている象牙《ぞうげ》の塔の壁はまだ崩れていなかった。

隔離生活

サンドリンガムでクリスマスを過ごしたのち、一九四〇年五月にドイツ軍がフランスに侵攻するまでたいしたことが起きなかった「まやかし戦争」と呼ばれた時期のおかげで、エリザベスとマーガレットはロイヤル・ロッジに移ることができた。さらに五カ月後の五月一二日、ふたりはウィンザー城に移った。オーガスタ・タワーの五部屋の「王室子ども部屋」が、戦争が終わるまでのふたりのホームとなった。新聞は、スコットランドのバークホールは公務のある王が訪問するには距離がありすぎて不便だからだと読者に説明した。「もっとロンドンに近く、だが安全な場所」にいるほうが明らかに合理的だ。王女たちの所在は「田舎の疎開先」と記されるだけで、秘密にされていた。

王は日記に「彼女たちの年齢において、教育は無視できないほど重要だ」と記した。クローフィーがウィンザーで実施したプログラムは、開戦後の数週間にバークホールで彼女がやっていたことと変わりはなかったが、ヘンリー・マーテンが近くに住んでいたので、ふたたび対面で授業がはじまり、ときにはイートン校のマーテンの部屋で行なわれた。部屋にはペットのカラスがいて、マーテンはエリザベスとクローフィーに、時折上の空で「紳士諸君」と話しかけた。勉強内容はコロンブスからはじまる世界の偉大な探検家たちとアメリカの歴史についてだった。ミス・ヴァカーニのダンスのレッスンも毎週行なわれていた。戦前にロンドンで通っていた歌のレッスンは料理教室に替わった。

メアリー皇太后との「教育目的のお楽しみ」の遠足は、ウィンザー城内の修道院で暮らす王室司書のオーウェン・モーシェッドによるウィンザー城のツアーに替わった。セント・ジョージ礼拝堂のオルガニスト、ドクター・ハリスの自宅をエリザベスとマーガレットは訪問し、著名な作曲者の作品と人生について会話を交わした。

加えてクローフィーは「オーウェン・モーシェッドの娘のメアリーとリビー・ハーディングなどウィンザー城内や周辺に住んでいる大勢の子どもたち」についても触れている。戦時中に特に王女たちと長く一緒に過ごした友人がひとりいた。「エリザベス王女が最も仲よくしていた友人のひとりが、昔から家族同士で付き合っていた友人の一六歳の娘で、すぐ近くに住んでいた」ことをサンデーミラー紙は伝えている。ロンドンに両親を残して疎開していたアラテア・フィッツアラン・ハワードで、リビー・ハーディングと共に宮殿のガールガイドの仲間だった。

公式に世間から身を隠していたこの時期、エリザベスはこれまで経験したことがないプライバシーが守られた生活を経験した。世間から隠れて、たえずさらされていた物見高い視線やカメラから一時的に逃げられたエリザベスは、マーガレットと一緒にクローフィー、モンティ、アラーとボボ、アラテアをはじめとする友人たちや、城のスタッフや王室の使用人たちしかいない小さい世界で、忙しく暮らした。

新聞各紙は距離をおきつつ、王室の子どもたちが大戦に貢献していることの証明として、隔離された生活の細部を拾って記事にした。一九三〇年代の困難な一〇年間を通して、両親がいてもいなくても、エリザベスとマーガレットは理想の家庭像と国民の理想を象徴する存在だった。そのころ記事になったのは、国民の窮状に対して示す思いやり、小さな親切、愛国心からの倹約と、機会が許せば両親と一緒に過ごす時間だった。王と一緒の乗馬、ウィンザー・グレートパークのフロッグモアでのピクニック、一緒の映画鑑賞などだ。王の誕生日には一家そろってチャーリー・チャップリンの『独裁者』を観た。

公的な場では、王と王妃は国民の士気を高めることに尽力した。私的な場では、ふたりは「シンプルにまとまって家庭生活を送ることは、最優先すべき使命である」という姿勢を貫こうとしていた、とリサ・シェリダンは言う。

戦争に貢献しようという王女たちの努力は事細かに報じられた。疎開しているフランスの子どもたちにチョコレートをプレゼントしたこと。オーバーシーリーグ〔訳注：非営利の会員ボランティア組織〕が立ち上げたタバコ基金に寄付をして、一九四〇年のエンパイアデー〔訳注：ヴィクトリア女王の誕生日に、英連邦の連帯を祝う行事。現在のコモンウェルスデー〕に一八〇〇万本のタバコを兵士たちに贈ったこと。ダンケルクから帰還した英国とフランスの軍隊に配布するため、レディングの軍援助物資集積所で受け取れる菓子を贈ったこと。ウィンザー市長を通じて子どもたちのパーティーに王室のクリスマスツリーを寄贈したこと。婦人義勇軍がアルミニウムの供出を募ったところ「王室の食事を賄《まかな》ってきた鍋やフライパン」から「小さなおうち」で使われていた家庭用品まで、王室から驚くほど大量の金物類が供出されたこと、などである。

　こういったことのどれも、本当はたいして時間を費やすものではないということに、エリザベス自身もしだいに気づくようになる。彼女は相変わらずゆったりと生活していた。クローフィーは「単調な日々」で「一カ月が長く感じられる」と書いている。マーカス・アダムズは壮麗な室内には不釣り合いなジグソーパズルに興じる姉妹たちを写真におさめ、戦時中に絵葉書になった。ベッドから飛び起きるときのために、寝る前に靴をきちんとそろえておくという習慣からもうかがわれるように、生真面目で几帳面なエリザベスは公式に指示されたとおりに一日一〇分ガスマスクをつけ、毎晩丁寧にレンズ部分を支給されたクリームをつけて磨いていたそうだ。

　姉妹は荷馬車を利用した。タイムズ紙は荷馬車が「石油を節約する必要からふたたび利用されるようになった」と説明した。写真からは、王女たちが御者になり、コーギー犬をお供に、新しい乗り物を楽しんで乗りまわしていることがうかがわれる。厩番《うまやばん》の付き添いのもと、エリザベスは王室の乗馬インストラクターで近所の乗馬スクールのオーナーであるホレス・スミスの指導のもとで、馬車を操作するレッスンを五回ほど受けた。ホレス・スミスは彼女に横乗り鞍《くら》も教えた。スミスはエリザベスが「その身分でなかったとしたら、たくさんの犬や馬と共に田舎で暮らす貴婦人になっただろう」と評価し、その言葉をエリザベス自身は幾度となく引用して、ホレスに篤い信頼を寄せた。相変わらず普通でありたい熱望をうかがわせるエピソードである。エリザベスのカントリーライフは、ロイヤル・ロッジ、バルモラルとサンドリンガムに限られ、典型的な田舎からはかけ離れていたし、そのことを理解するには年端がいっていなかった。

一九四〇年三月、社交界の雑誌クイーンは「長いあいだ王女様たちのお姿をほとんど拝見できていない。おふたりの新しい写真を誰もが待ち望んでいるだろう」と嘆いた。四月にマーカス・アダムズがその要望に応えた。妖精のようなフリルがついた服ではなく、ふたりはツイードのジャケットとキルトを着た。エリザベスは真面目な表情で、アラテア・フィッツアラン・ハワードの見方では「とても素っ気ない」表情で写真におさまった。アダムが撮影した写真をじっくり検分したサンデーミラー紙は、王女たちの戦時下における変化を忠実に数えあげた。「ドレスを着る機会も、パーティーもお出かけも少なくなった。ジャージ生地とスカートは時代の要請で、暑くなってくるとコットンドレスに着替えることも必要となるだろう」

エリザベスの一四歳の誕生日でさえも、ほがらかな禁欲主義という新しい語り口で報道されている。バースデーケーキはデコレーションなしのスポンジだけで、プレゼントは名目だけ彼女のものになっている一〇〇ポンドだ。添えられた手紙でジャマイカ総督は「ジャマイカの子どもたちはエリザベス王女殿下のご多幸をお祈りし、ささやかではありますが一〇〇ポンドを差しだします。願わくは王女殿下におかれましてはお好みの戦争チャリティにご寄付いただくことを望んでおります」と訴えた。八月にマーガレットの誕生日がやってきたときは、ケーキはさらにシンプルになっていた。『ふたりの王女様たち』のなかで著者のフランシス・タワーズは、姉妹が「役に立つことをしようとし、ベッドメーキングは自分でやり、荷造りも自分たちでやっていらっしゃる」と、長い日々の時間をつぶしている様子を記している。

広がる戦火

一九四〇年を通して、デンマーク、ノルウェー、オランダ、ベルギー、フランスと次々と戦火が広まっていった。王と王妃はしばしばウィンザーに寝泊まりしていたが、王旗はバッキンガム宮殿に掲げられて、ふたりが首都にとどまっているように見せかけられていた。

エリザベスとマーガレットは「安全が脅《おびや》かされるという理由で公の場に姿をあらわすことは許されなかった」とサンデーミラー紙は報じている。ふたりの生活は同時代のほかの貴族の子弟たちと似ていて、広大なカントリーハウスで家庭教師のもとで教育を受け、両親よりも乳母たちと共に生活し、新鮮な空気とゆったりとした時間を享受していた。アラーは身に染みついた王室のしきたりから抜けだせず、戦前と同じレベルで儀式を行なうべきだと固く信じ、子ども部屋付きの従僕に厳格に食事時間を守らせた。煮込んで瓶詰めした庭のプラムを使ったプディングが必ず出され、鹿肉など狩猟で仕留めたジビエで補われていたものの、食事内容は次第に質素になり、部屋はしばしば耐えがたいほど冷えこんだ。どんなことがあっても生活の基準を下げることは、アラーには許しがたかった。姉妹たちはどちらも彼女に逆らわなかった。アラーの姿勢は王妃の意向を反映しており、王妃自身もメアリー皇太后が考える王族として適切な振る舞い方の薫陶を受けていた。王女たちもすべてそれがわかっていた。

オランダやノルウェーの王族たちや友人たちの多くと同じように、王女たちを戦時中はカナダで過ごさせたらどうかという提案を、王妃は固く拒絶した。その決断は支持を集めたし、とりわけ王女たち自身が喜んだ。「もしナチスが大切な方々を捕えたとしたら、殺すかそれ以上の悪いことを盾に脅迫し、王と王妃は従わざるをえなくなるという途方もないプレッシャーを受けることになるかもしれない」と前大法官は時の首相ウィンストン・チャーチルに書き送っている。

海外に逃げる代わりに、ウィンザー城のブランスウィック・タワーの地下に防空壕が作られた。壁を補強し、一・二メートルの厚さのコンクリートと大梁の天井が作られ、やがて王室一家全員の寝室とバスルームも作られた。平和時の明るい照明に替えて、城中の電球がワット数の弱いものに付け替えられた（マーガレット・エルフィンストーンは「常時夜明け前みたいだった」という）。クリスタルの破損を防ぐために城中の千室以上ある部屋すべてからシャンデリアがはずされ、灯火管制がいっそう強化された。絵画は額からはずされて安全に保管され、キャビネットやガラスケースはなかを空にするか、表を壁側に向けて中身を護った。有刺鉄線が古代からの砦《とりで》の上にはりめぐらされた。

エリザベスとマーガレットは個人的な宝物を、フランスから贈られた人形のジュエリーケースにしまった。ふたりは防空壕に持っていく本を選び、毎日書いている日記も荷物に入れた。ウィンザー城が初めて空爆されたとき、アラーが寝巻きを着替えなくてはならないと言いはったために王女たちが防空壕に入るのが遅れたことから、その後ふたりはつなぎの戦時服を着て眠るようになった。

この期間王妃は、早朝に目覚め、ベッドに横たわってからも不安でなかなか寝付けなかったにもかかわらず、娘たちが幸せに日々を送れるよう見事なまでに配慮を尽くした。おかげで姉妹は戦争に、不安と同じくらい興奮を感じるほどだった。一九四〇年秋に爆弾穴を見にいったとき、ふたりとも「爆撃の記念品を何か欲しいと願った」。それで、ふたりとも爆弾翼［訳注：爆弾の後部についている翼状の部品］をもらった。数カ月後、イギリス空軍沿岸軍団に所属するニュージーランドのパイロットがハドソン機を離着陸させ点検する様子を興奮して見学し、ヘッドホンを通してパイロットのメッセージに耳を傾けた。一九四〇年一〇月に爆撃機が何夜も続けてウィンザーをターゲットにしたときは、ふたりとも「立派だった」と王妃は書いた。「子どもたちは初めて実際に爆弾が笛のような音で飛んできて落ちる音を聞いた」。ふたりとも恐怖はあらわさなかった。それどころか、クローフィーはエリザベスが「何が起きているか見たいの」と目を大きく見開いて懇願したことに「困らされた」という。

戦時下の活動

ウィンザー市内に避難しているステップニー地区からの疎開者の数がふくれあがっていた。ふたたびガールガイドが結成され、疎開している女の子たちも参加した。コックニー訛《なま》りで「ちょっと待って、リリベット」という叫び声が響き、イーストエンドの住民たちが王女たちを特別扱いしない姿を見たクローフィーは、そこに戦時中の民主主義の精神を見出した。彼女は姉妹たちの反応を、魅入られたように書き記している。かつてバッキンガム宮殿の庭園で、塀の外から聞こえてくる途切れ途切れの会話を王女たちが夢中になって聞いていた様子を記したのと同じ調子だ。

だが、掃海艇慰労基金を支援するためのコンサートのときには、クローフィーが見出した民主主義精神が幻影とわかった。エリザベスとマーガレットは「スター」となり、村の子どもたちとロンドンからの疎開児童は「その他の出演者」だった。クリスマスには、姉妹でキリスト降誕劇に登場した。観客席で、父ジョージ六世は終始涙を流していた。王は、娘たちのなかにある不思議な魅力をはっきりと感じていた。家族四人の感情の絆は、このとき最も強く結びついていた。

しかしその年の秋、より大きな舞台での主役がエリザベスに与えられた。一〇月一三日、エリザベスは初めてラジオに出演した。番組予告から一週間、言いまわしと息継ぎを十分に練習して、BBCの「子どもたちの時間」に出演したのだ。それまで出演依頼は何回もあったが、王室は気位の高さからすべて却下していた。一九四〇年秋にその意見は変化した。九月にザ・ブリッツと呼ばれるドイツ軍による電撃的空爆があり、七六夜連続でドイツ軍は英国中の港湾と都市を空爆した。四万人の市民が亡くなり、一〇〇万戸以上が破壊され、そのなかにはピカデリー一四五番地と王女たちが歌のレッスンに通っていたプリンシズ・ゲイト三二番地もあった。安全のために親元を離れている子どもに向けてのエリザベスのスピーチは、英国内だけでなく海外にいる子どもたちも念頭においていた。「何よりも愛している人たちから離れて暮らすことを、私も経験して知っています」と彼女は話しかけた。「私のそばにいるマーガレット・ローズ」と妹について触れ、妹と共におやすみなさいを、何百万もの見えない子どもたちに届けた。

年配の廷臣たちはスピーチが甘ったるくて鼻につくと思ったが、それを聴いた世界中の人たちからの反応は好意的だった。コメディアンで女優のジョイス・グレンフェルは自分の母への手紙に「これまで聴いたなかでいちばんすてきなスピーチだったわ。若々しくて、真実味があって、無《む》垢《く》で英知が感じられて感動しました。このスピーチを放送しようと考えた人が誰であれ、天才よ。

このスピーチが象徴しているものの前には敵はいないわ。愛と寛容とやさしさがあったもの」。南アフリカの小説家、サラ・ガートルード・ミリンは日記に「完璧だった」と記し、予言した。「一世代後にまだ女王が存在するのであれば、この子はよい女王になるでしょう」。国際婦人参政権ニュースでさえも、エリザベスが「初めての公務で見せたのは、大人の心配にひるまず立ち向かう子どもたち世代の典型的な振る舞い方だった」と伝えた。翌年二月、エリザベス王女ヨーク小児病院は、スピーチの録音収益から二五ギニーの小切手を受け取った。

エリザベスのラジオ放送でのスピーチを聴いた人たちは、父の国王を含めて、彼女の話しぶりが王妃にそっくりであることに注目した。「かわいらしい声だが、母君に似ていて力強く明瞭《めいりょう》な話ぶりだ」と書いたジョイス・グレンフェルのように、その声がとても幼いことに注意を惹かれた人もいた。以前からであるが、エリザベスは王女と娘というふたつの人生を送っており、大人であると同時に子どもであることが求められていた。

アラテア・フィッツアラン・ハワードは一九四一年七月、エリザベスとマーガレットのおとぎ話のような典型的な日曜日を紹介している。フロッグモアまで小舟を漕ぎ、クローフィー、モンティとコーギー犬たちとピクニックをし、ジンジャービールを瓶からじかに飲む。王女たちがペットにしていたカメレオンに餌として蝿《はえ》を与える。そしてその一〇日後に、エリザベスは王室主催のパレードの主賓《しゅひん》をつとめた。バッキンガム宮殿で両親と共に、ノルウェー、ユーゴスラビア、オランダの統治者や、ポーランド大統領、チェコスロバキアやソビエトの外交官など、英国で暮らす同盟国の首脳や代表たち二〇〇人を接待した。王女たちの生活に公私の区別をつけるのは難しかった。

王女たちは国民にとって希望のシンボルだった。しみひとつない服を着たエリザベスが勝利のために穴を掘り、雑草を抜き、ネットをかける。姉妹おそろいの服装がふたりの仲のよさを強調した。いつもと同じように、姉妹は愛情深い家族の絆を体現していた。死傷者、徴兵、女性の動員、疎開によって多くの家族が散り散りになっていたこの時期に、姉妹が見せる絆は強力なメッセージだった。このときの写真は外の不快な雑音を締めだしていた。王女たちは自分たちだけのさんさんと太陽が降り注ぐ明るい世界にいて、戦争による混乱から遠く隔たった秩序ある世界で、日常生活を送っていた。王妃の言葉を借りると「戦時には『家庭教師と教室』の雰囲気に大変に癒されるのだ。

王妃がエリザベスとマーガレットを連れて病院を訪問したのは、かわいらしく、行儀よく振る舞う娘たちが元気づけの妙薬になると気づいていたからだ。三人の女性たちのなかでスターは王妃だったが、ジョイス・グレンフェルは一九四〇年八月に病院を訪問する親子を見かけたときに、エリザベスの存在に目を惹かれた。「エリザベス王女はきっと美しくなられます」と自分の母に書いた。「ある日突然、その美しさに人は気づくでしょう。お母様の笑顔とメアリー皇太后のお姿を受け継がれておられるのだから」

王妃はエリザベスが国旗記念日に行なわれる児童向けのチャリティに自分の名前を冠することに同意した。六月、初めて開催されたプリンセス・エリザベス・デイは、一万九九六二ポンドの寄付を集めた。初回のチャリティとしては異例である。エリザベス王女のエンブレム、飾りリボンやゴムのリストバンドがロンドンだけで三〇〇万個も売れた。翌年には二万三五八八ポンドを売り上げた。子ども時代を通して、王女の名前が入ったものはほかの人たちに利益をもたらしてきた。

王位への階段

エリザベスは成長していた。つい一九四〇年には新聞見出しで「世界で最も有名な小さな女の子」と呼ばれていたが、もはや小さな女の子ではなかった。一九四一年にリサ・シェリダンが撮った写真では、彼女は母と背丈が同じだった。友だちはひとりまたひとりと子ども時代を終えて大人への階段をのぼりはじめ、ほとんどの場合は戦争に関わる仕事をはじめていた。だが溺愛する長女に戦争に関わる仕事をやらせることは、王の計画にはなかった。エリザベスは「実際の年齢よりも幼い」とある友人は思っていた。姉妹を同等に扱うという両親の決断が招いた結果だが、それが王の思いにかなっていた。

一九四二年三月二八日、エリザベスはウィンザー城内のプライベート・チャペルで、洗礼を授けたのと同じラング大主教によって堅信を授けられた。叔母のプリンセス・ロイヤルと祖母が立ち会った。メアリー皇太后はエリザベスの落ち着きを褒めた。堅信式は、ゆくゆくは英国国教会の最高位につくと定められた信徒にとって、特別な意味を持つ通過儀礼である。エアリー伯爵夫人メイベルは、王になるのにふさわしい資質を王女が備えていることに興奮気味に目をみはった。「白いベールの下の厳粛な小さなお顔と、飾り気のない白いウールドレスに包まれたほっそりとしたお姿を見た」と彼女は書いた。「首筋がすっと伸びてお見事で、なんとも言えない雰囲気をお持ちで、ヴィクトリア女王様を思い起こさせた。簡素で控えめで自意識をまったくお持ちでないにもかかわらず、偉大な人格をお持ちだという印象を与えた」

同じように王も数年前に、作家のオズバート・シットウェルにエリザベスがヴィクトリア女王と似ていることを指摘していた。今やそれを口にしても安全だ。王妃はすでに四一歳で、これから出産することを誰も期待していない。法律的に厳密に言えばエリザベスは法定推定相続人［訳注：将来継承権を上回るものが出現しない場合の相続人］というよりも推定相続人［訳注：上位の継承権を持つものが出現する可能性がある］であるとしても、彼女が父のあとを継いで高祖母以来の英国女王になることはまず間違いない。

二月に、王は娘に早めの誕生日プレゼントとして、大叔父で親子二代の代父だったコノート公の死後空席になっていた近衛連隊の連隊長に任命した。エリザベスは誕生日に初めて連隊を観閲した。ゆっくりと威厳をもって彼女は軍列に沿って歩き、あとに両親とマーガレットが続き、その後演壇に上がって行進を閲兵した。最初から最後まですべてを記者やカメラマンの一団が見守った。デイリーメール紙の記者は「緊張している様子はまったくうかがえなかった」と書いたが、写真からはそうは見えない。エリザベス自身はその体験を「少し怯えていたけれども、思っていたほどひどくはなかった」と言っている。二回目の観閲は数週後にやってきた。近衛連隊のバッジをつけた戦闘帽のような帽子をかぶり、コートのラペルには近衛連隊の将校たちから贈られた連隊の符牒《ふちょう》をかたどったブローチをつけた。細かな配慮に、自分の任務を生真面目に行ないたいという熱意が見て取れる。

一〇月に写真家のセシル・ビートンが、帽子をかぶり、バッジとブローチをつけたエリザベスの写真を撮影した。エリザベスがかぶった帽子はファッションとして大きな話題を呼び、サンデーポスト紙によれば「何千何万個」も売れたという。初めて一六歳の王女に会ったビートンは、大喜びで「私がこれまで見た写真のどれよりもはるかに魅力的なエリザベス王女にお会いできて大興奮だった。王女様はお母様の笑顔を受け継いでいらっしゃる」と日記に記した。近衛連隊長というよりも、ガールガイドの愛らしさを盛りこんだ写真は、大人の女性へと踏みだしたエリザベスをとらえていた。

軍務と臨時執政

誕生日後の週末、母に付き添われ、ガールガイドの制服を着たエリザベスは職業安定所におもむき、政府の青年徴兵プログラムに登録した。「王室の王女で未来の女王」がそのような登録をするのは初めてだと新聞は報じた（未来の女王のためにそのような機会がもうけられたのすら初めてだ）。もちろん彼女が軍役につくことは求められていない。

エリザベス・アレクサンドラ・メアリー・ウィンザーは補助地方義勇軍（ＡＴＳ）第二准大尉となった。王は、エリザベスの一八歳の誕生日にあたって、自分が海外に出て不在のときに大量の公的業務を代わりに行なう臨時摂政に任命した。以前には臨時摂政は二一歳にならないと任命できないことになっていたが、王はチャーチルの率いる政府を説得して、摂政法の改正を行なわせることに成功していた。エリザベスが、戦時中だから「ほかの女の子たちがやっていることをやりたい」と望んで女性の軍事組織に加わったことに対し、父は臨時摂政を命じたのである。父娘のあいだに滅多になかった考え方の相違だ。王はエリザベスが果たすべき使命は王家にあり、一般国民と同じ軍事業務につくこと以上に王室の任務を果たすことが重要であると考えた。

一九四二年春、父と娘はロイヤル・ロッジの王の執務室のデスクで、一緒にリサ・シェリダンの撮影による写真におさまった。レンギョウが活けられた花瓶の脇には、政府から日々送られてくる公文書が入っている赤い箱がいくつか立てられている。王の肩越しにエリザベスが同じ文書を読んで指導を受けている構図だ。

ＢＢＣニュースの戦況報告を注意深く聴くことも奨励された。父は娘と王政の仕組みについて議論したし、高位の訪問客を娘に紹介することも続けた。「エリザベス王女の帝王教育の一部――重要な部分であるが――は、今日《こんにち》の傑出した人物と会うことである」とタトラー紙は書いた。出会ったなかでエリザベスがその知識と真摯な姿勢に感銘を受けたのは、一九四二年秋に王と王妃に謁見した米国大統領の妻エレノア・ルーズヴェルトだった。エリザベスはルーズヴェルト夫人に「米国での若者たちの活動について質問を浴びせ」、王やマーガレットも一緒にバルモラルを散策する「王室一家の家庭での様子」という自分で撮った記録映像を見せた。ルーズヴェルト夫人は「エリザベス王女はアメリカ合衆国の生活についてたくさん質問をされた。どれも真面目な質問ばかりだった」と記している。

戦時中の娯楽

王と王妃は戦争によって娘たちが娯楽から遠ざかっていると考えた。「成長期にある人たちにとってはなんとひどい時期でしょうか」と王妃は書いた。頻繁に両親が不在となる王女たちが、ウィンザー城を恒久的なわが家としていることに懸念を抱いていた。「娘たちにとって本当にいい場所とは言えません。銃声が響き渡り、もちろんそこら中に至近距離で爆弾がいくつも落ちるようなところでは」。エリザベスはそうは思っていなかった。「クローフィー、私たち幸せすぎると思わない？」と一九四一年春に言っている。

エリザベスがそんなことを言ったのは――何事もきっちり「正しく」振る舞いたいという性格もあって――ウィンザーの小規模な宮廷が、王女たちの生活を管理するのに成功していたことがある。「あまりにも大きな悲しみと不安でときどき胸が張り裂けそうになります」と王妃はエレノア・ルーズヴェルトに書いた。そんな気持ちを王妃は娘たちに伝えなかった。赤ちゃんのときから、王妃は娘たちが幸せでいられるように心を配ってきた。自分がいちばん願っていることをヒトラーに邪魔させないよう、王妃は最大限努力していた。たしかに悲しみや不安はある。開戦初年度に受けた打撃は計り知れないほど大きかった。空爆でピカデリー一四五番地の邸宅は破壊され、たび重なる爆撃でエリザベスが洗礼を受けたプライベート・チャペルも含めたバッキンガム宮殿の一部が崩れた。一九四二年八月、王の弟であるケント公ジョージが飛行機事故で亡くなった。末の息子マイケルが誕生した七週間後だった。「敗北するなど考えられもしないし、とうてい受け入れられません」と義母に書いたが、その勇ましさは夫と共有する深い信仰でいっそう強められていた。

王妃の思いやりのある騎士道精神は、娘たちの生活を彩りのあるものにしていた。エリザベスがペットのカメレオンとコーギー犬のジェーンがウィンザー・グレートパークでの自動車事故で死んで悲しんでいるとき、王妃は世界を巻きこんだ戦争の真っ最中であることを考えたら、ペットの死はどれほどのものかを考えなさいと娘を励ました。

戦前にエリザベスとマーガレットが楽しんでいたランチやカクテルパーティー、ロンドンでの観劇や舞踏会などはほとんどなくなってしまったが、替わってもっと近しい人たちだけの娯楽があった。そのなかに、二週間に一回バッキンガム宮殿の舞踏室で開かれていた小規模なダンスの会と、一九四三年三月二六日エリザベスの誕生日の前祝として王と王妃が近衛連隊の中尉たち、米軍将校たちや衛兵士官たちを招いてウィンザーで主催したダンス・パーティーがあった。

カントリーライフにも静かな楽しみがあった。一九四二年秋、バルモラルで王はエリザベスを狩猟に連れだした。エリザベスは見事な枝角を持つ立派な雄鹿も含めて三つの獲物を仕留めた。狩猟は彼女にとって、マーガレットやクローフィーとは共有できない大きな楽しみだった。この時期に彼女は初めて鮭《さけ》を釣りあげたし、ベックハンプトンにある王室の競走馬を育成する厩舎も訪れた。「生来のカントリーライフへの強い愛着は、エリザベス王女の目立った特徴です」とパテ・ニュース映画は伝えた。

サンドリンガムの大邸宅が開戦で閉鎖されたにもかかわらず、王室一家はすぐ近くにあるアップルトン・ハウスでカントリーライフを過ごした。かつてはジョージ五世の妹であるノルウェーのモード王妃が暮らしていた邸宅だ。エリザベスは一九四三年三月、年会費二シリングを払ってサンドリンガムのイギリス婦人会に入会した。パテ・ニュースによれば、お気に入りのレクリエーションは「美しいサンドリンガム周辺を茶色のポニー、ジョックにまたがって乗馬を楽しむこと」である。夏の終わりに収穫を見回るために、ところどころ木々が点在する平原に王妃が馬車を走らせ、エリザベス、マーガレットと王が自転車であとをついていく写真がある。

ウィンザーでは、ストラスモア家のいとこたちと上流階級から選抜された王室一家を護衛する衛兵の士官たちが、エリザベスとマーガレットのお供をした。メアリー皇太后が「ボディガード」と呼んだ男性グループのなかには、ルパート・ネヴィル卿、マーク・ボナム・カーターなど、エリザベスの夫候補が含まれていた。士官たちは王女たちとランチをし、クローフィーが言う「集団遊び」で、かくれんぼ、宝物探しや押しくらまんじゅうをし、王女たちとマドリーガルを踊ったり、ときにはイートン校の学生たちも加わって合唱することもあった。

一途な思い

エリザベスはいったん関心の的が定まると、「時間が経てば消えていくとか、ほかの新しい出来事に気持ちが移るということはなかった」とホレス・スミスはいう。彼女は真面目で、完璧主義で誠実だった。馬に注ぐ愛情と同じように、大切に思う人に対しては一途だった。

エリザベスはダートマスで出会ったブロンドのハンサムな士官のことを忘れていなかった。その後もふたりはときどき手紙をやり取りしていたが、一九四一年六月に、のちにユーゴスラビア王妃となるギリシャのアレクサンドラ王女が、まだ一五歳のエリザベスと文通するのはいかがなものかと、フィリップにやめさせようとしたこともあった。一〇月にウィンザー城で週末を過ごしたとき、どう考えても彼女は自分にはまだ幼すぎるとフィリップは考えた。のちに彼は、戦時中に週末を王室一家と共に過ごしたときは「ただ家庭的な楽しみや娯楽が喜びだった」と言っている。心あたたまる思い出ではあるが、ロマンチックなものはなかった。

エリザベスはまったく異なる見方をしていた。フィリップは彼女にとって運命の人で、一途な思いは、彼との思い出のひとこまごとによりつのっていった。一九四二年一月コノート公の葬儀にフィリップが出席したときのこと。一カ月後の「ギリシャとデンマークのフィリップ王子は海軍兵学校生として英国軍艦ヴァリアント号に乗船」という記事。一九四二年六月に同盟国の「Eボート」で軍務につくことになったあと、バッキンガムシャー、コッピンズに住むいとこのマリナ王女を定期的に訪れるようになったという知らせ。スコットランドのシェアーネスからロサイスまで東沿岸を輸送業務にあたっていること。クローフィーへの手紙でエリザベスはフィリップが「ただひとりの人」であることをほのめかしていた。彼女はそのとき一六歳。アラテア・フィッツアラン・ハワードに「P（フィリップ）は前の年の四月からずっと〝彼氏〟なの」と言っていた。

一九四一年に『シンデレラ』を上演したのを皮切りに、毎年王女たちによるクリスマスの無言劇が城内のウォータールー・チャンバーの舞台で演じられ、収益が軍に送るウールニットに当てられていた。エリザベスは男性の主役フロリゼル王子を、マーガレットはシンデレラを演じた。この配役は毎年変わらなかった。エリザベスが妹との関係をどう考えていたかがうかがえる配役である（クローフィーは「一身に注目を集めるのはマーガレット王女様で、エリザベス王女様は引き立て役に徹しておられた」と書いている）。クローフィーの話を信じるとすると、チケット代をめぐってエリザベスとマーガレットのあいだに諍《いさか》いがあったという。いつも控えめでどこか浮世離れしているエリザベスは「七ポンド六ペンスも払ってくださいなんて言えないわ、クローフィー。私たちを見るためにそんなに払う人なんていないわよ」と抵抗した。少しは世間を見る目があるマーガレットはそれに対して「私たちを見るためだったらそれくらい払うわよ」と言ったそうだ。一九四三年には『アラジン』が上演され、エリザベスは半ズボンにシルクのストッキングをはいてアラジンを演じた。公演最終日には最前列にフィリップが座った。

一七歳のエリザベスにとってそれは特別な意味を持つ幸運だった。数日前に娘たちのために王と王妃が企画したダンスの会にインフルエンザにかかったフィリップは欠席し、無言劇の最終日にやっと回復した。エリザベスは興奮が隠せなかった。「誰が劇を見にいらっしゃると思う？」と彼女は家庭教師に聞いた。クローフィーは彼女が「頬を紅潮させておられた」という。興奮のおかげで演技は生彩を放った。クローフィーは「これまで誰も見たことがないほど輝いていらっしゃった。大勢がそれに気づいた」という。フィリップは下品なジョークが出るたびに大声で笑った。リサ・シェリダンは遠慮がちに「彼は劇を全身で楽しんでおり、王女様たちは陽気な男性の親類を歓迎なさっていた」と言った。

そして彼は週末、城に滞在した。クリスマスにもやってきて、戦争初期のクリスマスのときには見せなかったひどく陽気でうれしくてたまらない様子で滞在を楽しんだ。エリザベスは「とても愉快な時間だった」と、映画鑑賞会やディナーパーティーやグラモフォンをかけてのダンスを振り返る。ボクシング・デーにはジェスチャーゲームで若者たちは夜明けまではしゃぎまわった。フィリップはいささか羽目をはずしすぎたかとあとになって心配になった。王と王妃がさまよえる王子を招待したのは、おそらくふたりの最初の反応に、ハロルド・ニコルソンが下した評価に対する挑戦だったのではないだろうか。ニコルソンの評価とは「ご家族はフィリップ王子がエリザベス王女に取り入っている様子に震えあがられた。彼は粗野で行儀が悪く、教育も十分ではないうえに誠実ではないだろうと思われたからだ」。しばらくのあいだ廷臣たちも同じ評価を下していた。「彼は改革に熱心な新参者で、現状の王室への敬意がなかった」と廷臣のひとりは振り返る。

エリザベスは周囲のそんな見方に心を乱された様子はない。気がついていなかったか鈍感だったのだろう。恋をしていて、幸せだった。メアリー皇太后は、フィリップが初めてウィンザーに宿泊したときにエリザベスの気持ちに気づいていた。ダートマスでひと目ぼれしたあと、時間が経つにつれて恋心はますますつのっていった。クローフィーは一九四三年一二月に見たフィリップの変化について記している。以前のような尊大さは影を潜め、真面目で好感が持てる青年になっていた、と。だが、エリザベスのほうがもっと大きく変わっていた。ダートマスでフィリップが会ったのは子どもだったが、ウィンザーでフィリップが見たのはきらきらとまぶしいほど輝く「愛らしいエリザベス王女」だった。

エリザベスを護衛する近衛兵のひとりが同じようにエリザベスに魅せられて有頂天《うちょうてん》になってしまったと、王妃の個人秘書のアーサー・ペンは言っている。近衛兵は「舞いあがってしまった」と言い、「親密でありながら威厳があり、きわめて自然にやさしさを示す人がいるとは、私にとってまったく新しい経験だった」と興奮した。バッキンガム宮殿で王室一家全員に会った小説家のレベッカ・ウエストが、エリザベスの印象を「あまりにもいい子すぎて、性的なものを感じない。恋に落ちるかもしれないけれど、愛されるには無邪気すぎる」と言ったのをもし聞いたとしても、フィリップは同意しなかっただろう。

本格的な公務のはじまり

両親の眼中にエリザベスの恋はなかった。一九四四年三月、王は母に、エリザベスが「今はまだ幼すぎて、自分と同世代の若い男性と会ったことはありません」と書いている。王と王妃の関心は、エリザベスの王室で果たすべき任務に集中していた。

一九四二年にエリザベス自身につく女官の任命が迫っているという噂が出て、二年以上にわたって延期されていた彼女の公務がいよいよはじまることが予告された。エリザベスは一八歳になった。「澄んだブルーグレーの目を持った冷静沈着な女性」は、全英児童虐待防止協会と王立音楽学校の理事長であり、王の臨時摂政であり、近衛師団と海兵警備隊の大佐になっていた。

まだヘンリー・マーテンとの授業は続いていて、「責任ある政府」の進化と議会議事手続きについて詳細に研究していた。加えてエリザベスは、欧州大陸の歴史についてベルギーの貴族ベレーグ子爵夫人について学んでいた。アントワネット・ド・ベレーグは王女たちには「トニ」と呼ばれており、一九四二年に王室に加わり、エリザベスとマーガレットにフランス語会話のレッスンをしていた。ベレーグ子爵夫人は、自分の任務を「他国についての関心を高め、考え方や慣習について知識を授けること」だと考えていた。

ヘンリー・マーテンは、トニが教えたことについてエリザベスに論文を書かせた。エリザベスはその宿題をフランス語で書いた。一九四五年一月三〇日、エリザベスがベルギーの子どもたちに向けて英国にクリスマス・プレゼントとしておもちゃを贈ってくれたお礼をラジオで伝えたとき、トニの指導のもと彼女はフランス語で話した。ホラス・スミスは一〇代の王女が「頭が切れて記憶力がよい」と考えていた。鉛筆で細かくノートを取りながら、エリザベスはマーテンが彼女の将来のための訓練として課した大量の課題をこなしていった。

新聞各紙はエリザベスの「将来英国を治めるのにふさわしい力をつける修業」について書いた。マーテンの教えと、父が粘り強く示す模範例が、君主になるための準備だと、エリザベス自身と両親が真剣に考えていることを率直に反映した記事だった。マーテンは、王室が柔軟性を持つことの重要性を強調して教えた。そして、父が疲労困憊しながらも苦労して書き留めた記録から、エリザベスは職務で必要となる知恵を吸収していった。毎年の無言劇さえも、エリザベスが君主になるための訓練の一部と見なされるようになった。「あの無言劇に私はどれほど感謝してもしきれることはありません」とのちに彼女は振り返っている。「あの劇のおかげで、私は公の場で話すことについてたくさん学びました」

戦時統制と愛国主義の王が緊縮を敷いたこともあって、一九四四年四月のエリザベスの一八歳の誕生日の祝いはごく控えめなものになった。メアリー皇太后に王妃は書いた。「リリベットの誕生日に私の小さなダイヤモンドのティアラを贈ります（そのハロー・ティアラは一九三六年に夫から王妃に贈られたもの）。バーティーは今つけているブレスレットを贈るつもりです」。「何かいいもの」を購入するのは不可能だと王妃は言い訳していたが、両親はカルティエでアクアマリンとダイヤモンドのブローチを見つけており、エリザベスはその後ずっと大事にそのプレゼントをつけることになる。ほかにもジェーンに代わるコーギーの子犬スーザンをプレゼントした。

ドイツが六月に無人の飛行爆弾V－Iでロンドン中心部を空爆するようになってから、両親は自分たちの安全が脅かされている不安を初めてエリザベスに打ち明けた。これまで娘たちに心配をかけまいとしてきた王と王妃にとっては大きな一歩だった。王はエリザベスに遺言の内容を説明する手紙を書き、王妃は「こんなのは馬鹿げたことだけど」と思いながらも、ふたりの娘にどうすれば公平に自分の宝石を分けられるかについて悩んだ。

それほど案ずることもなく、ふたりはエリザベスが王室の公務を担う第一歩を踏みだすことを許可し、エリザベスは単独でクイーン・エリザベス小児病院でスピーチし、また母の代理で全英児童虐待防止協会でもスピーチをした。

七月に王はエリザベスの最初の女官として、レディ・メアリー・パルマーの任命を確定した。セルボーン伯爵の末娘で二三歳のレディ・メアリーは、エリザベスの子ども時代の貴族の友人たちのなかから選ばれた。「レディ・メアリーはとても魅力的で教養があり、落ち着いていて知的で、明るく気取らず物怖《お》じしない方のように思える」と王妃は書いた。エリザベスより六歳年上ですでに婚約していて、エリザベスの初期の公務に付き添った。

公務で人前に出るときの王女のワードローブは母のものに似ていたが、それは王女自身が服装に関心があまりなかったためもある（ノーマン・ハートネルは初期にイヴニングドレスを仕立てるときに「王女様は仮縫いも公的な任務の一部と考えておられ、服装に関心がおありの様子は感じられなかった」と書いている）。一九四〇年代の仕立て方で、コートのための重い厚手生地を使っていること、そこにバストが大きかったことが重なって、エリザベスは年齢よりも年長に見えた。「エリザベス王女はお母様の外見に似ていらっしゃることもあって、ドレスをお召しになると一〇歳年上に見えた」とシェフィールドの主婦イーディー・ラザーフォードは日記に書いた。

エリザベスは、課せられた任務を真面目すぎるほど真剣に取り組む、と称賛された。どんなときでも最善を尽くしたいと思う熱意は、当時から今まで変わっていない。父が一九四四年七月にイタリアの第八軍を訪問して留守の期間に臨時摂政を務めたとき、任務のなかに殺人事件の死刑執行の延期という書類に署名する件があった。クローフィーと話し合ったあとに出した答えは、困惑とともに、もっと理解しようという決意が混じったものだった。このときエリザベスは、一〇代で即位したヴィクトリア女王の「よきことをする」という決意にならおうとしたのだという。「なぜ同じ人間なのにそんな恐ろしいことができるのでしょう？」と彼女は家庭教師に言った。「理由を知って、そんなことをする前に救う道があるべきよ。人間について学ばねばならないことがたくさんありすぎるわ！」

当時から、エリザベスが国民について学ぶむずかしさは、自分と同時代を生きる人たちに対等な立場で会うことが不可能だということにあった。エリザベスは狭い範囲でしか社会に触れてこなかった。父や祖父は一〇代のときに海軍士官学校に在籍し、異なるバックグラウンドを持つ男子たちと交わってきたが、エリザベスとマーガレットは貴族社会のなかで育ち、交流するのは彼女たちに恭順を示して差し障りのないことだけを言う人たちだった。ガールガイド活動のときもエリザベスは廷臣や貴族の子どもたちに囲まれていたし、彼女たちは誰も彼女をガイドの仲間としては扱わず、活動に必要な存在とも思っていなかった。両親が家庭外の不作法で荒っぽい女の子たちから娘たちを守ってきたのであり、エリザベスの側があえてよそよそしくしてほかの人たちとのあいだに壁を作っていたわけではない。だが、ガールガイドがフロッグモアでキャンプをしたとき、彼女は仲間と一緒のテントに寝泊まりしなくてもいい言い訳を見つけて、ひとりで泊まった。距離を縮めようと努力はしていたが、エリザベスはやはり王女だった。

エリザベスは翌年三月、ATSの下士官に就任し、輸送車両訓練センター第一班に所属してカンバーリーで働きはじめた。父が娘の懇願に負けたのは、戦争終結が見えてきたことがあるかもしれない。そこでまたエリザベスは友情のようなものを経験した。クローフィーはカーキ色の制服に身を包んだエリザベスが「自分と同年配の女の子たちがやっていることを自分もやっている」ことに誇りを持っていたという。最初、過保護な士官たちはエリザベスを車両保守管理コースのほかの一一人の女の子たちから隔離していた。エリザベスは一人だけ上級士官の食堂で昼食をとり、訓練後は毎晩ウィンザー城に帰宅したが、ほかのクラスメートたちは宿舎で寝泊まりしていた。デイリーミラー紙は、王女の特別扱いのために組織が大改革されたという記事を意地悪く書いている。

五〇年後にその当時を振り返って、エリザベスは「運転と燃焼機関を少し学び、仲間を持つことの喜びと幸せをたくさん学びました」と語っている。「王女様は私たちにとても関心がおありでした」とエイリーン・ヘロン伍長は書いているが、クラスメートももちろん王女に興味津々だった。彼女の見た目に、仲間たちは新聞と同じお世辞たっぷりの結論に達した。「かなり衝撃的でした。小柄でかわいらしくて、日焼けなさっていて、巻き毛でいらっしゃる。美しいブルーグレーの目をしていらして、たまらないほどチャーミングな笑顔で、なんと口紅をつけていらっしゃる！」。仲間たちと一緒のときのエリザベスはくつろいでいて、彼女たちよりずっと気楽にしていた。ヘロン伍長は「今では私たちに慣れてたくさんお話しになられ、少しもシャイではなくなられた」と記録している。

アラーは「E王女様はATSでの訓練の一分一秒を楽しんでおられた」と書いている。十分に成長してからそんな思い切った任務につくことに対して、アラー自身は不安だったことを手紙で吐露してもいる。「ロケット弾が頻繁に落とされている時期に、夜間の運転試験を受けられるときはどれほど心配だったかおわかりでしょう」。だがエリザベス自身は友人のひとりに「学んでいることのどれもが私にはとても新鮮です。車の内部の風変わりなものすべて、地図を読むことのややこしさのすべてが。でも、私はその全部を楽しんでいるし、とってもいい経験をしていると思います」と書いた。王妃はエリザベスが「自動車の隊で本当に一生懸命働いています」とメアリー皇太后に書き、「大成功です。この経験は将来彼女の役に立つでしょう」と書き加えた。

エリザベスが車両の保守業務以上のことを学んだことは想像に難くない。叔母のプリンセス・ロイヤル、その後に両親が観閲に訪れているとき、彼女はいつもと違って、王族を見る側の立場を経験した。そしてクローフィーにこう書いた。「メアリー叔母様が観閲にやってこられます。そしたらもう上を下への大騒ぎ。誰もが一日中大忙しであちこち磨きたてたりしていました。お父様やお母様がどこかへいらっしゃるとき、お迎えするところがどれほど大変なのか、今では私もわかります。そのことを私は決して忘れないようにするつもりです」

戦争の終わりと一瞬の自由

王と王妃は、エリザベスの一九歳の誕生日にとりわけ女性らしいプレゼントを贈った。カルティエの花の小枝のブローチで、花弁にはピンクとブルーのサファイアがはめられていた。ウィンザーに王妃が戻ってきて数週間経たないうちに、王妃の個人秘書であるアーサー・ペンは近衛兵のヴィカリー・ギブス男爵の二二歳の未亡人に書簡を送り、エリザベスのもうひとりの女官として出仕するよう依頼した。この依頼はエリザベスの王室任務が、ATSでの任務後にもっと広がることを意味していた。

ジーン・ギブスが王女付き女官になった翌日、英国は欧州での戦争に勝利したことを祝った。五

6
「シンプルにまとまって家庭生活を送ることは、最優先すべき使命である」

月八日、国中がこれまでないほど安堵と歓喜に沸き立つなかで、王室一家はウィンストン・チャーチル首相と共にバッキンガム宮殿のバルコニーに立った。エリザベスはATSの制服を着ていた。

その夜、エリザベスとマーガレットは両親を残して宮殿の外に出て群衆たちと共に喜びを分かち合った。マーガレット・エルフィンストーンとジーン・ギブス、トニ・ド・ベレーグ、近衛兵士官の一団と王の侍従武官であるピーター・タウンゼントが一緒だった。身動きできないほどの人混みのなかで、あちらこちらでコンガダンスを踊る群れができ、ランベス・ウォークやセント・ジェームズ・ストリート、ピカデリー広場を「私たちみんなが幸福感と安堵感に押し流されるように歩いていった」とエリザベスは書いている。のちに小説家のハモンド・イネスに、警官のヘルメットを叩き落としてしまったことを打ち明けた。

一団は宮殿の前庭広場の前へ押されていき、誰か、おそらくタウンゼントが宮殿内の王と王妃にメッセージをこっそり届けたらしく、エリザベスを含む外の群衆が「われらに王を！　われらに王妃を！」と叫ぶのにこたえて、ふたりがふたたびバルコニーに姿をあらわした。「王女様たちがこのようにご両親の姿を眺めたのは、初めてでした」とマーガレット・エルフィンストーンは言う。娘たちは遠くバルコニーに立つ小さな両親の姿を見つめた。以前に父の戴冠式のときに感じたように、遠くから見た両親は、一般の人たちとは違う世界にいる英雄だった。何十年も経ってから、エリザベスは「私の人生で最も忘れられない夜のひとつ」と語っている。

おとぎ話の王女たちのように、一度自由を味わってしまった姉妹たちは我慢できず、翌晩もまた宮殿の外へと繰りだした。「また群衆たちのなかに混じった」とエリザベスは日記に書いた。「トラファルガー広場、ピカデリー、ペルメルとただ歩いた。夜中の〇時三〇分、バルコニーに立つ両親を見る。食べて、騒いで三時に就寝！」。マダム・ド・ベレーグによれば最初に外に出たときには、士官のひとりが一行を厳重に警備し、エリザベスに人が近づかないように護衛しており、エリザベスも制帽を目深《まぶか》にかぶって変装していて、王女たちに気がつく人はいなかった。翌五月九日に外出したときには、一五歳のロナルド・トーマスが王女に気づいた。トラファルガー広場で、ほんの一瞬だが彼はエリザベスと踊った。彼女は彼に聞かれた身分を否定したし、彼は口外しないと約束した。すぐに一行が王女たちを連れだした。タイムズ紙は、王女たちは浮かれ騒いでいる人たちに「個人として扱ってほしいと願い、彼女たちはそのまま歩きつづけた」。マーガレット・エルフィンストーンは王女たちにとってその経験は「自由を満喫した唯一無二の機会」であり「自分たちが普通の無名の人間であるふりができた、シンデレラの逆バージョンだった」と言っている。戦勝記念日とその翌夜に、エリザベスとマーガレットはリッツを走り抜けることも含めて冒険を経験したのだ。

見知らぬ人たちから見とがめられず、警官に護衛され、女官や父の侍従武官に付き添われ、望みどおりに制帽をかぶらないで外の世界に出てきたエリザベスだが、無名の人物だとも、自由であるとも、自分自身をだますことはできなかった。一九歳の彼女は、ほんの一時だけ「自由の爆発」に値する時間を願って過ごしたが、裏返すとそれは一九三六年一二月に押しつけられた運命を受け入れたことの証である。

それから一〇年経つうちに、彼女の人生はすでに両親が敷いたレールの上を走りはじめていた。娘の代わりに両親は彼女の役職を決め、女官を任命した。王の個人秘書が彼女の任務を受諾したり却下したりした。ボボ・マクドナルドとシリル・ディックマンによって家庭生活はきっちりと決められ、子ども部屋のときの侍従がそのままエリザベスに仕えるために昇格した。衣服は子ども時代の王女たちの服を作ってきたアルベマール・ストリートのミス・フォードをはじめとする仕立屋が母の依頼のもとに用意し、自室も母の嗜好《しこう》で整えられた（バッキンガム宮殿のエリザベス王女の居室でさえも、王妃のお好みの色であるピンクと明るい茶色でまとめられ、それに合わせてエリザベスが好きなピンクのカーネーションがデスク脇の花瓶に生けられた）。

「王女様は一日の大部分を、かなり退屈に違いない任務をこなすことに明け暮れておられたが、それをまるで当然のようにこなされていた。ご両親と同様、王女様はそれが自分の仕事だとお考えになり、避けようと考えることさえ決してなさらなかった」とクローフィーは言う。アラーは一九四五年にエリザベスが「とてもいい女の子で、すばらしい性格でいらっしゃる」と言った。

子どものころから、与えられたことに従うのがエリザベスの性格の柱であり、両親や祖父母に負けないようにがんばれと励まされつづけてきた。だがたったひとつだけ、彼女が彼らの期待を無視したことがある。

7

「王位継承者の結婚への準備はできているか？」

エリザベス 20歳～21歳

フィリップとの婚約

一九四六年五月、母エリザベス王妃の甥アンドリュー・エルフィンストーン卿とジーン・ギブスの結婚式で花嫁付き添い人をつとめたエリザベスは、フィリップ王子と共に写真におさまった。前月にはオールドウィッチ劇場で上演されたジョン・パトリックの戦争劇『ヘイスティ・ハート』を、エリザベスはフィリップも含む六人で観劇した。

秋になるころには婚約の噂があまりにも広まったために、王の個人秘書であるトミーことサー・アラン・ラッセルズは、九月七日にきっぱりと噂を否定する通告を出した。「エリザベス王女様は婚約なさってはおられません。記事は誤りです」

だがそのとき、フィリップはバルモラルに王と王妃の客として招かれていた。三週間に及んだバ

7
「王位継承者の結婚への準備はできているか？」

ルモラルでの滞在が終わる前に、彼はエリザベスに求婚し、エリザベスも承諾したという。フィリップの親戚アレクサンドラによれば、求婚シーンは「お気に入りの湖のほとりで、空には白い雲が浮かび、一羽の鴫《しぎ》が飛び去っていったあと」だったという。王妃へのお礼の手紙でフィリップは「私の身に起こったすべての良きことは、私には身にあまるほどだと心得ております。おやさしい歓待とあたたかいご好意のおかげで、私のなかに信頼がよみがえりました。もちろん私の人生にこれまで起きたどんなことよりも大きな出来事がありました」と感謝をあらわした。

ラッセルズの否定は当然ながら逆効果となった。イギリス北部のある主婦は「ギリシャのフィリップと婚約したという噂だけれど、王女様の職にふさわしい伴侶を見つけるための機会はあまりなかったのではないかと思う」と言った。彼女はエリザベスの服装から自分の結論を引きだした。「戦勝パレードにお姿をあらわしたときから、どこから見てもとても成熟なさったというコメントがある。私たちは大英帝国の一員として、王位継承者の結婚への準備はできているか？　王女様の外見は、結婚できる年齢にふさわしいだろうか？　王女様がまるで生贄《いけにえ》の子羊のようだとは誰も考えないだろうか？」

王と王妃は疲れていた。王妃は「へとへとだった」と言っている。六年にわたる戦争で君主制も王自身も傷ついていた。戦勝国として王室が得たものは、へつらいに近い人気だったが、両親よりもエリザベスとマーガレットの人気のほうが高かった。だが人気といっても、戦後の耐久生活にうんざりしていた国民が、困窮生活を忘れるために王室に楽しみを見出していたことが大きい。口を開けば誰もが「食糧、燃料と衣服」しか話さないご時世に、王室が唯一なぐさめを提供していた、と王は言う。

王室は人々のそんな欲求に応えて、王女たちの写真を次々と発表した。写真家のリサ・シェリダンは、エリザベスがロイヤル・ロッジの庭でくつろぐ姿、バッキンガム宮殿の自分の居間で読書する姿、切手収集のアルバムに夢中になっている姿を、どこにでもいる女の子のように撮影した。同時に、彼女が職務についている姿も撮影された。きちんと整理されたデスクに座っているところや、新たな公務のメモを取る姿などだ。「撮影のあいだにも絶え間なく中断が入り、小包、箱や封書がドア横のテーブルの上に静かに積み上がっていった」とシェリダンは言う。

戦時中に盛り上がった王室人気のおかげで、エリザベスは国民のアイドルに祭りあげられた。ウィンザー公爵夫人はそんなエリザベスを、意地悪く「王室のシャーリー・テンプル」と呼んだ。だがアメリカの子役俳優と違って、エリザベスは実力が人気に追いつかないようなことはなかった。一九四六年タイムズ紙は、恒例のエリザベスの誕生祝いをひと目見ようとウィンザー城の前に四万人もの見物客が押しかけたと報じている。一一月にエクセターを二日にわたって訪れたときには、王室の訪問として町の歴史始まって以来の大勢の群衆が詰めかけた。

ヴァイオレット・ボナム・カーター男爵夫人は、エリザベスが「まさに青春の盛りをお迎えになった。これまで拝見したどんな写真よりもお美しくなられている」と言った。平和が訪れたとは言っても、先が見えない疲弊《ひへい》し困窮した世界で、エリザベスは人々のロマンチックな空想をかきたてるヒロインになっていた。

だがそれは今にはじまったことではなかった。赤ちゃんのころからエリザベスは大衆の空想の世界で、また新聞が作りあげるおとぎ話や美しい写真のなかで、一種のフィクションとして存在していた。一九四五年までの「エリザベス王女」はお姫様にふさわしいあらゆる幸せに恵まれていたが、

7
「王位継承者の結婚への準備はできているか？」

ロマンチックな恋愛だけは与えられていなかった。王妃付き女官のたったひとつの望みは、王女に伴侶が見つかることだった。

王子様探しのタイミングもよかった。アラーが一九四六年一月に六七歳という若さで亡くなったことで、エリザベスの子ども時代は終わらざるをえなかった。教室での授業も終わった。五月に王は長女が王室の仕事に専念することを周知させて、三番目の女官としてエルズミーア伯爵の六人の娘たちのひとりであるレディ・マーガレット・エジャートンの就任を決めた。のちに王室公認の伝記作家となるデルモット・モラーは、エリザベスが「戦勝国の娘として国民生活の本流に自分の居場所を移した」と書いている。ゴシップ記事でもジャーナリストによる記事でも、エリザベスは成年に達した女性として取りあげられるようになった。

エリザベスの名前がフィリップと結びつけられるようになる前から、カップルたちの背後でいくつかの動きがあった。一九四四年春、フィリップの伯父であるギリシャのゲオルギウス二世が、エリザベスに求婚したいというフィリップの希望についてジョージ六世と話し合い、ジョージ六世がエリザベスは若すぎるし、感情的に未熟だと考えていることをギリシャ王が知ったという事態があった。根なし草となっているハンサムな甥を自分の思いのままに操ろうとするディッキー・マウントバッテンも、ジョージ六世が娘について考えていることと同じような印象を持っていた。それにもかかわらず、エリザベスの決心は少しも揺らぐことがなく、ついに両親にふたりの関係を認めさせた。一九四五年三月、メディアが婚約を「暴露する」より一年以上も前に、王はトミー・ラッセルズに、フィリップを英国国民に帰化させるための手続きを内務省と交渉するように指示を出していた（フィリップのためのその「根回し」にはある時点でマウントバッテンが絡んでいた）。

一九四六年五月、フィリップは姉たちのなかで一番年下のソフィアに「婚約しようと考えている」と打ち明けた。極東での戦時の任務から戻り、平和時の退屈な海軍の訓練を北ウエールズで行なっていたフィリップは、英国に戻ってからエリザベスと自分自身の気持ちに気づいたのだ。

フィリップの英国人への帰化は一九四七年二月に終わり、彼は正式にギリシャ王家の継承者の列からはずれ、海外の王子から英国王室に仕える英国王立海軍フィリップ・マウントバッテン大尉となった。

だが、前年の秋にバルモラルでフィリップがエリザベスに正式にプロポーズしたという話は事実とは少し違う。「次から次へと話が進んでいき、気がつくとお膳立てがすべて整えられていた」とフィリップはのちに言った。もしその言葉が本当だとすると、恋に夢中の女の子にしてみれば、ふたりの関係が順調だとは思えなかったことになる。正式な婚約のためにはフィリップの英国への帰化が必要な準備だったが、そのことがふたりの関係を行き詰まらせた原因だったのかもしれない。

婚約についてのフィリップの計算づくの冷淡な言葉は、王が突きつけた要求への彼なりの仕返しだったとも言える。一九四六年初め、翌春に招待を受けて南アフリカを王室一家で訪問することが決まっており、少なくとも帰国までは婚約を伏せておくよう、王はフィリップに要求した。王がそんな条件を出したのは、別に婚約に反対していたわけでも、フィリップ自身を認めていなかったわけでもない。フィリップのことを王は「知性があって、ユーモアのセンスがあり物事を正しく考える」と評価していたし、のちに王は、エリザベスを無情にも我慢させようとしたわけではないと主張している。

フィリップのことというよりも、強い絆で結ばれ互いに支え合っている家族の関係に変化が起こる予感に、王は恐怖を覚えていたのだ。後日、王はエリザベスに「王室一家の我々四人」と自分の家庭のことを表現している。生来保守的で、妻と娘たちが与えてくれる幸福感と日々の感情的な支えがあってやっと王の務めに耐えていける彼は、「家族四人が一緒にいること」は必須だと考えていた。心地よく共有している力学が、何かが加わることで脅かされる、と王は恐れた。だから、独自の視点を持つ率直な若者がエリザベスの関心を支配し、ヴィクトリア女王の時代を引きずる王室の考え方に苛立ちを示す予感に怯えた。

王は、輝くほど美しく、はじけるように笑い、「恐るべき子ども」の雰囲気を漂わせている一〇代半ばの次女マーガレットを目のなかに入れてもいたくないほどかわいがっていたが、控えめで落ち着きのあるエリザベスのほうに、よりしっかりと頼れるものを感じていた。レディ・エアリーは、エリザベスが王にとって「狩猟、散歩や乗馬に必ず一緒に行く仲間であり、あらゆる点で片腕だと思っていた。王のエリザベスにかける愛情は感動的だった」と証言する。サンドリンガムを訪れた人たちは、一緒にいるときの王と娘はふたりとも幸せそうだったという。「ふたりで熱心に生き生きと会話をしておられました」

王妃もエナ・フォン・コラーに「私たちは家族であることを楽しみ、笑い声を聞くとどんなつらいことがあっても気持ちが明るくなります」と書いている。王にとって人生に喜びと笑いをもたらし、重荷を軽くしてくれる家族はあまりにも大事だったから、とても手放せなかった。王が家族をどれほど愛していたかは、ジェームズ・ガンが描いた『ロイヤル・ロッジ、ウィンザーにおける群像画』にあらわれている。画家にこの絵を注文した一九五〇年の時点で、王にはすでに婿も孫さえもいたのだが、描かれているのは「我々四人」だけがティーテーブルを囲み、週末の家庭の儀式を演じている姿である。

一方でこの結婚に反対する声は確実にあったし、特に王室内においては強かった。反対する声をたどっていくと、たいてい王妃を中心とする王室内のサークルに行き着いた。王妃はエリザベスの相手として英国育ちの若者を望んでいて、できれば彼女自身の一族や知り合い、たとえばウィンザー城の「ボディガード」のような英国貴族のなかから選んでほしかった。お気に入りの兄弟であるデイヴィッド・ボウズ＝ライアンやエルドン伯爵やクランボーン卿に声をかけて婿の候補者を探してもらったりもしていた。王の個人秘書アシスタントをつとめていたエドワード・フォードによれば、王妃は「英国の高位貴族から幅広い候補者を娘に紹介したがっておられた。王妃はエリザベス様が多くの若者とお知り合いになり、そのなかのひとりと恋に落ちることを望んでおられた」。フィリップが王室のメンバーとなるのを喜んでいたのは、むしろ王のほうだった。

王妃がドイツ人に対して偏見があることを考えると、フィリップの出自は王妃のお眼鏡にかなわなかっただろう。フィリップの四人の姉たちは全員ドイツの王子と結婚している。一番年下の姉ソフィアの前夫はナチの将校だったクリストフ・フォン・ヘッセンで、バッキンガム宮殿を爆破してやりたいと触れまわっていた人物だ。王家出身でない自分に、フィリップのいとこにあたるケント公妃が何かと上から目線で関わってくることに王妃がうんざりしていることや、複雑な感情を抱いているディッキー・マウントバッテンがこの縁組の後押しをしていることも、王妃にとってはマイナス材料だった。

だが何事にも逆らわずに従うのになれていた王妃は、あえて異を唱えることをあきらめ、笑顔で通そうと決めた。歯に衣《きぬ》を着せずに物を言い、態度が粗野で、自分の忠告に少しも耳をかそうとせ

7
「王位継承者の結婚への準備はできているか？」

ず、王妃自身が好きなものについて関心を持つふりすら見せないフィリップを婿とすることにさえも、表立って反対しなかった。事実、王妃の手紙からは結婚に対する真意がうかがえる記述はいっさいない。王妃はエリザベスが正しい選択をしたと考えていると書いている。アーサー・ペンには「近衛師団はどんなにがっかりすることでしょう！」と冗談めかして言った。フィリップについてはオズバート・シットウェルに「とてもいい人」と言った。彼女の真意はどうであれ、エリザベスの一途な思いと、ほかの候補者たちが次々と脱落していったことで、王妃はついに折れた。

サンドリンガムでの新年の祝いに出席したレディ・エアリーは、候補者として選ばれてパーティーにやってきた青年たちを相手に、エリザベスとマーガレットが遠慮なくからかいあっていることに驚いたと記している。「姉妹ふたりともが若い近衛師兵たちを冷やかし、若者たちも負けじと王女たちをからかっていた」。エリザベスがフィリップをからかうことは一度もなかった。表面的な親しさは、王女の場合、無関心の証だったのだ。

本当かどうかはわからないが、一九四六年一一月にマウントバッテン卿がお膳立てしたインタビューで、フィリップはエクスプレス・ニュースペイパーズに「王女への自分の愛情がどれだけ深いか、また王女の自分への愛情がどれだけ深いか」について語ったという（マウントバッテンはサンデーエクスプレス紙の編集長ジョン・ゴードンにその言葉を断固として否定した）。たとえ真実としても、フィリップは公《おおやけ》には二度とそのようなことは言わなかったし、新聞も同様に（驚くほど）沈黙を守っていた。家族を守るために、エリザベスも沈黙を守っていた。

初めての外遊

「あなたはいつもお父様と私にとって寛大で思いやり深い天使です」と、王妃は一九四七年後半にエリザベスへの手紙に書いている。エリザベスは寛大にも、両親とマーガレットと共に南アフリカ訪問に行くことを承知した。一九四七年一月三一日、王室一家は南アフリカへと旅立った。英国自治領として大戦で連合軍の勝利に貢献した南アフリカへの感謝をあらわすという名目と、大戦で疲弊した王と王妃の休養も兼ねていた。

南アフリカでは、エリザベスの二一歳の誕生日を祝うというおまけもついた。クローフィーは、エリザベスが当然ながらこの外遊に乗り気ではなかったと記している。王もこの外遊にあたっては、国家財政が破綻《はたん》寸前で、冬が到来すると深刻な燃料不足がますます悪化する危機にある英国を離れることを気に病んでいた。エリザベスはフィリップとしばらく離れるうえに、三カ月も人々の詮索をごまかしつづけなくてはならないことに気が重かった。婚約は帰国まで秘密にしておかねばならないのだ。

出発前夜に、メアリー皇太后はひと足早い誕生日プレゼントとして、自身が一八九七年に相続したイヤリングからとったダイヤモンドと真珠のイヤリングをエリザベスに贈った。エリザベスは一〇カ月後の結婚式とハネムーンでそのプレゼントをつけている。外遊には額に入れたフィリップの写真を持っていき、行く先々でメアリー皇太后とフィリップに手紙を送った。子どものころからの習慣で、クローフィーにも手紙を書いた。

アフリカ南部一万三〇〇〇キロ足らずを、特別仕立てのホワイト・トレインでまわるめまぐるし

7
「王位継承者の結婚への準備はできているか？」

いスケジュールのために気の休まる暇がなかった王と王妃にとって、少なくともひとつだけ癒しがあったとすれば、戦時中ほとんど一緒に暮らせなかった家族四人が、そろって旅ができたことだ。家族全員が、一緒に過ごす時間を心から楽しみ満喫していた。王の侍従武官は「父と母、姉と妹、両親と娘たち、それぞれのあいだに流れる愛情がひしひしと感じられた」と書いている。エリザベスにとって、また両親と一六歳のマーガレットにとっても、家族が共に過ごすあたたかな時間が強く心に残った。これが固い絆で結ばれた家族四人だけの最後の旅になることは確実だった。

将来への不安はさておき、初めての外遊でエリザベスは解放感を味わった。その記憶はその後長く残りつづけた。何年も経ってから彼女は「南アフリカは私の血になっています」と振り返っている。その旅でエリザベスは、大英帝国が衰退し、かつて支配していた植民地が英連邦自治領として新しく生まれ変わったことを感じ取った。人種隔離政策によって黒人と白人が分けられた社会の悲惨さを感じ、王室の物見遊山の旅に国粋主義者のアフリカーナー（南アフリカ生まれの白人）が執拗に示す敵意を見せつけられた。一方で、英連邦自治領の多様なコミュニティが王室一家に示す愛情も目に焼きつけた。

出帆後、荒海を抜けたところで楽しいことも待っていた。熱帯地方へと向かう王室一家は満天の星の下、船の甲板に天幕を張ってダンスを楽しんだ。赤道を通過するときに行なわれる伝統儀式では、エリザベスとマーガレットの鼻に水兵たちがパウダーをつけたりもした。船上でのいちばん有名な写真は、プリントのドレスを着たエリザベスが、日がさんさんと照っている甲板を、白い制服の士官たちと一緒に元気に走っている姿を撮ったものだ。写真で目をつぶって至福の笑顔を浮かべているエリザベスは、クローフィーへの手紙で士官たちのなかに「ひとりかふたりすてきな人がいた」と書いた。喜望峰を回るとき、一緒の船室だったエリザベスとマーガレットは、キャビンの円窓を開けて波に洗われた。

アフリカ大陸に上陸すると、両親は息つく暇もないスケジュールに追いまわされたが、エリザベスたちには時折息抜きできる楽しい時間があった。ホワイト・トレインの車両間をつなぐ踏板を渡って、エンジン室やキッチン車両を訪問した。サンドフォンテインでは馬を借りて、早朝にマーガレットと並駆け足で走らせた。ボンガ湾の浜辺でも、姉妹は「ジョッパーズに明るい黄色シャツを着て、つばの広い帽子をかぶった」おそろいの姿で乗馬を楽しんだ。ポート・エリザベスの近くで、エリザベスと父はインド洋で泳いだ。水着姿のエリザベスの身体が、出るところが出て締まるところが締まっていると書いた記事によって、王の楽しかった思い出は汚されてしまったが。主婦のエディ・ルザーフォードは「お気の毒な王と王女様、何百人も見物しているなかで泳がれたとは！　やり方がまずかったと言いたい。美しい海水浴場は山ほどあるのだから、人目につかない入江までご一家でいらっしゃるべきだった。人間の性《さが》は世界中どこも一緒で、私たちは王室の方々をじろじろ眺めてしまうものなのだ」とコメントした。

自分たちはあたたかい南アフリカにいて、英国の人たちが厳しい冬を過ごしていることを思うと居心地が悪い、とエリザベスはメアリー皇太后に書いている。「皆が凍えているときに、私たちはさんさんと太陽が降りそそぐなかで過ごしています。天候が悪くて燃料不足が深刻だというひどい話を聞いています。どうかご無事でお過ごしください」

王女には、王たちとは違う公務の厳しさがあった。「エリザベス王女はすべての儀式と公務に臨まれ、少しでも王と王妃を解放して肩代わりをなさろうとしておられる」と英国の新聞各紙は出発

7
「王位継承者の結婚への準備はできているか？」

の日に伝えたが、姉妹たちの役割はほとんどの場合、両親のあとをついていくだけだった。姉妹ともに英王室ご用達のデザイナー、エドワード・モリヌーの色違いのドレスを着て、おとぎ話のお姫様のように明るく笑顔を振りまいた。しかし三月三日には両親抜きで、エリザベスは乾ドックの開業式に出席し、集まった三万人の前でスピーチをした（そして出席の謝礼として、「疵《きず》なしの精巧なカット」の大きな五個のダイヤモンドを贈られ、「思わず感嘆の声をあげた」と記録にはある）。

四月二一日にはケープタウンで公開イベントとして、二一歳の誕生日を祝った。見知らぬ人たちのなかで迎える人生の節目の祝いだ［訳注：当時の英国の成人年齢は二一歳］。祝賀の儀式は二回の大舞踏会で最高潮に達した。一般公募で選ばれた三〇〇〇人が参加した市役所での舞踏会と、より厳選された人たちが集まった総督官邸での舞踏会だ。後者の舞踏会でエリザベスは、宝石が大好きな祖母から贈られた「最大の、最も興奮した」誕生日プレゼントである二一個のダイヤモンドを連ねたネックレスをつけた。

舞踏会のために着替える前の午後七時に、エリザベスはラジオの特別番組に出演した。世界中で推定二億人が耳を傾けたその放送は、彼女の人生を決定づけるものとなった。七〇年以上経っても、彼女はこのときしっかりと公言した、自分の職務への誓いを守りつづけている。

総督官邸での舞踏会場でダンスのパートナーから、先祖の肖像画に囲まれてひるむことはないかと聞かれたエリザベスは「まったくありません」と即答した。あまりにも率直な答えに、パートナーはそれ以上質問する気が失せたほどだ。しかし一方でそれは、自分の将来を気軽に考えている若い女性らしい返答でもあった。

エリザベスはある友人に「晩餐の前にお風呂に入っているときに考えるのは、今日は誰が隣に座ってどんな話をするのかしら、ということなの。私が聞いたこともない話題を、隣に座った人が話しだしたらどうしたらいいだろうと怖くなる」と打ち明けたことがある。彼女は自分の知識不足が不安だった。

エリザベスは、母である王妃のカリスマ性やおおらかさは受け継がなかった。レディ・ハーレックは王妃が「誰か傷ついたり仲間はずれになったり怯えたりしている人がいると、第六感が働く」人だと評した。一方でエリザベスは「社交生活を気楽に楽しむには内気すぎた」と友人は言う。「見知らぬ人に話しかけるのは苦手だけれど、晩餐会で隣に座った人とは話をする」と、のちに女官となる人は言った。

しかし私的な小さな集まりではくつろいでいると言ったのは、一九四六年二月にチェシャム・プレースの自宅で社交界デビューの舞踏会を開いたローラ・グレンフェルだ。ローラはそのときのエリザベスが「まったく自然体で、紹介されるときには大変威厳があるのだけれど、その後はすっかりくつろいで冗談を言ったり噂話をしたりした。捧げ銃《つつ》をしたとき、帽子を飛ばしてしまった哨兵の話でみんなを大笑いさせたりね」と言っている。南アフリカ首相をつとめたヤン・スマッツは、エリザベスが「人間味があり、真面目で控えめだ」と評したが、王家出身の人間にふさわしい資質はそなえていると称賛した。

後世に残る二一歳の宣言

誕生日のラジオ放送のスピーチ原稿は、オックスフォード大学教員から王室のスピーチライターに転じたタイムズ紙のデルモット・モラーが書いたものではあるが、構想を考えたのはエリザベス自身だ。王室における自分の使命への信念を表明した内容だった。のちにエリザベスはメアリー皇太后に「成年に達した誕生日を自国で迎えられなかったことが悲しかったのですが、今は南アフリカとの幸せなつながりができたことをうれしく思っています」と書いた。私的な手紙でもすでに、義務を私心よりも重視していることがうかがわれる。成人した喜びと責任感が合わさった彼女の性格を、モラーは正確に判断してスピーチ原稿を作成した。

「私にとって幸せな一日です。しかしこの日、私は真剣に考えています」と彼女は見えない何百、何千万人に語りかけた。

ラジオの聴取者だけでなく、王や王妃もエリザベスのスピーチに感動した。トミー・ラッセルズはモラーに「話し手自身が泣いたと私におっしゃっておられました」と伝えている。ラッセルズ自身も「私は揚げ足とりの皮肉屋ですが、同じように感動しました。エリザベス一世がスペイン陸軍の侵攻が予想されるなか、ティルベリーで軍を鼓舞するために演説したスピーチに、ヴィクトリア女王の不朽のメッセージ『よきことをする』を組み合わせて感動的でした」と言った。

エリザベスのスピーチが感動を呼んだのは、彼女の真摯な姿勢が伝わったからであり、きっぱりとした主張が聴取者に力強く響いたからだ。自制心の強さを誇るメアリー皇太后でさえも、日記に「もちろん、私も泣いた」と記した。「誠実さと固い決意が伝わって深い感動を呼んだ」と英国の新聞は評価した。「特に、これから非常に骨の折れる任務が要求されることが間違いない人生をはじめようとする、若い女性の決意表明であることに胸が震える」と。

エリザベスはスピーチで、すべての人種と国籍の人々に語りかけた。ケープタウンで母国にいるように感じたと言い、自分を「ひとりの国民であり、英国家庭の若者」の代表と考えてほしいと訴えた。「古い歴史を持つ英連邦」に対する愛を示し、「世界に永遠に力強い影響を与える」考えを語った。そして多くの先祖たちによって唱えられてきた金言「私は仕える」という言葉を、英国王室の長く連なる系譜の一員として、声を震わせながら唱えた。自分は先祖たちと同じような「騎士の献身」はできないが、それに極めて似通った献身を示したい、「あなたがたの前に、私は私の全人生をかけてあなたがたに、そして私たち全員が属している偉大な大英帝国の家族に、仕えることを宣言します」。

それは自己犠牲を約束するシンプルな言葉だった。一九四七年四月二一日、「よきことをする」という望みの熱意を疑う人はほとんどいなかった。今日《こんにち》までその約束を彼女は破っていない。

エリザベスはケープタウンの舞踏会で味わった楽しさ以上に、重要なメッセージを見事に伝えることができたことに大きな満足をおぼえたに違いない。王と王妃が総督官邸の舞踏会を深夜にあとにしたあと、最後にエリザベスが目撃されたのは、会場の階段にマーガレットと座っている姿だ。ふたりは笑いあっていて、靴を脱ぎ、その日のパレードから舞踏会まで酷使した足をいたわっていた。二日後、王室一行は英国への帰途についた。

ラッセルズは、この旅は「大成功で、英国王室が今後も存続する価値があると南アフリカの人々に信じさせるという唯一の目的は達成された」と記録している。だが王の個人秘書の予想ははずれた。翌年アフリカーナーが率いる国粋主義者たちが選挙で勝利し、南アフリカは共和制に移行して、おぞましいアパルトヘイトがはじまった。

ラッセルズはまた「この外遊で最も満足のいく結果は、エリザベス王女がめざましく成長されたことだ」とも書いている。彼女の「健康的な遊び心」と「ほかの人たちへの驚くほど細やかな気遣い」に彼は注目した。だがその利他的なところは「この王室一家がみな標準的に持っておられる性格ではない」と突き放すような評価もしている。ともあれ、エリザベスは成年に達した。

祝賀の嵐

メアリー皇太后はレディ・エアリーに「エリザベスはとても意志が強くて一途なところがある――父親そっくりです」と言ったことがある。レベッカ・ウエストは「驚くほど責任感が強くて、たぶん父親の頑固なところを継いでいる」と評した。夏にその性格が功を奏した。

七月八日深夜、バッキンガム宮殿はエリザベスがフィリップと婚約したことを発表した。王妃は「（エリザベスは）しばらく前から心を決めており、婚約を大変喜んでいる」と書いた。国民とメディアは、青天の霹靂《へきれき》というよりも長いあいだ噂になっていてやっと発表になったニュースととらえ、おおむね肯定的だった。「情熱と愛情があふれた」とウィメン誌編集長のメアリー・グリーヴは書いた。そしてカップルはバッキンガム宮殿のバルコニーに立ち、午後中待ちかまえていた群衆の歓呼に応えた。

英国のメディアは、世界中のメディアの絶賛記事を引用した。シカゴトリビューン紙の「（婚約は）裏に政治的な意味合いをはらんでいる」という見方を大半のメディアは無視したが、少なくとも世論調査のひとつはフィリップが「外国人」であるのを非難する意見があることを伝えていた。上面《うわづら》のみを追う記事はカップルの外見だけに注目し、まるで映画スターのように扱った。

エリザベスは婚礼を記録したベティ・スペンサー・シューに、フィリップから「婚約が発表になる少し前に」彼の母のティアラからとったダイヤモンドの婚約指輪を贈られたことを打ち明けた。中心に三カラットのひとつ石がはまった指輪だ。「私はこの石の歴史を知らないけれど、時代ものの、とても精巧なカッティングだということはわかります」と誇らしげに書いている。フィリップに称号があろうがなかろうが、石が王家由来のものであることによって、あらためてこの結婚が欧州の王族同士のものであることを思い起こさせる。

メアリー皇太后はカップルの正確な系図をあらわした。エリザベスとフィリップは、ヴィクトリア女王を通して三いとこ同士、ジョージ三世の傍系の祖先を通して四いとこ同士で、デンマークのクリスチャン九世を通してはとこ同士である。この系図は英国王室に都合のいいところだけを拾っている。エリザベスの家族は自分たちのドイツとのつながりを曖昧にしようとしたし、フィリップの家系をあえて吹聴するつもりもなかった。

スコッツマン紙はエリザベスの婚約者が「若くハンサムで、スポーツマンでダンスがうまく、控えめな性格だが欧州の王家のいくつかと結びつきがあり、戦争中は英国海軍に従軍し、人生の大半を英国で過ごしている」と紹介した。フィリップがこのように簡略化された経歴でしか紹介されないのは、六年にわたったナチ・ドイツとの戦争の傷跡が残る国民感情をおもんぱかったからである。フィリップの伯父で、独裁主義体制を敷いて国民の人気を失い、最近亡くなったギリシャ王ゲオルギウス二世や、フィリップの元々の姓であるシュレスヴィヒ＝ホルシュタイン＝ソダーブルク＝クリュックスブルクについては、ごく控えめにしか触れられていなかった。

PA通信の王室担当記者は「エリザベス王女はご成婚されても現王家名であるウィンザーの名

7

「王位継承者の結婚への準備はできているか?」

前を保持なさる」という「最高権威」からの報告を大々的に引用した。全員ドイツの貴族と結婚してできた子どもたちはすべてウィンザー王家の王子と王女である」。「よってこの結婚で生まれてくる子どもたちはすべてウィンザー王家の王子と王女である」。全員ドイツの貴族と結婚しているフィリップの三人の姉たちは結婚式には招待されなかった〔訳注:本来は四人の姉がいるが、ひとりは一九三七年に飛行機事故で他界〕。ウィンザー公爵も招待されなかった。ジョージ六世と兄との関係は悪化する一方で、双方とも許すことも水に流すこともできない確執を抱えていた。「退位なさったあの人のことは、私たちにとって苦悩と悲嘆でしかありません」と王妃は知人への手紙に書いた。

英国の戦後の経済状態は、まだ先の見通しが立たないほど混迷していた。アトリーの労働党政府は一九四五年チャーチルを選挙で破って以来、遠大な計画で、莫大な犠牲を伴う社会改革を行なって福祉国家を作りあげようとしていた。富裕層への重税を財源の一部にするという政府の方針は、王室の華美な出費とは折り合いが悪かった。王は共和主義に対する自身の恐怖心から不安をおぼえ、情緒不安定になった。

一方で、幸福に酔いしれるエリザベスは、気候がよくなる春まで待ちきれず、初冬に式を挙げたいと父に迫った。そこで王と首相は、ウエストミンスター寺院で挙式し、大々的な祝賀とすること、日程は一一月二〇日にすることで同意に至った。王室は英国が陥っている緊縮財政を考慮した。婚約式のエリザベスの服装は、ケープタウンで誕生日に軍隊を観閲したときに着たドレスで、婚礼当日の朝食は王室の地所での狩猟の獲物が使われる質素なものとする。だが、婚礼は「我々が通らねばならない厳しい道を瞬時照らす華やかな光」だとチャーチルは意見した。「暗い時代に合わせて質素な式にすべきだというのは、偏屈なじいさんだけだ」とある新聞は書いた。シェフィールドの主婦、エディ・ラザフォードは「結婚はこれからはじまる厳しい冬を前に国民の志気をあげようというにすぎない」と書いている。

一九二六年ゼネストの混乱にあったときにも、エリザベス誕生を伝える情緒的な記事は、国民に現実逃避できる楽しみを与えた。そして英国が戦後の経済危機にあるなかで、エリザベスはまたもやおとぎ話のお姫様のように、海の向こうからやってきた王子と結婚する幸せな物語を提供した。エリザベスも自身の口からフィリップが大戦であげためざましい軍功を宣伝し、熱心に「英国人らしさ」を吹聴した。一〇月グラスゴーでホワイト・スターライン社のカロニア号の進水式に出席したエリザベスには、フィリップが連れ添っていた。彼女の「彼は大戦時も平和時も英国海軍に従軍しました。私があえて海とそれにまつわるものへの彼の愛をくわしく語る必要はありません」というスピーチは喝采を浴びた。

春には、エリザベスの誕生日のスピーチを書いたデルモット・モラーが「国王陛下のありがたい許可を得て」エリザベスのこれまでのライフストーリーを写真入りで紹介した。モラーは戦後の読者に受け入れられるように、エリザベスの人物像を描いた。非凡な地位にある彼女の平凡さを強調し、エリザベスが控えめで、親しみやすく、親切で内気でユーモアがあり、質素を重んじ、努力家で、何よりも偉ぶらない、としている。「王と王妃は、娘が普通の人以上の人物だと考えるように決して仕向けなかった。彼女自身も特別な人間だとは思っていない」という。「特別なのは自分の人格ではなく、その地位だと彼女はわかっている」。そして「普通の能力である女性が国民生活で極めて特異な役割を演じることが、王位の崇高な任務の重さを最もよく体現することになるともいった」。

さらにモラーは、エリザベスのこの資質は前任者たちから受け継いだものだと指摘した。「父も祖父も、普通の能力、普通の趣味と普通の訓練を受けた男性たちでも、最高位にあるものにかかる最高に重い責務をになえるのだということを証明した。必要なのは、骨惜しみなく進んで国民に奉仕することだ。そしてエリザベス王女はその率直で誠実な性格をもって、祖父や父のあとを歩んでいくであろうことは間違いない」。戦後、疲弊した国にあって「平凡な資質の人間が、非凡な地位の任務をになう」という王室像は広く受け入れられた。

四カ月の婚約期間中、人々は王室のニュースをむさぼるように求めた。エリザベスの八人の花嫁付き添い人には、ケント公の娘アレクサンドラ王女、マーガレット・エルフィンストーン、レディ・メアリー・ケンブリッジという親戚たちに加えて、子どものころからの友人であるエリザベス・ランバートなどが選ばれた。ハネムーンの行き先は、ハンプシャー州ブロードランドのマウントバッテン卿の邸宅だ。ウエディングドレスは、スコットランドで特別に織られたシルク地を使ってハートネルがデザインした。ウエディングケーキは、オーストラリアのガールガイドたちが寄付した材料で作られる。

世界中から豪華な結婚祝いが届いている、ということも報道された。オーストラリアから贈られたウールのアイスブルーのマントは、シドニーにある更生施設の収容者八万四〇〇〇人が製作した。インドの大富豪、ニザーム・オブ・ハイデラバードからはカルティエがデザインした見事なダイヤモンドのネックレスとティアラが贈られた。さらに、英国内の一般市民や企業は、婚礼のプレゼントを用意することで市民としての誇りを高めた。チェルトナムの市民は一八世紀のデザート用食器一式を贈った。ヨーク市民からは歴史ある銀食器九点が贈られた。緊縮財政下にあって実用的なプレゼントも届けられた。アメリカからは冷蔵庫や家具用布地、重さ九〇〇トン以上にのぼる食糧小包などだ。英国の病床購入にあてるための寄付としてバハマ政府からの五五〇〇ポンドや英連邦諸国からの缶詰など、慈善を意図したプレゼントもあった。婚礼ギフトはカタログにされて、セント・ジェームズ宮殿に飾られた。

両親と祖母からは、王家に伝わる華麗な宝物が祝いの品とされた。メアリー皇太后から贈られた数々の宝石のなかには、一八九三年に皇太后が結婚したときに受け継いだものが入っていた。大きなダイヤモンドのリボンの形をしたブローチと「大英帝国とアイルランドの女性たち」というティアラをエリザベスは今もつけている。エリザベスの婚約指輪と同じく、フィリップは母のティアラからとったダイヤモンドで作ったブレスレットを贈った。

当然ながら、結婚に異議を唱える声もあった。労働党の下院議員をはじめ、近代的な世論調査の先駆者であるマス・オブザヴェーションからインタビューされた主婦たちは、自分たちは疲れ果てていて婚礼どころではないと感想をもらしたし、イングランド王国近衛歩兵連隊の半分は、エリザベスへの祝いの品を買うための集金を拒否した。「王室一家は誰の役にも立っていないし、婚礼プレゼントに値する貢献はいっさいしていない」という理由からだ。

だが婚礼の日が近づくにつれて、異議の声は小さくなっていき、国民の関心はますます高まった。エリザベスにとって王室行事がこれほどまでに国民の関心を集めた経験は、祖父のシルバー・ジュビリーと両親の戴冠式、欧州戦線勝利の日くらいだった。フィリップは大騒ぎを予想していなかったし、すぐに慣れることもできなかった。

欧州の王室から結婚式に参列する王族たちが続々と英国入りした。姻戚関係で結ばれていた欧州の王族たちだが、戦後はすっかり色あせて輝きを失ってしまい、一堂に会することもめったになくなっていた。「欧州大陸中に散らばって細々と暮らしていた人たちが突然姿をあらわした」とマーガレットはコメントした。王と王妃は参列する人たちの旅費を負担した。クラリッジ・ホテルの食堂や廊下は、騒々しい王族の一団であふれかえった。参列する王族たちは、エリザベスやフィリップとはっきりした親戚関係がある人たちだったが、没落した王族たちのなかで、エリザベスの一家が飛び抜けた存在であることがはっきり示された。

婚礼に際して、王はフィリップに、エジンバラ公爵、メリオネス伯爵、グリニッジ男爵という爵位を授与した。そして先祖を調査し、話し合いを重ねてから、王は彼に君主の子に授けられる「殿下＝ロイヤル・ハイネス」の称号を授けた。またエリザベスに騎士団の位を認めた一週間後に、フィリップをガーター騎士にした。娘が上位につくことを注意深く計算しての任命だ。王はメアリー皇太后に、婿に一度に多くの称号を与えたことは適切だと自信をもって報告している。

ギリシャ王族の身分を捨てた数カ月後に、突然英国王室の高位の座につくことになったフィリップだが、廷臣たちは彼にまったく気を許していなかった。宮廷内には、彼の愛情が本物か疑う人は少なからずいた。感情を態度にあらわさないカップルであることも憶測を生んだ。三人の首相の秘書をつとめ、のちにエリザベスの個人秘書となるサー・ジョック・コルクヴィルは、バルモラルで王室のカップルが「毎日のように太陽のもとでほがらかにピクニックを楽しまれ、心地よく昼寝をなさって、歌や遊びで楽しまれている」と日記に記している。だが、子どものころから愛情たっぷりの環境で育ったにもかかわらず、エリザベスは祖母に似て身体接触を避けたがる性格だった。フィリップも身体接触を毛嫌いした。それでも、残っているニュース映画に映ったカップルを見ると、エリザベスは輝くほどの笑みを浮かべており、ふたりのあいだの愛情は十分に伝わってくる。

世紀の結婚式

両親の戴冠式の朝と同じように、結婚式の日の朝も、エリザベスはザ・マルを望む窓からすでに詰めかけている群衆を眺めた。曇っていて寒い日だった。六時までに「闇屋は見物できる隙間のすべてを売り切っていた」。何千人もが葉を落とした街路樹の下で夜を明かし、多くの女性たちが破れたマットレスを側溝に敷いたり、寝袋や毛布にくるまったりして静かに眠っていた。ボボ・マクドナルドは忙しく立ち働き、クローフィーは彼女の言葉によると、いよいよ来たという感じで極度の興奮から右往左往していた。いつも姉と一緒だったマーガレットは、花嫁付き添い人となる支度のため姉の未婚最後の朝の記録には登場しない。クローフィーによれば、エリザベスは興奮しており、わが身をつねって夢でないことを確かめたそうだ。母に後日書いた手紙によれば、自分の結婚が家族に及ぼす影響を理解していたことは明らかだ。「『我々四人』は暗黒の時期でさえも、すばらしく楽しい時間を共にし、たくさん笑いましたね」と母は娘への返事に書いている。

ハートネルの着付け師に手伝われ、一時間以上かけてエリザベスは身支度を整えた。最後に、メアリー皇太后から二一歳の誕生日に贈られたイヤリングをつけて着付けを終えたエリザベスは、「おごそかに」姿をあらわした。母は一九一九年ヴィクトリア女王がメアリー皇太后の結婚式の際に贈ったティアラを彼女に貸した。つけた宝飾品は母、祖母と高祖母とのつながりを、またスチュアート朝、ハノーヴァー朝からつながる王家の系譜を象徴していた。

ピカデリー、リージェント・ストリート、トラファルガー広場、ホワイトホールと、エリザベスと父を乗せた王室仕様の馬車アイリッシュ・ステート・コーチが、ウエストミンスター寺院まで走っていった。主要な通りだけでなく、周囲の多くの通りに祝賀の垂幕が下げられ、あちこちで旗が打ち振られた。王は強い感情に揺さぶられていた。実のところ、彼はまだ自分と外見も性格もそっくりな娘を手放す準備ができていなかった。娘と共に過ごすことがあまりにも心地よすぎた。寺院の通路を一緒に歩いていく娘が「冷静で落ち着いている」ことに父は誇りと興奮を感じた。クローフィーも、エリザベスが緊張している様子を見せないことに気づいていた。

寺院の窓から初冬の淡い光が差しこみ、ウエディングドレス姿のエリザベスを白く浮かびあがらせた。作家のノエル・カワードは「結婚式は最高に感動的で美しかった」と書いた。王妃は後日、エリザベスへの手紙に「多くの方々から、すばらしい結婚式で心から感動したとおっしゃっていただきました。美や宗教に関心がないような方々からも、同じ感想をいただいています」と書いた。

王とメアリー皇太后は、結婚登録簿にエリザベスが記名するあいだ、思わず涙がこぼれそうになった。王はカンタベリー大主教に「自分が結婚するときよりも、娘を花婿に引き渡すときのほうがはるかに胸に迫るものがあった」とその気持ちを説明した。

通りに詰めかけた群衆の胸にも、こみあげるものがあった。一〇年近く困窮と恐怖の期間を過ごしてきた人々は、未来への期待を見出すスペクタクルを渇望していた。エリザベスのドレスに人々は恍惚感をおぼえた。「露に濡れたようなサテン地のドレスには、小さなパールやクリスタルが縫いこまれ、やわらかくきらきらと光っている。大きくふくらんだスカートは、ボッティチェッリがキャンバスに描いたような美しさだ。ドレスは着ている人に同じ魔法のオーラをかけていた」とシールズ・デイリーニューズは報じた。このときのエリザベスを、マリー・ルイーズ王女がぴったりの言葉で表現している。「おとぎ話に登場するどんな王女様もかなわないほど、この日の美しい花嫁は魅力にあふれていた」

「この厳しい時代にあって、あなた方の幸せが何百万人もの人々を幸せにしたと考えるとすばらしいです」と王妃は書いた。「それに私たちがひとつの大きな家族であると感じられたことは、この国にすばらしい活力を与えました」

王にとっては、その幸せはほろ苦かった。若い新婚カップルがハネムーンに旅立ったあと、エリザベスに宛てた手紙で、娘の手を大主教に渡したときに「とても大切な何かを失った」気がしたと打ち明けている。対照的にエリザベスは「あまりに幸せで楽しくてたまらない」自分が申し訳ないほどで、喜びにひたってわがままに振る舞っているのではないかと恐れた。だが王妃には、真心をこめて「私には世界最高のお母様とお父様がいらっしゃいました。マーガレットと私が育ったような愛情と公正さに満ちた幸せな家庭で子どもを育てるのが何よりの願いです」と書いている。

翌年、彼女はカーディフからラジオで「幸せな家庭で子どもを育てることはとてもいいことだと感じています」と話している。エリザベスは、自分がこれから模範的家庭を作っていくと信じていたに違いない。

フィリップの妻として

結婚式の翌朝からウエストミンスター寺院は一般公開されたが、朝にはすでに何千人もが列を作って寺院が開くのを待っていた。翌日も、翌週も、寺院の登録簿に記されたふたりの署名、エリザベスの希望で無名戦士の墓に供えられた白い蘭《らん》のブーケを見ようと、人々は寺院を訪れた。二月末までセント・ジェームズ宮殿で公開されたロイヤル・ウエディングの展覧会には、毎日数千人が訪れ、エリザベスのドレスや宝飾品に目をみはり、キッチンや省力家電など時代の先端をゆく製品に羨望の眼差しを注いだ。

ロイヤル・ウエディングへの熱狂はなかなか鎮まらなかった。ハネムーンで滞在したブロードランズの邸宅は、物見高い観光客に取り囲まれた。秘書官のジョック・コルヴィルに言わせると、フィリップはそれに不平たらたらだった。夫の苛立ちがなければ、エリザベスはもっと簡単に無視できていただろう。ふたりをひと目見ようと、灌木のあいだに潜んでいる人たちや、日曜日にラムゼー大聖堂のミサに出席したときでさえ墓石や椅子や梯子《はしご》にあがって垣根の外からのぞき見したりする人たちがいた。のぞき見して撮られた写真を、エリザベスはのちにロイヤル・コレクションに加えているくらいだ。彼女とフィリップと愛犬が冬の日差しのなか、枯葉を踏んで散歩している写真だ。両親への手紙で彼女は、自分がとても満足し、初めて一緒にいられる喜びにあふれていると綴っている。「フィリップは天使です。やさしくて思慮深くて、彼と一緒に暮らし、いつもそばにいられることだけで完璧です」

「我々四人」の家庭生活への感謝も綴っている。クローフィーによれば「ドアを叩きつけることも、怒声を張りあげることもない」家庭だ。王妃は娘への返事に感情をこめて「あなたほどいい娘を持っている親を私は知りません。あなたの美点とやさしさに、私たちは本当に感謝しています」と書いている。王妃の手紙はエリザベスの特異な身分を意識し、配偶者もその身分にふさわしい人として選択したことをうかがわせる。「お父様と私はあなたが幸せであるのがとてもうれしいです。あなたの結婚は理性だけでなく気持ちに沿ったものであるべきだといつも願っていましたから」

物見高い観光客から逃れるために、カップルは一週間足らずでブロードランズをあとにし、北部の雪が積もるザ・マルバークホールに足を伸ばし、ロンドンに戻った。ふたりは共に声明を発表した。「私たちの婚礼の日に贈られた歓迎と、田園地方の人々から受けた愛情あふれる関心に感謝します。私たちの幸せを祈ってくださった大勢の方々のお気持ちは、これからも色あせることなく私たちの胸にとどまるでしょう。どれほどありがたいかを伝える言葉が見つからないほどですが、私たちの結婚生活の忘れられない船出に祝辞を送ってくださった何百万人もの方々に、ここに感謝の言葉を伝えたいと思います」。そしてフィリップの刻印が押されていた。

「愛情あふれる関心」という皮肉をこめた言葉は、王と王妃の公式声明で臣下に向けたおごそかなおだての言葉や、エリザベスの礼儀正しい追従の言葉にも、見られないものだった。

ダラムに女子大が開校することになり、一〇月にエリザベスはラジオで「女性たちが家庭生活で果たす伝統的な義務」を聴取者に指摘し、自分の性別を踏まえて「私たちが女性であることを決して忘れてはならないのです」と警告した。保守的な時代にあって、生来体制順応派であるエリザベスは、自分の結婚生活でも夫に譲歩せざるをえなかった。カップルが新婚旅行で出した声明は、あとから振り返るとある種の警告である。エリザベスは苛立ったフィリップに屈し、フィリップの不躾《ぶしつけ》で、王室の人間としての慎み深さを欠き、エリザベスの家族が用心深く養ってきた国民との距離の測り方をまったく無視した声明を出すことを、夫に譲歩して認めた。結婚式の誓いでエリザベスは、夫に「従う」意志を明らかにした。声明は「エリザベスとフィリップ」から出されたものだったが、王位継承者は彼女であり、フィリップではなかった。

8

「固く結びついた新しいひとつの存在」

エリザベス 22歳～25歳

揺らぎはじめた王室の基盤

「たとえ私たちの悲しみが耐え難いほど深いものであったとしても、不幸な出来事は時が経つとやがて、姿を変えて好機となるのです」。一九四八年五月二二日、エリザベスは戦時中に爆撃で荒廃したコヴェントリーで開かれた式典でスピーチを行なった。ロンドン中心部の再開発の皮切りを祝う式典だ。戦争の傷痕を癒すと共に新しい出発を励ますスピーチで、「近代的趣向と職人技を極めたすばらしい姿となる」新しい開発地域を、完成まで何度も訪れて確かめたいと締めくくった。

その日の式典は大成功だった。コヴェントリー・テレグラフは「子どもからお年寄りまで出迎えた何千人もがエリザベス王女にすっかり魅了された」と伝えた。エリザベスが生来持っている向上心と真面目さに触れたある外交官夫人は「人を喜ばせたいという強い気持ちと、自分の地位と責任を真剣にとらえている魅力的な」姿に感銘を受けた。

コヴェントリー・テレグラフ社主のアイリフ男爵は、テープカットをしているエリザベスの肖像を画家のラウラ・ナイトに発注し、エリザベスはバッキンガム宮殿でポーズを取った。画家は荒廃した街の風景をバックに、市の重鎮たち一団の中心に王女を配置して描いた。エリザベスは片手にハサミを、もう一方の手を挨拶するようにあげて、まるで神託を遣わすメシアのように描かれているが、その顔にはなんの感情も浮かんでいない。ただおごそかで冷静な表情だ。

その後のエリザベスの公的人生を通して、そのスピーチのスタイルはひとつの定型となる。言葉では元気づけて仲間であることを訴えながら、またしぐさはやさしくても、表情は冷淡ささえにじむほど堅苦しい。同じ年に彼女はまたコヴェントリーを訪れた。

アトリー首相率いる労働党政府によって国民保健サービス法と国民扶助法が可決され、全国民に保健サービスが無料で提供され、貧困階級への財政支援が拡大されることになった。新しい福祉国家体制は、国が社会保障制度の整備を通じて国民の生活の安定に責任を持つというものだった。王室一族に密接な関わりを持つ出来事だ。以前は私的な慈善活動として行なわれていた、特に病院のための資金集めなどは、王室の存在を保障し、王室支持の基盤を固めるための活動とみなされていた。だが労働党の政策によって、王室のその役割が消えてしまうことになる。エリザベスが自分の公的義務と考えていた任務は、制度や社会状況が変わらないことが前提になっている。だがエリザベスは、自分の任務への取り組みも行動も、考え直すことなどないという姿勢でいた。

新聞各紙は「コヴェントリーの人々の心を打ったのは、若い女性の勝利の微笑みであり、真摯な言葉のはしばしから国民への深い思いやりが感じられた」と伝えた。階級社会にあって、王室一家は高貴な出自が持つ魅力が神々《こうごう》しさと結びついていると見なされ、世代を超えてその見方が王室を受け入れるための鍵となっていた。一九四八年には、多くの人々にその鍵は十分に通用した。三月、労働者階級に広く読まれていたサンデーミラー紙は、エリザベスが「最貧困層が暮らす地域を訪れて、その魅力と特別な血筋によって、みじめな人生を送る人たちにひと筋の光明を与えるべきだ」という投書を掲載した。それは家長が女性となった王室が、その恩恵を受ける代表的な人たちによって支持されていることを裏付ける言葉だった。

第一子懐妊

それから二週間後、エリザベスの妊娠がバッキンガム宮殿から発表された。フィリップは義母のエリザベス王妃に、妻への愛情にあふれた手紙を書いた。「私の野心は、私たちふたりが固く結びついた新しいひとつの存在となることです」。彼はまだ平日は海軍将校として勤務しており、カップルは別々の職業人生を送っていた。エリザベスの公務の多くは夫なしで行なわれた。

王女夫婦の婚約期間中、メアリー皇太后は秘書官のジョック・コルヴィルと、エリザベスの社会経験の狭さについて話し合い、「旅行をしたり、あらゆる社会階級と接したりする必要がある。労働党の若手議員から学ぶことも重要だ」と指摘していた（王女はさまざまな社会階層を代表する人たちを除外して、上流階級の子弟から選ばれる近衛兵とだけ付き合う傾向があった）。コルヴィルはエリザベスの社交生活を指導することはできなかった。そこでエリザベスに政府の仕事や施政者たちにより親しませるよう心を配った。王の同意のもとに、彼はエリザベスが外務省の電報を受け取るようにはからった。エリザベスは真面目に読みはしたが、格別の興味は示さなかった。デルモット・モラーによれば「彼女は生来的に政治に興味がなかったので、電報を読む仕事を重荷に感じつつも、真面目に根気よく続けた」という。

コルヴィルはまた、庶民院で外交問題の討論を聞くようにと勧めた。「庶民院の訪問は、王位を継いで、重い責任をになうことが決められている方の教育の一環だ」と記者たちは義務的に書いた。残念なことに、エリザベスが訪問したときに行なわれていた討論は「昨今まれにみるほど退屈なもの」だった。傍聴席で行儀よくなんの感情もあらわさずに座っているエリザベスに対して人々が向けた関心は、彼女がはおっていた毛皮のケープだけだった。三週間後の少年裁判所への訪問のほうが成功した。一五歳の少女が泥酔して通りで「電柱に抱きついていた」ところを発見された事件だ。不幸な境遇にある少女が、涙にかきくれながら「本当に困っているのはあたしの家庭生活だ」という姿に、エリザベスは同情をはっきりとあらわした。

コルヴィルはこういう経験を積むことが、エリザベスの教育には建設的だ、と考えた。国民間にある不平等を明確に示す出来事や、国民の多くが直面する苦難にじかに触れる経験がエリザベスには必要だった。

エリザベスが公務に励んでいる姿を宮殿の外で見せることにコルヴィルが一生懸命になっていたのは、結婚時から王女夫妻が受け取ることになっている王室費をめぐって厳しい目が注がれるようになってきたからだ。二一歳の誕生日に、エリザベスへ給付される王室費は年間六〇〇〇ポンドから一万五〇〇〇ポンドに増額された。王室費削減を叫んでいたヒュー・ダルトンが大蔵大臣を都合よく辞任したのち、議会はフィリップ分の一万ポンドを含む五万ポンドにエリザベスへの王室費を増額してほしいという王の要求を認めた。「王室が儀式を維持しなければ、見せ物をこのうえなく好む平均的な英国男性（と女性）にとって喜ばしいことではないだろう」というコメントがスペクテイター紙に掲載され、王室費が王族の生活費と王室主催行事に使われることを読者にあらためて思い出させた。

だが、保守的で王室寄りのスペクテイター紙でさえも認めたように、戦後の世界は変わった。「ロイヤルカップルについて、国民は自分たちと同じように話題にすべきであり、報道も特別扱いせずに取りあげるべきだ。フィリップとエリザベスに関連する報道は、社会の王室への見方の変化のあらわれだ。平等主義の精神が世間に広まっている。王室でさえも平等の精神にある程度順応していかねばならない」とスペクテイター紙は記した。

コルヴィルのエリザベスへの「教育」は、王室が社会変化に順応するプロセスへの彼なりの貢献だった。短期的にはその教育は成果をあげたが、のちにエリザベスは、エリート階級社会で生きていくために、平等主義をしりぞけた。秋にロンドンを訪問したエレノア・ルーズヴェルトが、社会問題についての政府の回答に強い関心を示した一方で、首相が主催したディナーパーティーでヒュー・ゲイツケル燃料動力省大臣は、エリザベスが「大変かわいらしい声をお持ちで、とても愛想よく振る舞われますが、実際の王女は政治や社会情勢に大変深い興味をお持ちでいらっしゃいます」と、エレノア・ルーズヴェルトに延々と一五分も言い訳せねばならなかった。

夫婦で五月に四日間パリを公式訪問したとき、エリザベスが若々しい魅力的な姿で、善意の人であることをはっきり示し、王女という地位によってフランスの人々を魅了したのは幸運だった。このときエリザベスはひどいつわりと、五月にしては最高気温を記録した暑さに打ち勝つことを自分に言い聞かせて訪問に臨まねばならなかった。「王室カップルをフランスの人々は熱狂的に歓迎した」とパテはニュース映画で報じた。「パリの人たちは自然に親愛の情を示し」、エリザベスとフィリップがセーヌ川を船で渡ったときには、川岸に推定五〇万人もが詰めかけた。ヴァンサン・オリオール大統領もエリザベスに相当な敬意を払って盛大な歓迎儀式を執りおこなった。将来の地位を見越した待遇をエリザベスは前もって経験し、より「女王らしい振る舞い」で臨んだ。「四日間の慌ただしい日程のなか、王女はパリを征服した」とジョック・コルヴィルは最後に記した。それからの生涯にわたって、訪問した世界中のどの地域でも、エリザベスはその魅力で人々を征服しつづけていく。

深まる夫婦の溝

両親が自分を産んだときと同様、エリザベスとフィリップは一一月に出産予定日を控えているにもかかわらず自宅がなかった。セント・ジェームズ宮殿近くのクラレンス・ハウスがふたりのロンドンの居宅として選ばれたのだが、一八カ月の予定で行なわれるはずだった改装工事が遅れ、ふたりは一九四九年夏まで入居を待たねばならなかった。その期間、エリザベスは両親がいるバッキンガム宮殿のブール・スイートで暮らした。ケンジントン宮殿のクロック・ハウスをアスローン家からときおり借りることもあった。

週末はサニングデール近くの奥まった場所にあるこぢんまりした家で過ごした。「二階建てで近代的な設備を備え、屋根裏には大きな収納場所がある家」で、ふたりだけの巣のような場所だった。フィリップは壁に絵をかけ、エリザベスは家具の配置をフィリップに指示した。これまで住んでいたどの家よりも小さかったにもかかわらず、エリザベスがなじんできた生活を何不自由なく送れるように、料理人のバーンズ夫人や侍従など六人のスタッフが常駐した。夫婦は家を快適に整えるのを心から楽しんだ。エリザベスにとっては当たり前のことが、フィリップには目新しく初めて経験することばかりだった。五五人もの作業員を動員する改装費用に批判が集まるのを心配していたとしても、ふたりとも注意深く沈黙してそれを表には出さなかった。

一九四九年三月に開催された「理想のホーム展」を私的に訪れたカップルに、「これは労働者階級の家を紹介するところで、金持ちが来るところではない」という抗議が浴びせられた。バルコニーからはロンドン・ヤング・コミュニスト・リーグ（英国共産党青年部ロンドン支部）製作の「理想のホーム、理想の夢、そんなものがあるのか」と書かれたリーフレットがふたりの上に撒き散らされた。エリザベスは反応しなかった。アナイリン・ベヴァン保健大臣と共に、彼女は保健省による展示室を見学した。彼女の反応は現実的だった。「それで、どこに乳母車がおけるのかしら？」

夫婦の幸せはフィリップの忍耐に負うところが大きかった。バッキンガム宮殿は義理の両親が住む家というだけでなく、まだフィリップに敵意を示す王族やスタッフが大勢いるところだった。なかでも大きな影響力を持つトミー・ラッセルズは、フィリップを敵視した。また所有欲が強く、こうと思ったら決して譲らず、フィリップの侍従武官に言わせれば暴君のボボ・マクドナルドは、相変わらず威張りちらしながら彼女の「小さな貴婦人」の世話をわが物顔に仕切っていた。パトリシア・マウントバッテンは思い出す。「エリザベスがディナー前に着替えるために入浴するとき、ボボがバスルームに出入りするので、フィリップは彼女と一緒に風呂を使うことができなかった。エリザベスは『ボボ、入ってこないでちょうだい』とはとても言えず、フィリップは逃げだしてひとりで風呂に入った」

フィリップは不平をこぼさなかった。彼にはよくわかっていた。自分の生活は結婚によって大きく変わったが、エリザベスの生活は少しも変わらない。結婚前と同じ仕事をして、子どものころからよく知っているスタッフが仕え、結婚しても両親の監視のもとにあり、クローフィーが言ったように「子どものときからの生活習慣を変えず、何事も母である王妃のところに行って『これをすべきかしら？』『これをしてもいい？』と相談なさる」。

フィリップ自身は、生活の変化に備えるための準備をしてこなかった。困窮した亡命王族として子ども時代を送ったフィリップは、母の心の病、両親の結婚の破綻などで常に先がわからない不安定さにおびやかされながら育っており、王室一家の極端に格式ばった生活にも、表面的に仲のよさを見せることにも、慣れていなかった。ドイツの城やスコットランドの私立学校ゴードンストゥンや海軍で過ごした彼には、イートン校出身の元近衛兵たちで固められた貴族階級は遠い世界だった。幼いときから放任されて感情的ネグレクトを経験し、経済的にも困窮する生活を送ってきたフィリップは、自立心が旺盛だった。

夫のそのような生い立ちを、エリザベスはある程度理解していた。新婚旅行中に母に宛てて書いた手紙で、自分と夫は根本的に違いがあると訴えた。「フィリップは恐ろしいほど独立独歩です。何事もお膳立てされない状態で、ふたりで新生活をはじめたいと彼が願っていることを、私は理解しています」。そして、フィリップが「自分の家ではボスでいられる」ことを切に願っていることを、エリザベスは王妃に伝えた。いろいろな意味で現実的な考え方をするエリザベスには、鋭い観察力があった。だが両親の庇護《ひご》のもとにある以上、自分たちが望むように新家庭を築くことはできなかったし、自分たちの存在をひとつに「結びつける」というフィリップの望みがかなうまでには、時間が必要だった。

ふたりのあいだにある溝は、エリザベスの公的生活によって、さらに埋めることが難しくなった。戦後の王室のあり方について、政治家たちのあいだで、また議会外でも議論がかわされていたが、それはまだ両親や祖父母から叩きこまれた王室とその使命についてのエリザベスの考え方を変えていなかった。婚約してすぐに、王は娘にこう書いた。「父は私とその家族に、果たすべき義務の高い水準を設定した。私は娘が、ジョージ五世がかかげた高貴な理想を追い、彼が示した任務遂行の揺るぎない姿勢にならおうとすることを求める」。ジョージ五世の姿勢を見習って、私的な生活よりも公的な任務を優先するようにという教えは、エリザベスが長じる過程でずっと強調されてきたし、伯父の退位によってそれはより強化された。

国王一家は「君主とは半神格化された存在」というジョージ五世の考え方を踏襲していたとコルヴィルは言い、その点が「誰とでも気軽に打ち解ける」人間関係を築きたがるフィリップと決定的に違うと彼は考えていた。エリザベスは幼いときから威厳があると称えられ、クローフィーほど近いところにいた人たちでさえ、期待されたことには全力で取り組むという彼女の決断力には驚かされた。結婚したからといって大衆受けするようなことをしたり、生真面目さが薄れたりすることはまったくなかった。

外交官夫人のシンシア・ジェブは、エリザベスの「愛らしいはにかみ」は「すごく魅力的だ」と評価した。「(王室の人たちの) 身にそなわった厳粛さは、王室と一般大衆とのあいだを隔てる壁になってきたし、王室に好き勝手にいろいろなことを言ったりしたりするのは許さない、という警告を与えるものだった。しかし愛らしい微笑みややわらかな声、どこかぎごちない歩き方のおかげで、人々はエリザベスがまだ若い女性であることに気づく「半神格化された存在」であることは、王とその臣下である国民のあいだの溝も暗示する。ジェブのいう「壁」だ。バッキンガム宮殿でラウラ・ナイトの肖像画のモデルをつとめていたとき、エリザベスは「私自身の姿は見られないで、群衆が集まっているのを見るのが本当に好きです」と言ったそうだ。それは子どものころ、宮殿の塀の向こうにいる人々の生活に魅せられていたことに通じるし、観念的に国民とは距離をおきたいという願いをあらわしている。

結婚一年目を迎え、エリザベスはパリのエリゼ宮で写真撮影を行なった。祖母のティアラと南アフリカで迎えた誕生日につけたネックレスをつけ、イヴニングドレスを着た盛装での撮影だ。その姿は幸福感に包まれており、フィリップは自分が結婚した女性は、アイデンティティも、行動パターンも、生真面目な目的意識も、間違いなくすべて王女であるからゆえだと思った。

チャールズ誕生

エリザベスは七月に公務を終えて、お産に備えて少しゆったりと過ごした。第一子となる息子は、最初の結婚記念日の一週間前、一九四八年一一月一四日午後九時一四分に、ザ・マルを望むバッキンガム宮殿二階の部屋で生まれた。「三〇時間に及ぶ難産だった」という。両親は近くで朗報を待っていた。フィリップは母が言うところの「出産の不安で耐えがたい時間」のあいだ、居て

8
「固く結びついた新しいひとつの存在」

も立ってもいられない不安をまぎらわすためにスカッシュをしていた。そばで手を握っていたのは、ボボ・マクドナルドとエリザベスの侍女であるレディ・メアリー・ストラチー（結婚して名前が変わった）だった。王と王妃は夜会用の盛装で、フィリップはスカッシュ・コートから汗をふきながらやってきて赤ちゃんと対面した。かたや形式と伝統を重視した姿で、もう片方はいっときもじっとしていられないエネルギッシュな姿での対面だ。

出産に先立って王は、内務大臣を出産に立ち合わせるそれまでの慣習を取りやめた。メアリー皇太后とマーガレットは宮殿にいなかったが、ただちに報告を受けた。曽祖母となった皇太后は一時間後に宮殿にやってきて、弟や義理の妹と共に誕生を祝った。

静かにしてほしいという要請があったにもかかわらず、宮殿の外では群衆が夜明けまで喝采をあげつづけた。一カ月と一日後に行なわれた皇太子の洗礼式のときには、トラファルガー広場の噴水は青く染まり、赤ちゃんの名前は、響きが気に入ったという理由と、フィリップが「姓とはっきりと区別できる名前にしたい」と望んだことから、チャールズ・フィリップ・アーサー・ジョージと決まった。誕生を記念して、王と王妃は娘に、宝石でかたどった花々がダイヤモンドの花籠に入っているブローチを贈った。エリザベスは息子と初めて一緒に撮る公的な写真撮影でそれをつけた。

エリザベスは母親業にもビジネスライクに取り組んだが、それは親になった不安を「結局、私たちはこのために生まれてきたのでしょ」と受け入れてやり過ごすためではなかったか、とクローフィーは推測している。エリザベスは、幼いころから師事していたピアノ教師のメイベル・ランダーに手紙で、赤ちゃんの手が「かなり大きくて長くて美しい指をしています。私の指とは違うし、父親の指とは似ても似つきません。この手がどんなふうになるか楽しみです」と書いた。また不思議さと驚きが入り混じったようにこう付け加えた。「まだ自分の赤ちゃんが生まれたなんて信じられません」

一九二六年に自分が生まれたときの両親と同じく、彼女は母子が一緒の写真の公開を許可した。撮影はセシル・ビートンだった。タイムズ紙はチャールズの誕生は「国内で激烈な議論を呼んでいる問題と、国際的に高まっている不安から、国民の気持ちをそらせる国家と王室のイベント」だと書いた。エリザベス自身が人生で何回となくになってきた役割である。同紙はまた、皇太子の誕生は王室と国との絆を強め、「全員が分かち合うシンプルな喜び」だとした。一カ月後、フィリップの叔母であるスウェーデンのルイーズ王妃は、エリザベスが「とても元気そうで、はつらつとしていて、順調に回復している」と伝えた。公式写真はその言葉を裏付けた。

イラストレイテッド・ロンドンニュース紙は「若い母と息子の写真は、これまでのエリザベス王女の写真のなかで最も魅力的で幸福感にあふれている。王室でも一般庶民でも、生まれた子どもと一緒に撮影された母親として、これほど見る人の視線を釘づけにする写真はない」と称えた。

母になったことで、エリザベスは父国王の臣下である国民との距離を縮めた。母となる喜びは地位とは関係ないとばかりに、エリザベスは結婚のときと同様、同じ日に出産した母親たちに食糧を詰めた小包を配った。

だが王室内におけるチャールズの独特な地位について調べる人はいなかった。洗礼式で代父母として招待されたのは、国王、メアリー皇太后、ノルウェー国王とギリシャのゲオルグ王子で、全員姻戚関係がある人たちばかりだった。メアリー皇太后は、赤ちゃんがフィリップ王配に似ていることに目を留めた。だが赤ちゃんの名前に、英国王として唯一臣下によって処刑されたチャールズ一世の名前が入っていることにはふれなかった。赤ちゃんが「愛さずにはいられない子ども」だと皇太后が言ったとエリザベスは書いている。

エリザベスは赤ちゃんに二カ月間母乳を与えたが、サンドリンガムに滞在したとき、はしかにかかって、母子は分離させられた。エリザベスは「非常に不快な病気」と言ったが回復は早く、隔離されたチャールズは感染せずにすみ、エリザベスとフィリップは週末ごとに会いにいった。

新居クラレンス・ハウスへ

より差し迫った不安は、王の健康状態だった。出産前の数週間、エリザベスには医師たちの診断による深刻な病状は伝えられていなかったが、長期にわたってヘビースモーカーだった王は動脈硬化症をわずらい、壊疽《えそ》を防ぐために最も確実な方法は右足の切断だと診断されていた。王妃はウィンストン・チャーチルに「最近数カ月間の経験と味わった思いはあまりにもつらくて、生きる喜びさえも吸血鬼に吸い取られてしまったようです」と述べた。休養が命じられたため、予定されていたオーストラリアとニュージーランド訪問はキャンセルされ、その先も王が行なえる公務はごく軽いものに限られることが予想された。一時的にフィリップが海軍の任務を減らし、「グロスター公爵と共に王のために代役をつとめることになる」と声明が出された。

エリザベスはすでに、王の象徴的な任務の多くを代理で行なっていた。父の健康と母の不安を彼女は気遣ったが、「王が病気だという事実を人々が考えること」さえ拒否する王妃の前では、表面的には何事もなかったように日々が過ぎていった。エリザベスの幸福感はそんなことでは揺るがなかった。四月の誕生日は、演劇鑑賞とカフェ・ド・パリでのディナーとその後のナイトクラブでのダンスで祝った。夫のローレンス・オリヴィエと共に誕生日パーティーに参加したヴィヴィアン・リーにエリザベスは「私は『悪口学校』の公演をとても楽しみましたし、すばらしい誕生日パーティーでした。あなた方おふたりとも同じように楽しまれたらうれしいです」と書いた。

王が一時的に回復すると、王室の雰囲気は明るくなり、七月初旬、結婚から一年半経ったころ、エリザベス、フィリップとチャールズはクラレンス・ハウスに引っ越した。ついに自分たちの家での暮らしがはじまる。ふたりで一緒に改装を監督し、結婚祝いにもらった家具を運び入れ、ロイヤル・コレクションから借りた絵画を飾った。改装費は、政府支給の王室費五万ポンドをはるかに超えた。その結果「陽気で明るくモダンで、物が多すぎるほどではなく、どの部屋も趣味よく華やかに仕上げられた」家となった、とスコッツマン紙は伝えている。

建築史家のクリストファー・ハッセーは、秋にクラレンス・ハウスを訪れ、目眩《めまい》がするほどの華やかさと圧倒される迫力があった、と印象を語った。だが、個人の趣味が感じられない装飾は、ひとえに時間的な制約があったからだと彼はうまく説明している。

クラレンス・ハウスで、エリザベスは両親がヨーク公爵夫妻だったころと同じような生活を送った。違いがあるとすれば、エリザベスの暮らしはロンドンの豪華な大邸宅に内勤のスタッフが常駐するという快適なもので、同時代の人々の生活とはかけ離れていたことだ。そのころ貴族階級の人々は、街中に邸宅を構えて使用人をおく生活にかけられる途方もない重税に耐えきれず、青息吐息《あおいきと》の状態《いき》だった。夫が外交官だったシンシア・ジェブは、エリザベスたちが豪華な新居を構えられたのは、戦後王室への見方が変わったことに鈍感だったからだと指摘する。「彼らは過去に親たち

8

「固く結びついた新しいひとつの存在」

が送ってきたのと同じ生活を送り、この時代に許される範囲で、できるだけ多くの儀式を維持している」

エリザベスには個人秘書、侍女、経理会計係のほかに「女性書記」として秘書たちが仕えた。ほかにも四人の従僕、執事のベネット氏、副執事、四人の家政婦、料理番、二人の運転手、エリザベスの護衛、フィリップの侍従武官、従者、チャールズの看護師、子ども部屋のメイドや従僕が勤めていた。エリザベスの日常生活は王室の公務と同様に、訓練が行き届いたスタッフによってきわめて規則正しく遂行された。朝食はエジンバラグリーンの肩章がついた青い制服を着た従僕によって、スコーン、卵とベーコンに新聞が添えられて給仕された。その後、入浴、着替えと朝食をすませたチャールズと三〇分接したあと、侍女と打ち合わせをして、セント・ジェームズ・パークに犬の散歩に行く。もちろん護衛がわからないように付き添う。公務が終われば毎晩一時間半チャールズと一緒に過ごす。「子ども部屋を跳ねまわったあと、彼を風呂に入れ、最後にベッドに寝かしつけた」という。

犬の散歩は天気に関係なく行なわれた。古いレインコートをはおって頭にはスカーフをかぶって出かける散歩の習慣は、彼女が子どものころに上流階級が信じていた「屋外で過ごすことは美徳だ」という価値観が染みついていたからだ。お茶の時間に、エリザベスは従僕が銀の盆にのせて持ってきた肉、野菜と肉汁の食事を混ぜてコーギー犬に餌をやった。

政治的な経験を欠いていたにもかかわらず、エリザベスは熱心に公務を果たした。宮殿のガールガイド仲間だったウィニフレッドとリビーの母親へレン・ハーディングに、彼女は「生活は多忙を極めます。日々次にやることを緻密《ちみつ》に計画して進めています」と説明している。

彼女とフィリップは、一緒にチャンネル諸島、ヨークシャー歴史地区のウエスト・ライディング、マックルズフィールド、ノッティンガム、ハーレック、ふたりにとって思い出の場所ダートマスを訪れた。どこに行っても大勢の群衆が出迎え、世界で最も崇高なカップルに魅了された。

シャイなエリザベスは、たえず人々から注目を集めることに耐えるためには「注目されていることを自分の頭から完全に追い払ってしまわないと、やっていけなくなる」と画家のラウラ・ナイトに打ち明けた。彼女もフィリップも公の場で話をすることを楽しめなかった。「ふたりが重要な任務に向かうため一緒に移動するとき、ほんの少しのことで爆発してしまいそうなほど緊張で張り詰めており、車のなかで手を固くつないで耐えていた」と、王室関係者は伝記作家のデルモット・モラーに話した。

エリザベスは任務に関わる人全員がきちんと対応されるよう気を配っていた。ところが家庭にあっては、祖母を嘆かせた社会意識の低さから、エリザベスの思いやりは狭い範囲にしか及ばなかった。晩餐会などのために宝石をつけて盛装すると、女性のスタッフをクラレンス・ハウスの階段に並ばせて、間近で自分の姿を見せた。「ときには盛装するのもおもしろいわよね」と言って。

マルタ島での幸せな時間

エリザベスとフィリップは九月、クラレンス・ハウスで撮影した写真を公開した。エリザベスはシンプルなシルクのロングドレスを、フィリップは海軍中尉の制服を着て、写真ではエリザベスで

8
「固く結びついた新しいひとつの存在」

はなくフィリップが主役だった。

夏のあいだ王の健康が少し持ち直したことで、フィリップは一〇月にフルタイムでの海軍勤務に戻り、マルタ島軍港に停泊しているチェッカーズという駆逐艦に大尉として乗りこんだ。エリザベスはチャールズが一歳の誕生日を迎えたあと、乳母に息子を預けて、あとからひとりで合流した。彼女はクリスマスにも帰国せず、子どもと五週間離れて過ごすことになる。自身の母親とは違って、子どもと離れることに心がかき乱された様子は、少なくとも表立って見せなかった。マルタ島でのホームパーティーで撮影された映像では、エリザベスはチャールズが「もう歩きはじめていて、とてもかわいい」と誇らしげに自慢している。

マルタ島で、彼女はほとんどの時間をマウントバッテン家の人たちと一緒に過ごした。侍女、ボボと護衛ひとりを同伴しただけの私的な旅だったにもかかわらず、マルタ島に到着したときには祝砲が鳴らされ、「立法議会は王女を心から歓迎することを満場一致で決め」、マルタ産業展覧会の公式訪問やゴンジ大司教との昼餐会など五つほど公式行事に出席することになった。

マルタ島でエリザベスは初めて、一般の海軍軍人の妻のような生活を送ったが、マウントバッテン卿だけが彼女の地位を忘れることができないようだった。王室の一員としてエリザベスを細心の気配りで接待し、たちまち彼女の虜《とりこ》になった。「リリベットは本当に魅力的で、私の心はすべて彼女に奪われた」と長女に話した。王女と野心満々のマウントバッテンは、それぞれの性格のままに互いに接した。「彼女は愛らしくて魅力的だ。彼女も私に好意を持っていると思うが、あまりにも内気なためにその気持ちは表には出てこない」とマウントバッテンはこぼした。

おそらく内気で感情を外にあらわさないからこそ、エリザベスはときにフィリップと、ときにチャールズと離れた生活を送ることができたのだろう。自分の母に手紙で、自分も子ども時代からなじんできたような「愛情と美しさのある幸せな家庭を作っていきたい」という願望を伝えている。同時に、意志強固な夫を熱愛しており、ロンドンを旅立つ前にマザース・ユニオンで行なったその思いをこめたスピーチは議論を呼ぶことになった。一九四九年秋、すべてを秤《はかり》にかけたエリザベスは、一歳の子どもよりも夫のほうがより自分を必要としていると考えたのだろう。子どもには三人のスタッフと孫を溺愛する祖父母がついている。王妃は、子どもをおいて夫と一緒に過ごしたい娘の気持ちを見抜いており、その決意を支持したのだろう。ユーゴスラビアのパブレ王子に宛てた手紙に「赤ちゃんはとてもかわいくて、リリベットとフィリップは夢中です」と書く一方で、一二月二一日付のエリザベスに宛てた手紙には、クリスマスをフィリップと過ごすという決意について「あなたの世界の中心にある人と過ごすのだから、正しい」と書いている。

　エリザベスはそれから一週間後に英国に戻り、大晦日までクラレンス・ハウスでひとりで過ごして、ハーストパーク競馬場で自分の持ち馬であるモナヴィーンがエリザベス女王杯で優勝するのを見届けた。勝利に興奮した彼女はサンドリンガムに向かい、あとから両親とチャールズが合流した。マウントバッテン卿の妻エドウィーナは、マルタ島から自国に戻るエリザベスを間近で観察して「まるで小鳥が狭苦しい鳥籠に戻されるような面持ちだった」と表現した。

　三カ月後、エリザベスはまたマルタ島に戻ってきた。エリザベスはふたたびチャールズを英国に残し、フィリップと一緒に過ごすことを喜んだ。束の間であっても、日常とされているものから離れた生活に興奮した。ギリシャのフレデリカ王妃は、ロンドンとマルタを行き来するエリザベスの気楽な二重生活を「ロンドンにフラットを、海辺に自宅を持っているようだ」と評した。フィリップの従者であるジョン・ディーンは、マルタ島でのカップルが「自分たちの思うままに、リラックスして自由に行動していた」という。友人たちは振り返って、このときがふたりの人生で最も幸せだったのではないかと述懐する。

マルタ島でのふたりは、結婚生活の至福の時間を味わった。エリザベスは自分で運転して、にぎやかな街でショッピングを楽しみ、美容院に出かけた。フィリップやマウントバッテン家の人たちと奥まった入江で泳ぎ、オレンジの木陰でピクニックをした。フィリップのポロ競技を観戦し、眺望のよい高所からフィリップが乗船する駆逐艦をみずからフィルムにおさめた。サングラス越しに視線が夫に釘づけだったのはいうまでもない。地元のレストランではふたりでダンスに興じた。ホテル・フェニシアではジミー・ダウリング・バンドが『オクラホマ！』のなかから彼女のお気に入りの曲を演奏し、ふたりは曲に合わせて踊った。「おふたりは本当によくダンスされました。王女様はいつもお美しく、誰にでも愛想よく親切でした」とバンドのメンバーは言う。マルタ島の店の店員たちは、エリザベスがお金を数えるのに時間がかかったことを思い出す。彼女は六週間滞在し、その間にふたたび妊娠した。

クローフィーの裏切り

一九五〇年春、フィリップと一緒に過ごすという以外に、エリザベスが自国を離れてよかったと思える理由がほかにもあった。人気のある週刊誌ウィメンズ・オウン誌上で、エリザベスの子ども時代を感傷的に愛情をこめて振り返った連載がはじまり、両親が仰天して怒りに震える事件から距離をおけたからだ。連載の著者は、最近王室から引退したクローフィーで、連載『王女物語』は「愛情深く、人間的で、信頼できる」内容だと吹聴されていた。

連載はまずアメリカの雑誌、レディース・ホーム・ジャーナル誌で掲載されたが、その凄腕《すごうで》の編集者ブルースとベアトリス・ブラックマー・グールドがクローフィーに、どんなことを話しても罰せられることはないし、王室との友情には傷がつかず、むしろアメリカ人は王室に対して敬意と親愛の情を持つことになって、英米関係が良好になると信じこませた。王妃は連載が続けば恐ろしいことになると信じ、一九四九年四月にクローフィーに手紙で伝えた。「支払われるドルに目がくらんで、私たちの私的で大事な何かを記事にすることに、あなたは絶対に、絶対に、絶対にノーと拒否するべきです」

グールド夫妻の出版への意欲は固く、その上クローフィーが結婚したメイジャー・ジョージ・バスレーは貪欲で傲慢な性格だった。その点を王妃は見誤っていた。クローフィーは一九四九年八月に原稿を仕上げた。グールド夫妻は一カ月かけて手を入れ、クローフィーはそれを王妃に見せた。グールド夫妻はいったん出版すると決めたら、たとえ王室の怒りを買おうが、許さないと言おうが、必ず出版するつもりだった。レディ・アスターはエリザベスが「大変ショックを受けて傷つき怒った」という。言うまでもないが、どれだけ怒りくるおうが何もできなかった。

子ども時代のエリザベスは、自分の生活には公的な面と私的な面があることを理解できなかったが、一九五〇年までには、どうやって公私を使い分けるかを学んでいた。彼女とフィリップは婚約の秘密を隠すことに成功した。結婚にあたって政府と王室が主導して計画を進めることは、やむなく承諾した。自分が知らない人が結婚式に招待されることや、結婚祝いや結婚衣装、新婚旅行について公にすることも承諾せざるをえなかった。公の存在として振る舞う機会が増えても、彼女は内気でひどくひっこみ思案なままだ。だから自分に許されているプライバシーを、彼女は非常に重視していた。

『王女物語』の出版によって、彼女とマーガレット、両親がきわめて神聖なものと大事にしてきた家庭生活は公のものになり、姉妹ふたりに向けられる大衆の関心はますます高くなった。クローフィーは、姉妹の生活が象牙の塔に守られていると書いているが、その塔の壁を無残に叩き壊したのはクローフィーだ。王妃は、クローフィーのやったことはエドワード八世の退位と同じくらいひどい裏切りだと思った。だがエリザベスは、ショックを受け、傷つき怒ったとしても、母と一緒になってクローフィーを責めることはできなかった。

一人娘アンの誕生

エリザベスは一九五〇年八月一五日、唯一の娘を出産した。節約の精神を発揮して、チャールズ出産時の新生児用品一式をそのまま使用した。

クラレンス・ハウスの外に大勢押しかけた群衆を整理するために警官が動員された。人々は二列に並んで赤ちゃん誕生を知らせる公報を眺めた。フィリップは妻と一緒にいたし、王妃はバルモラルに行く王を見送ってすぐに駆けつけた。エリザベス自身は「新しい赤ちゃんに大変ワクワクしている」と言い、「私たちは小さな女の子を迎えたことを、男の子と同じくらい喜び誇りに思っています。これから成長していくのが大変楽しみです」というメッセージを出した。これまでひとりっ子で親をひとり占めしてきたチャールズが、きょうだいの誕生を「どう受け止めるか」と心配したものの、チャールズは「赤ちゃんにすっかり魅せられたようで、大切に愛情をこめて接している」と報告している。

チャールズ誕生後と同様、エリザベスの産後の肥立ちは長くかかった。九月二〇日、クラレンス・ハウスは声明を出した。「エリザベス王女にとって今週予定されていた公務は重すぎるとの医師の診断が下ったため、スケジュール変更の必要があると判断されました」。最初にキャンセルされたのが一〇月一八日に予定されていた国際モーターショーの開会式だった。アン王女の誕生からわずか二カ月後の予定であり、チャールズ皇太子出産後には復帰までに三カ月半かかったことを考えると、公務復帰は早すぎるとコメンテーターも意見を述べた。

秋から冬にかけて、エリザベスはまたマルタ島のフィリップのもとで過ごした。チャールズとアンを祖父母に預け、クリスマスをマルタ島で過ごすことにしたのだが、今回はマーガレットの合流が予定されていた。カップルは、アテネに六日間立ち寄り、ギリシャ国王パウロス一世とフリデリキ王妃を訪問することになった。ギリシャ国民の英国ロイヤルカップルへの関心は高かった。ギリシャの宮殿の外には英国のロイヤルカップルをひと目見ようと群衆が詰めかけて、ギリシャの新聞は訪問の詳細を報じた。

フィリップがギリシャ王室の血を引いているにもかかわらず、もしくはそのせいで、エリザベスは関心の的だった。間近でロイヤルカップルと接した英国大使のサー・クリフォード・ノートンは、王女の成功にはフィリップの内助の功があることを認めた。エリザベスは「大変内気で引っこみ思案で、はにかみ屋」だが、フィリップは「若々しく精力的で、彼女を元気づけている」。フィリップは口に出して「がんばれ！」というわけではないが、それに近い態度で接している。エリザベスが注目を集め、フィリップがそばで「励ます」というパターンはその後も変わらなかった。

一二月、マーガレットがチャールズとアンの新しい写真を持ってマルタ島にやってきた。「マーガレットが一心にあなたのところに行きたがっています」と王妃は書いた。王妃には、姉が結婚して一家を離れてしまったけれど、姉妹が親密でいてほしいと願う気持ちがあった。

エリザベスは一九五一年二月半ばまでクラレンス・ハウスに戻らなかった。一一週間子どもたちと離れていたことになる。母国のメディアのほとんどはそれについて沈黙を守ったが、海外メディアはそれほど好意的ではないコメントを掲載した。フランスのサムディソワール紙の批判をサンデーミラー紙は引用して「英国の一部の人々のあいだでは、王女が悪い母親だという意見がささやかれはじめている」と書いた。「エリザベスが悪い母親にならないように」フィリップは海軍をやめて英国に戻ればいいのに、という内容だった。

差し迫る父王の死

フィリップが海軍の任務から引退したのは、それから五カ月後だった。理由はエリザベスの母親としてのつとめを心配したからではなく、王の健康状態が悪化したためである。一九五一年九月二三日、王は悪性腫瘍《しゅよう》のためにやむなく左肺を切除する手術を受けた。その後、エリザベスはまたもや子どもたちを連れずにイースターを祝うためにマルタ島に向かった。彼女とフィリップは、フィレンツェ郊外でフィリップのいとこであるルーマニアのエレナ王妃と共に過ごし、ローマの英国大使館を訪ねた。「私たちはまるで流浪の民のようです」と幸せそうな様子を家族に書き送った。

父がやっていた仕事の多くを、エリザベスは理性的なフィリップにまかせるようになり、それによって夫婦が別々のキャリアを持つことは終わった。フィリップは長い残りの人生を、妻を支えるのを仕事にすることになった。「エリザベスの愛を獲得したフィリップ王配は、彼女の多方面にわたる公務を支える意志があり、その準備ができていた」とパテのアナウンサーは数カ月後にニュース映画で報じた。準備はできていたかもしれないが、自分が愛していた海軍で、男らしく生きる人生を捨てるのはつらいものがあった。

一九五一年秋、ふたりは王と王妃の代理で五週間にわたるカナダ訪問に出かけた。以前の南アフリカ訪問と同じような旅になった。五〇〇〇マイルを王室列車で移動するなか、プラットホームには「何千人ものカナダ人が王女をひと目見ようと待ちかまえ、王女は歓迎にできるかぎりこたえた」。エリザベスは父を思って胸が痛かった。ジョック・コルヴィルを引き継いで新しく個人秘書となったマーティン・チャータリス（シンシア・アスキスのいとこでもある）は、即位のための書類をたずさえて旅に付き添っていた。

王の病状は一進一退で、父の手術の際にカンタベリー大主教から聖体拝領を受けた日の記憶がエリザベスの頭から離れなかった。一〇月一〇日、オタワでの晩餐会で、父がやや持ち直していると安心させたあと、聴衆に「不安に胸を締めつけられるこの二週間は永遠のように感じました」と打ち明けた。滞在地ごとにバッキンガム宮殿の父に電話をかけるよう手配し、まるで自分の意志の力で父を回復させられると信じているかのようだった。

それでも、旅のあいだにときどき心が浮き立つような出来事もあった。おそらく王の死が差し

8
「固く結びついた新しいひとつの存在」

迫っているのを認めまいとするカップルが、束の間楽しさを求めて気持ちをそらせようとしたのだろう。エリザベスとフィリップはイェーツからアルベルタのピアーズまで、エリザベスが機関士、フィリップが機関助手になって列車を走らせ、プラットホームに詰めかけた人々はふたりの姿を見つけられなかった。エリザベスはたった一四マイルのその旅を「最高の経験」と語った。

フィリップは公の場だけでなく、プライベートの時間にもエリザベスを「元気づけた」。差し歯をつけて列車の通路を逃げるエリザベスを追いかけたり、ナッツの缶に開けると飛びでるヘビを忍ばせて驚かせたりした。エリザベスは笑みが少ないと批判したカナダの新聞に、フィリップは抗議した。彼女の「ふくれっつら」は敵意あるコメントの材料にされ、のちにある閣僚は、彼女が「深く感動すると、それを出すまいとする」と批判した。「非常によくあることだが、群衆の拍手喝采に深く感動すると、とたんに機嫌が悪い表情になる」

オタワに到着したときは一七万人、ケベックでは五〇万人が歓迎のために集まったが、群衆はエリザベスより「もっと笑顔で、もっと手を振ってくれて、もっと視線を向けてくれる」フィリップの反応により湧いた。

英国では、王妃がチャールズとアンの様子を知らせる手紙を書くことで気をまぎらわせていた。王妃はエリザベスのスピーチが美辞麗句で飾られた紋切り型であることに気を揉んだ。「棒読みではなく、もう少し感情をこめたスピーチにすることを忘れないで。特にラジオではね」と注意を与えた。

エリザベスとフィリップは飛行機でアメリカに向かい、トルーマン大統領に王からのプレゼントを渡した。ニューヨーク・ヘラルドトリビューン紙は「世界一興味を惹かれるカップル」と呼んで、「エリザベス王女は写真でも魅力的だが、実物は人間的にすばらしい」と褒めたたえた。ワシントン・デイリーニュース紙はフィリップについて「まさに映画スターだ」と持ちあげ、速記者を卒倒させるほどの魅力だと書いた。トルーマンは「子どものころに読んだおとぎ話の王女様が、今ここにいる」と称えた。

エリザベスのカナダ外遊中、王は春に予定されていたセイロン（現スリランカ）、オーストラリアとニュージーランド訪問の旅をまたもやキャンセルした。エリザベスは北米訪問に出かける前に、そういうこともあるだろうと覚悟しており、御用達《ごようたし》のドレスメーカーであるノーマン・ハートネルに手紙で「王のかわりに外遊に出るかもしれないと覚悟しておりますので、その準備のためにデザイン画を送ってくださると大変助かります」と書き送っていた。だが、エリザベスも両親も、一九五二年にオーストラリアを訪問することはなかった。

アフリカ訪問中の悲報

エリザベスとフィリップは四カ月の予定でまた海外公式訪問に出ることになった。ケニアからスタートし、二月三日から七日まで現地のロイヤル・ロッジに滞在する。ケニア山の斜面に立ち、サガーナ河を見晴らし、見渡すかぎり緑の芝生が広がるなかに立つロイヤル・ロッジは、植民地からの結婚祝いだった。建てられてから四年経って、エリザベスはようやく贈り物の家を見ることができた。

二月五日午後には侍女のヘンリエッタ・パーマーと、フィリップの個人秘書マイケル・パーカー

8
「固く結びついた新しいひとつの存在」

を伴い、ふたりはアバーデア・フォレスト内のザ・ツリートップス・ホテルまでドライブした。ホテルには見晴台があり、ライオンや象など大型動物が塩をなめにやってくる湖が見晴らせる。夢のような時間が過ごせるが、人里離れた危険な場所でもあった。午後から夜にかけて、エリザベスはうっとりとわれを忘れてジャングルに見入り、日が落ちるまで持ってきた映画用カメラで撮影した。その後みんなで、自分たちが目にしたものについて話した。王の容態も話題にのぼり、エリザベスは回復していると話した。「王女の口調からは、完治を望んでいることが明らかだった」とツリートップス・ホテルのオーナー、シャーブルック・ウォーカーはいう。

だがジョージ五世は、二月六日早朝、サンドリンガムで就寝中に心臓血栓症によって亡くなった。エリザベスがジャングルのなかの連絡のつかない場所にいたときに。おとぎ話にあらたな一章が加わった。木の上に登った王女が、女王となって降りてきた、という物語だ。

ラジオの電波も電報も届かないアフリカの森のなかにいたエリザベスには、まだ知らせが届いていなかった。朝は早くに起床して、鷲《わし》が頭上を飛びまわり、ヒヒやサイが塩をなめにやってくる様子を眺めた。一行は卵とベーコンとコーヒーの朝食をすませたあと、ロイヤル・ロッジに戻り、ジーンズ姿でサイについて話すエリザベスは上機嫌だった。

最初に王が亡くなったニュースを聞いたのは、近くのホテルに宿泊していたマーティン・チャータリスだ。彼はロイヤル・ロッジにいるマイケル・パーカーに電話をし、パーカーがフィリップに話し、フィリップがエリザベスに伝えた。エリザベスを庭に連れだし、芝生のスロープをゆっくり歩きながら「彼はずっと熱心に話しつづけた」とシンシア・ジェブは言う。部屋に戻ってきたとき、エリザベスは泣いていなかった。ヘンリエッタ・パーマーは彼女が「実に堂々として力強かった」という。その自制心は母親譲りで、侍女は「究極の自己制御能力だ」という。

マーティン・チャータリスがロイヤル・ロッジに到着すると、彼女は「しゃきっと背筋を伸ばして机の前に座り、頬を紅潮させていたが、涙のあとはなかった」。その姿は「自分の運命を完璧に受け入れた」ようだったという。エリザベスは、マウントバッテン卿の次女であり侍女のレディ・パメラ・マウントバッテンに、残りの旅程を突然キャンセルすることになったのを謝罪した。トミー・ラッセルズは、以前に南アフリカで非常事態が起こったときも「ほかの人たちの気持ちを気遣う」エリザベスの姿に驚嘆したが、このときも同じだった。彼女は机に座って、今回の旅行に尽力してくれた人たちに謝罪の手紙を書いていた。

チャータリスが「これからはなんとお呼びすればよろしいですか?」と尋ねると、「もちろん私の名前で呼んでください。ほかにどんな呼び方があるというのです?」と彼女は答えた。自分が王室で生きていく運命を、ずっと以前に静かに受け入れた若い女性が、アイデンティティの核においていたのはその名前だ。

年長の王族のひとりは言った。「彼女はいつも本能的に正しいことをする」

9

「歴史の花嫁が聖別され、祝福された」

エリザベス 25歳〜27歳

悲しみのなかで

多くの人々が、王の死に心からの哀悼《あいとう》の意を示した。ウエストミンスター・ホールにおける遺体の正装安置には、三〇万人が長い列を作った。それ以外にも、セント・ジョージ大聖堂前で二〇万人が祈禱《きとう》を捧げ、ウィンザー城前には個人や大小さまざまなコミュニティや組織からの献花が並べられた。

エリザベスがピカデリー時代に世話になったアラーの友人に「世界中から王に大きな愛が寄せられました」と言ったのは誇張ではない。だが一方で、喪の悲しみは来たるべき新しい世代への期待によってやわらいだ。「女王の治世で、英国は常に偉大になった」とパテは二月一一日に放映されたニュース映画でコメントした。彼女は「かつて英国に栄光をもたらした女王」と同じ名前だ。

七七歳で首相に復帰したウィンストン・チャーチルが、英国に戻ったエリザベスを出迎えたときにも、同じコメントがパテのニュース映画で流された。「女王の治世は歴史的に評価が高い。我々の歴史の偉大な時代のいくつかは、女王が統治していたときのことだ」

かつて栄光に輝き世界を第一線で率いてきた大国が、第二次世界大戦後にその力を失って長い不況に苦しんでいる。「エリザベス王女」は誕生時から数えきれないほどメディアに取りあげられ、その姿は写真やニュース映画で報道され、庶民たちにとって太陽のような存在だ。誰もが彼女に大きな期待を寄せていた。

コメンテーターたちは「新しいエリザベス女王」について語った。新しいエリザベスは再生のシンボルであり、戦後世代の代表であり、理想化された健全な英国的生き方を体現している――だが、そんな多大な期待は非現実的だった。

父国王の健康状態が悪化する一方だったのに対し、娘は妻、母となっていっそう魅力を開花させた。一九五一年五月に英国全土で開催された博覧会フェスティバル・オブ・ブリテンの開会式にあらわれたジョージ六世は、弱々しく影が薄かった。一方で同日の夜に開催されたロイヤル・フェスティバル・ホールのこけら落としのコンサートに臨席したエリザベスは、輝くばかりの存在感だった。肌はつやつやと一点の陰りもなく、スタイルも抜群で、インドのニザームのダイヤモンドと豪華なイヴニングドレスをまとった姿に誰もがため息をついた。メアリー皇太后の威厳はあるがいかめしい姿や、ここ最近のジョージ六世の自信がなさそうな姿を見てきた国民の目に、エリザベスの生真面目さや冷静沈着なところは、女王の地位にふさわしい品位があると映った。世論調査では、三分の一がエリザベスは君主に任命されるべきだと熱烈に支持し、議会でも王室支持派はエリザベスの王室費、年間四七万五〇〇〇〇ポンドに加えてコーンウォール公領からあがる純収入の九割の相続を認める案に投票した。

エリザベスにとって、最後に会ってから一週間も経たずしての父の死は「人生最大のショックだったのではないか」とフィリップは言う。ユーゴスラビアのペータル国王に、夫も妻も「王の死を告げられた瞬間、麻酔をかけられたように何も感じなくなった」と打ち明けたという。母やマーガレットと同じように、エリザベスも王が「最高にすばらしい人」で、「未来に向けてのアイデアや計画がいっぱい」で、「回復途上で亡くなった」と思っていた。

父の死の直後から自分の肩にかかってきた君主の座の重みへの衝撃は、さほど感じなかった。そのときが来ることは避けられないと、幼いころからぼんやりとではあっても覚悟していたからだ。王の病が重くなってからは代理をつとめることが多かったし、何よりも、父と娘の会話は国王としての任務に関することが多くなり、王が目を通す書類を肩越しに一緒に読んで指導を受けながら、エリザベスは君主となることをすでに受け入れていた。

ケープタウンでのスピーチで、今後何十年にもわたって任務を果たしていくにあたっての自己犠牲を宣言したのは、決して軽い気持ちからではなく、そう考えるように育てられ、期待されてきたからである。王は五六歳で亡くなったが、王位を受け継ぐには「自分はあまりにも若すぎた」とエリザベスはのちに言ったことがある。だが時期は早かったかもしれないが、いずれ必ずやってきて、その運命から逃れられないことは彼女自身が重々承知していた。君主制という「舞台」での役割も、制度の仕組みも、彼女はよくわかっていた。父の生前からイギリス陸軍連隊によって行なわれるトルーピング・ザ・カラーという式典を観閲し、王室洗足式の礼拝に参列し、休戦記念日には戦没者の慰霊碑に花輪を捧げ、一八歳で上級外交官の役目も果たしてきた。

彼女が頂点に立つ王室がどんな役割を果たすのか、憲法にはきちんと成文化されていない部分があった。とはいうものの、エリザベスの一族にとって、君主であることは出自と先祖が決めてきたさまざまな抽象的な理想が混ぜ合わさったものであり、その仕事はどこまでも真剣に継承すべき使命だった。

エドワード八世の退位を間近で経験したことは、エリザベスにとって果たすべき任務に集中する思いをより強固にした。王の死をはさんだ数日間は、未亡人となった王母エリザベスによって王の公務が変わりなく遂行された。「亡き国王ほど強い義務感と奉仕の精神を持っておられた方はいらっしゃいませんでした。そして国王ほど同胞に深い思いやりを持っていた方もいらっしゃいませんでした」と王母のエリザベスは、市民へのメッセージのなかで追悼した。そして「私たちには国に仕える大任が課せられていました」と言った。

女王即位

一九五二年二月、「国に仕える大任」が、今度はエリザベスに課せられた。一九三六年にその大任を大きな不安と共に受け入れざるをえなかった父は、父親であるジョージ五世の統治を手本として慎重にそれをなぞってきたが、エリザベスも父のあり方をそのまま引き継ぐつもりだったことは想像に難くない。忍耐強いが極度に緊張して公務を行なっていた父をじっくりと間近で観察したエリザベスは、君主の任務は多大な努力を要することを知っていた。のちに彼女は「国民が私に、謹厳であれと望むのは当然だと考えている」と言ったが、それは祖母のメアリー皇太后が王室の威厳を重視していたことと、父と仕事をした執務室の真剣で厳しい雰囲気が身に染みていたから出てきた言葉だ。

その年のクリスマス・メッセージで、エリザベスは「父、そしてその前の祖父から引き継がれてきた仕事に励みます」と約束した。二月八日午前一〇時に、国王に個人的に属する一七五名の審議官たちとの会議で、先代国王たちの仕事を引き継いで、「人生のこんなにも早い時期に私に課せられた重い任務」を神の助けを借りて遂行していく、と誓った。彼女の治世で最初の請願となったこの演説で、一族の慣習としての自分の目的に言及した。「父が在位を通してやってきたように、私は国民の幸福と繁栄をよりいっそう促進し、それを世界中に広げていくために働きつづけます」。幸福と繁栄の促進は彼女の大任の目的であり、グローバルに広がる帝国の娘であり孫であることを踏まえての誓いだ。植民地大臣のチャンドス卿は「私がこれまで聞いたなかで最も感動したスピーチで、ほかの多くの人たちと同様、私も感情のたかぶりが抑えられなかった」と言った。この会議のあと、彼女はロンドン中に「女王エリザベス二世、神の恩寵によってこの王国の女王となり、ほかの王国と地域、英連邦王国の長となり、信仰の守護者となる」と宣言された。

以前には失われていた、国民の王室への忠誠のきざしがすぐさまあらわれた。二月二六日、切手、貨幣と紙幣に使用される肖像写真が撮影された。一週間後、誕生日として公式に祝賀が行なわれる日が発表された。デイリー・テレグラフ紙は「公式の誕生日〔訳注：本来の誕生日とは別に公式の祝賀行事を行なう日。六月の第二土曜日〕は、父の慣習にならって六月にすべきだと女王は決められた」と報じた。翌週には、四月一〇日からエリザベスはウィンザーを住居とすることが伝えられた。「ジョージ六世がイースターにウィンザー城の訪問を伝統にしていたことにならったものだ」という。四月二日に「父の思い出に敬意を表して」行なう葬儀に参列する三六〇人の兵士と水兵を任命した。黒い喪服に身を包んだエリザベスは、例年どおり誕生日にウィンザー城で、雨のなか近衛歩兵連隊の閲兵式を観閲した。

王室は変わりなく運営されていた。王室に仕えるスタッフも次々と任命し、女王付き女官には、母の姉のレディ・エルフィンストーン、メアリーが指名された。五月に予定されていた社交界デビューの舞踏会は服喪中のため延期されたが、初夏にエリザベスは同様のパーティーをエジンバラのホリールード宮殿ほかで開催した。上流階級の娘たちが成年の仲間入りをし、結婚などの権利が与えられたことを示す通過儀礼として、王族にカーテシーという恭順を示すお辞儀をして謁見する行事である。

加盟評議会においてエリザベスは、大英帝国から一九四七年にインドとブルネイが独立し、その一年後に英国とアイルランド共和国が最終的に分離したことを理解していると告げ、自分がかつての英連邦王国の長の座をやがて継ぐことを宣言した。三月一〇日ラゴスに正式に発足したナイジェリア議会に「幸運を祈ります」とメッセージを送り、セイロンのドン・スティーヴン・セーナーナーヤカ首相の死に対してセイロン政府に「深い哀悼の意」をあらわした。父とヘンリー・マーテンが説明したように、新しく生まれたコモンウェルス・オブ・ネイションズ〔訳注：かつてイギリス帝国の領土であった五四の国や地域で構成される経済同盟。一九四九年にイギリスの名称は外されたが、本書では英連邦と表記する〕の象徴的存在として、彼女が果たすべき国際的な役割を示したものだ。

新しい女王は王位を継ぐにあたって、伯父のエドワード八世のように王室改革を急ぐようなことは決してしなかった。年長世代の価値観を若者が受け入れるのは、少なくとも一九五二年春にはまだ批判されなかった。戦後の混乱期にあって、社会的、性的、宗教的規範は保守化しており、保守主義は社会の主流となる考え方だった。女性には従順さが求められ、若者世代の文化はまだ年齢や経験に挑戦するには至っていない。一九五〇年に出版された『英国王室一家の家庭』で、著者のマーガレット・サヴィルは「多くの若い妻たちと同じく、エリザベス王女は夫の嗜好に敬意を払い、一緒にいるときには夫に合わせている」と書いている（フィリップ自身はのちに、サヴィルが憶測で書いたこの言葉は真実だと言っている）。

自分に期待されていることに従うのは、エリザベスにとっては自然だった。覚えているかぎり、彼女は両親や祖父母を手本にするようにうながされつづけてきた。劇作家のクリストファー・フライは、彼女が「父や祖父の単純さを受け継いでいる」と評した。エリザベスは母や祖母に似ていると褒められ、父の信念の堅さを受け継いだ。メアリー皇太后は、自分と同じように畏敬の念をもって王座を熱烈に愛するようにとエリザベスを励ました。最も身近な人たちの期待どおりに、彼女は君主の任務に対して教えこまれたとおりのやり方で、最大限ベストを尽くそうと決意していた。

改革にはほとんど興味を示さなかった。個人秘書も、彼女が「改革にとりわけ熱心というわけではなかった」と認めている。彼女を支えるのはチャーチルという年長の首相や閣僚たち、また王室のメンバーたちで、全員が父親世代の男性たちだった。七四歳の侍従クラレンドン伯爵はヴィクトリア女王の侍従のひ孫。王室を仕切るトミー・ラッセルズは六五歳。個人秘書アシスタントであるマイケル・エイディーンはジョージ五世の個人秘書で、一九一七年に王朝名をウィンザーに変更するよう提言したスタムフォードハム男爵の孫だ。王室の家庭内の仕事を仕切るスタッフ（ロイヤル・ハウスホールドと尊敬をこめて呼ばれ、間違っても「召使い」とは呼ばれない）は子どものころからの付き合いであるボボ・マクドナルドと、子ども部屋付き侍従のシリル・ディックマン（エリザベスはのちに彼を宮殿の執事に昇格させた）で、両親が任命したふたりが引きつづき任にあたった。

周囲の動揺

王の死への追悼と、エリザベスが王室に新しい時代を開くという期待がないまぜになって、英国社会は熱く揺れていた。エリザベスが自分に課せられた重い任務を引き受けるための準備を着々と進めている一方で、母、夫と妹は全員が一時的な放心状態に陥っていた。エリザベスは生まれながらに君主となることがアイデンティティとして植えつけられ、それが人生の目的であり、日々そのためだけに生きてきたが、王母エリザベスと妹マーガレットの公的な役割と私的な生活は、すべて王を中心に回っていた。エリザベスには悲しみにひたれるだけの十分な時間がなく、自分の役割を果たすために自制心を保たねばならない状態におかれていたが、マーガレットと母には時間がありすぎた。マーガレットはのちに振り返って「真っ暗な穴のなかに閉じこめられたような恐ろしさだった」と言っている。王母エリザベスは打ちひしがれて落ちこんだかと思うと、王が生きていたときの地位を不本意にも捨てざるをえないことを愚痴《ぐち》り、娘を悩ませた。

フィリップには、女王の配偶者という以外に明確な任務がほとんどなかった。自主的に活動できる領域は与えられておらず、日常的に一個人として接するのはエリザベスに限られている。周囲はフィリップに対して高圧的に接し、ときには許しがたい侮辱的な言動を見せる。女王としてエリザベスは、王権を持つ男性の役割と、家庭的な癒しと励ましを与え、心情的パワーを与えるという、従来の女性に与えられてきた役割の両方が期待された。フィリップは憲法上不要な存在だ。すでにチャールズとアンというエリザベスの後継者を与えて、次世代再生産の役割は果たしている。

最初に王の死を聞いて、フィリップは「まるで世界が足元から崩れた」気がした。実際に彼の世界は崩れた。「すべてがまったく変わってしまった」とのちに彼は言っている。フィリップにとって王の死は、エリザベスよりも深い傷を残した。先見の明のある彼の母親は手紙で「あなたの人生に起きた変化が、あなたにとってどれほど大きな意味を持つだろうかと案じています。あなたに大きな自己犠牲を強いることになりますよ」。フィリップはこの先に待ちかまえることから受ける数々の衝撃の大きさが、決して小さくなることはないとわかっていた。ユーゴスラビアのペータル王は、フィリップが表面上は冷静そうに見えても、内面はいつ爆発するかわからない活火山のようだったという。「感情にふたをしたまま、どれくらい彼が持ちこたえられるだろうかと心配していた」。海軍のキャリアを失ったことを悔やみ、この先もその思いは消えそうになかった。

近親者たちのことが、エリザベスは心配だった。不幸にひたっている母と妹が気になった。いとこのマーガレット・ローズには、自分が王の死に立ち会えなかったことに「ぞっとしている」と打ち明けた。「お母様やマーガレットを助けて慰めることができなくて、何もすることができないことが、恐ろしくぞっとするの」

五カ月後に書いた手紙で、母が王の死後初めてサンドリンガムに戻ったときには、本当にほっとしたと彼女は打ち明けた。「お母様にとってはあまりにも大きな苦しみだったに違いないと、私はとても心配しました」。王母エリザベスが自分の気持ちを話すのは、マーガレットよりもエリザベスだった。「あなたがいなくてどんなに寂しいか。誰とも相談することができないのは恐ろしいわ」と、母はエリザベスの不在を嘆いて書いている。

エリザベスはフィリップのことも心配していた。マイケル・パーカーが見るところ、フィリップはたえず王室の人たちから「やりこめられ、無視され、あら探しされて、こっぴどくやっつけられていた」。何かやろうとすれば妨害され、けなされた。「私は『関わるな』と言われ、追い払われた」とフィリップは振り返って言う。そして知らず知らずのうちに、エリザベス自身がフィリップの不満の種になった。

五月初めに一家はバッキンガム宮殿に引っ越した。チャーチルと王室の重鎮たちがそうすべきだと主張したからで、やむをえなかった。だがフィリップにとっては、生まれて初めての自分の家を失ったのも同然だった。自分で整えた居場所で、自分のやりたいように暮らしてきた家から、六〇〇室以上もある義理の両親の面影が残る宮殿に居場所を移すことになったのだ。エリザベスは、宮殿はオフィスとして使い、住むのはクラレンス・ハウスにしようと提案したが、そういうわけにはいかなかった。

クラレンス・ハウスを出ていくときエリザベスが涙を流したのは、フィリップと同じ気持ちだったからだ。フィリップは君主である妻との関係のなかに自分の居場所を見つけることができず、「プリンス・コンソート（王配）」のような称号をきっぱりと拒んだ。エリザベスの生真面目さに加えて、王室の年配の高官たちは細かいところまで従来の慣例どおりにやらねば気がすまず、フィリップのために新たな役目を見つけることはできなかった。

特に父王から引きつづきエリザベスの個人秘書に任命されたトミー・ラッセルズは、当然のように王室の任務にフィリップを関わらせなかった。三月一八日のスケジュールにその典型例が見られる。午前中、エリザベスはイタリア大使を出迎え、夜には恒例となっている首相のチャーチルからの報告を受けた。フィリップは午前中の大使との当たり障りのない社交上の挨拶には同席したが、夜の真剣な政治の話の場に同席しなかった。前国王は妻と政治的なことも話して意見を分かちあっていたが、エリザベスはそれをしなかった。君主としての存在の核心部分を、たとえ配偶者であっても共有しないという姿勢を貫けたのは、エリザベスが幼少期から叩きこまれた自己鍛錬のおかげだ。また、のちにいとこのレディ・セリーナ・ヘイスティングスが評したように「冷静で有能で清廉潔白」な性格によるものだともいえる。以前の「お茶目なところ」は、君主の完全無欠性を損ないかねないと封印された。

君主の役割を優先する決断

いとこのひとりがフィリップに対する「決定的な仕打ち」と言った屈辱的な事件は、ある部分マウントバッテン卿の大言壮語にも責任がある。結婚生活でフィリップを立てて従う妻としての役割と、内閣のアドバイスに従うことが憲法で定められている君主としての役割との折り合いをつけるのが、エリザベスには不可能ではないかと思われた事件だ。

フィリップの叔父であるマウントバッテン卿は、王の死後日をおかず「マウントバッテン家の王朝となる」と愚かにも吹聴した。それを卿の取り巻きであるエルンスト・アウグスト・フォン・ハノーファー王子の情報として聞いたメアリー皇太后は、首相を巻きこまざるをえなくなった。

チャーチルはマウントバッテン卿が嫌いだったし信用もしていなかった。メアリー皇太后は王朝名を「ウィンザー朝」と変えた夫の功績を守ることが、自分の責務だと考えていた。チャーチルはマウントバッテン卿の思いあがりを内閣に伝え、自分の見方をはっきりと示した。内閣は一致して「王朝の名称としてウィンザーを保持することを強く主張する」と発表した。メアリー皇太后や王母エリザベスを含む王室の多くも同じ意見で、チャーチルがそれをエリザベスに伝えた。首相の説得と、大法官からの覚書によって、エリザベスは「立憲君主制の維持には、永続性と継続性が貴重な要素である」ことを思い出した。マウントバッテンの軽率な言動と、この一件で彼が焚きつけた人たちの王室に対する敵意を知ったエリザベスは、四月初めに王朝の名称は変更しないと声明を出さざるをえなくなった。フィリップは、それなら「エジンバラ朝」にしたらどうかと代替案を出したが虚《むな》しかった。フィリップはおそらく、自分が叔父のでっちあげの大言壮語の犠牲になったと思っていただろう。

エリザベスは、自分が優先するのは愛する夫なのか、それとも代々受け継がれてきた君主の役割なのか、と悩んだ。そして、自分がいちばんに忠誠を誓うべきなのは先祖であると決断した。自分の意向も嗜好も、先祖から受け継いだものによって決められる。君主の座を継いでわずか数週間で、祖父が遺《のこ》した王朝名を祖母の猛反対を押し切って変更するなど、エリザベスにはできるはずもないことだった。最終判断で彼女は王室を選んだ。のちに彼女は、この決断が自分のその後の方向性を決定し、受け入れはしたが「内心」受け入れられないものがあった、と語っている。

言うまでもなく、エリザベスの決断は広く支持された。ヴァレンティン・ヘイウッドは翌年出版した著書『貴族の称号と平民、その利用と誤用』で、「女王の声明は、彼女がウィンザー朝の最後

9
「歴史の花嫁が聖別され、祝福された」

の君主となり、王家の姓がマウントバッテンになるかどうかという議論をすばやく終わらせた。この論争を仕掛けた人たちは、ジョージ五世が一九一七年に出した、王室の名称と様式をどう扱うかについての声明の明解な精神を無視した」と書いた。この問題を懸念した同時代人は、エリザベスが「代々世襲で受け継いでいる君主としての義務感」に従って決断を下したと受け取った。

フィリップの不満はこれでますます高まった。スコットランド騎士団最高の勲位であるシッスル勲章を授与されたフィリップは、戴冠式委員会の長となって式を仕切る役目をになうことになった。九月一八日、エリザベスは「エジンバラ公爵殿下（フィリップ）が女王陛下につぐ地位、上席、優位な身分となるべきことをよろこんで宣言いたします」と発表した。その年に彼を士官候補生軍の名誉連隊長、海軍士官候補生師団の提督、イギリス海軍訓練軍団の代将、駆逐艦提督、陸軍元帥、イギリス空軍元帥、と次々に任命した。一九五三年一一月、庶民院へのメッセージでエリザベスは、一九三七年に改定された摂政法［訳注：君主が任務に関われない特定の状況にあったときに代わって対処する］のもと、マーガレットに代わってフィリップをチャールズの摂政とすることを求めた。

王母もマーガレットも喪失感に打ちのめされ、自分たちがなんの役割も果たしていないという空虚な心持ちだったが、フィリップはあふれんばかりのエネルギーのはけ口と持ち前のリーダーシップを発揮する場を希求してやまなかった。しかしどのような意向があったにせよ、エリザベスは結婚当初に言っていた、フィリップを「最優先する」状況に戻すことはできなかった。

五月末、医学ジャーナルのランセット誌がエリザベスの重労働に警告を発した。記事には皮肉なことにフィリップについての言及がなかった。「若い夫婦の家庭の母親と主婦でもある彼女は、臣下である国民の幸福を満たすことを第一に考える生活を送っている。医師として我々は協議のうえ、女王陛下の健康と活力を守らねばならないという特別な理由があると確信している」。だが、君主の仕事はエリザベスの天職だった。心身共に絶好調で、自分は「馬のように強靱《きょうじん》」だと言っていた。友人に、即位にともなって自分が変わったことに驚いていると打ち明けている。「私はもう不安や心配を感じることがありません。どうしてそうなったかはわからないけれど、君主として振る舞うのにためらうことも、たとえば首相と対面することも怖くなくなったのです」

作家のダフネ・デュ・モーリアが、結婚後まもないエリザベスに会ったときに見た「愛らしいが恥ずかしがり」の女の子ではもはやなかった。スタッフも彼女の変化に気づいていた。合理的で、秩序立てて几帳面に事にあたり、仕事は整然と運び、洞察力があることを示した。父の薫陶を受けた彼女は「注意深く、博識で真面目だった」とマーティン・チャータリスは言う。ヴィクトリア女王の孫にあたるマリー・ルイーズ王女は「目の前にあるどんな問題にも十分に通じていなくてはならないとするその完璧主義」も含めて、父のジョージ六世の性質を受け継いでいると言った。

エリザベスが閲覧する公文書のページが折られていたり、カップがおかれた跡がついていたりしたことは一度もない。個人秘書アシスタントのエドワード・フォードは彼女が「官僚にとって夢の上司」だという。デスクワークに文句を言ったことがないからだ。「重要な外遊やスピーチでなければ、彼女は夫に頼ることがなかった」とフォードは言ったが、実際、エリザベスが夫に頼ることはほとんどなくなっていた。

祖母メアリー皇太后の死

一一月、ロンドンの空が晴れ渡った日、エリザベスは初めて議会開会宣言を行なった。フィリップを伴い、バッキンガム宮殿から正装して議会に車で向かった。黄金のブロケード地のドレスに、父から相続したダイヤモンドの王冠をかぶり、議会の開会宣言中も王冠を下ろすことはなかった。王族用式服着替え室で、彼女は高祖母であるヴィクトリア女王の「長大なすそ」のあるローブをつけた。上院の真紅とゴールドの装飾を背景に、「伝統的儀式のすべてが収斂《しゅうれん》した姿」でそこに立った。ヴィクトリア朝のローブをまとったエリザベスは、受け継ぐものの重さを噛みしめた。

メディアは相変わらずロイヤルカップルを「おとぎ話の主人公」にたとえ、「女王は、ヴィクトリア女王が国家行事に臨んだときと同じ、ゴールドのレースのガウンと長いすそを引くローブをはおった」と、衣装にだけ注目した。貴族院の内部は静けさに包まれた。所信表明では、チャーチルが付け加えた箇所のところでだけ、エリザベスは一瞬口ごもった。「父は、私がたゆまず努力して追求すべきものの模範を示してくれました」という箇所だ。

バッキンガム宮殿の外では二万人が歓声を送った。女王夫妻にチャールズとアンが加わったところで、歓声はいっそう大きくなった。ニュース映画のコメントははっきりとしていた。「先ほど通り過ぎた壮麗な行列は、家族の愛情によってより輝きを増しました」。「輝き」という言葉は新しい女王と好んで結びつけられた言葉だ。その言葉は、彼女が自分の宿命と人間以上の存在となることを受け入れたことによって、彼女自身の美しさとまだ戦後を引きずる世相に明るい光を当てていることを示している。保守的な時代にあって、女性君主の役割を模範家庭のなかに位置づけることが必要だった。戴冠式前夜に、アマチュアの詩人がエリザベスのことを「良妻賢母にして女王」と称えた。そんな言葉が賛辞として通用したのは一九五〇年代末までだったが。愛情に包まれて輝いているとされる王室の模範家庭が崩壊していく速度は、現実社会よりも緩慢だった。そしてこの時代に強固に作り上げられた模範家庭像がしだいに崩壊していったことが、エリザベスの治世に最も深刻な打撃を与える出来事を引き起こす要因となる。

一九五三年三月二四日、メアリー皇太后が亡くなった。自身の死を予想していた皇太后は、王室の喪によってエリザベスの戴冠式の計画を妨げてはならないと指示していた。息子である前国王の死後、皇太后は新たな遺言を作った。エリザベスに見事な宝飾品類を遺贈するというものだ。エリザベスの洗礼式のときにつけていたパールとダイヤモンドのブローチやダイヤモンドがはめこまれたファベルジェのペーパーナイフなど、「私の嗜好品」と言って宝飾品好きを自認していた皇太后は、膨大な量をエリザベスに遺贈した。

メアリー皇太后は、ジョージ六世の死後数週間経ってケンジントン宮殿に立ち寄ると、ヴィクトリア女王の戴冠式のローブを検分して、孫の戴冠式の参考にしていた。エリザベスは祖母が亡くなる前に、フィリップとマーガレットと共に見舞いに訪れた。祖母が彼女に与えた影響は大きく、長く残った。皇太后の会計係だったサー・ジョン・コークは「彼女に逝かれてしまったら、いったい誰が王室の品位を守っていくのだろう。誰が女王を、ダグラス・フェアバンクス・ジュニア〔訳注：英王室から「サー」の称号を贈られた初の米国人俳優〕と一緒に食事をしたり、帽子をかぶらずにジープに乗ったりすることからお守りするのか」と書いた。

エリザベスがそんな目に遭《あ》わないことはすぐに証明された。メアリー皇太后からエリザベスへの最大の遺産は、幼少のころから諄々《じゅんじゅん》と王冠への敬意を説き、王室が唯一無二の存在であるとエリザベスに絶対の確信を植えつけたことである。エリザベスは祖母の愛情に報いた。「あの方のいない世界が想像できません」とシンプルに言った。祖母の遺体の一般公開を承諾し、君主の配偶者としては初めてとなる栄誉を授けた。

戴冠式に向けて

エリザベスの両親は、戦時に王室と国との一体感を強化した。子どものころからエリザベスは、映画やメディアで国民の愛情の対象となってきた。そして今、彼女が無条件に普遍的に愛される存在であるとデイリーエクスプレス紙は称えた。「英国の若者たちはガールフレンドのなかに女王を見て、ガールフレンドは女王に自分を見る。父親は娘に、子どもたちは母親に女王を見る」

チャーチルはウエストミンスター・ホールでのディナーで、王室は「変化の激しい我々の近代的生活をまとめる核となる存在で、ほかの誰をさておいても我々が死ぬまで忠誠を誓う存在だ」とし、エリザベスの治世は「国民の愛情と国家の意志に、広くしっかりと基づいて運営されていく」とスピーチした。

一九五三年夏、いまだに戦争勝利の代償を支払いつづけている国にとって、王室は誇りの基盤になるものだった。ヨークシャーポスト紙に掲載されたあるコックの言葉は、その思いを典型的に語っている。「あっちこっちの王室が消えていくこの時代に、俺らの王室は、たぶん長い歴史のいつの時代よりも安全に残っている」

戦争の英雄と結婚し、ふたりの幼い子どもがいる女王は、国民にとって理想的な家庭を営んでいるように思え、それが国民の陶酔を誘った。BBCのコメンテーター、リチャード・ディンブルディは日記に「(戴冠式のとき)ウエストミンスター寺院で、国をあげて同じ愛と誇りに満たされ、自分たちが女王のすぐそばに立っているという思いで胸がいっぱいだった」と書いた。

一九五〇年代初期において、愛と誇りが組み合わさったような感情は、男性の君主より、女性が君主であるほうが醸成されやすかった。戴冠式前の日曜日の礼拝で、即位の感謝を捧げる祈りには、彼女が「常に国民に心を寄せている」ことを望むという言葉があった。国に漂う空気のなかには何かそれ以上のものがあった。マーガレットが「不死鳥がよみがえる」と呼んだような、再生の感覚だ。戴冠式直後に、歴史家のC・V・ウエッジウッドは「この数日間で英国は、戦争前の一九四〇年の世界にあった、霊的で道徳的な要素を優位におくことを取り戻した」と書いた。

だがそれは幻想だ。「愛と誇りの感覚」でさえも、戴冠式の熱狂がさめると引いていった。戴冠式は確かに、経済不安や強国の座からの失墜という、好ましくない現実との葛藤を束の間忘れさせてくれた。だが二〇世紀後半の帝国主義は米国が主導し、英国の資本主義は麻痺状態だった。戴冠式には、英国の歯止めがかからない衰退などなんら反映されていなかった。戴冠式は一瞬だけ、世界中に散らばるエリザベスの臣民たちに、憂さ晴らしを提供したにすぎない。臣民たちのたかぶった感情の中心にあったのは、国家、王冠、帝国また英連邦という抽象的な概念ではなく、エリザベスその人だった。

戴冠式は国家的で愛国的な祝祭だ。一一月、エリザベスのローブの製作をまかされた仕立物業者のイード&レイヴェンスクロフトのスポークスマンは、「すべての素材は英国製になるだろう」と

9
「歴史の花嫁が聖別され、祝福された」

発表した。ワーシップ・カンパニー・オブ・ガーデナーズは、エリザベスが持つブーケはすべて英国で生育した花になると言った。ウエストミンスター寺院に敷かれるカーペットはグラスゴーで特別に織られ、信徒席のスツールと椅子はブラッドフォードの業者に注文された。エリザベスのロングドレスの最初の八着は、イングランド、スコットランド、アイルランドとウエールズの花の紋章を象徴的に使ったデザインがノーマン・ハートネルから提案された（エリザベスは発足したばかりの英連邦諸国のセイロン、パキスタン、南アフリカ、カナダ、オーストラリアとニュージーランドの紋章も入れるようにとハートネルのデッサンを送り返した）。ハートネルが使用した白いサテン地はラリングストーン城の養蚕場《ようさんじょう》でとれた絹糸を使って、英国の業者が織った。ベルベッドのローブには延べ三五〇〇時間以上かけて金糸で縫い取りがなされた。このような丹精こめた準備を見たエリザベスは、英国に愛国精神が復活していると思った。

　立憲君主制に反対の人たちは、一年をかけて大々的に祝賀を準備するなどやりすぎだと思った。作家のアイヴィ・コンプトン＝バーネットはのちに「丸一年かけて彼女に王冠をかぶせた感じがした。私はとっくに飽き飽きして、終わったときにはほっとした」と言っている。

　だがそんな見方は例外だ。大多数は新聞、雑誌やラジオで伝えられる戴冠式の準備に興奮をかき立てられ、期待は驚くほどに高まっていった。ラジオ・タイムズは九〇〇万部という記録的な部数で戴冠式記念号を売り切った。「これほどまでに興奮が高まったことはない」とジョック・コルヴィルは書いている。興奮は英国内や大英帝国圏と英連邦以外の国々にも広がり、『女王、戴冠する』という記録映画のナレーションをつとめたクリストファー・フライは「戴冠の日を国民も世界も待ち望んでいます」と言っている。コルヴィルはこれほどまでに称えられた王室はないのではないか、と興奮していた。

戴冠式前夜の説教で、ウエストサセックスのふたりの牧師は信徒たちに「世界で最も大切なレディに祈りを捧げましょう」と言った。作家のポール・ギャリコはアメリカの読者に向けての連載で「大英帝国の国民たちから、かつてなかったほどのほとばしるような愛情が女王に捧げられている。この戴冠式は歴史上最高の恋愛物語なのだ」と書いた。エリザベス自身の家族にさえもこの興奮は伝染した。メアリー皇太后のかつての侍従武官は、王母エリザベスの娘に対する態度は「熱愛と憧憬がこもっている」と言った。

戴冠式が迫ってきて、特別にしつらえられた寺院でのリハーサルがはじまると、群衆は出入りするエリザベスをひと目見ようと寺院前に集まった。エリザベスがフィリップと共に、小姓役として選ばれた四〇人の少年たちとリハーサルにあらわれたときには、警官たちが腕を組んで、集まった二〇〇〇人余りの群衆たちを食い止めたほどだ。

エリザベスは準備の多くを私的な空間で行なった。マイケル・パーカーの妻エイリーンは、バッキンガム宮殿の舞踏室に「ウエストミンスター寺院とほぼ同じ形状にテープを張り、王室のスタッフが主要な役割を演じて、女王自身も肩にシーツをピンでつけ、何回も繰り返し、疲れるリハーサルを行なった」ことを覚えている。エリザベスは父の戴冠式の録音を聴き、重い聖エドワード王冠をかぶる稽古をした。

カンタベリー大主教は戴冠式前の一連の説教で信徒たちに、王冠にそなわっている「ある種の霊的な力」を称え、エリザベスには神の召命があるという自身の考えを詳しく述べた。霊的な力とは、

「君主個人の性格、個人の信念、個人の模範によって、人々を導き、鼓舞し、一致させる力」を意味する。エリザベスはこれからより重荷を背負うことになるだろうが、戴冠式後に寺院を出てくるときには、「気高い召命によって、キリスト者として果たすべき義務に、生涯をかけて向き合う力を得るだろう」と大主教は信徒たちに述べた。

一方で、何百万人もの観光客たちが戴冠式見物に集まっていた。式の四八時間前から、季節はずれの寒さをしのぐためにビニールのレインコートや新聞紙にくるまり、行列ルート沿いで場所取りをして夜を明かして待ちかまえていた熱烈な王室ファンたちもいた。

戴冠式に臨むエリザベスの思いは、高揚と苛立ちを行き来していた。新しく発行される切手のことが気になったり、フィリップが新たに情熱を燃やしている飛行機の操縦が心配だったり、新しくしつらえるカーテンやカーペットの経費に気を揉んでいた。

荘厳な戴冠式

エリザベスの王室における人生で最も重要な日は、晴れの確率が高いことで選ばれたはずが、雨が降りしきる薄暗い冷え冷えとした天気となった。「濡れること以外、雨は気にならなかったが、問題は非常に寒かったことだ」とザ・マルに設置されたスタンドに朝七時に座ったヴァイオレット・ボナム・カーター男爵夫人は書いた。

一万三〇〇〇人の兵士たちの行列がはじまった。兵士たちは英国、植民地と英連邦の軍隊、スコットランド人、アイルランド人、パキスタン人の兵士たち、グルカ兵、自治領の警官隊、赤い制服をきた女王の司令官艇の乗船員たちだ。英国がかつて支配していた領土の族長たちが、エキゾチックな民族衣装をまとって借り物の馬車に乗って続いた。さまざまな民族とその衣装は、濡れそぼるロンドンの通りに、帝国主義の最後の残り香を漂わせた。

雨にも寒さにも群衆は負けなかった。雨に濡れながらも、群衆たちは歓声をあげつづけた。チャーチルに歓呼し、馬車の幌をおろすのを拒否したトンガの女王の巨大な姿に歓声を送った。行列の最後に、三世紀前のジョージ三世の戴冠式のときに作られた黄金の馬車があらわれた。日記作家のジェームズ・リーズ＝ミルンはテレビでこの様子を見物し、過去の戴冠式と比較してこう書いた。「まるでおとぎ話のようだった。シンデレラの馬車が一八世紀の制服を着た六人の馬丁に引かれ、馬車のなかには女王と三角帽をかぶったハンサムな公爵が乗っている」「彼女が通っていくと大歓声の波が湧き起こり、ザ・マルにあふれるその波が彼女を乗せて運んでいくようだった」。『女王、戴冠する』のナレーションは、「愛の激情が彼女を包んでいる」と伝えた。

日記作家、書簡作家やジャーナリストたちも、エリザベスの戴冠におけるビザンチン風のきらびやかさをこぞって記している。ウエストミンスター寺院参事会員たちはブルーとゴールドのコープ（マント形の法衣）をまとい、エリザベスから贈られたライオンと一角獣の英国王の紋章を一人ひとりがつけていた。あざやかな衣装をつけた宮廷道化師たちの中心には、ハートネルがデザインした衣装をつけた女王がいた。その衣装はハートネル自身の言葉を借りると「ゴールド、クリスタル、ダイヤモンドできらきらと輝き、大きくふくらんだスカートには、さまざまな抑えた色調の紋章が花綱状に飾られていた」。

儀式の最も神聖な場面に臨んだときのエリザベスは、白いシンプルなシフトドレスを着ていた。

9

「歴史の花嫁が聖別され、祝福された」

ゴールドの布の天蓋がかけられて一部が隠された儀式では、両手、額と胸が聖油で聖別された。王笏を授与されたときには、黄金のスーパーチュニカ（ローブ）にベルトをつけ、インペリアル・マントルと呼ばれるゴールドに輝くマントをつけて、列席者の貴族たちが「ゴッド・セーヴ・ザ・クイーン」と叫ぶなかで、聖エドワード王冠が授与された。貴族の娘たちから選ばれた六人の女官が、白いガウンに白い手袋をつけて女王にかしずいた。キリスト教聖職者の「サポーターたち」、ダーハムとバースとウエールズの大主教たちが女王を迎えて並んだ。付き添いの中心は女官長であるノーサンバーランド公爵未亡人で、目がくらむほどのダイヤモンドをつけ、自身も長いすそを引くローブを着ていた。

臨席者たちだけでなく、テレビやニュース映画で見た人たちの誰もが、新女王が終始一貫して冷静で落ち着いていたと感心した。聖職者の服を着て高位の聖職者たちの前に立つときも、ひざまずいて年長の男性たちから王のしるしとなる王笏や王冠を授けられるときも、落ち着いていた。メイド・オブ・オーナーのひとりだったエドナ・ヒーリーは「輝かしい王冠を、中腰になりながらかぶせられた姿は、まるで生贄のようだった」と書き、「歴史の花嫁が聖別され、祝福された」とも書いた。

父と同じくエリザベス自身も、戴冠式で聖別の儀式を経験したことで自分自身が「変身した」と感じた。謙虚に、真剣に、以後永遠に王座を守りつづけていく資質を授けられた、と受け止めた。エリザベスは二回結婚した。男性とだけでなく、国家とも結婚したのである。儀式の厳粛な雰囲気ばかりでなく、エリザベスが個人として深く心に刻んだことは、テレビを見ていた人たちには伝わらなかった。

寺院からバッキンガム宮殿に帰ってきて、中庭に入ったときのエリザベスの白黒写真がある。十字架付き宝珠と王笏を持ち、やっと終わったという安堵の笑顔を浮かべている。王室スタッフの子どもたちのパーティーから帰ってきたチャールズを、彼女は迎えにいった。四歳くらいの少女が、エリザベスはどんなふうだったかと聞かれて言った。「ママ、あの人きらきらしていた」

そのとおり、彼女はきらめいていた。エリザベスが聖別を受けているとき、戴冠用の椅子である「キング・エドワーズ・チェア」のそばに立って、王室の紋章官の役割を果たしていたデルモット・モラーは、「彼女から発せられる霊的な高揚感」が強く印象に残った。宮殿バルコニーでグロスター公爵夫人のすそ持ちをしていたレディ・キャロライン・ギルモアは「バルコニーから見ても、女王は本当に輝いておられました。取り巻いている若くてかわいらしい女官たちの姿がかすむほどの輝きでした」と振り返っている。その夜チャーチルは、エリザベス二世が「神意によって我々に遣わされた輝かしい人である」と語った。

10

「献身的な臣民が愛と情熱の光で輝かせた道を走り、長足の進歩をとげられた」

エリザベス 27歳〜28歳

マーガレットの恋愛騒動

戴冠後、初めてのクリスマス・メッセージで、エリザベスは「若者の最もすぐれた資質である、勇気ある冒険精神」を称えた。

現実主義のフィリップは、王配という自分の立場におぼえた最初のころの苛立ちを、すぐにエリザベスへの愛と切り離して考えるようになり、差し当たり夫婦の関係は落ち着いた。戴冠式の放送で、エリザベスはふたりのパートナーシップに対する感覚を、何百万人もの聴取者にこう伝えた。「私には支えてくれる夫がいます。夫とは、私の理想としている目標をすべて分かち合っています」

王母エリザベスは、「大変な努力でねじを巻き直して」公務に復帰し、一九五三年六月末に北／南ローデシアとニヤサランド（現マラウィ）からなる新しいアフリカ連邦の公式訪問に出発した。

マーガレットだけが、目標が見つからずに鬱々《うつうつ》としていた。心が重く沈んだまま、彼女は母にしたがってアフリカ南部への旅に出た。だが、王女として抑えこまねばならなかった若者らしい冒険心が、彼女のなかでしだいにふくらんでいった。第二次世界大戦の英雄で、戦後に王室勤めとなった男性が、外遊から彼女が帰ってくる前に、エリザベスの同意のもと、ブリュッセルの閑職《かんしょく》に追いやられてしまったのだ。

前国王が固執した「我々四人」という家族観は短期的には益をもたらしたが、長期的にはマーガレットという犠牲者を生んだ。四人のなかで最年少のマーガレットは、両親だけでなく姉からも溺愛されて子ども時代を送った。受けた教育はエリザベスよりも軽く、メアリー皇太后が姉にかけたような期待の重圧もなかった。エリザベスのように、人生の唯一の目標に向けて薫陶を受けながら価値観が形成されなかったことが、マーガレットの性格を決めた。

両親も魅力的な容姿だったが、マーガレットはふたりとはまた異なるたぐいまれな美貌で、それが彼女の魅力となり、一方で不幸を生んだ。彼女には人を魅惑する華やかさがあった。そして魅力以上のものを持つようには訓練されなかった。エリザベスと違って、彼女は気まぐれでわがままで、身近な家族の誰もその欠点を直そうとはしなかった。幼かったころ、皇太后の厳しい「教育目的のお楽しみ」を母があえてマーガレットには無理強いしなかったこともあって、長じてからはおいしいところだけをつまみぐいすることに熱心になった。のちに彼女を客としてもてなした人たちからは、「退屈だったりわずらわしかったりすると、彼女はルールを守ろうとしなかった」と言われた。

エリザベスが結婚すると、リサ・シェリダンがよく言っていた「ロイヤルシスターズの心地よい関係」は必然的に変わらざるをえず、一七歳のマーガレットはひとり宮殿に取り残された。一九五〇年一〇月にアメリカ外交官の妻に送った手紙でマーガレットは、ロイヤルファミリーであることの喜びを綴り、エリザベスが結婚しても家族で過ごす時間は貴重だと言っている。

そして王が亡くなった。エリザベスは戴冠式に向けて意気盛んだった。マーガレットは泣いた。

レディ・アン・コークに彼女は自分の気持ちを話した。「私は父を失くし、姉を失いました。姉はこれからとても忙しくなるでしょう。私たちの生活は変わります」

父の死で家族の関係は変わり、ひとり、身のおきどころをなくしたマーガレットは、肌になじんだ昔の生活に固執した。とりわけ執着したのが、以前父の侍従武官であり、ロイヤル・ハウスホールド（王室家事管理）副主任をしていたピーター・タウンゼント空軍大佐だ。タウンゼントは戦時中エース・パイロットで、マーガレットは一三歳のときに彼と出会った。

ピーター・タウンゼントも、厄介なことになりそうだとわかっていながら、マーガレットに魅せられてしまった。蚊帳《かや》の外におかれてみじめだったマーガレットは、彼の気持ちに応えた。一九五三年春、マーガレットはエリザベスに打ち明けた。タウンゼントはエリザベスの個人秘書であるトミー・ラッセルズに話したが、返ってきたのは、冷たい怒りをこめた声での「とんでもない！　最悪だ」という返事だ。

エリザベスとフィリップは、マーガレットが打ち明けた夜、彼女とタウンゼントをディナーに招待した。フィリップはふたりが付き合うことへの反対理由をあげた。タウンゼントが「我々四人」の最後の幸せな時期に一家に寄り添ってくれたことで彼に同情的だったエリザベスは、賛成と反対のどちらの立場も取れないようだった。ふたりを支持しないと言ったラッセルズも、女王同様に公には態度をはっきり示さなかった。

タウンゼントはマーガレットより一五歳年上で、離婚歴がある。だが、離婚問題が原因で伯父であった王が退位したことが暗い影を落とした王室で育ったマーガレットも、深い信仰心を持つタウンゼントも、ふたりが直面する困難の大きさをわかっていないようだった。話を聞いて仰天した王母はエリザベスと話し合い、「すべてにおいて自分は関係がないという態度をとる」ことにした。「見ざる聞かざるを決めこみ、要するに取りつく島もない様子で、この問題から距離をおいた」とマーガレットの友人のひとりは言う。

驚愕し、かつては一心同体だった姉妹のあいだの距離を感じたエリザベスは、マーガレットとタウンゼントに一年待ってくれと頼んだ。問題を避けようとしている母とのバランスを取った決断だった。王母が「国民がどう思うかに配慮する」ようエリザベスにうながした結果だったが、一年という猶予期間をもうければ答えが出るのではないかという虚しい期待にかけるしかなかった。エリザベスが同情的な姿勢を見せたことで、姉妹の距離がふたたび縮まったことくらいしかいいことはなかった。

妥協策を出したつもりでいても、この件に関しては、エリザベスはマーガレットの移り気な性格をあてにできなかった。マーガレットとタウンゼントのふたりは、秘密を打ち明けた人たちから、恋愛が成就するなどありえない理由を細かくあげられたことで、かえって燃えあがった。なんといっても、マーガレットは王位継承権第三位の地位にあり、エリザベスは離婚経験者の再婚に反対する教会の長である。

戴冠式後にウエストミンスター寺院を出てきたとき、マーガレットの気持ちはいっとき高揚した。「冠を抱いた人たち、貴族たちや庶民、英国だけでなく海外の新聞記者たちからなる大勢がバッキンガム宮殿の大広間に集まった」とタウンゼントは思い出す。「マーガレット王女は私のところにやってきた。彼女は華麗できらきらと輝き、魅力的だった。話しているときに彼女は私の軍服についた小さなほこりを払った。私たちは声をあげて笑い、それ以上のことは何も考えていなかった……」

だが、マーガレットが不注意にもあらわしたふたりの親密さを示すしぐさから、あっさりとふたりの秘密は周囲に見破られてしまい、すぐにそれからのことを考えないわけにはいかなくなった。一一日後、「噂」が初めて英国の新聞に出た。ピープル紙の「王位継承権第三位の地位にある王室の王女が、離婚裁判を経験した男性と結婚さえも考えているなど問題外ではないか」という記事だ。読者に、ありえないことが起こるかもしれないという懸念を抱かせるのに十分な内容だ。王室人気が高まっているなかで、そのニュースは大反響を引き起こした。翌月ノエル・カワードは日記に「スコットランドの北の果ての村からコーンウォールの西端の岬に至るまで、誰もがかしましくその話題に熱中した」と書いた。

初の世界周遊

一九五三年一一月、エリザベスとフィリップは英連邦をめぐる五カ月半の外遊に出発した。ふたりはカリブ海のバミューダまで飛行機で向かった。ジャマイカで王室ヨットのSSゴシック号に乗船し、パナマ運河を通航してフィジーとトンガを訪れ、ニュージーランド、タスマニア、オーストラリア、ココス諸島をめぐり、セイロン、アデン（南イエメンの首都）、ウガンダ、マルタ、ジブラルタルを訪れ、新しい王室ヨットのブリタニア号に乗り換えてロンドンに戻るという計画だった。エリザベスは世界周遊を果たす初めての英国君主であり、長期にわたる外遊によって、エリザベスは君主としての意識を強めるはずだ。

また世界に広がる旧植民地の国や地域が大英帝国から英連邦（コモンウェルス・オブ・ネイションズ）へと移行し、その象徴的な要《かなめ》となるというエリザベスの役割を明示する旅でもある。出発前夜にソールズベリー卿は貴族院で「王冠への忠誠というセメントでしっかりと固めねば、英連邦はすぐに各大陸でばらばらに分かれてしまうだろう」と述べた。さらに、「この王室ツアーは女王の海外における臣下の忠誠の絆を強めることになるだろう」と言い、「われらの若き女王の肩に計り知れないほどの重責がかかっていることを認めようではないか」、そして「女王の臣民たちの個人的な忠誠のうえに、自由世界の将来がかかっている」と締めくくった。庶民院では労働党のクレメント・アトリー党首が、エリザベスは英連邦の「統一のシンボル」だと言った。

戴冠式のときにフィッシャー大主教が宣言したように、エリザベスにはかなりの重圧がかかっていた。年長の男性たちは、彼女の治世がはじまることで、愛国心が復活し、信仰生活が再生し、英連邦の団結がいっそう堅固になり、それが冷戦の脅威に対抗する防波堤になることを熱烈に願っており、しかもそんな未来図が、英国中に広がっていた楽観的雰囲気をますます盛りあげていた。英国をもう一度大国に復活させるという途方もない野心のために、エリザベス個人が奇跡を起こす聖人のような存在に祭りあげられたわけだ。

「エリザベス主義」は、達成がおよそありえないような計画が、さも実現するかのような根拠にされた。内気で現実的なエリザベスがそんな計画に挑戦するという確証などどこにもない。ただ彼女自身も、英国政府や連邦に加盟する海外政府を団結させることに力を尽くしていたし、信仰は彼女にとって女王という役割を理解するうえでの核となるものだった。一年以上も前から、「勇気ある冒険精神」をもって、エリザベスは四万三〇〇〇マイル以上になる世界周遊を楽しみにしていた。彼女の両親が二回計画して二回ともかなわず、彼女自身も一度試みたものの父の死であきらめた計画だ。

一九五二年夏に、彼女はバルモラルで地図帳や海図を広げて旅に想いを馳せていた。外交ツアーのあいだのエリザベスの行動からは、本国内閣の思惑にひるんだり抵抗したりしたところはまったくうかがえない。クリスマス・メッセージの放送は、オークランドの総督府から行なわれ、「私の治世が新しいエリザベス朝時代を築くという期待」から距離をおこうとする内容で話をした。テューダー朝の一時代を築いた偉大なエリザベス一世は「夫にも子どもにも恵まれず、専制君主として支配し、生まれた土地を決して離れることができなかった」と強調した。ヘンリー・マーテンは、エリザベス一世が治めていた「世界」は限定的だったと指摘していた。だが、エリザベス二世として自分が相続した王位は、大陸をまたいだ統治になるとわかっていた。祖父母の教えから、または両親が外遊先から送ってきためずらしい動物たちがいる土地の絵葉書や、自治領の臣民たちが遠い君主に個人的な愛着を持っていることを教える手紙から、さらには一九三一年にイギリス議会が発表したウエストミンスター憲章についてのマーテンの説明から、そして一家で訪れた南アフリカ訪問で「偉大な帝国の家族」に奉仕することを誓ったときから、自身でカナダやケニアを訪れたときから、彼女は自分が何を相続したかを理解していた。

母は出発の日にエリザベスに送った手紙で「きっと耐え難い日々になるに違いないわね、かわいそうに」と書いてきた。母がヨーク公妃だった一九二七年に娘を残して外遊に出たように、エリザベスもチャールズとアンとしばらく離ればなれになる。五歳になるチャールズにとって、母のいないクリスマスは三回目だ。彼女とフィリップは、出発前の最後の準備のためにサンドリンガムに残り、チャールズは五歳の誕生日をウィンザーで祖母と共に祝ったが、いよいよしばらくのお別れとなったとき、エリザベスは身を引き裂かれる思いを味わった。

エリザベスは一一月二二日の夜、六カ月近く会えなくなる子どもたちをベッドに寝かしつけたあと、涙があふれでて止まらなかった。エリザベスは、自分の任務では子どもと離れる期間があるということを、理性でしっかり予想して覚悟はしていた。自分の母が「耐え難い」と手紙に書いてきたその気持ちは、エリザベスのなかにもあった。

両親が外遊中、チャールズとアンはマーカス・アダムズのスタジオで二回写真を撮影された。メジャーをふたりの横に並べて、どれだけ大きくなったかを示す写真もあり、エリザベスとフィリップに送られた。ときどき両親と子どもたちは「無線電話」で話をした。エリザベスは母とも話した。王母がエリザベスと話そうとするたびに、チャールズとアンが「レシーバーを引ったくろうと身がまえている」と話して、ふたりがどれほど両親を恋しがっているかを伝えた。

エリザベスは声に出して母に読んでもらうための「家族用」の手紙を書いた。二〇年前に休暇中にクローフィーに宛てて手紙を書いて以来、旅先から手紙を書くのは彼女の日課になっていた。王母は手紙を「いとしい〝日記〟手紙」と呼んでいた。王母は好奇心いっぱいの五歳児と、たくましくて声の大きい妹の楽しいエピソードを書き送った。祖母やマーガレットやグロスター家の人たちと一緒にサンドリンガムで暮らしていた子どもたちは、エリザベスのクリスマス・メッセージの放送を一緒に聞いた。だが、長期にわたる世界周遊ツアーは親子共に忍耐力が試され、双方ともそう簡単には適応できなかった。

デイリーテレグラフ紙は、両親が子どもと離れることは「リアルな喪失体験」だと説明した。エリザベスが母親として子どもを恋しがっていることへの思いやりは、ツアーの期間中に挨拶やスピーチのはしばしにうかがわれた。ニュージーランド北島のファンガヌイでは、エドワード・ミルウォード市長が「お子様たちから長期にわたって離れていらっしゃることであなたが払っていらっしゃる多大な犠牲のおかげで、今回あなたをここにお迎えできました」と言った。エリザベスはメルボルンでの六〇〇人が集まった昼餐会で、自分とフィリップが「また子どもたちに会う日を心待ちにしている」と述べた。

翌日、彼女は母に、予定よりも三週間早く子どもたちに会えることに興奮している、と伝えた。親子はリビアのトゥブルクで会うことになったのだ。「女王はすばらしいアイデアだと目を輝かせた」と友人は書いた。

外交ツアーはハードだったが、苦労に報いる成果はあげられた。SSゴシック号に乗船してから、エリザベスは一〇二回スピーチをこなし、数えていた人によれば一万三二一三回握手をし、夫婦はマルタ島で味わったリラックスした親密さをふたたび取り戻した。だが、戴冠式のとき世界中のメディアを巻きこんだ報道で大衆の関心が大いに盛りあがった王室ブームは、その後二度と訪れなかった。

当時テレビを持っている家庭は限られていたから、生身のエリザベスの姿を見せることは王室への関心を維持するためには必須だった。オーストラリアとニュージーランドで集まった人たちは膨大な数にのぼった。エリザベスがシドニーを約一五キロにわたって車で走った沿道には、一〇〇万人が詰めかけ、半分は徹夜で待ちかまえていた。メルボルンでも一〇〇万人がロイヤルカップルの到着に喝采を送った。いたるところ、にぎやかで親愛の情がこもった歓迎で迎えられ、大英帝国は衰退したものの、君主がみずからの姿をあらわすことで、見物した人たちのなかに王室への濃密な忠誠の感情がかき立てられることが証明された。ニュージーランドのある高官は、エリザベスの記念すべきオーストラリア訪問にふれて「献身的な臣民が愛と情熱の光で輝かせた道を走り、長足の進歩をとげられた」と書いた。

戴冠式のときに大衆の熱狂は経験していたはずのエリザベスとフィリップでさえ、驚くほどの歓迎だった。「捧げられる賛辞の大きさは信じられないほどだった」とフィリップはのちに言った。ある写真家は、エリザベスがニュージーランドに到着したときの様子を「まるでキリストが再臨したかのようだった」と言っている。

しかしそんな熱狂ぶりに、エリザベスが酔いしれることはなかった。フィリップは『いちいち反応して迎合することはおそらくとても簡単だったろうが、私は意識してそうすまいと決意していた」と言ったが、エリザベスは意識する必要さえなかった。大衆から貪欲で無批判の関心を寄せられることは、誕生時から彼女に宿命づけられてきた。メアリー皇太后からは、大衆に迎合することは不作法だと厳しく教えられ、公の場では控えめに振る舞うよう訓練されていた。

エリザベスは大衆に対して謙虚な姿勢で臨んだ。女王をひと目見ようと長距離をやってきた人たちや長いあいだ待ちつづけた人たちに配慮して、車や列車はできるだけゆっくりと運行するよう彼女から要請した。シドニーでは群衆に取り巻かれるなか、エンジンがオーバーヒートすることだけを気遣いながら、運転手に時速二〇キロ以下で走行させた。自分自身の姿を見せることは、たとえ高い気温や笑顔を絶やさない緊張があるとしても、エリザベスにとって自分の存在理由を理解している行為だった。「もし私が姿を見せなかったら、わざわざ来る意味がないでしょ？」と彼女は繰り返した。

ウェリントンのニュージーランド議会でのスピーチで、彼女はおなじみになった奉仕の精神を父の遺志に結びつけて語った。「私がたえず祈っているのは、父が模範を見せてくれたように、奉仕の理想を実践していけるようにということです」。また大衆の熱狂的な称賛は、個人ではなく王室に向けられていることを、スピーチは静かに思い出させた。君主は大衆の感情を動かすものだ、と王母は三月にエリザベスに指摘していた。「どれだけ感動的であろうがつまらなかろうが、国への愛を表現できる手段となるのです」

エリザベスは海外ツアーにおいて、身体的、感情的に何が要求されるかについて重要な教訓を学んだ。六カ月近くにわたって彼女はたえず人目にさらされ、自分と会ったのを生涯覚えているに違いない人たちの期待に応えることが要求された。ブリスベンで子どもたちの集まりに出たとき、四歳の子どもが警備網をくぐりぬけてエリザベスの膝に飛び乗った事件があった。このときエリザベスは驚きながらも、ボディガードがやってくるまで少女とおしゃべりをした。

だが、市長や町長たちからのいつ終わるともしれない長い挨拶を聞かされ、どこでもかわり映えのしない歓迎式典で形式的な会話を交わすことは、彼女にとって楽ではなかった。エリザベスは一度だけこぼしたことがある。「なぜみんなこんなに退屈で、退屈で、退屈でたまらないの？」と泣きながらフィリップに訴えた。

南アフリカで起こったような、帝国植民地主義時代における原住民排斥の不愉快な痕跡がちらほら見えることもあった。オーストラリアとニュージーランドで、エリザベスがリクエストを出していたアボリジニとマオリのコミュニティを訪れる機会を、ツアーの責任者は作ろうとはしなかった。新世界が生まれている兆候も見られ、地元民の感情が無視できなくなっていることが示された。たとえば女王がセイロンを訪問中、仏教僧シーラワンサと仲間の僧たちが「キャンディにある寺院の外に立って、仏教徒にとって聖遺物である仏牙に敬意をあらわさなければ八角聖塔に立ち入ってほしくない」という意志を見せた（エリザベスは僧たちのボイコットにわずらわされることなく、仏教の聖地であるキャンディにある佛歯寺《ぶっしじ》〔ダラダー・マーリガーワ寺院〕を訪れたが、寺院に入ったら言われたとおりに靴を脱いだ）。

治世を通して、エリザベスは招待者の歓心を買うような服装を心がけてきた。世界周遊に持参した八トンもの荷物には、ハートネルがデザインした黄金色のチュールにオーストラリアの国花ゴールデン・ワトル（ミモザ）を刺繍したイヴニングドレスがあった。エリザベスはオーストラリア滞在の初日と最終日の夕べにそのドレスを着た。彼女のお気に入りの一着であり、オーストラリアの人たちも気に入ったし、その年の冬にバッキンガム宮殿でオーストラリア人画家のウィリアム・ダーギーが描く肖像画のモデルをつとめたときもそれを着た。その「ワトル・ポートレイト」は治世で最も評判となった肖像画のひとつで、オーストラリアのアイコンとなっている。

10
「献身的な臣民が愛と情熱の光で輝かせた道を走り、長足の進歩をとげられた」

凱旋帰国

ニューヨーカー誌ロンドン特派員のモリー・パンター・ダウンズは、情報にうとい部外者の意見として、エリザベスが帰国したときの熱狂は「六カ月ではなく六年も留守にして、不在中に外国勢力に支配されていた母国に帰還したかのようだ」と書いた。パテのニュース映画「女王帰還する」では、テームズ川の岸にぎっしりと群衆が詰めかけ、濁った川面にまるでヴェニス運河のように小舟が何槽も浮かぶなか、王室一家が乗船した王室ヨットのブリタニア号が初めて英国内に姿をあらわすのを見守る人々を映している。

エリザベスたちがリビアの最初にして最後の国王イドリース一世に謁見したあと、両親と子どもたちはリビアで再会を果たした。一家はそろってマルタとジブラルタルを訪れた。「子どもたちはたまらなくかわいらしく、ふたりにまた会えて本当にうれしい」とエリザベスは母への手紙に書いた。ふたりが自分を忘れてしまったのではないかと内心恐れていたエリザベスは、再会にほっとした。

ワイト島からは、チャーチルが王室一家に同行した。テームズ川は「英国の歴史を織りなす銀色の糸」のようだと彼は言った。テームズが「汚れた商業河川」としか思えないエリザベスはそれに対し、「私はあまりにも世俗的な見方をしていたんですね」と片付けた。きわめて現実的で空想にふけるタイプではないエリザベスは、年長の首相のように世界を「ロマンチックで輝いている」と見ることはなかった。彼女自身の「世俗的な」部分は、ものの見方を限定的にはしたが、過度な称賛やおだてから自分を守る意味で役に立った。

帰国後に歓迎の幟《のぼり》や旗で飾られたロンドンの通りを、六頭のウィンザーグレイ（王室の馬車を引く灰色の馬）にひかれたランドー型馬車に乗ってパレードし、最後に宮殿のバルコニーから手を振ったエリザベスは、リラックスして幸せそうだった。世界周遊の旅の際立った成功の前に、批判は無意味だった。英国から遠いところにいる臣民たちに、王室に対して感情的な忠誠を持たせ、王室とはいかなるものかを具体的に理解してもらうことに成功したからだ。豪奢なイヴニングドレス、きらびやかな宝石類、ガーター勲章、チャールズがのちに表現した「正装して女王化した」姿を直接見せてまわったことによる成功だ。

大多数はエリザベスの周遊外交を大成功と評価した。英国内では大々的に報道されて、地球の隅々まで英国の影響力はまだ及んでいることを思い出させた。「一九四七年、二一歳の誕生日にケープタウンから全世界に向けてのラジオ放送で、治世が続くかぎり無私の姿勢で任務を果たすと宣言したが、そのとおり誠意をもって、英連邦の長としての任務を果たしていることを、世界中の数百万人におよぶ彼女の臣民は（ツアーによって）知った」と社交界雑誌のザ・クイーンは書いた。手放しで王室を礼賛する雑誌はとかく冷笑されがちだが、この見方に対しての批判はなかった。エリザベスにとって一七三日間の世界周遊は「人々の心のなかに君主制が生きていることが、視覚的聴覚的に証明された」意味で成功だった。

チャーチルの辞任

一九五四年五月の寒い朝、ブリタニア号がタワーブリッジをくぐり、垂れ幕がはためくはしけに

10
「献身的な臣民が愛と情熱の光で輝かせた道を走り、長足の進歩をとげられた」

接岸して、王室の叔母たちが彼女を出迎えたとき、エリザベスを悩ます出来事が待ち受けていた。マーガレットの恋愛をめぐるジレンマと、年老いて病んでいるチャーチルの将来をどうするかという問題だ。エリザベスはそのどちらの問題にも、積極的に解決にあたろうとはしなかった。チャーチルは一九五五年四月に首相を辞任した。一〇月末にマーガレットはピーター・タウンゼントのことをあきらめた。どちらの決断も遅きに失した。双方の問題に、エリザベスは決然と振る舞うべきだったし、もっと早くに幕引きをすべきだったのだが。

チャーチルは一九五三年六月、戴冠式の三週間後に心臓発作を起こした。エリザベスの個人秘書をつとめていたジョック・コルヴィルが、そのときはチャーチルの秘書になっており、発作のことをこっそりと宮殿に伝えた。もし大方の予想どおりにチャーチルが亡くなっていたら、エリザベスは君主に与えられた特権として、政権を継続させるために彼の後任をすみやかに選んでいたことだろう。

ところが予想に反して、チャーチルは回復した。エリザベスはチャーチル家を招待し、四五回目の彼らの結婚記念日をドンカスターの競馬場で共に祝った。その後バルモラルへも招待した。チャーチルが政権を切り盛りできると見込んでの招待ではなかったが、周囲にはそう受け取られた。チャーチルの内閣と医師たちと同じように、エリザベスは個人的には望んではいなかったものの、チャーチルが辞職すると予想していた。ところが彼が辞職する気配はなかった。

一一月にエリザベスが世界周遊に出発したときには、チャーチルは彼女が帰国するまで権力移譲は延期するとした。ところが、彼女が戻っても辞任しなかった。一九五五年初頭、内閣からはっきりと反旗がひるがえされ、退《ひ》かざるをえなくなった。チャーチルは心を決めたものの、まだ後ろ髪を引かれながら四月五日に辞任した。「私には番が回ってきた――いい仕事ができた。ほかのものたちを永遠に待たせるわけにはいかない」とチャーチルはなかば心を決めてヴァイオレット・ボナム・カーターに言った。エリザベスは心から「個人的に大変に残念です」と伝えた。マイケル・エイディーンは彼女にかわって「女王は週に一回の貴殿の謁見が大変ためになり、たしかに政治問題ではありましたが、とても楽しかったので、貴殿にお会いできる機会がなくなることを残念に思っておいでです」と書いた。辞任は受け入れられ、チャーチルは後任を推薦することを断った。エリザベスに属すると憲法が定めた、新しいリーダーを指名する特権を尊重してのことである。

エリザベスは保守党内の想定にそって、外相のアンソニー・イーデンを「選んだ」。イーデン自身もチャーチルもその心づもりだった（イーデンは党の「皇太子」を自認するほど王室びいきで、チャーチルは彼に「エリザベス王女」とあだなをつけていた）。エリザベスにとって、首相を指名することは、周囲の予想に沿って承諾する案件のひとつだ。この件に関しては、王室として断定はせず、予測可能性は示しても干渉はしない主義を通し、いかなる意見の表明もしなかった。

そのかわりに、より近いところにいる人たちから、合法的な憶測が出された。当時の廷臣のひとりは、彼女は「なさねばならないことについて、ほとんど疑問を持たずに受け入れる人だ」と言っている。君主の権限を制限してスムーズに政治を機能させるという立憲君主制にとって、それは理想的な姿勢ではあるが、いざ危機的状況に直面すると優柔不断になりかねない。

首相としての最後の夜、チャーチルはコルヴィルに言わせると「熱愛している」君主との惜別《せきべつ》のディナーを主催した。「英国王室は、女王陛下が治世の輝かしいはじまりの日々になされた献身ほど、神々しい任務を果たされたことはなかった」とチャーチルはエリザベスに言った。最初からエリザベスは、「神々しい任務」にはた目にもはっきりわかるほど献身的に取り組んでいた。側近たちも、それ以上の献身的な仕事ぶりは望めないほどだ。その後七〇年にわたって彼女は同じような姿勢で任務を果たしていくことになる。

マーガレットの恋の決着

伯父の退位の記憶があったから、エリザベスは妹とピーター・タウンゼントとの関係の解決への対処が遅れたのだろうか？　トミー・ラッセルズを筆頭にふたりの結婚に反対していた側近たちは、関係が注意深く隠蔽《いんぺい》されていたとしても、いずれ恐ろしい結果を招く、という予感が消えなかった。ラッセルズは「英連邦政府から敵意が示されるかもしれない」とエリザベスとマーガレットに手紙を送った。マーガレットが反対する者の警告に真剣に耳を傾けないのも無理はなかった。それまでの人生で、彼女は不愉快なことをすべて、自分の魅力によってないものにしてきた。メアリー皇太后は彼女を「いたずらっ子」とか「おふざけ」などと呼んでいた。自分の意見が通らないこともあるということを学ぶには、二三歳は遅すぎた。それに、タウンゼントを海外任務につかせてふたりを物理的に引き離せば、マーガレットの愛着や恋愛妄想も消えるのではないかとエリザベスが考えていたとしたら、それは甘かった。

マーガレットが一九五五年八月に二五回目の誕生日を迎えることに注目が集まった。一七七二年に制定された王族婚姻法では、二五歳になればエリザベスの許可なくマーガレットは結婚できる。その日が近づくにつれて、王母は強情な娘とその問題を何とかして話し合おうとした。「たったひとりの生きている親として、私は重大な責任を感じています」と王母は書いた。マーガレットは「この問題を話し合うたびに感情を爆発させた」ことを謝った。

エリザベスは首相のアンソニー・イーデンに、タウンゼントが一〇月にブリュッセルから戻ってきたら、王室一家が「魂の洗濯」をする場所とみなしているバルモラルにしばらく滞在して結論を出す、と伝えた。バルモラルには三〇〇人ものジャーナリストが詰めかけ、やけに感傷的で、ときには信心ぶった態度で、動向を見守っていた。

イーデンと妻のクラリッサ（皮肉なことに、タウンゼントのように離婚したイーデンの二番目の妻だった）は、一〇月にバルモラルまで出かけた。エリザベスとフィリップはマーガレットと話し合った。三人の話し合いでマーガレットは「大きな失望」を味わい、最終決断に影響があるだろうということを、エリザベスとフィリップは首相に伝えた。エリザベスの失望は妹と同じくらい深かった。彼女は妹のことを一生懸命にかばい、「誰もマーガレットが決めることに口をはさむべきではないし、自分のことは自分で決めさせるべきだ」という姿勢をそれまで貫いてきた。支配者層がふたりの結婚に一致して反対だったことで、マーガレットは個人の願望をかなえることと王女としての任務に従うことのどちらを選ぶかを、自分で決めるだろうというエリザベスの確信は強まった。成長過程での姉妹の親密さに基づいた確信であり、ふたりとも両親を見て同じ教訓を学んできたはずだからだ。

マーガレットはピーター・タウンゼントと一〇月二四日にクラレンス・ハウスで再会したとき、前日にウィンザーでエリザベスとフィリップと交わした会話にまだ動揺していた。関わる者全員が、内閣はふたりの結婚を支持しないだろうとわかっていた。結婚を選択するならマーガレットに許される唯一の道は、王族の身分を捨てるしかない。それは王位継承権第三位の身分で受け取る王室費をあきらめることだ。ふたりが苦悩しながら出した結論は一致していた。一緒に声明を作成し、マーガレットが一〇月三一日にメディアに発表した。執筆から発表まで時間を費やすうちに、出した結論は正しいとふたりは確信した。マーガレットは同情的なフランス語教師のトニ・ド・ベレーグに、これは神の定めた運命なのだと伝えた。公式声明では、自分の決断は「教会の教えを心に留め、キリスト者の結婚は分かつことができないもので、英連邦での私のつとめを十分に理解した」から出したものだとした。

エリザベスは、この結果にただ安堵しかなかった。王族としてのつとめを最優先するという意志を表明したことで、マーガレットは個人的に、エリザベスの存在の基盤となっている信仰の価値を認めたことになる。マーガレットの決断は広く大衆にも支持された。危機が高まってきたとき、影響力のあるタイムズ紙は、エリザベスは「国民が、自分たちのよりよい自我と見る普遍的な模範」なのだと書いた。つまりエリザベスの家族は、一般大衆が理想とすべき家庭だ、という主張である。デイリーミラー紙は「汚れた世界と忘れられた時代」からの「見事な最後通牒《つうちょう》」だったと書いた。

だがマーガレットが演じたのは、広く宣伝された、王室の姉妹たちの幸せな子ども時代の、残影に囚《とら》われた人質という役柄だったにすぎない。エリザベスは国民の「よりよい自我」に影響を与えつづけることができた。だがマーガレットは、王座に近い身分であることの高い代償を払った。一九六〇年に結婚するまで、マーガレットは「傷心を抱えたまま旅をし、あちこちにぶつかって」五年を過ごした。エリザベスはいつも家族のために尽くしていたわけではなかっただろうが、「妹の私が彼女のためにどれだけ大きな犠牲を払ったかを、姉は忘れたことはない」とマーガレットは無遠慮な口調で、鼻を鳴らして言ったことがある。彼女の敵のトミー・ラッセルズは、マーガレットがこの件で「自己中心的で頑固で気性が荒くなった」と決めつけた。

衰退してゆく英連邦

マーガレットが破局を宣言してから一週間後、エリザベスは黒いアストラカンの襟がついたエメラルドグリーンのコートを着てバーミンガムにいた。街は祝祭に沸いていた。沿道に「旗や垂れ幕や花綱飾りが華やかに飾りつけられた通り」をロイヤル・プロセッション（王室の行列）は進んだ。特別な飾りとして、街灯のてっぺんにガリオン船とジェット機の模型が飾られた。「エリザベス一世と二世それぞれの時代を象徴する乗り物」である。翌一九五六年四月にブリストルを訪れたエリザベスは、新しく建設された市庁舎の落成式に参列し、地元の行政府の企画で、四世紀前にエリザベス一世が訪問した貯水池を訪れた。イラストレイテッド・ロンドンニュース紙は「同名の女王の例にならい、女王陛下は船でブリストルの中心に到着なさった。王室一行はナロウ栈橋《さんばし》に降り立ったが、そこはエリザベス一世が一五七四年に同市を訪れたときに降りた場所だった」と書いた。

エリザベス二世はまだ、イングランドの黄金時代を築いた一世ほどの業績はあげていなかった。英連邦への遠征は、戴冠式の朝に伝えられた、イギリスの登山隊による世界最高峰エベレスト初登頂に匹敵する業績だと報じられ、エリザベス自身は本国と世界中の人々の心をとらえた。チャーチルの最後の首相時代に、大英帝国のかつての栄光が表面的に語られたことはあったが、実際には世界における英国の国力は語られる栄光からはほど遠く、国内経済は相変わらず崩壊寸前まで衰退していた。

だが一一月の小雨模様のバーミンガムや、春のあたたかな日差しが降り注ぐブリストルでは、新しいエリザベスの治世下で英国はきっと発展する、と人々は幻惑された。

エリザベスは英連邦に加盟するナイジェリアを訪問することになり、新しく個人秘書となったマーティン・チャータリスは「ナイジェリアのために我々が望んだだけだ」と公式訪問の理由を説明した。セシル・ビートンが訪問に向けた肖像写真を撮影し、それは年配のころのヴィクトリア女王のイメージを彷彿とさせた。

だがヴィクトリア女王の治世から世界は変わった。ナイジェリアのオジリバー・ハンセン病療養地で、エリザベスはヴィクトリア女王が統治していた時代のような歓迎を受けた。「われらの母がいらした」と出迎えた完治したハンセン病患者と、彼女は握手をした。「ここであなたにお会いできて、どれほど私たちが喜びと幸福を味わっているか言葉にできないほどです」と患者のひとりジョン・アグーは言った。エリザベスが握手をしたことは、感染する恐ろしい病気だという見方を変えるのに貢献する進歩的で現代的な行動だったし、彼女とフィリップはそれぞれハンセン病の子どもをひとりずつ養子にして経済的に支援した。

一世紀前と同じく、エリザベスが患者に触れたことで病気が治った様子はなかった。また献身的で個人的には優雅な魅力はあったが、女王は名目だけでの地位あり、英国の富が本国でも海外でも減じていくのを彼女が食い止められるわけではなかった。デイリーメール紙は戴冠式のときに「われらを導く星となるエリザベスと共に、英国とその姉妹国が未来には過去よりもよく、それ以上に最高になるという期待が高まる」と書いたが、エリザベスは国を導くのではなく、国に仕えるようにと訓練されてきた。

エリザベスは西アフリカから帰国後、すぐにコルシカ島に飛んだ。地中海での飛行訓練に夢中のフィリップと落ち合い、すばらしい好天のもと一週間にわたってブリタニア号でクルーズを楽しんだ。

地中海クルーズの休暇にチャールズとアンは連れていかなかった。子どもたちのかわりにエリザベスのいとこである（フィリップのはとこでもある）、一九歳のケント公爵ジョージの娘アレクサンドラ王女が同行し、彼女は王室のなかでエリザベスが最も親しい友人となった。一九五〇年代後半、証拠はないものの、王女がフィリップの人生にとっても大切な人だという噂がささやかれていたこともあった。

11

「いまだに一九世紀の大繁栄時代を引きずっているのか？」

エリザベス 29歳〜34歳

あちこちに潜む不和

タトラー誌の「ジェニファー」と名乗るライターが、一九五六年一一月に議会開会宣言を行なったエリザベスの様子をこう書いた。「ひとり思い悩んでいるような大変に厳粛な面持ちでいらっしゃるのは、世界で起きている危機のせいであることは間違いない」

エリザベスがその秋から冬にかけて思い悩んでいたことは確かだ。また彼女が孤独感をおぼえていたことの根拠もある。一〇月一五日、フィリップが四カ月の英連邦歴訪の旅に出たからだ。信頼して秘密を打ち明けられるアドバイザーとして、エリザベスが夫を必要としていなかったときはない。出発の翌日、スコットランドのローザーヒルズ山脈に建造された新しいダムの完成式典に臨席したエリザベスは、フィリップの世界周遊の旅が「無事でありますように」という祈りをスピーチに添えた。議会開会宣言にはマーガレットが随行した。前年に妹の結婚問題で姉妹の不和がささやかれていたが、そんな噂を払拭《ふっしょく》するようなふたりの姿に、多くの見物人たちは涙ぐんだ。

一九五五年から五七年まで首相をつとめたアンソニー・イーデンは、多くの決断を下す前にエリザベスにくわしく報告してきたが、ある一件の事件によって、英国は大々的な国際的非難にさらされることになった。

一九五六年七月に起こったスエズ動乱は、英国に屈辱的な結果をもたらし、大英帝国の栄華の幕が引かれた。エリザベスの治世によって、エリザベス一世時代の黄金期をふたたび迎えるだろうという根拠のない楽観的予想に冷や水を浴びせた戦争だった。外務省の内情に通じ、諜報機関の電報にも目を通していたエリザベスは、英国がフランスと協力してスエズ運河の国際管理を復活させるための軍事行動に出れば、英連邦地域から強い反対があることも、ソビエトの敵意が脅威となるまで高まることも、多くの人たちよりよくわかっていた。情報に通じていたエリザベスは、家族のなかでひとり不安を抱えるはめとなった。

ブリタニア号でフィリップが長期間にわたる周遊ツアーに出ることに同意したのは、夫が「自分が個人的に英連邦の理想に貢献する」とその目的を正当化したからだ。結婚式で夫への服従を誓ったことで、結婚生活における夫婦間の力学が初期設定されてしまっていた。何か疑問があったときに打ち明ける相手はフィリップだったが、だからといってエリザベスは何もかも夫に相談するわけにはいかない。フィリップの出発を、チャールズとアンと共に空港で見送ったエリザベスの思い悩む表情に、周囲は気づいた。無理にでも笑顔を浮かべようとする努力をしないことが、結婚生活がうまくいっていない証拠と解釈された。

11
「いまだに一九世紀の大繁栄時代を引きずっているのか？」

フィリップは一一月にメルボルンでオリンピック大会の開会式に臨席し、ニュージーランドを訪れ、太平洋に浮かぶノーフォーク島から南極大陸の英国観測基地を訪問した。クリスマス・メッセージでエリザベスは、フィリップがツアーで「太平洋の島々や南極など、簡単には訪問できない地域の人々と私たちを、友好と信頼の絆で結んだ」と評価した。ほかにもフォークランド諸島やアセンション島など南米の島々を訪れ、ガンビアとカナリア諸島からジブラルタルを回った。

二月にリスボンで再会する前に、エリザベスは広報官のジョック・コルヴィルを通して、自分の結婚生活についてのそっけない声明を発表させた。「女王と公爵のあいだの不和は真実ではありません」

フィリップがひとりで冒険旅行に出かけた理由についてさまざまな憶測がささやかれ、訪問先での行状についても扇情的な噂が流れた。そして、フィリップに同行しているマイケル・パーカーの妻エイリーンが離婚に踏み切ったという衝撃的なニュースがメディアに流れた。フィリップの片腕とも言われるパーカーの離婚は、すぐにロイヤルカップルの不和に結びつけられた。パーカーはフィリップがおかれる立場を考えて辞任を申し出たが、フィリップは引き留めた。だが、パーカーは結局辞任した。一九八二年、エイリーン・パーカーは「元夫の辞任はほかの何か、もしくは誰かがやったことを隠すためだったのではないかと思いました」と主張した。海外の新聞は、パーカーの辞任は、フィリップを堕落的行為に引きずりこんだことから自分を守るために、やむをえなかったと報じた。

家庭内の不和が真実か噂にすぎなかったかはさておき、エリザベスはスエズ動乱の勃発に激しく動揺した。一九五六年夏、新しくエジプト共和国大統領に就任したガマール・アブドゥル＝ナセルは、英国とフランスなどヨーロッパの株主が所有するスエズ運河会社の国際管理に怒り、エジプト政府が国有化すると決めた。英国の船舶通航と石油輸送に与える影響の大きさを懸念した英国のイーデン内閣は、近視眼的で不法な対抗措置を取ることにした。

英国、フランスとイスラエルは秘密裡に共同戦線を企《たくら》んだ。イスラエルのエジプトへの軍事攻撃と、続く英国軍とフランス軍によるスエズ運河地域の軍事侵略は、国際社会の警備のためという名目のもとに行なわれた。イーデンは英国の同盟国、特にアメリカと英連邦の首脳たちに前もって相談も情報提供も行なわなかった。英国軍がエジプト空港を爆撃した軍事行動には、ソビエト連邦と湾岸アラブ諸国からはもちろん、同盟関係にある地域からもたちまち非難が湧きおこった。

イーデンはのちに、エリザベスは積極的に自分たちの計画に賛成することはなかったが、軍事行動のあらましについては十分に承知していたと主張している。英国、フランスとイスラエルの政府間で軍事侵攻計画は秘密裡に運ばれた。欺瞞《ぎまん》に満ちたセーブル議定書〔訳注：スエズ運河を国有化したナセル政権を軍事行動によって打倒するという内容〕については、不正な内容であることから女王を守るために伏せておいたという。だがエリザベスが、イーデン内閣の閣僚たちの一部より、軍事行動に踏み切った意図について、首相からくわしく聞いていたことは間違いない。

ナセルが七月に運河を国有化したときの英国側の反応はさまざまだったが、イーデンが三カ月後にとった軍事行動に対する反応ははっきりしていた。ノエル・カワードは大方の見方を代表して「アンソニー・イーデンは頭がおかしくなった」と記録した。マーティン・チャータリスは、エリザベスも軍事侵攻に対して同じように思っていると信じた。宮廷の側近のひとりは、エリザベスがイーデン内閣の企てを「愚か」と見ていたことを伝えている。

だが自分の役割は、政府のやることに不承認の声をあげることではないし、首相に提言することでもないとエリザベスにはわかっていた。君主の役割は、政府から相談を受け、政策を励ましたり警告したりすることだと憲法で定められている。治世四年目で、政治との距離を学んできたエリザベスが、自分の二倍年上で、三回外務大臣をつとめたキャリアのある首相に意見すべきだとは考えなかったはずだ。

一週間にわたる危機がにわかに不名誉な終息の方向へと進んでいくあいだ、彼女は「これまでで最もひどい時間を過ごした」と言っている。フィリップが英国にいたならば「とてもこんな状況に耐えられなかっただろう」と、彼女は夫を使った遠回しな表現で不本意を示した。おそらく彼女は、分断された国を分断された王室に重ね合わせて、夫の不在を自分のなかで納得させようとしたのだろう。

一月にスエズ動乱の結果をうけてイーデンが辞任したときには、エリザベスはそつなく反応した。「動乱期に書かれたイーデンの政治的記録は高く評価され、首相としての業績は決して忘れられることはない」と彼を安心させた。エリザベスのその言葉にイーデンは感謝し、「女王陛下の賢明で公平な反応はわが国の声をシンプルに反映しているとわかり、毎週謁見が楽しみでした」と言った。

世間では、エリザベスの反応をめぐって意見は分かれた。フィリップが不在のため、今までのように助けを受けずに原稿を書いたクリスマス・メッセージで、エリザベスは英連邦を「家族の国家」と称え、家族のあいだに論争がおきることは避けられないと認めた。「家族間でも、深くはっきりと意見が食い違うことがあります」と世界中の一億五〇〇〇万の聴取者に向かって言った。

「そのような相違はしかし、最高の調和を達成するために、忍耐と仲間意識と愛による癒しの力によって解決の道がきっと開けるはずです」、そして「愛は怒りをしずめ、許しを与えてくれます」と言った。彼女のそんな言葉は、英国のスエズ動乱に対する英連邦からの非難に応えたものだ。

忍耐と愛による許しで国際政治がどうにかなると考えるほど、エリザベスは単純ではなかっただろう。外交官夫人のシンシア・ジェブによれば、エリザベスは「とても性格がよくて、単純で親切で誰のことも落胆させない人」だが、「かなり抜け目がなく、起こっていることにすばやく対処する」人でもあるのだ。

保守的姿勢に高まる批判

エリザベスは二一歳の誕生日のスピーチで、自分の役割は「英国国家という家庭における若者」を代表する役割をになうことだと言った。だが彼女は、イーデンのいう「わが国の声」であったことはない。王室の看板ということとは別として、彼女は自分と同世代の代表者であるともいえない。たしかに時代を超越した英国らしさという価値観と、戦後の平和な時代の可能性を、自分の能力を最大限発揮して追求していこうという志《こころざし》と決意はある。スエズ動乱以降の世界では、惨憺《さんたん》たる結果を招いたイーデンの目論見《もくろみ》違いや、彼が議会で嘘八百を並べたてたことで、人々は権威に対して懐疑を抱くようになり、エリザベスに対する見方にも影響は及んだ。

エリザベスは変化に脆かった。王座につくための教育と訓練では、継続していくことの重要性が強調されてきた。父が自分の父親の統治をモデルにして君主のあり方を不朽のものとしたように、

11
「いまだに一九世紀の大繁栄時代を引きずっているのか？」

エリザベスも前世代のやり方を踏襲しようとした。そのために彼女は、宮廷と王室の家庭内のことを仕切るハウスホールドの人たちの意見と同じくらい、自分の家族の意見に従ってきた。

また何事も受容する性格から、君主制を支えるひとつの要素である儀式についても、派手さは抑えても以前と同じように執りおこなうことに疑問を持たなかった。以前パンチ誌の編集者だったマルコム・マゲリッジが、「（儀式を行なう人々は）身振りも動作も儀式もまるで夢遊病患者のようだ」と表現し、時代に合わせて見直すべきだと意見したが、そんな声の圧力には屈せずに、断固として昔どおりのやり方を通している。エリザベスが保守主義と新しい「エリザベス主義」の時代を切りひらきたいという大望を両立させて、英国の黄金時代を復活させ、同時に新時代を切りひらくという期待に、しばらくは誰も疑問を持っていないようだった。

ところが一九五六年九月、スエズ動乱がはじまる前に、キース・ウォーターハウスの連載が、英国で最多の購読者数を誇るタブロイド紙、デイリーミラーに三日間にわたって掲載された。「二〇代の若い女王による治世が、ロイヤルファミリーに新しい時代をひらくという希望は、四年半経って打ち砕かれた」という記事は、新しい王室への失望感があふれていた。ウォーターハウスの糾弾の矛先は、エリザベス、フィリップ、マーガレットと彼らを取り巻く友人や廷臣たちに向けられた。取り巻きたちの貴族としての資格（と家系や部族も合わせた身分）の細部まで彼は調べあげた。

エリザベスは四月に三〇歳の誕生日を迎えた。すでに若い君主とは言えない。そのことがウォーターハウスに、女王としての資質を査定させる動機となった。「残念なことに、（英国王室は）いまだに一九世紀の大繁栄時代を引きずっている」と彼は締めくくった。エリザベスの忠言者や友人たちは「ヴィクトリア女王の黄金期」とまったく同じであると彼は書いたが、それ以上に重要な点は、彼がエリザベス個人を繰り返し直接的に非難したことである。

廷臣や宮殿の使用人たちのエリザベスの王室に対する評判は悪く、不満が渦巻く集団になっている。エリザベスはためらいがちに改革を進めてきた。ナイジェリア人のアグイイ＝イロンシ少佐〔訳注：ナイジェリア独立後国家元首となった人物〕を、彼女のナイジェリア訪問二カ月前に侍従武官に短期採用したこともそのひとつだ。五月にはフィリップの提案で、出自に関係なく広い職業分野から傑出した男女を招待して、ランチョン・パーティーを何度か開いたこともある（女性は自分の理解の範囲を超える話題について隣に座った人と話さなくてはならないことに怯えるのではないか、という見方に挑む提案だった）。

ウォーターハウスは「現代は王族が庶民と交じり合う時代であるべきだ」と書いた。エリザベスは、原則的にはまさにその意図でパーティーを企画したはずで、ひとりの廷臣がパーティーは「コミュニティでさまざまな職業につく一般の男女と接することで、国家の意向を感じとる」機会となると言ったにもかかわらず、意図は誤解された。ランチョン・パーティーの招待客に「一般人」はひとりもいなかったし、女性客が招かれたのは最初のパーティーから八カ月も経ってからで、しかもひとりだけだったが、そんなことは取るに足らない話だ。

一九五四年にハウスホールドの副執事のポストに空きが出たとき、エリザベスは若者を抜擢した。三一歳のパトリック・プランケットはイートン校出身で、アイルランド近衛兵をつとめていた。イングランドとアイルランドの血を引き、エリザベスの幼なじみで、一緒にダンスを習っていたこともあり、ジョージ六世の侍従武官でもあった縁で抜擢された。王母は彼を「生まれたときにこの腕に抱いたこともあるほど昔からよく知っていて、大好きな人」と評価していた。

公務でエリザベスとフィリップは幅広い出自の臣民たちと接する機会はあるが、エリザベスが直接親しく接するのは宮殿のガールガイドで一緒だった貴族に限られていた。一〇年前にメアリー皇太后が、エリザベスの交際範囲が狭いことを懸念していたが、その忠告に彼女が耳を傾けることはなかった。

一九五四年のクリスマス・メッセージでエリザベスは、国の経済発展に非常に重要な役割を果たしている、見えざる大勢の人たちに敬意を表した。重々しい口調で「決まりきった退屈な労働と小さな不運につきまとわれ」、「凡庸な」生活に苦しみ、「望ましくない環境におかれる運命にある方々」に語りかけた。そのような語りは、女王自身の生活と一般人の生活のあいだには大きな隔りがあることをはっきり認めたことになる。「非常に恩着せがましく説教めいている（話）」として、すぐに保守党の急進派の煽動で、さんざんな批判にさらされた。

エリザベスが一九五七年四月にパリを訪問したあとで、シンシア・ジェブは「彼女の性格や行動は前世代を踏襲している」と評し、メアリー皇太后やその長女であるプリンセス・ロイヤルことメアリー王女と同じで、つまり「エリザベスは骨の髄まで王室の人」だと言った。エリザベスに望むのは、前世代のやり方を踏襲することではない。「科学者、作家、デザイナー、探検家——そんな人たちこそ、新しいエリザベスの時代を築く人たちだ。彼らこそが、近代的王室を率いる女王に仕える、近代的な宮廷にいるべき人たちだ」とウォーターハウスは書いた。

エリザベスの宮廷が「近代化」されたら礼儀作法が守られなくなると非難が起こることは予想される。「ハンサムで型破りで、女王に続いてお手頃な民主主義の雰囲気を作りだす」と言われているフィリップが、そうしたお膳立てをするはずだ。「フィリップはパーティー招待客を自分で選ぶのが好きで、客の人物像を調べて、彼らをジョークで笑わせ、煙《けむ》に巻く。彼は何が王室らしくないかを十分に知っている陽気な船乗りとして異彩を放っている」という声もあった。

デイリーミラー紙の批判記事は、マルコム・マゲリッジが以前にニューステイツマン紙に書いたものを反映していたが、エリザベスは保守党党首の選定に貢献していないと批判したマゲリッジの記事は、それほど広く反響を呼ばなかった。チャーチルの引退時と同じく、イーデンの電撃辞任でエリザベスは新しい首相を選ぶことが必要になった。以前のようにタイムズ紙は「究極の責任は女王ひとりに課せられる。厳しく重い任務である」と書いた。労働党政権の首相選定なら、エリザベスにかかってくる責任は異なっただろう。エリザベスが時代遅れの（王党派による）権力層と結びついていると強く信じている労働党は、エリザベスに首相選定をまかせるような方法を取らないかられだ。

エリザベスは、党の重鎮で、両親の友人でもあり、大物貴族のひとりであるソールズベリー卿に相談した。ソールズベリー卿は、フィリップが夫にはふさわしくないという疑念を投げかけ、マーガレットとタウンゼントの結婚騒動のときも、結婚を認めるなら自分は政権から辞職すると脅した人物だ。イーデンがソールズベリー卿を、エリザベスの相談役としてマイケル・エイディーンに推薦した。彼女はチャーチルにも相談した。大法官のキルミュア伯爵と共に、ソールズベリーはハロルド・マクミランとR・A・〝ラブ〟・バトラーというふたりの候補者を閣僚たちに推挙するようにとエリザベスに伝えたが、大方がマクミランを推し、その判断をチャーチルも了承した。

結局、エリザベスが選んだのはマクミランだった。若手議員にも党のほかのメンバーたちにもいっさい相談しなかった。党はバトラーを考えており、メディアもそうだった。エリザベスは自分の独立した意見で「選択」したわけではないが、彼女が一般国民の意見とは対立する、年配の保守的で排他的な集団のあやつり人形だということをこの件は示していた。

労働党のリーダーたちは、保守党議員たちが「新首相だけでなく保守党の新党首までも女王に無理やり選ばせて、王室を党の政治に巻きこんでいる」と考え、デイリーヘラルド紙にその意見を掲載した。批判は首相の選定プロセスに焦点が当てられ、エリザベス個人よりも、王室を政治に巻きこむ必然性があるのかと問いかけた。

エリザベスはソールズベリーに助けられて、細心の注意を払って正しく行動した。ただ彼女に王室特権として与えられているのは決定権ではなく、決定したことに判子を押すだけの権利である。この件でそれがはっきりした。ハロルド・マクミランは出自はそれほど輝かしくはないが、デヴォンシャー侯爵という保守主義者の娘婿で、貴族的な性向を持つ。君主と閣僚は一緒になって、そんな人物を選んだ。タイムズ紙は満足げに、エリザベスが見事に責任を果たしたと報告した。

フィリップとの不仲説を打ち消す

エリザベスは先に出発したフィリップとリスボンで合流し、四日間ポルトガルを公式訪問することになった。プライベートでも公務でも、エリザベスは成功した。夫と妻は一九五七年二月一六日、四〇人が漕ぐポルトガル国有の大型遊覧船上で輝くような笑みを浮かべ、テージョ川を渡った。

ふたりは大衆の目を避けて、二日前にモンティージョにある軍の飛行場で合流していた。エリザベスと侍女は付けひげで変装し、ひげ面のフィリップを追いかけるカメラマンの群れをまき、彼の単独ツアーに合流した（変装をおもしろがったフィリップだったが、公式の場に出たときはきれいにひげを剃《そ》っていた）。

ふたりのポルトガル訪問を群衆は熱狂的に歓迎し、エリザベスはそれににこやかに応えた。行く先々で夫婦の車は徐行運転を強いられ、警官の制止をくぐりぬけた見物人に止められた。リスボンでは市の人口の半分が「ロイヤル・パレードをひと目見ようと歩道に詰めかけ、何人も気絶する人が出た」とランカシャー・イヴニングポスト紙は伝えている。エリザベスとフィリップははた目にも終始楽しんでいて、不和の噂は打ち消された。

英国に戻ると、エリザベスは公の場で夫を称えた。マウントバッテン卿は姉であるスウェーデンのルイーズ王妃に手紙で「リリベットは新しい首相を得た――英連邦の同僚たちと相談のうえで、ポルトガル旅行から戻ったら、フィリップを〝王子〟にするようにと新首相に頼んだ」

一九四七年に舅《しゅうと》からエジンバラ公爵とロイヤル・ハイネス（殿下）の称号を授与されたフィリップだが、今度はイギリス連合王国の王子となる、と二月二二日の官報に掲載された。四日後、エリザベスは夫の称号を国歌の歌詞に含めることを正式に発表した。妻と姑に並ぶ栄誉である。結婚後一〇年経ち、エリザベスの贈り物をフィリップが受け取ったことで、夫と妻は和解していることを公に明らかにした。デイリーミラー紙は「仲たがいしているという噂が偽りであることを行動で示した」と書いた。「我々の目には、彼女はまず何よりも夫の妻であり子どもたちの母親である」と、前年四月にエリザベスと会ったあとで当時ソビエトの最高指導者だったニキータ・フルシチョフは言った。ふたり一緒のポルトガル訪問とその後の一連の出来事で、エリザベスとフィリップはソビエト首相の「言葉」の半分を証明してみせた。

もちろん不和の噂はすぐには消えなかった。フィリップの貞節は憶測を呼ぶ格好の話題であり、夫婦が一緒にいない時間が長いことや、公の場でふたりが親愛の情を示すことがなく、エリザベスに対するフィリップの態度が愛情より敬意であることも憶測を呼んだ。プライベートでも異常とも思えることはいろいろとあった。フィリップは突然怒りだして苛立ちを隠さないことがしばしばあったし、誕生日プレゼントにエリザベスに贈られたシャネルの香水が、フィリップから勧められた、彼の経理係のフレデリック・ブラウニングからのプレゼントだったこともあった。しかもエリザベスはブラウニングに「私が欲しかったものをよくご存じでいらしたのね。これ以上ないほどすてきな香りです」と礼状を書いている。

一時的にだが、フィリップの女優やショーガールたちとの情事の噂は減った。九月に写真家のバロンが亡くなり、パーカーが辞任したことが大きかった。バロンはサースデイ・クラブというソーホー地区を拠点にした、パーカーに連れられて参加していた、上流貴族の独身男性たちの社交界クラブを陰で仕切っていた人物で、フィリップはパーカーに連れられて参加していた。いかがわしい地区で開かれていたこともあり、サースデイ・クラブは何かとゴシップの的になった。フィリップが、バロンが彼に貸したアパートメントで、無名の「パーティーガール」と逢引《あいびき》きを重ねていたという噂は、バロンの死で真偽を確かめるのが難しくなった。

五月にエリザベスを訪ねたエレノア・ルーズヴェルトは、彼女が「いっそう深刻な様子で、任務を果たす期待への重圧があるようだ」という感想をもらした。エリザベスが深刻な様子なのは、公的生活の重みからだけではなかった。ロイヤルカップルの「浮き沈み」のせいではないかという人もいた。フランスの雑誌ポワン・ドゥ・ヴュー誌は、一九五九年の表紙に憂鬱そうな表情のエリザベスの写真を掲載し、「病気？　失望した妻？」とコメントをつけた。「エリザベスは嫉妬している」という見出しで、もっと不幸そうな表情の写真を掲載したのがフランスの雑誌ノワール・エ・ブラン誌だ。マウントバッテンが口先で介入することで、よけいに憶測が憶測を呼んだ。一九六二年一二月、匿名で「生涯の友」を装った彼は、ジャーナリストのオードリー・ホワイティングに、エリザベスにとってフィリップのいない人生は考えられない、これまで以上に彼女は彼を愛しているし、彼がいなかったら「国のための公務から永遠に身をひくだろう」と言った。

オルトリナムの痛烈な王室批判

一九五七年八月、イタリアの君主制主義者であるレナート・マルミロール騎士団長は、ローマの英国大使に英国行きのヴィザを請求した。目的は決闘だ、と騎士団長は説明した。決闘相手は、三三歳の保守党党員でありながら、異端の意見を持つオルトリナム男爵ジョン・グリッグというとんでもない悪党だ、という。

オルトリナムの異端な論文が掲載されたのは、発行部数がわずかしかないナショナル・アンド・イングリッシュレビュー誌という彼自身が編集長をつとめる雑誌だ。彼はウォーターハウスが指摘した、エリザベス自身も宮廷もごく近い友人たちだけでかためて王室を運営していると、その排他性をあらためて取り上げ、現代社会における君主制を論じる論説を寄稿した。オルトリナムは、王室の体制は偏向していると糾弾し、「階級を取り払い、国民の暗黙の同意または契約を得て、国民と共通した利益と目的を持って、真に統一された宮廷」にすべきだ、と書いた。

ウォーターハウスよりも激しく、彼はエリザベス個人を批判し、エリザベスが雇ったアドバイザーたちが、彼女の取りすましたよそよそしく超然とした公的人格を作りあげているとした。オルトリナムはエリザベスの公の場での話し方と視野の狭さに焦点を当てた。とりわけエリザベスの女王としての資質を、祖父の資質と比較した。スピーチやラジオでの放送で原稿を読みあげるジョージ五世のスタイルが「本心に偽りがないことを示している」と受け取られるのは、彼の個人的な資質のおかげである。だがエリザベスのスピーチから感じられる人となりは「堅苦しい女学生やホッケーチームのキャプテンや堅信礼にのぞむ完璧な信徒のようだ」。そして彼は「彼女のスピーチは単調で機械的で、感情が欠如しがちである」と続けた。

オルトリナムの論説は公平だった。エリザベスは「威厳があり、義務感があり（判断できるかぎりは）心根がよい」と彼は書く。劇作家のジョン・オズボーンは、公的な場での振る舞いは女王らしいが、女王らしく威厳を保とうとするために、現代社会が抱える諸問題と距離をおいてしまい、臣民の大半とは別世界に生きる存在となっている、と指摘したことがある。そしてエリザベスの治世下で君主制は「華麗な凡庸さ」に成り下がるのではないかと懸念した。オルトリナムの批判は、かつてジョック・コルヴィルが抱いた不安と、メアリー皇太后が一〇年前に感じていた懸念をはっきり声に出したものだった。オルトリナムが指摘した、糊付けしたシャツのように硬直した王室という見方を、恐らくフィリップも持っていただろう。

スエズ動乱でさらした醜態による国家的屈辱感が尾を引くなかで、イートン校出身者のオルトリナムが内部告発的にエリザベスを攻撃したことは、人々の怒りをかき立てた。カンタベリー大主教は君主の主義を支持し、「女王はできるだけ多くの臣民たちと、適切な儀礼と抑制を持ちつつ、一方で充実した、知的で幸せな関係を築くことを最も理想的な形で行なっておられると臣民たちは感じている」と強調した。

オルトリナム自身は、一九五四年に結成された右翼団体、帝国忠誠者同盟（LEL）のメンバーのひとりから身体的攻撃を受けた。剃刀《かみそり》や糞便を同封した手紙が送りつけられたりもした。だが新聞の読者たちも、エリザベスのごく近いところにいる側近たちも、そういった激しい憤《いきどお》りはあらわさなかった。エリザベスの補佐役である個人秘書のマーティン・チャータリスとエドワード・フォードのふたりは、個人的にはオルトリナムの論説の根幹にある考えを認めており、その批判と提案は「長い年月で宮殿に起こった最もよいことだ」と判断していた。

オルトリナムは引き下がらなかった。パテのインタビューでも彼は攻撃を続け、「宮廷の弱点は、そこに属する人たち全員が、この国のほんの一部の階層出身者で成り立っていることだ。王室で働く人たちは、英連邦のすべての国々とコミュニティのあらゆる階層から選ばれるべきだ」という主張を繰り返した。その月末に彼は、「女王の公的アドバイザーの選定は幅広い意見と批判を受け入れなくてはならない」と繰り返し、女王個人に批判が向けられることがないように配慮した。「激論とその後」と題した二本目の論説で、オルトリナムは自分が建設的な批評家であり、君主制支持者であるという立場を強調した。エリザベスは「自分が愛されていることを知るべきであるが、自分への過度な賛辞を、あらゆる試練にも揺るがぬ忠誠心だと間違って受け取ることがない性格である、と私は信じたい」と書いた。

王室近代化を求める声に対して

バルモラルで、エリザベスはオルトリナムの批評に怒りをあらわした。自分はこれまで、国家という家族の長であるという意見にくみしたことなどないと反論したかった。一方で、自分に向けられたまことしやかな批判に同意することも、エリザベスに許されるはずもなかった。自分の姿勢は、記憶のなかの崇拝する父を模範にしている。オルトリナムが批判した廷臣たちは、彼女の前に両親に仕えていた人たちだ。母はまだ存命で、ジョージ六世の記憶を固く守っている。エリザベスは想像力に富んでいるわけではない。また君主の仕事を自分の先任者である父と祖父から学んだとおり忠実に、自分流を入れることなく引き継いで行なっている。そのことが彼女を消極的にし、王室が一般大衆を軽んじているように見せてしまう。

この騒ぎのあいだ、彼女は何もしなかった。彼女とフィリップが、社交界デビューする上流階級の女性たちが女王陛下夫妻にお目見えする行事をやめ、かわりにより幅広い階層から招待客をつのって庭園でパーティーを開く計画を立てていると伝えられた。式部官は「女王はバッキンガム宮殿で行なう公的行事に一般の人たちを招待することを、一九五四年から考えておられる」と発表した。

だが、宮廷へのお目見えの行事は翌年も続けて行なわれ、廷臣のひとりは「女王がオルトリナムの意見に屈するつもりがないことを、ただ示しただけだ」と説明した。ヴィクトリア女王は「女王は決して命令されない」と抵抗し、「私は女王であって、操り人形になるつもりはない」と頑固に唱えつづけたが、エリザベスも自分流に解釈してその流儀にならった。

当然ながら、オルトリナムが批判した廷臣たちは、王室行事に一般人も加えることを「忌避した」とマーティン・チャータリスは記憶している。しかし、エリザベスはフィリップの改革案に同意した。彼女は二年に一回、ロンドン郊外の聖堂で聖木曜日の礼拝を行なうことを了承した。

オルトリナムは「自分が受けたものとは非常に異なる教育を、子どもたちに授ける賢さがあるか」とエリザベスに問いかけた。チャールズはすでに一年間、ナイツブリッジにある公立学校ヒルハウスで学んでいた。クローフィーを家庭教師にして一般から隔離された王室の教育を受けたエリザベスとはかなり異なっていたが、美術館やロンドンの名所の見学は同じだった。

チャールズは「将来バスの運転手、医師、エンジニアなどになる子どもたち」と交わるべきだというのが、オルトリナムの言いたいことだった。ヒルハウスに通う子どもたちの三分の一は外国にルーツがあり、その意味で多様性はあった。オルトリナムの攻撃から数週間後、エリザベスとフィリップはチャールズをサリー州のチームにある、フィリップも通った私立校に入学させた。かつて「貴族の小さな家」として有名だった学校だ。フィリップはチャールズが「同世代の男の子たちと一緒に学び、ほかの子どもたちの生き方を知り、ほかの子どもたち同様の規律を身につけること」が親の自分たちの望みだと説明した。一見もっともな意見に聞こえるが、チャールズの地位の特異さを無視し、同世代の仲間と一緒に教育を受けたことがないまま、独自に規律を学んだエリザベスの経験も否定するような言葉だ。オルトリナムや彼と同意見の人たちは、そんな選択で納得するはずもなかったし、内気で繊細なチャールズは学校になじめなかった。

だがエリザベスの衣装担当だったメアリー・キャヴェンディッシュの、エリザベスは生来的に実務能力が高い人だという評価は正しかった。エリザベスは公式の場での話し方を、首相の指導も受けながら少しずつ改善していき、少なくともテレビを使って王室と国民との距離を近づけるふりをしようとした。

論争が起きる前の三月、根強い反対意見をしりぞけて、エリザベスはテレビでクリスマス・メッセージを伝えることを承諾した。一〇月の初めには、広報官のコルヴィル大佐を通して、王座から行なう議会の開会宣言をテレビ放映することも伝えた。同じ月のカナダ訪問の模様もテレビで生中継され、一四〇〇万人のカナダ人が視聴した。またオルトリナムに嘲笑されたスピーチ原稿作成役の廷臣たちは、臣民と若い君主の関係が親愛に満ちていることを視聴者に思い出させるように計らった。

一〇月のカナダ国会の開会宣言で、彼女は戴冠式のときのガウンと、曽祖母アレクサンドラ王妃のものだったロシアのココシニクという頭飾りに似たティアラをつけ、エリザベス一世の言葉を借りてこう語った。「私は私の王位の栄光を重視しています。私はあなた方の愛と共に統治してきました」「今ここ、新世界において、これからの年月、私はカナダをしっかりと統治し、記憶に残る君主でありたいと望んでいることをあなた方に伝えます」。エリザベスにすれば、臣民に愛されることと国に奉仕することは、生来自分に課せられた義務だった。

翌週米国を訪れたエリザベスは、アイゼンハワー大統領が人々に好かれたいと強く望んでいるにもかかわらず、愛され支持されることに自信を持っていないことに驚いたという。選挙によって勝ち取ったものではない自分の地位は、選挙民の短期的な忠誠よりも堅固な基盤の上にあることをエリザベスは知った。

エリザベスのクリスマス・メッセージの放送は、サンドリンガムのロング・ライブラリーで撮影され、その年に起こった論議を踏まえて、彼女は注意深く言葉を選んだ。BBCのプロデューサー、ピーター・ディモックに「私は女優ではないのです」と繰り返し、挑発を受けた年の締めくくりのメッセージとして、七分間にわたって原稿を読みあげた。ほとんどフィリップが書いた原稿ではあったが、彼女の感情が嘘偽りなく反映されていた。

エリザベスは緊張しながらも、まっすぐに視聴者に話しかけた。自分は「遠い存在だ」と見られていることはわかっている、とまず認めた。それから鋭い口調で、「私たちは未来を恐れていないと世界に示すことができると、皮肉屋の狡猾《こうかつ》な行為に抵抗」する、と続けた。「時代を超えて追求すべき理想を、ぞんざいに切り捨ててしまう考えの足りない人たち」を厳しく批判した。正直さが何よりも大事だと思っており、利己主義よりも自己節制に価値を見出す、と話した。

以前のスピーチの特徴だった、任務と献身を約束するかわりに、彼女は「私の心と私の献身的愛情」を国民に捧げると言い、親密さを表現し、「親切でビジネスライクだが、人間味がない」とポープ・ヘネシーが言った自分の印象を変えようとした。そして、世界各国を訪問して、女王への親愛の情が示されたことを視聴者に思い出させた。実際、ポルトガル、フランス、デンマークと米国で彼女は熱烈な歓迎を受けた。スピーチは以前よりも生き生きとしていた。威厳があり、公正さをはっきり出し、私生活でも公的生活でも「宗教的な道徳観と正直さを重視する」としたエリザベスの率直な声明は、視聴者の多くを深く感動させた。

英国よりも慎重さに欠けるアメリカのメディアは、スピーチは自分への批判に対する直接的で見事な答えだと解釈した。ニューヨーク・ヘラルドトリビューン紙の意見は、アメリカ人が受けた典型的な印象を代表している。「最近の王室と女王への批判的なコメントと、彼女の王室運営についての議論に対して、三一歳の女王は落ち着いてふさわしい対応をした」。放送に刺激されて、クリスマス後の最初の日曜日にサンドリンガムのセント・メアリー・マグダレン教会の前に集まった群衆は一万人を記録した。

もちろん、論争がおさまったわけではない。一九五八年春に予定されたエリザベスのオランダ公式訪問に先立って、ピープル誌はまたもや論争を蒸し返した。オランダのユリアナ王妃は、バーゲンでショッピングを楽しみ、娘たちは自転車をこいで海辺の休暇を楽しみ、カーテシーと呼ばれる膝を折って深々と腰をかがめるお辞儀を廃止すると決めた。一般人と変わらないように見えるその生活と、英国王室の堅苦しく格式を維持する姿勢との差に、ピープル誌は焦点を当てた。公式訪問がエリザベスにとって「本物の民主的な王室を間近で見る」機会になるだろう、とピープル誌は書いた。「ひとつ確かなことがある。女王はオランダから戻ると、バッキンガム宮殿やウィンザー城での暮らしが、オランダの王室と比べて、いかにヴィクトリア女王時代の壮麗さと礼儀作法に縛られた窮屈なものであるかに気づくに違いない」

それに対して王母は「扇情的で、ゴシップの域を出ず、真実をゆがめた書き方」と怒り、ヴィクトリア女王時代の壮麗さと礼儀作法をエリザベスは遵守しているわけではない、それを不当に見過ごしている、と言った。しかし、オランダ王室のあり方を見ならって王室改革をしようと真剣に訴える声はほとんどあがらなかった。そのかわり、その一九五八年の暮れに王室公認のコメンテーターであるデルモット・モラーが、『働く女王』を出版した。「気高い公務をこなす訓練を受け、それに打ちこんでいる孤高の女王と、最も勤勉な臣民と同じくらい厳しい日々を送るその日常」を描いた本である。また、「独立国家と植民地国家」を結びつける海外の英連邦の「統一のシンボル」としての女王の役割の重要性をあらためて宣言した内容だった。モラーの主張は一般受けするものだった。オルトリナムの攻撃を論破したモラーの本だったが、その本も、エリザベスのテレビ出演も、王室の凡俗性をつく批判的なコメントを封じることはできず、王室批判はやむ気配を見せなかった。

エリザベスがもっぱら関心を持っていたのは競馬で、フィリップはセーリングとポロだった。「彼女がもっといろいろな分野に関心を持ってくれたらと思わずにいられない」と駐仏大使夫人であったシンシア・ジェブは、前年の春パリを訪れたエリザベスの様子について語った。「馬と競馬以外に、彼女は何も興味を示さなかった。美術品にも庭園にも書物にも関心がなかった。フィリップ殿下も同様だった」

パリ訪問の際にルーブルを訪れたエリザベスの反応に、英国の鋭い視聴者は注目した。「女王が見たいと所望した絵画は、ドガが描いた二枚の馬の絵だった！　女王は大喜びだったようだ。ほかの絵を見ているときの女王はつまらなさそうで、最後に大統領のコティ氏がやってくると、突然彼女の顔が輝き、生き生きと饒舌《じょうぜつ》になって、元気いっぱいの様子だった」。ハロルド・ニコルソンは「女王が退屈な人で、退屈な人たちに囲まれ、馬のことしか考えていない」のは本当だという。ニコルソンほど辛辣《しんらつ》ではないが、マクミランも、エリザベスは職務への熱意はあるものの、それ以外に視野が広がらないのが大きな欠点だと考えていた。「彼女は『社交』を楽しまない。好きなのは馬だ。だが公務は愛している」

一月にエリザベスは、バッキンガム宮殿で執務している写真を撮ることに同意した。大量の写真に囲まれ、花瓶には錆色の菊がいけられたオフィスで、アームランプの下、彼女はあふれだしそうなほど書類が入った革のケースを開けている。モラーが称賛した「厳しい労働の日常」の一面だ。書類ケースは日々届く。仕事熱心なエリザベスは、毎日コメントを読み、必要な場合は注釈をつけていた。

マクミランは首尾一貫した姿勢と勤勉さを称えた。大量の書類を読み、ノートを取り、記憶することで、驚くほど早く政治経験を積んでいったことを称えた。歴代の首相たちとの毎週の謁見で披露する知識レベルの高さを称えた。フランスのド・ゴール大統領は一年後に、「彼女はすべての情報に通じている」と感心した。マクミランは「美しさのなかでも最も印象的な、きらきらと輝く瞳」を称え、年長の伯父のような慇懃《いんぎん》さで慈愛をこめて接し、彼女の共感を喜んだ。女王の魅力に悩殺された首相は、マクミランが最初ではなかったし、最後でもない。

三人目の子どもと姓変更までのいざこざ

一九五六年四月一二日付けの手紙で、王母は娘に「もっと子どもを持つことを考えているとしたら、すばらしいのに」と書いた。フィリップが言葉のはしばしに少人数の家族のほうが好ましいと考えていることをうかがわせていたにもかかわらず、これまでにも頻繁にあったように、エリザベスは母親の意見に同調することになる。

一九五九年春、最後の妊娠から一〇年後、彼女はまた妊娠し、翌年二月に三番目の子ども、アンドリュー・アルバート・クリスチャン・エドワードを出産した。ある階層の国民は、女王がたまたま妊娠したと思っていたかもしれないが、そうではなかった。エリザベスはマーティン・チャータリスに「しばらくがんばってきて、やっと子どもができた」と打ち明けた。一九五七年初め、フィリップが南半球の外遊から帰ってきてから考えていたということだろう。彼女は六月一五日の謁見の際に、マクミランにも妊娠のニュースを伝え、つわりを押して予定どおり六週間のカナダ公式訪問の旅に出た。

しかし一〇月のガーナ訪問はキャンセルした。かわりにガーナの初代大統領クワメ・ンクルマをバルモラルに招待した。英連邦のリーダーをバルモラルに招待するのは初めてで、エリザベスにしては異例の招待だ。以前はゴールドコーストと呼ばれていたガーナは、二年前に英国から独立を勝ち取った。ンクルマは一九五七年から首相をつとめていたが、ソールズベリー卿は「未熟で野蛮なナショナリズム」とその政治姿勢を弾劾した。

ンクルマは本来共和主義者（のちに彼は帝国主義を糾弾するスピーチを連続して行なう）だが、エリザベスには個人的に強い親愛の情を抱いていた。自分の個人秘書に「我々が英連邦から脱退したら、あの若い女性には酷《こく》だろう」と言ったと伝えられている。その若い女性はそのとおり、ガーナの脱退を望んでいなかった。彼女はンクルマを枢密顧問官にした。自分の個人的な家庭に招待し、枢密院の一員にするという二重のもてなしは実を結んだ。一九六〇年一月、マクミランはエリザベスに、ンクルマが彼女を英連邦の長として認める意志があると表明していることを伝えた。ガーナはそのすぐあとに共和国となったのだが、それでも英連邦に残るという意志表示だ。ガーナはインドについで、英連邦に所属する二カ国目の共和国となった。

新しく赤ちゃんを迎える準備をしながら、エリザベスは家族に夢中になった。出産の一週間前にバッキンガム宮殿を訪れた一人に「笑顔のマウントバッテン卿」もいる。「その訪問の理由にさまざまな憶測が飛んだ」と新聞各紙は書いた。それには王朝名をめぐる悩ましい問題が関係していた。七年前にチャーチルとメアリー皇太后が、王朝名の変更をめぐってフィリップとマウントバッテンの思惑の裏をかいたことによるフィリップの恨みが、夫婦間の喧嘩の種になっていた。クリスマスにサンドリンガムに滞在する王室一家を訪問したあと、マクミランは日記に、フィリップが「終始、女王に対して喧嘩腰だった」と記している。一月下旬、バトラー男爵はマクミランに、王室名変更を「女王は心に決めておられる」と報告した。前世紀の結婚観を引きずっている首相が「女王は深く愛しておられる夫を喜ばせる何かを（ほとんど確実に）望んでおられる」と報告したのも無理はない。

エリザベスが夫のためにしたことは、王朝名はウィンザーから変えずに、彼女の姓にマウントバッテンの名前を組み入れることだった。フィリップが喧嘩腰だったというマクミランの見方が信頼できるとすれば、それは明らかにフィリップの要求だった。自分の家族とロイヤルファミリーの両方の要求を満足させる巧みな妥協であり、祖母が亡くなっていたからより簡単に事を運べた。

ジェームズ・ポープ＝ヘネシーは、一九五七年夏のその決断によって、エリザベスは祖母離れをしたのではないかと思っている。エリザベスは枢密院に、自分の公平性を強調するとともに、自分には二重のプレッシャーがかかっていることを明らかにした声明を出した。「女王は、祖父が設立した王室の名前を変えることなく、自分の夫の名前を自分と彼の子孫のものと結合することをずっと望んでいました」

さんざん悩んだあげくにエリザベスが下したこの決断によって、フィリップは満足しただろう。結婚の九カ月前にそれまで名乗っていた名前を捨てさせられ、宮殿に入ってからの扱いに不満を募らせ、またおそらく叔父の狂信的なばかりの野心の圧力を受けたことが、この名前をめぐる騒動に見てとれる。バトラー男爵は、エリザベスが喧嘩して涙にかきくれたことを明かしている。マクミランの内閣はこれに対して賛否が分かれた。それでも二月八日に「殿下（ロイヤルハイネス）」の肩書のない王室非直系の後裔《こうえい》と、「結婚した女性の後裔とその子孫」には「マウントバッテン＝ウィンザー」の名前を授けるというエリザベスの声明が出された。

国民の反応は複雑だった。頑固な反マウントバッテン派のデイリーエクスプレス紙は、エリザベスは家族のプレッシャーに負けてほかに選択肢がなかったのだと書いた。「彼女は夫の感情を思いやり、それ以上に夫の叔父の申し出を拒めなかった」

一一日後、以前お付きの看護師だったベティ・パーソンズとプライベートな産前クラスに出たあと、三三歳のエリザベスは三人目の子どもを出産した。だが、子どもには「マウントバッテン＝ウィンザー」の名前は適用されなかった。彼女は新しい息子にアンドリューというフィリップの父親アンドレアスを英国式にし、スコットランドへの賛辞をこめた名前をつけた。国内外共にこの名前に反対はなかった。エリザベスは赤ちゃんが「とても愛らしく、健康状態もよく、順調に体重が増えています。年長の子どもたちも完全にこの子に心を奪われ、赤ちゃんは私たち全員に恐ろしいほど甘やかされてしまうであろうことが目に見えています。それはもう間違いなく！」と発表した。

アンドリュー誕生の喜びと、フィリップといる幸福感は、数週間後にセシル・ビートンが撮影しヴィクトリア&アルバート博物館におさめられている、アン、エリザベス、チャールズとフィリップがアンドリューのゆりかごを取り囲む写真にはっきりとあらわれている。エリザベスは笑顔のフィリップに微笑みかけている。気難しいビートンは「元気すぎる海軍タイプ」と言ってフィリップのことを嫌い、アンのことは「カエルみたいな甲高い声」の「じゃじゃ馬」で「ミニーマウスのような足だ」と言っていた。撮影のときエリザベスは「とても愛想がよかったが、何事にも心から興味を持っている様子を見せなかった。会話はひと言も交わさなかった」と言っている。エリザベスの周囲への関心の薄さを嘆いたのはシンシア・ジェブだけではない。その後も何度となく同じ感想が聞こえることになった。

マーガレットの未来の夫と会ったのは

エリザベスがマーガレットの未来の夫と会ったのは、妹よりも少なくとも一年は早い。一九五七年一〇月、アンソニー（トニー）・アームストロング=ジョーンズは、写真家バロン・ウォールトンのアシスタントのひとりとして、バッキンガム宮殿の庭で行なわれたエリザベス一家の撮影に参加した。一家四人が石橋のまわりで、落葉した木立から洩れる秋の日差しを浴びている牧歌的で印象的な写真が最も有名だ。チャールズとアンが岩の上に座って一冊の本を一緒に読み、両親はふたりを石橋の上から見守っている。エリザベスはおしゃれなドレスを着て四連のパールネックレスをつけ、フィリップはためらいがちな笑みを浮かべている。エリザベスの表情は読み取れない。アンだけが心からくつろぎ幸せそうだ。

もう一枚、同じときに撮られた写真では、エリザベスとアンが、エリザベスの膝の上に本を広げたままいとおしそうにフィリップを見つめている。チャールズはひとり離れてコーギー犬をなでている。どちらの写真も分離を印象的に描きだしている。最初の写真では両親の視線は間違いなく子どもたちに向いているのに、両親と子供たちとの親近感は感じられない。父と母のあいだ、きょうだいのあいだ、両親と子どもたちのあいだの親愛の情の交流が見えてこないのだ。エリザベスとマーガレットの姉妹と両親が、かつてはっきりと愛情で結びついた家族関係であったのに比べると、これらの写真からはそれが伝わってこない。屋外の優美な家庭的雰囲気のなかで撮影されているにもかかわらず、奇妙なほど堅苦しい写真だ。フィリップの凍りついたような表情からは、それでも圧倒されるほどのエネルギーが伝わってくる。それは間違いなく、自分が家族を率いている、という気概からくるものだろう。

一九六〇年二月二六日、マーガレットとの婚約を発表すると、アンソニー・アームストロング＝ジョーンズの役割は王室一家の客観的な観察者ではなくなった。夏にバルモラルに招待され、一月には東屋《あずまや》をデザインするという名目でサンドリンガムに滞在した。前月にすでにプロポーズをすませて承諾されていたにもかかわらず、彼はこのときエリザベスに正式にマーガレットとの結婚の許可を申し出た。

公式発表はアンドリュー誕生の翌週まで延期された。エリザベスにかわって、広報官のコルヴィル大佐が「女王とフィリップ殿下のおふたかたとも、いかにも幸せでお似合いのふたりだと、大変喜んでおられる」と発表した。アンソニーの父や親しい友人たちの感想はそれとはかなり異なり、彼が王室とその束縛になじむのかと懸念をもらした。エリザベスも、妹と写真家のあいだには溝があると気づいていたが、不安を押し隠し――または最初はそれを意識せず――マーガレットの幸せそうな様子にほっとし、カップルが共に芸術やパフォーミングアーツに関心を持っていることに安心材料を見出した。

マーガレットはアンソニー自身に魅了されていたから、エリザベスは妹にもう失望は味わわせてはいけないという思いが強かった。エリザベスの思いは母にも影響した。マーガレットが「落ち着いて幸せそう」だと見て、王母はあえて不安材料を探すことをしなかった。次女との関係が改善し、距離が縮まったことを母はありがたいと思った。マーガレットはのちに母に「私たちが婚約しているあいだずっと支えてくれて、天使のように見守ってくれて本当に感謝している」と言った。結婚式は五月初めと決められ、その模様はテレビ中継されることになった。父のかわりにフィリップがマーガレットをエスコートすることになった。

マーガレットの身近な家族には、これまで王家以外の人と結婚した人はいなかった。イートン校出身で成功した法律家の息子であったとしても、アンソニーはプロの写真家であり、母は再婚し、アイルランド人の義父がいる。キース・ウォーターハウスは四年前に、新しいエリザベス時代にはクリエイティブな才能を持った人材を入れることだと言ったが、アンソニーはまさにそのタイプのはずだった。だが、マーガレットの結婚は宮廷文化に芸術振興をはかったわけではないし、王室が国家の文化の中心になったわけではない。そんなことは誰も期待していなかった。

とはいえ、女王の妹の結婚は、エリザベスへの批判に対するひとつの反応とはなった。ケンジントン宮殿に居をかまえたマーガレットとアンソニーを中心にしたミニ宮廷とエリザベスの宮廷は、一方は自由精神主義、他方は伝統重視主義と、その対比が強調されたように見えた。

フィリップ、王母、マーガレットとアンソニーと共に、エリザベスは誕生日から数日にわたって毎年ボーフォート公爵が開催するバドミントン・ホース・トライアル（馬術競技会）に臨席した。

だがその日が来る前に、「戦時中に爆撃されたバッキンガム宮殿の聖堂から救いだされた、王室のプライベート・コレクションの傑作をギャラリーで一般公開する」計画が明らかになった。それは「伝統からの旅立ち」と言われた。世界最高の王室コレクションの一般公開は、一九六二年からはじまった。エリザベスの治世における、すぐれた改革のひとつである。

12

「時間とエネルギーを、三つの義務に割いている――国、夫と子どもたちだ」

エリザベス 35歳〜38歳

英連邦維持のために欠かせなかったガーナ訪問

「女王陛下がガーナの人々の大望と希望に心を寄せておられる気持ちを、ガーナ国民は感じ取っている」。一九六一年一一月の一二日間にわたるエリザベスのガーナ訪問を、パテのニュース映画はそう報じた。そのコメントでは、ガーナの大望とは何を意味するのかも、エリザベスが何に心を寄せているかも説明されなかった。

エリザベスを歓迎するガーナの人たちの熱狂ぶりは、空港から市内までの沿道に三五万人が詰めかけたことからもうかがえた。しかし、エリザベスのガーナ訪問はもう少しでキャンセルされるところだった。エリザベス到着の一週間前に、首都アクラで爆弾テロがあって安全が危ぶまれたからだ。ンクルマの独裁主義に反対する世論を受けて、女王の訪問はンクルマの反民主主義政府を支持することになるという懸念が英国議会内にあり、賢明とは思えないと疑問を呈する声があがった。マクミラン首相は訪問の計画を進めることを心配し、エリザベスも不安を感じていた。

一方で当のンクルマは、九月に東欧諸国と中国を訪問して首脳会談を行ない、英連邦よりも東側陣営に接近する姿勢をあらわにしていた。コミュニスト陣営がアフリカに足場を築く可能性があると見てエリザベス以上に不安がかき立てられたのは、新しくアメリカ大統領になったジョン・F・ケネディだ。

現在残っている資料で見るかぎりだが、エリザベスは自分を長として抱く英連邦への訪問を重視し、訪問の目的を自分なりに考えていたことがうかがえる。議会が外遊を取りやめさせるよう決議したのに苛立っていることを、マクミランにはっきりと伝えた。ガーナ外遊をキャンセルするよう勧めると、エリザベスが激怒したと首相はメディア担当秘書に言っている。「庶民院は道徳心が欠如したこのような決断をすべきではない、と女王は思われた。英連邦への責任を陛下は非常に真剣に考え、自分はお飾りではないし、自分が女性でか弱いからという理由で、外遊取りやめを決められたことに憤っていた」

一一月一〇日、王母はエリザベスに「あなたは行っても大丈夫だと私は確信していますし、意気地なしの言うことをいちいち聞いていたら、どこにも行けなくなりますよね」と手紙に書いている。マクミランは日記では「あっぱれな女性」とエリザベスを称え、「彼女は固く心を決めている」と書いた。エリザベスの役割に対する信念を、首相は正確に見抜いていた。「とりわけ英連邦で自分にはできる仕事があると気高く信じておられる」と彼は記した。

一九五七年、エリザベスをワシントンで歓迎したアイゼンハワー大統領は彼女に「あなたを私どもの国にお迎えしたことは喜び以上のものがあります。私たちふたつの国を結びつける友情の絆が、ご訪問によってより強くなったのはどれほど重要なことか」と言った。エリザベスのそのアメリカ訪問は、両親が戦前にフランスとカナダを訪問して以来の王室外交だったが、その言葉にエリザベスは大いに励まされた。スエズ動乱のあとにパリとワシントンを訪問したエリザベスは、傷ついた国際関係の絆をふたたび強めるために、王室の力が有効だと実感した。

エリザベスにとってガーナ訪問の目的は、二年前バルモラルでンクルマと交わした約束を果たすというだけでなく、英連邦加盟の国がコミュニスト陣営に取りこまれるのに神経をとがらす政治家に、引き留めるために自分ができることをやってみましょう、と示すことにあった。「私が怯えてガーナに行くのを取りやめ、その後フルシチョフが訪れて歓迎されるなんて馬鹿なことはあってはなりません」と彼女はマクミランに言った。首相と同じように、エリザベスもンクルマの背信が英連邦の力を弱めかねないのを理解していた。特に英連邦のほかの国々がアパルトヘイト政策に怖気をふるい、それが原因で南アフリカがその年、一九六一年春に英連邦から脱退したこともあって、英連邦の長である自分が今ガーナを訪れることは必須だとエリザベスは考えた。

オーストラリアのロバート・メンジーズ首相は一九五四年に、「女王陛下が姿を見せてくださることで、人々の心の最も深いところから（英連邦に対する）忠誠と献身の思いが揺さぶられる」と言った。ンクルマが一年前に共和制への移行を宣言したガーナでも、女王が二一歳の誕生日を祝った南アフリカが英連邦を離脱したことを悲しむ声は高かった。だからこそ、エリザベスは英連邦の理念への忠誠と献身を加盟諸国に求めたかった。

身を呈して示した王室外交の重要性

自分の目的達成能力を示そうとしたのは、決してエゴイズムからではない。エリザベスは世界中でさまざまな人たちに好感を持たれていた。春にはニューデリーで一〇〇万人のインド人が彼女を歓迎した。その月末には、新しく独立したシエラレオネの女王として、彼女は首都フリータウンで熱狂的な歓迎を受けた。ガーディアン紙はブリタニア号のあとを「大勢が競って追いかけ、海は波立ってまるで嵐が起きたようだった」と書いている。

過去に受けたそんな歓迎に励まされ、エリザベスはガーナの人々もきっと自分を喜んで迎えてくれるだろうと信じていたし、ンクルマを説得して英連邦に留めておこうと固く決意して、ガーナに向かった。そして説得は功を奏した。宝石で着飾った女王が、満面笑顔のガーナ大統領とダンスに興じる写真が世界中の新聞に掲載された。続いてアメリカが、ガーナのヴォルタ川にアコソンボ・ダムを建設するプロジェクトの資金援助でソビエトを出し抜いた。

安全性への懸念があったにもかかわらず、エリザベスがガーナ訪問を強行したことは、彼女の英連邦重視の姿勢を明確に示したものだったが、訪問の是非をめぐってはさまざまな意見が出た。マクミラン自身は東西冷戦で政治利用されるような王室外交では「英国王室の責任があまりにも卑小なものになり、このままだと女王は映画スターのような存在になってしまう」と苦情を述べた。対照的に英連邦は、エリザベスの姿勢に肯定的だった。一九六〇年代に英国の旧植民地が次々と独立して共和制に移行していき、エリザベスを国の長とすることを拒否する国が増え、発足したばかりの英連邦をまとめるのは王室だという考えに異を唱える国も出てきた。それでもなお、加盟諸国はエリザベスを長と仰ぐのとを否定しなかった。

エリザベスは欧州で最も偉大な王室を継承した。英国王室はヴィクトリア朝時代の王室の壮麗さと様式美を残したまま、戦後世界に存在している。父や祖父が率いていた大英帝国に代わるのが英連邦だ、と彼女は考え、執着した。二〇世紀後半、世界のパワーバランスにおいて英国の力が衰退していくに従って、かつての王室の威光にも陰りが生じている。だが、調停者とリーダーとして自分が英連邦の中心的役割を果たすことで、かつての偉大な英国王室の栄光が維持できるはずだ、と彼女は固く信じていた。訪問の第一の目的はガーナを英連邦に引き留めておくことではあったが、エリザベスの本音は少し別なところにあった。

エリザベスは大英帝国に個人的に強い思い入れがあった。自分が継承したものに彼女は忠誠心を持っていたし、英連邦は王室への忠誠で結ばれた家族のような国々だと理解していた。それが父から受け継いだ彼女のイデオロギーの一部である。継承したものを守ることは、彼女にとって義務だった。一九五四年にオーストラリアで、「私に忠誠心を持っているすべての人々をつなぐ絆は王室であることを希望します。相互に愛と信頼で結ばれる絆であり、決して強制されるものではありません」と述べた。

エリザベスは抜け目なくガーナの大統領に取り入った。カーナーヴォン伯爵ヘンリー・ポーチェスターに宛てた手紙で、ンクルマが強い虚栄心を持ちながらナイーブなことに驚いた、と書いている。個人的に、ンクルマは短期的視野しか持たない人物だとエリザベスは判断した。アルフレッド大王の時代から四一代にわたる貴族の家を継いでいるポーチェスターは、ンクルマが自分の人生の先まで考えていないことには驚く、と返事した。そんな短期的な展望しかない人生を、彼らは軽蔑していたのだろうか、それとも羨望していたのだろうか？

母になるには女王は忙しすぎる

君主としての任務を分かち合うことはしなかったが、エリザベスは長期計画が必要な重大任務のひとつを夫に委ねた。家庭生活における決定権を夫に渡したのだ。特に王座を継承するチャールズの養育については、エリザベス以上にフィリップの選択に従って進められた。だがすべての選択がチャールズの成長に益をもたらしたわけではない。

エドワード八世の退位で大きく揺さぶられた王室は、その衝撃による暗い影を長く引きずっていた。国王としての務めを捨てて自分の生き方を選んだエドワード八世は、王室への信頼や権威を深く傷つけた。それをジョージ六世がおずおずとながら修復し、エリザベスが熱意によって立て直した。だがもし後継者の親子がエドワード八世の不満の原因に目を向けず、彼の痕跡を消すことだけに力を注いでいたとしたら、それは改革ではなく修復しただけということになる。

国民に奉仕する模範的な公僕として、父と娘のふたりは退位した王の後始末には成功した。メアリー皇太后の助けを借りて、ジョージ六世は自分のあとを継ぐエリザベスが兄のエドワード八世のような享楽的生活にふけることを断じて許さなかった。女王という地位につくことに早い時期から覚悟を決めていたエリザベスだったが、基盤となっていたのは、両親の愛情に包まれた幸せな子ども時代だ。だが彼女は自分の息子にその基盤を作ることに熱心ではなかった。エドワード八世は自分の両親と愛情深い緊密な関係を築くことがなく、それが国王の座を押しつけられることへの反発につながったというのがわかっていたにもかかわらず、だ。

退位を告げる放送で、エドワード八世は弟バーティーの「最上の慈愛に満ちた」「幸せな家庭」についてふれた。ある日曜新聞は、王位を継ぐジョージ六世が築いている家庭が「家族が一緒にいる喜びにあふれている」新しいタイプであると祝福した。地方のあるジャーナリストは、一〇歳だったエリザベスが将来背負う王座の重みに思いをはせながらも、彼女が「喜びに満ちた子ども時代」を送っていると指摘している。

マーティン・チャータリスは、若い母親であるエリザベスが「常に自分の義務を果たす」ように勤めていた。彼が問題にした義務とは、主婦や母親としてのものではない。エリザベスの義務はチャールズの子ども部屋の外にあった。マルタ島の別荘で夫と過ごすことであり、戴冠後の公務であり、英国政府から送られてくる書類に目を通すことであり、授爵式を執りおこなうことであり、何カ月もの外遊に出ることである。子どものチャールズのかたわらで日々の成長を見守ることは、エリザベスの義務ではなかった。

女王としてのエリザベスは、子どもたちの「喜び」を優先するには忙しすぎた。自分の子ども時代の両親よりも忙しかった。できるときにはチャールズと一緒に過ごしたが、競走馬に差し迫ったことがあると、子どもよりも馬を優先した。

二〇〇二年に王室スタッフのひとりは、「(エリザベスは) チャールズに対してとても愛想よく接しておられたけれど、決してぬくもりある態度をとられなかった。腕を広げて抱きしめることなどなさらない。私が覚えているかぎり、キスをした姿も見たことがない」と言っている。

子どもにとって、親や養育者が感情表現をひかえることほど、愛情の欠如と感じられるものはない。アンは、エリザベスの子どもたちは母親のことを理解していたし、自分たちの養育環境が普通とは違うことを受け入れていたという。そして「母には君主としてなさねばならない責務があり、行かねばならない旅行があるから、時間的に制約があると私たちは理解していました。でも私たちの誰ひとりとして、彼女がほかの母親と同じように私たちを気遣っているのを、一秒たりと疑ったことがあるものはいませんでした」という。エリザベスも、一九五七年五月にデンマークを訪問したとき、理論物理学者のニールス・ボーアに、「長期間留守にすると子どもたちに会えなくて寂しいです。でも子どもたちは私が行かねばならない理由をよくわかっています」と言っている。

子どもに愛情を示すことができない性格

エリザベスは結婚するとき両親に、自分の子どもたちも自分が育ったのと同じように愛情と公正さのある幸せな雰囲気で育てたいと真剣に願っていることを伝えた。その言葉は本心から出たものだろう。彼女をよく知る人たちは、フィリップを熱愛し、子どもたちを慈《いつく》しんでいたという。

だが、感情を表現するのが何よりも苦手で、どんな感情が湧きおこってくるにせよ、感情のたかぶりは自制すべきという考え方が彼女には刷りこまれていた。少女のころは「輝くばかりに明朗」だったエリザベスは、成長するにしたがって誰からも文句を言われないように振る舞うために、感情を抑制するようになった。家庭で受けたしつけは生涯変わることなく身に染みついていた。

エリザベスの叔母で、プリンセス・ロイヤルであるメアリー王女について息子ハーウッド伯爵は、自分の母親もエリザベスと同じく、厳格なしつけのために感情表現が苦手になったと言っている。「(母は) 議論の余地なしというレベルでなくては、人とコミュニケーションをとれなかった」と彼は言う。「それは率直な話し合いを避け、感情をあらわにしないように幼いときから叩きこまれた結果である」

王位についた当初、エリザベスが感情をあらわさずに無表情でいることは、広く称賛されていた。一九五四年に植民地長官だったチャンドス卿は「女王は人ができる最大限の完璧さでご自分の責任を果たそうとなさる」と評価している。職務に完璧主義で立ち向かっていては、結婚や家庭生活に全力で関わることは難しかった。一九五五年にレディ・ピーコックは、エリザベスが「時間とエネルギーを、三つの義務に割いている——国、夫と子どもたちだ」と書いて、おそらくその順番で優先順位をつけているのだろうと察した。

「私たちの誰もが、自分の子どもたちに対する責任を個人的に最優先しています」と何年ものちに、彼女はクリスマス・メッセージで視聴者に言うことになる。だがその当時、彼女が責任をとるものとして最優先していたのは、チャールズやアンではなかった。それがのちのちどんな結果をもたらすかを予想していた人は少なからずいる。マーティン・チャータリスも「彼女はチャールズとまったく関わろうとしない」と心配したひとりだ。エリザベス自身も母の女官のひとりにこう認めている。「教会行事が終わって心底ほっとしているわ。私はチャールズを教会に連れていったことが一回もないから。教会に連れていくのは、いつもあの子の祖母だもの」

その結果がどうなったかは、王室通の伝記作家たちが取りあげた人々がもらした内情からだけでなく、エリザベスと同時代を生きた人たちの目にも明らかだった。一九六一年一〇月、ピープル誌は同情的にこう書いた。「女王が子どもたちのことに一生懸命で、普通の母親と同じように家庭で子どもたちと過ごしたいと思っているのは間違いない。だが執務している日には山のような仕事をこなさねばならないのだから、子どもたちの食事の支度をしたり、服を整えたりする時間などない。歯を磨いたかとか、耳のうしろを洗ったかをチェックするのも難しい」。その意見はチャータリスが、エリザベスのチャールズとアンに対する姿勢が「上流階級の恐ろしいほど時代遅れな育児」と思ったのと同じレベルの、善意に解釈した誤解だ。エリザベス自身が自分の両親と一緒に過ごす時間は、子どもたちと過ごす時間よりはるかに長かった。彼女自身は、慈しまれ、愛されているという実感を持って育った。両親と姉妹たちの「我々四人」の絆は強かった。だが、エリザベスの家庭は違った。

家庭の切り盛りは夫と母まかせ

一九六〇年夏、バルモラルを訪れた王母がエリザベスに書いた礼状に、王母自身の家庭観がうかがえる。「陽気な赤ちゃん（アンドリュー）を見ていて思い出しました。岩や家畜のにおい、子どもたちが駆けまわる足音、ドアが開くと幼いあなたが私の部屋によちよち歩きながら腕にすてきな何かを抱えて入ってくる姿、ピクニックやカードゲームや映画鑑賞会、そしてとりわけあなたたちと一緒に過ごした時間を思い出します。そんな思い出が人生最高のご褒美ね」。エリザベスも母のそういった感情を無条件で受け入れていた。のちに彼女は「神が下さった愛のおかげで、家族がひとつにまとまる」と言っている。

建築家のヒュー・カッソンは、一九五二年にバルモラルで目撃した家族の姿をこう書いている。

エリザベスが「青いウール地のロングドレスを着て、プライベートな居室で暖炉のそばのスツールに座り、チャールズが白いプラスチックのハサミで彼女の髪を〝カット〟している」シーンだ。またウィンザー城で、エリザベス、フィリップ、チャールズとアンがお茶の時間に一緒に子ども番組を見ていたところや、まだ文字が読めない子どもたちのためにエリザベスが絵を描いたり、フィリップが宝物探しをやっていたところに行き合わせたこともある。

マーガレット付きの女官、レディ・エリザベス・キャヴェンディッシュは、エリザベスがチャールズを「溺愛していた」とはっきり証言する。だがゴシップ好きのチャータリスは「女王は愛情をあらわすのがうまくなかった」から、チャールズ自身は自分が〝溺愛〟されているといつも思っていたわけではない、という。

一九五四年、エリザベスと最後に会ってから数年後に、クローフィーは「エリザベスは主婦」と言った。それは、エリザベスが「価値観がどんどん変わっていく世界にあって、変わらないものもある。変わらないなかで最も偉大な価値を持つものが家庭だ」と理解していた、という指摘だ。それでもやはり、エリザベスが家庭の切り盛りの大半を夫にまかせていたことは否めない。一方でフィリップは、姉たちとは親しく付き合ってはいたが、伝統的な家庭で子ども時代を送った経験がほとんどない。チャールズたちの面倒を見ていた乳母のライトボディと、助手をつとめるメイベル・アンダーソンのふたりは、子育てについての意見で対立し、そりが合わなかった。そのことがなおさら子どもたちの緊張を高めた。子どもに対してそれほど厳しくはなかったメイベル・アンダーソンだけが、長期的な視野を持って子どもたちの面倒を見ていた。

チャールズと両親のあいだに溝を作った学校選択

チャールズを一九五七年秋にチームという私立校に入学させ、その後スコットランドのゴードンストゥン校で学ばせると決めたのはフィリップだ。どちらもフィリップの出身校である。子どもを寄宿学校に入れて学ばせるという上流階級独特の慣習は、フィリップ自身も経験してきたことで、彼はうまくやっていけた。だが父と息子は気質が異なっていた。のちにフィリップは、自分は現実主義者だが息子は夢想家だと認めている。父子関係は緊張をはらんでいたものの、チャールズは自分を怖気づかせ、よくいじめられるにもかかわらず、そんな父に憧れていた。チャールズに自分が歩んできたのと同じ道をたどらせるよう無理強いするのは、息子を不安にさいなませることだとフィリップにはわかっていた節がある。

夫との対立を避け、子どもの養育に関しては権威的な夫に逆らう勇気がないエリザベスは、息子と夫のあいだに立って妥協案を出そうとはしなかった。フィリップの並はずれた環境順応力は、不仲な両親から長期間引き離されて育ち、感情的に満たされない子ども時代を送った結果である。エリザベスが子どもの養育について、「私は意見を言うのを控えている」と言っていた、という証言もある。

チャールズ誕生以来ずっと、父親であるフィリップが、息子はタフでエネルギッシュで才能あふれる、男のなかの男になってほしいと願っていると新聞各紙は報じてきた。ところが息子は、フィリップの目から見て内気で、繊細で、痛々しいほど行儀よく、運動能力に欠け、太り気味だった。一方で妹のアンは「勇猛果敢、活発、機敏」で、父親を喜ばせた。「私がご家族をニュース映画で拝見すると、エジンバラ公爵の視線が常にお嬢様の姿を追いかけていらっしゃって、チャールズ様はかわいそうなほどひとりぼっちでした」とボーンマス市役所の公共浴場部門係官のフランシス・ウッズフォードは言う。日曜版の一紙は、チャールズが一二歳だったとき、アンが「天使も恐れるほどの場所にも猛進していく」一方で、兄は「尻ごみしていた」と書いている。

アンならば（男子校である）チームやゴードンストゥンでもきっとうまくやっていけただろう。チャールズはどちらの学校にもまったくなじめなかったし、予想どおり不幸だった。そして両親に自分のみじめさを隠そうとしなかった。だがフィリップには自分の計画を変更する気などさらさらなかった。自分は一度も学校に通ったことがなく、ホームシックにかかったこともクラスメートからいじめられた経験もないエリザベスは、「来週学校に戻ることをチャールズはひどく恐れています。この前のお休みのときよりも怯え方がひどい」と王母に手紙で伝えただけだ。その文章は友だちの話を書いているかのようで、わが子がみじめな気持ちになるのも仕方ないと、見過ごそうとする冷たささえもうかがえる。

フィリップは一九七四年に「子どもたちは家庭にいたらぬくぬくと甘やかされてしまう」という自分の信念を堂々と述べ、どんな反対意見も一蹴した。「学校は、自制心があり、思慮深く自立した大人にするために、子どもをスパルタ式に鍛えて、しっかりとしつける場であることが期待されている」というのが彼の信念だ。両親共に自制心と思慮深さを重んじていたというわけだ。チャールズの場合、幼いときから両親が不在で寂しい思いをしたことによって自制心は養われた。一九五九年にチャールズが水ぼうそうにかかったとき、医師たちはエリザベスが息子に接触することを禁止した。三年後、チーム校にいたチャールズが虫垂炎になって病院に救急車で運ばれたときには、ウィンザーにいたエリザベスが見舞いに訪れたのは翌日だった。フィリップはそのときベネズエラにいた。

家族のなかでひとり浮いていたチャールズ

女王、妻、母と三つの役割に引き裂かれたエリザベスの人生を象徴する出来事がある。一九五八年夏、チャールズ自身にひと言も相談せずに、彼にプリンス・オブ・ウエールズの爵位を授与すると決めたことだ。彼はそれをチーム校の校長室で、クラスメートと一緒にカーディフで行なわれていたクリケットの試合を見ていたときに知った。エリザベスは事前にウエールズに向けたメッセージを録音していたが、チャールズにはいっさい何も伝えなかった。ウエールズの人々は歓喜に沸いたが、チャールズはただ激しく困惑しただけだった。

一九六〇年二月、一一歳のチャールズに会ったセシル・ビートンは、彼が家族のなかで最も思いやり深い人物だと言っている。また父親が虐待しているのではないかとも疑っている。「かわいそうなチャールズ皇太子は肩の痛みに絶え間なく悩まされ、眉間にしわを寄せて、いつ背後から父親にどやされたり、耳を引っ張られたり、髪の毛をつかまれたりするかと怯えている目をしている。私はすぐに、彼が気立てのよい、親切で繊細な人だと気がついた。だがお父上は、息子が活発で、ラグビーのスクラムでぐいぐい押しこむような人間でなくてはならないと思っておられる」。タブロイド紙のジャーナリストたちも同じような印象を持った。翌夏にサンデーミラー紙は、チャールズが両親から「しっかりしろ」とどやされていたことを書いている。「フィリップが秀でている運動競技よりも、狩猟や釣りのほうをはるかに好むことで、息子は父親を失望させている」

チャールズがまだ二歳のとき、祖母はエリザベスに「あの子は勇敢だけれど、神経質なところがあると思います。将来、馬鹿な人たちに脅されたりしないように、あなたは気をつけてあげなくてはいけない」と警告したことがあった。何がチャールズにとっていちばんいいことかをめぐって、母と夫が違う考えを持っていることに、エリザベスはとまどいストレスをおぼえた。王母が強力に勧めたのが、イートン校に通わせることだ。ゴードンストゥンでの教育に固執するフィリップに、王母は強硬に反対した。イートンならウィンザー城に近いではないかというのが、王母があげた利点である。それに「あなたの友人たちの子弟はみんなイートンで学んでいる」のだし、「しっかりと信頼のおける教会がある」と主張した。

家族の名前にフィリップ方の家名を入れることをめぐって、フィリップが積年抱えていた怒りをなんとか鎮める妥協策を編みだしてから、まだ一年しか経っていない。エリザベスは性格からして、フィリップにもう反対したくなかった。また宮廷でフィリップの反対勢力になっている旧世代のほとんどは、イートン校出身者だ。オルトリナム卿がシドニーのサンデーミラー・ニュースピクトリアル紙に寄稿した記事も、家族間の歩み寄りをうながすことにはならなかった。オルトリナムはゴードンストゥンをけなしたのだ。「(ゴードンストゥン進学は)正しい選択だったとは思えない」とし、「(チャールズを)まったくなじみのないうえ、やる気をなくさせるような環境に入れることは、公正とは言えないだろう」

一九六二年五月一日に起こった出来事で、まさにオルトリナムが危惧《きぐ》したことが起こった。どんな学校にも多かれ少なかれあるようないじめや身体的な脅しが、ゴードンストゥン校ほど残酷に日常化していたところはない。二学期が終わった時点で、チャールズは両親にゴードンストゥンをやめさせてくれと懇願した。以前に宮殿でチャールズの家庭教師をしていた人物は、彼が「たんに乱暴で活発なガキではないだけだ」と言って、きっとイートンやウエストミンスターではうまくやっていけるはずだと強く勧めた。チャールズが家族に必死に懇願しても、両親は彼を苦境から救いだそうとはしなかった。おそらくフィリップが、そういう過酷な環境におくことで、国王にふさわしい人間に変わるはずだとエリザベスを説得したのだろう。彼女がそれに対して全面的に同意したわけではないだろうし、チャールズの手紙に彼女は動揺したに違いない。しかし、彼女は夫に逆らって息子を転校させようとはしなかった。チャールズに悲惨な学校生活を続けさせることで、息子が将来どんな影響を受けるかを予想することなく、黙ってやり過ごした。

エリザベスが意図したわけではないが、それが将来、王室の危機を招くことになる。彼女自身は父と密接な関係を築き、父の信頼を得ることで、自身の運命を受け入れた。それを考えると、王位を継ぐ予定の息子と真剣に向き合わないのは、君主としても親としても明らかに怠慢だった。

チャールズがゴードンストゥンをやめたあとの一九六八年、ある昼餐会の主催者が「おそらく自分に向けられる批判を気にしていたがために、父親は息子をタフな学校に送りこんだのだろう。学校をやめたおかげで、やっと息子は鍛えられる必要がなくなったわけだ」と言った。

リサ・シェリダンは女王陛下公認の写真集『アンドリュー王子との一日』に、エリザベスが当時二歳だった息子とあたたかく気さくに接している写真を掲載している。エリザベスは、チャールズやアンのとき以上にアンドリューと過ごす時間を増やそうと決めていた。「アンドリュー王子はやんちゃをしても両親から叱られることがなく、幸運だ」とシェリダンは書いている。「アンドリュー王子が木登りをするると、ひとりでやるようにと励まされる。もし木から落ちても、あわてて駆け寄って抱き起こしたり、怪我がなかったかと調べられたりすることもない」。エリザベスとフィリップの子どもたちに対する接し方が、子どもによって違っているというシェリダンの指摘は、時が経つにつれ真実だと証明された。

エリザベスの人気と不人気の影響

「精神的に不安定で悲しげ、迷いがありそうで物思いに沈んでいる」。一九六五年にロイヤル・アカデミー・オブ・アーツで公開されたエリザベスの新しい肖像画を見たある批評家の評である。「女王陛下の肖像画のための習作」としてロイヤル・アカデミー会員のピーター・グリーナムが、前年に縦二メートル半の大きさで描いたエリザベスの肖像画は、全体に淡い色調でぼんやりとしたイメージに仕上がっている。肖像画を見た大衆は、君主が数々の悩みを抱えていることを推察した。そして新聞各紙が「王室論議」と呼ぶものがはじまった。

グリーナムは明らかに、エリザベス自身が考えている自分像とは異なる視点から彼女をとらえている。翌年彼女はトルコ生まれのカナダ人写真家ユーサフ・カーシュに、一九五五年にセシル・ビートンが撮ったような肖像写真を撮らせた。バッキンガム宮殿の舞踏室という荘厳な空間で椅子に座ったエリザベスは、論議を呼んでいる自分の君主としての役割やその目的について、いささかの疑問も抱いていないことを示すような、厳格で妥協を許さない表情を浮かべている。

それでも一九六〇年代が半分終わった時点において、王位を継いだ当初の社会にあった、王室を取り巻く明るい楽観的な空気が大きく変わってしまったことは、エリザベスを明らかに不安にさせていた。マルコム・マゲリッジ、キース・ウォーターハウスというジャーナリストたちからのエリザベス個人に向けられた批判が、オルトリナム卿の論文によってエスカレートした「王室論議」の記憶は、エリザベスのなかで尾を引いていた。マゲリッジはエリザベスの「野暮ったさ」と「俗っぽさ」を冷笑したのだ。

欧州経済共同体（ＥＥＣ）への加入をめぐって、英連邦のリーダーたちと英国政府の意見は分かれていた。不人気のギリシャ王と王妃の公式訪問のときには、エリザベス自身が野次られた。一〇年前には考えられなかった侮辱である。マクミランの辞職と共に、政治スキャンダルが次々と暴露され、次期首相候補をめぐる激しい対立も、エリザベスにとっては逆風となった。そしてチャールズがみじめな学校生活を送っていることも、彼女の心配の種だった。

一九六四年、彼女は初めて新聞の風刺漫画で描かれた。退屈であくびしているエリザベスの顔が、シェイクスピア生誕四〇〇年の記念切手に描かれている風刺画である。教養がないことを暗に嘲笑している絵柄だ。一九六一年、三五歳になったエリザベスはクリスマス・メッセージで、「若者世代の代表」というのをやめ、英国の新生と再興の象徴という、つい最近まで自分に課していた位置づけから距離をおいた。そんななかでのグリーナムの肖像画は、以前より老《ふ》けたエリザベスの姿を描いていた。

一方で、エリザベス個人の人気に陰りは見られなかった。国内外を問わず、エリザベスが姿をあらわすところには、ひと目女王を見ようと群衆が集まり、手を振って歓迎した。エリザベスが一九六一年一月にデリーを訪問したとき、「沿道に一〇〇万人が詰めかけ大歓声をあげるなかでのパレードで、今日女王は戴冠式以来最も忘れられない感動を味わった」とサンデー・エクスプレス紙は報じた。「インド訪問の行く先々で、押し合いへしあいしながら女王を歓待する誰もが口々に叫んだのは『クーブスラット』というひと言だ。ヒンディ語で『お美しい』という言葉である」

オルトリナム卿の王室に対する攻撃に罰金を科した行政長官は、一九五七年にその言い分として「この国の九五％の人々はオルトリナム卿の論文に嫌悪を抱き、反対している」ことをあげた。だがデイリーメール紙の調査によれば、オルトリナム卿の意見に賛成した人も三分の一いたという。それでもエリザベス個人の人気は高く、反感が向けられたのは王室だった。治世の初期にあったような畏敬の念は見られなくなっていたものの、女性誌を筆頭に、エリザベスを光輝あるレディとして敬《うやま》う雰囲気はまだあった。

一九六四年に実施された大規模な世論調査によれば「王室と君主制は広く支持されている」ことが確かめられた。「王室の存在は、国民に強い安心感を与えてくれる意味できわめて重要で、必須である。国威の象徴として重要であり、ますます重要度は増していくだろう」。エリザベスが「神から特別に選ばれた」存在だと考える人たちが三割いることも、調査では確かめられた。

エリザベスの人気が高く、国民が王室の存在を非常に重視しているという揺るぎない証拠が出たことで、女王は王室運営を大々的に変える気にはならなかった。ある政治家の秘書がバッキンガム宮殿を訪れたとき、侍従武官たちのだらけた様子が目についたという。「彼らが話すことは馬のことだけ。おそらく誰もが馬のことしか興味がないからだろう」。一九六二年のエリザベスの個人的〝善行〟は、英国で絶滅の危機に瀕しているクリーヴランド・ベイ種という馬種の保存のために、残存する四頭の種馬のうち一頭を購入したことだった。

若者や英連邦国の王室離れ

エリザベスの母は王室で引きつづき強い影響力を持っていた。王母は自分の視点からの「近代化」への「嫌悪感」を隠そうとしなかった。「近代小説はあまりにも忌まわしく、かつぞっとするようなもので、私は気持ちが悪くなります。私たちはあらゆる芸術が趣味悪くなる時代を乗り切らなくてはなりません」と書いている。一九九三年にチャールズが「六〇年代に、教育、建築、アート、音楽と文学分野で最先端とされたもののくだらなさ」に言及したのは、当時の新しいものを忌み嫌った祖母の影響を強く受けたからに違いない。

ロンドンデリー侯爵のロンドンにおける居宅だったロンドンデリー・ハウスの跡地に、鉄筋コンクリートでヒルトン・ホテルが建設されたことに関して、エリザベスは「建築にかけられたのと同じくらいの時間で取り壊してくれたらいいのにと思っています」と、ヴィクトリア朝建築の熱心な擁護者だったサー・ジョン・ベッジュアンとテッド・ヒュースにこぼした。ただ建築に反対した理由は、ホテルの外観だけでなく、バッキンガム宮殿の北側という場所にもあったのだが。

一九六〇年代に大きく変容した文化をになっていたのは、圧倒的に若者たちだ。若者たちは旧世代を否定し、現社会に苛立っていた。特に伝統的に社会の権力を握ってきたエスタブリッシュメント層に反発した。因習打破の時代にあって、エリザベスは自分と非常に近いところにある世界に反旗をひるがえしているこの世代に、王室に対する親愛と忠誠を持ちつづけさせるという難業に取り組まねばならなかった。

一九六二年秋、エリザベスは世代や社会階層によって分離してしまった忠誠心というジレンマに直面した。マクミランは以前に、ＥＥＣへの加盟を進めていた。一九六〇年四月、エリザベスはフランスのシャルル・ド・ゴール大統領の英国公式訪問でホストをつとめた。第二次世界大戦中に自由フランス軍を創設したド・ゴールを、マクミラン政府はあらゆる手段でもてなして懐柔しようと必死だった。当時首相だったマクミランにとって、その公式訪問で達成すべき目標は、英国を欧州の共同市場に加盟させると、ド・ゴールから公的な言質《げんち》をとることにあった。だが、ド・ゴールは英国の加盟には及び腰で、その理由は英国がアメリカと緊密な関係を持っていることと、英連邦との経済同盟関係にあった。英国の必死の努力にかかわらず、一九六三年初めに、ド・ゴールは英国のＥＥＣ加盟に拒否権を発動した。

英国が欧州共同市場への加盟交渉を進めていることに不満を抱いた英連邦のリーダーたちは、英連邦という組織を円滑に動かすキープレーヤーである女王が、自分たちの意見を英国側に反映させる役割をになっていることを確認した。そこでエリザベスはマクミランに「私は英連邦の感情を懸念している」と伝えた。彼女は英連邦の長という地位が複雑であることを理解していたし、自分が率いる組織が一枚岩でないことにも悩まされていた。マクミランはエリザベスに謝罪したが、傷ついた英連邦の感情の影響は大きかった。ド・ゴールが拒否権を発動したにもかかわらず、英国が通商パートナーとして英連邦を「裏切った」ことで、相互に不信感がくすぶった。

その年のクリスマス・メッセージで、エリザベスは政治家たちの頭越しに、楽観的な調子で英国と英連邦は一体であるとメッセージを送った。「近代社会におけるすべての変化と、それによって生じる摩擦や圧力にかかわらず、古くからの英連邦の一般国民とのあいだにある特別な関係としての感情は、決して弱まるものではないでしょう」

ド・ゴールの決断の数週間以内に、エリザベスとフィリップはオーストラリアとニュージーランドへの二回目のツアーに出発した。シドニーのサーキュラーキーに一〇万人の人々がロイヤル・カップルを歓迎するために詰めかけた、とキャンベラ・タイムズ紙は伝えている。だが、雰囲気は前回の訪問のときとは異なった。テレビのある家庭が増えたために、生身のエリザベスをどうしても見たいという人は少なくなり、王室の神秘性は薄まった。英国が英連邦よりも欧州に接近しているという不信感も、歓迎ムードに水をかけ、訪問を伝える記事にも批判的な文言が織りこまれた。シドニーで行なわれたガーデン・パーティーはあいにくの雨模様だったが、アデレード・アドヴァタイザー紙のシャーリー・ストットは、王室の高圧的な態度にがっかりさせられたと書いている。招待客に「基本的なエチケットを教えこむために」、スピーカーでお辞儀のやり方を指示したり、女王陛下夫妻をじろじろ見ないようにと注意を与えたりされることにうんざりしたという。「雨と寒さに耐えて参加しようという招待客の気持ちがついに折れたのはその指導のせいで、女王が到着するまでに、客たちは厳格な校長に怯えた小学生のようになっていた」とストットは書いた。

プロフューモ事件が政府と王室を揺るがす

英国でも憂鬱な出来事が続いた。マクミラン政権で陸軍大臣の任にあったジョン・プロヒューモは、ショーガールのクリスティン・キーラーと肉体関係を持っていたが、キーラーはソビエトの駐英大使館付武官でスパイのユージーン・イワノフとも愛人関係にあった。キーラーとの関係について庶民院で問われたプロフューモは、面識はあるが肉体関係はないと答弁したものの、のちにそれが嘘であったことがばれて辞任に追いこまれた。「誰もがプロフューモのスキャンダルに興奮して話題にし、それによって保守党が倒れることになった」と労働党寄りの作家フランシス・パートリッジは書いている。

マクミランは内閣を組織しなおし、エリザベスに政権の大臣の「恐ろしい行為」によってダメージを与えたことを謝った。デイリーミラー紙はプロフューモが「今世紀最悪の嘘と不名誉の泥沼にはまって失脚した」と書いた。首相の謝罪に対するエリザベスの返事は同情的だった。

女王という地位に政治的な力はないが、不人気だったり悪評判が立ったりした政治家に王室が結びつけられることの危険は理解していた。マクミランはエリザベスの家族にスキャンダルの影響が及ぶことを案じた。プロフューモにキーラーを紹介したのは、上流階級のあいだで人気の整骨療法士であるスティーヴン・ウォードだ。ウォードはイラストレイテッド・ロンドンニュース紙やデイリーテレグラフ紙に著名人の肖像スケッチを寄稿するアーティストでもあり、政治家や著名人に広い人脈を持っていた。ウォードはクリーヴデンに週末を過ごす別荘を持っていたが、そこで売春を斡旋《あっせん》していたことが発覚し、有罪となった。スティーヴン・ウォードのスケッチのモデルになったなかには、エリザベスの縁者が何人もいた。ウォードはフィリップも参加していたサースデイ・クラブのメンバーのひとりだった。

いかにも道徳心が高そうなふりをするミラー紙は「(プロフューモの)かつての友人だったスティーヴン・ウォードが王室のあいだではよく知られた人物だったことは事実で、マーガレット王女、フィリップ殿下、トニー・アームストロング＝ジョーンズ、グロスター侯爵、マリナ王女やアレクサンドラ王女の肖像スケッチも描いている。だから王室一家はこの件にたまたま引きずりこまれただけだ」と書いた。二週間後、ミラー紙はまた残念そうに「プロフューモ・スキャンダルについて、胸が悪くなるような噂が流れている。王室一家のスキャンダルの噂だ。あがっているのはフィリップ殿下の名前である」と報じた。見出しは「根も葉もない噂」だった。

裁判費用を稼ぐためにウォードはスケッチを売ろうと試みた。女王の写真の管理者が内密で問題のスケッチを購入し、ミラー紙は奮闘したものの、フィリップがこの件に関わっているという噂は立ち消えになった。

形ばかりの新首相任命という特権

一九六三年一〇月、エリザベスと話し合った予定よりも三カ月早く、マクミランが六九歳で退陣せざるをえなくなったのは、プロフューモ事件のためではなく、前立腺切除と心気症のためだった。その後の対応について、以前よりも年齢を重ねて経験を積んだエリザベスは慎重だった。保守党の首相が二度にわたって任を辞したことで、後継者を指名するプロセスに彼女が関わらざるをえなくなったが、マイケル・エイディーンを通して、名目だけの役割以上に関与するのは気が進まないと表明した。「健全に特権を維持していく」ことは「非常に重要だ」と彼女はすでに指摘していた、とマクミランはのちに書いている。

だが、一九五七年に批判があったにもかかわらず、党の規則は改訂されていなかったため、彼女に逃げ道はなかった。ケンブリッジ大学副学長のサー・アイヴァー・ジェニングスは「彼女の役割は、よき首相となり、保守党議員に受け入れられる人を選ぶことにある」と説明した。ロングフォード伯爵夫人エリザベス・パケンハムは、「彼女が候補にあげたというだけで、その仕事をまかせることにした人は誰であっても成功するでしょう」と言った。エリザベスの性格では首相候補選びを安易に運ぶとは考えられないし、また昔からのならわしにそって、お気楽に彼女が選べるようなご時世ではない。問題は二重にある。一九五五年と一九五七年のときのように、五指にのぼる後継者候補があげられて、そのなかから選ぶというのではなかったことと、マクミラン自身が自分が候補者を推薦すると、エリザベスにはっきりと印象づけたことだ。

マクミランにはそれができた。もう首相職を続ける気力も体力もないにもかかわらず、すぐに正式に辞任を申し出なかったのは、自分が首相職にとどまっているかぎり、エリザベスの第一のアドバイザーでいられるからだ。病院のベッドから、彼は新しいリーダーを見つけるために、党内に打診した。その結果、彼の好む結果が得られた。大半の党員が、外務大臣のヒューム卿を支持したので、彼はエリザベスに推薦した。すべてはエドワード七世病院の病室でのミーティングで決められ、推薦後にすぐに彼は辞表をバッキンガム宮殿に宛てて出した。

実のところ、政治に関与したくないというエリザベスの強い願望を、マクミランは利用したのである。バッキンガム宮殿は、辞表が届くとただちにマクミランの辞任を発表した。エイディーンはエリザベスに、数時間前に辞任した前首相のアドバイスを聞かねばならないという憲法上のしばりはない、と言った。女王に唯一課せられた任務は、庶民院で多数を率いることができる代わりの人物を見つけることだ。エリザベスは、受動的な受諾という自分の任務は、マクミランの巧妙なトリックに沿って保守党内部の政治から早めに手を引くことを意味していると、しっかり理解していた。その意味でなおさら好都合だったのは、マクミランから推薦された候補者に親近感を持っていたことだ。伝統にこだわりを持ち、アウトドア好きのスコットランドの伯爵アレック・ダグラス＝ヒュームは、彼女がよく知る貴族だった。

マーティン・チャータリスは「彼女はアレックが大好きでした」という。「昔からの友人で、犬や狩猟の話をよくしていました。どちらもスコットランドの地主で、同窓生のような同じ種類の人たちでした」と語る。だが、ある新聞は「仲間のひとりを、ただ仲間だからという理由だけで指名するのが、保守党にとっていいことなのかどうかと首を傾げる人は多かった。選挙で労働党に格好の攻撃材料を与えてしまう」と懸念を書いた。その予想どおり、労働党の党首ハロルド・ウィルソンは「貴族社会の陰謀だ」とコメントしたが、それは筋違いだ。

エリザベスは無抵抗の犠牲者だったように思われる。一九五七年のとき以上に、「選択」することができないまま指名の特権を行使するという矛盾した役割に、彼女は不満をおぼえた。たとえすばやくことを運ばねばならないという圧力が強くかけられていたにせよ、最終的にマクミランのアドバイスを受け入れたこと自体がひとつの選択だ。ミラー紙は「彼女は保守党内部で揉めているあいだ、政権の方向が決まらず放置することは許せなかった」と、エリザベスのやり方を容認するコメントを出した。

しかし、家族の友人である伯爵に組閣をまかせたことによって、エリザベスと王室が一九六〇年代の民主主義の精神からはずれているという見方をより強めることになった。

第四子エドワードの誕生で変わった王室の育児

エリザベスはパテのカメラマンが一九六五年イースターに一家を撮影することを許可した。『ロイヤル・ファミリー・アット・ウィンザー』というニュース映画では、フロッグモアの庭園を散歩するエリザベス、フィリップ、チャールズ、アンとアンドリューの姿が紹介されている。エリザベスは乳母車を押していた。中に寝かされていたのは、彼女の四番目で末子となる、エドワード・アントニー・リチャード・ルイス。一九六四年三月一〇日、三八歳の誕生日の数週間前に出産した際、初めてフィリップが立ち会った。

おなじみのテーマでの議論がまた蒸し返された。まだエリザベスへの称賛は続いていたものの、母親業と君主業の両立はほぼ不可能だと認知されるようになっていた。今回は「女王陛下は国家のケアのすべてから一時的に解放された数日を」楽しむ余裕のおかげで、「母親の役目を果たしている」とニュース映画はコメントした。「赤ちゃんの両親にとって、家庭生活の喜びを味わうことは一般家庭に比べるとそう頻繁にあるわけではないでしょう」とニュース映画を見た人たちは言った。「英連邦の長として、必然的に長い外遊の旅に出なくてはならない。家族が全員一緒にいられる数日間は、めったにないからこそ、どれほどかけがえのない時間であることか」。「国家のケアから解放された休日」は、必然的に短く、めったになかったが、エリザベスは一〇年前よりも「母親の役目」をより精力的にこなそうと一生懸命だった。「また赤ちゃんを迎えて、なんて楽しいのかしら！」とエドワード誕生後に友人に言っている。エドワードが六カ月のとき、助産師のヘレン・ローに宛てた手紙で、「赤ちゃんはすばらしくいい子です。黄金のように輝いていて、もうお座りができそうで、七〇〇〇グラム近くあります！　誰にでも愛想をふりまいてにこにこ笑いかけ、みんなを幸せにしてくれます！」と幸福感を伝えている。

革張りの面会予定ノートに、彼女は鉛筆で赤ちゃんのエドワードと過ごす時間を書き入れ、その時間は面会者を入れないようにしていた。首相との面会も、エドワードのお風呂の時間を理由に、火曜日夕方からもっと早い時間に繰りあげられた。アンはのちに、下のふたりの弟たちを両親が甘やかし、自分たちとは扱いが違ったと言っている。マウントバッテンの孫息子のひとりであるティモシー・ナッチブルは、「スウィンギング・シックスティーズ（活気あふれる華やかな六〇年代）と呼ばれた一九六〇年代の若者たちによる文化革命は、親業に新しい考え方を示し、親たちは子どもと一緒に長い時間を過ごすようになった。エリザベスとフィリップもその考え方をすばやく取り入れた。エドワード王子はそんな新しい育児によって育てられた」という。

クリスマス・メッセージでエリザベスは、若い家族は神に与えられた恩恵のひとつだ、と言った。そして、アンドリューとエドワードは、チャールズとアンのときのようにメディアにさらすことをせず、アンドリューの洗礼式のときの写真も公開しなかった。「女王は身近な人々の個人的な事柄について、プライバシーを守る壁をしだいに高く、しっかりと築くようにと主張なされている」と公式声明がのちに出された。

だがエリザベス自身は、フィリップと宮殿スタッフの新しい血に励まされて、最初にその壁を突破した。

13

「ブロントザウルスのように環境に適応できずに絶滅して、博物館に展示されるだけの存在になりたい人などいない」

エリザベス 39歳〜44歳

王室への無関心

「若さの盛りを過ぎてから、女王の評判は今よりはるかに人格に左右されるようになるだろう。人格が問われるようになると、体裁だけつくろうわけにはいかなくなる」。オルトリナム卿はそう予言した。一九六八年九月に女王を撮影したセシル・ビートンは、「悩みと過去の心配事」によって若々しさに陰りが見えると指摘している。「父親譲りの澄んだ青い目が充血していた」

一九五〇年代後半に王室の存在危機を警告した声は、六〇年代後半になっても消えていなかった。最初のころの批判にかわって、無関心と人心の離反がより深刻な危機の兆候だった。一九六七年、サンデーテレグラフ紙は、「大半の人々」が以前より王室への関心を失っているとはっきり書いた。若者主導で起こした六〇年代の文化変革の時代に、「特に若者たちの多くが、女王はダサい堅物だとみなした」ことが無関心の背景にある。歴史家のチャールズ・ペトリー卿は、イラストレイテッド・ロンドンニュース紙に「英国王室は一世代前ほど人々の心にしっかりと根をおろしていない」と書いた。一方でメアリー皇太后の伝記作家であるジェームズ・ポープ＝ヘネシーは、一月に出席したディナーパーティーで、「もちろん我々がやらなくてはならないのは、王室一家を追放することだ」というペトリー卿の発言に震撼とした。

宮廷人にも、純粋に王室存続の危機をおぼえる人たちがいた。女王の個人秘書もそのひとりで、のちに「我々は変わらなくてはならなかった。あまりにも退屈な存在になってしまっていたから」と彼は言った。「我々」が意味しているのは、王室を取り巻く人々ではなく、明らかに王室一家を指している。

だがどんな変化もはっきりとはあらわれなかった。一九六四年、フィリップは「王室はすべての人々のものであり、すべての事柄に対応しているものでなくてはいけない。そうはいっても、もちろん伝統主義者と伝統打破主義者の両方にとっての〝すべての事柄〟に対応できるわけではないが」と指摘した。三年後、彼は意見を変えた。キャンベラでの記者会見で彼は「ブロントザウルスのように環境に適応できずに絶滅して、博物館に展示されるだけの存在になりたい人などいない」と言った。指揮者のサー・ジョン・バルビローリがエリザベスに、自分を批判する声には何もしないことにしていると言ったとき、彼女は悲しげに「本当にそんなことができるのかしらと思いますよ」と答えた。ある辞職した大臣が「政治的な問題で心底まいってしまったときがありました」と打ち明けたとき、エリザベスが彼に、「落ちこんで、全部投げ出したいと思ったことはありましたか」と尋ねたこともある。

13
「ブロントザウルスのように環境に適応できずに絶滅して、博物館に展示されるだけの存在になりたい人などいない」

彼女は、英国の草の根レベルでは、まだ自分への親愛の情が残っていることを知っていた。「(労働者階級が多く住む)イーストエンドに行けば、みんな小旗を降って、王室を夢中で歓迎しますよ」とフィリップは労働党の政治家に言ったことがある。一九六六年九月に完成したセヴァーン橋［訳注：イングランド南グロスターシャーとウエールズのモンマスシャーの境界となっているセヴァーン川に渡された自動車用の吊り橋］の開通式に出席したエリザベスを見ようと、大群衆が集まった。ウエールズ独立を訴えるウエルシュ・ナショナリストたちのデモをものともせずに、人々は熱狂的に女王を歓迎した。「ロンドンと南ウエールズを結ぶM４高速道路のセヴァーン橋周辺には、車の長い列ができ、何千人もの見物客が制止を無視して舗道を飛び出し、女王の乗った車に向かって旗を振って歓声をあげた」という。エリザベスはまだおとぎ話のお姫様のオーラを失っていなかった。

一九六五年五月、ドイツ、ブリュールにあるアウグストゥスブルグ城を訪れたときの歓迎式典で、エリザベスは城のロココ調の内装に合わせたブルーと白の刺繍入りドレスを着用した。デイリーエクスプレス紙は一面トップに写真入りで紹介し、「ドレスは感嘆のため息を誘い、女王はドイツの人々を魅了した」とお世辞たっぷりに報道した。海外においては、エリザベスは現代的で新しい文化にも造詣が深いと称賛されていた。同じ年の初めにハイレ・セラシエ一世の招待でエチオピアを訪問したときは、王室外交として大きな成果をあげることもできた。ガーディアン紙の報道によると「女王の訪問のおかげで、首都に一紙だけある新聞が初めて女性を取りあげ、女王が産業に関心を持ち、芸術を愛好していることを称えた」という。

アベルヴァンの悲惨な事故で問われた女王の姿勢

翌年一九六六年一〇月、ウエールズのグラモーガン郡にある炭鉱の村、アベルヴァンで恐ろしい事故が起きた。長く降りつづいた雨でボタ山が突然崩れて村の建物を押し流し、土砂崩れに直撃された学校にいた一一六人の子どもたちと二八人の成人が亡くなった。惨事が起きた直後は、エリザベス自身が訪れるほどの悲惨な事故だとは考えられなかったこともあり、彼女がアベルヴァンに向かったのは惨事から八日経ってからだった。アドバイザーたちはエリザベスに、できるだけ早く現地を訪れるようにとうながした。だが彼女は、自分の訪問によって救助作業に支障をきたすことを心配してためらった。マーガレットは惨事を生きのびた子どもたちのためにおもちゃの提供を呼びかけ、エリザベスはアンドリューとエドワードの子ども部屋にあるおもちゃを、王室から届けたとはわからないように匿名で寄付するようにと指示した。

アベルヴァンの惨事に接したときに彼女の反応がにぶかったのは、安易に同情を示すことへの嫌悪と、目立つスタンドプレーを避けたいという気持ちからだ。だがそれは、自分が前面に出て救済活動をすることとの効果への理解を欠いているだけでなく、君主は神から授かった癒しの力を持っているという大衆の気持ちを軽視した行動だった。エリザベスはまた、自分が災害被害者たちの生々しい苦しみにどう対応したらいいかわからないという不安も持っていただろう。被害者の個人的な悲しみへの同調を押しつけられるかもしれないと怖気づいたことも考えられる。

災害発生から一週間以上遅れて被災地を訪問したエリザベスは、二時間半をかけて現地を視察して被災者たちと会った。エリザベスが「青ざめて、瞳は絶望で暗く、時折涙をこぼしそうになって

13

「ブロントザウルスのように環境に適応できずに絶滅して、博物館に展示されるだけの存在になりたい人などいない」

いた」という人もいた。新聞各紙はアベルヴァンでエリザベスが、自分もひとりの妻と母として「近親者を亡くした母親たちの気持ちを理解し、感情を共有した」と書いた。地元の人々にとって女王慰問は、悲劇のあとのある種のカタルシスを与えたに違いない。

エリザベスは自分と異なる人たちに対して、自分がたやすく共感できないとわかっていた。また自分は王母のように、公の場で芝居がかった仕草で感情表現できないことも知っていた。共感もできず感情表現も苦手なために、エリザベスは慰問をためらった。だが被災地におもむくと、慰問を受けた人たちはエリザベスが自分たちのために悲しんでくれることで癒され、感情を出さないよう自制していても悲しんでいるのははっきり伝わっていた。当時のアベルヴァンの人たちは、次世代の人たちのように、公の場で大袈裟《おおげさ》に嘆き悲しんだりしなかった。エリザベスはその後数十年で四回アベルヴァンを慰問に訪れ、惨事が起こってすぐに訪れなかった自分の判断ミスの過ちをつぐなった。だがアベルヴァンの惨事の件で、彼女が公的人生に対する姿勢を変えたわけではない。その後も、不意に襲ってくる事件や災害に、考慮のうえにも考慮を重ねて慎重に対処する彼女の姿勢は変わらなかった。

素顔の王室一家を映すテレビドキュメンタリー

一九六八年、彼女が王室の日常を自然な姿で撮影するテレビ番組の制作を許可したのは、反抗的な若者世代の王室離れを食い止めたいという動機からではない。エリザベスは一九六九年のコモンウェルスデー［訳注：英連邦を称えるためにウエストミンスター寺院で祝う毎年恒例の行事］で、自分が若いときと同じように、今の若者世代にも期待をかけていることを指摘した。「英連邦加盟メンバーたちは、互いへの思いやりを持ち、奉仕し、助け合う気持ちを示す機会があります。それは英連邦すべての国々の若者たちが持っているすぐれた特質のひとつだと私は思っています」

計画から制作完了まで一年以上をかけたテレビドキュメンタリー『ロイヤル・ファミリー』は、往時の王室の功績の記憶が色あせてきたことを感じさせる番組だ。エリザベス自身もそうだが、英国王室からは、かつての勇ましい大言壮語や向こう見ずに強がる姿勢が消えた。ドキュメンタリー番組が伝えようとしたのは、普段着の王室の姿だ。番組視聴者にエリザベスの人となりが伝わったことで、この企画は成功したと言える。それはまさにオルトリナム卿が望んだような王室の姿だっただろう。あるテレビ評論家は、エリザベスが「温厚で親しみやすい人で、ユーモアのセンスを完璧にそなえている」人物として描かれていた、と評価した。ジョック・コルヴィルはかつて、「君主を半分神格化された存在として演出」しようとしたが、番組では六〇年代の時代精神を踏まえて、エリザベスをひとりの人間として描きだそうとした。伝記作家デルモット・モラーの、君主は「高貴な生まれの平凡な人間」という考え方に近い姿だ。

『ロイヤル・ファミリー』というタイトルが示すとおり、番組は「家庭」を強調している。宣伝資料には「ユーモアのセンスと楽しみと共に強い義務感を共有している、固い絆で結ばれたあたたかな家庭」と紹介されている。ナレーターをつとめたのはアントニー・ジェイで、彼は一九九二年のエリザベスについてのテレビドキュメンタリーでも台本を書いた。BBCとITVの合同制作番組のディレクターをつとめたのは、リチャード・コーストンだ。ジェイの落ち着いたナレーションのおかげで、番組は王室の堅実な姿を伝えることに成功した。

13

「ブロントザウルスのように環境に適応できずに絶滅して、博物館に展示されるだけの存在になりたい人などいない」

一九六九年六月二一日に初めて『ロイヤル・ファミリー』が放映されたとき、視聴した二二〇〇万人は、ロイヤル・サラダのドレッシングのレシピに興味を持ち、アメリカ大使の饒舌に少しもひるむ様子のないエリザベスの姿に感心しながら、一方でエリザベスの職業人生についての要点を学んだだろう。「女王は国の最高峰にあるオフィスで公務をこなしています。その仕事はほかの誰も取ってかわることができません。彼女が法を支配していますから、政治家は法廷を支配することはできません。彼女が国の首脳ですから、軍の将官たちは誰も政府を支配することはできません。君主制は君主にただ権力を与えるのではなく、何人にも与えることを拒む権力を与えるのです」

君主制を否定の言葉で守ろうとするこの姿勢は、最初にテレビで放映された年のクリスマス・メッセージを反映している。「私はあなた方を戦いに導くことはできません。私はあなた方に法律や正義を正す権利を与えることはありません」

「ダサい堅物」と若者たちに冷笑されたエリザベスは、政治的過激主義から国を守るという役割をになっていることを番組は伝えた。一九五〇年代までの手放しの王室礼賛以上に、多くの人たちにとって、その役割を果たすことにおいて、王室は存在意義があった。セシル・ビートンはその意味で、『ロイヤル・ファミリー』は成功したと考えた。「女王がとてつもなく大きな役割をになっていることを、あの番組はしっかりと伝えていた。女王は自分自身では権力を有していないが、独裁者や不法な権力を持つものが、その権力を悪用しないように守る役割をになっている」

王室内部にテレビが深く入りこむ

ドキュメンタリー番組制作はエリザベスが考えたことではない。彼女は新しいことを積極的にやろうとはしない。長いあいだ、テレビを忌み嫌っていたのもそのためだ。戴冠式にテレビカメラを入れることにも、最初は抵抗した。一九五七年までクリスマス・メッセージをテレビで放映するのを許さなかったし、カラー放送を許可するまでにそれから一〇年かかった。だが、『ロイヤル・ファミリー』の制作では、七五日間にわたってテレビカメラを生活のなかに入れることを許可した。

王室サークルの多くの人たちは、プライベートな生活の場をテレビカメラの前でさらすことは、王室の品位を落とす危険があると懸念を抱いた。それにもかかわらずエリザベスが承認したのは、長らく宮殿で広報官をつとめ、「なんでもかんでも反対する人」で知られていたジョック・コルヴィル大佐が一年前に引退したことが大きい。もし彼がいたら、とても番組はできなかっただろう。コルヴィルはメディアに対して時代遅れの見解を持っており、どんなメディアも王室に近づけようとしなかったので、マルコム・マゲリッジは王室の広報官たちを「ありえないほど無能」と批判したくらいだ。

『ロイヤル・ファミリー』のプロジェクトは、コルヴィルにかわってエリザベスの個人秘書となったオーストラリア人のウィリアム・ヘーゼルタインと、マウントバッテンの娘婿でテレビディレクターであるブラボーン卿ジョン・ナッチブルの企画である。「王室一家のイメージはあまりにも時代遅れだ。誰かが謎に包まれた王室のカーテンを開けるべきだ」とふたりが意気投合し、企画を立てた、そうマーティン・チャータリスは断言している。加えてフィリップの熱心な後押しと、マウントバッテンの援助がなければ企画は実現にいたらなかっただろう。

一九六八年一〇月初め、フランスの雑誌パリマッチ誌が、フィリップが四年前に撮影した、誕生したばかりのエドワードとベッドにいるエリザベスの写真を盗んで、八枚掲載したことがある。「謎に包まれた王室のカーテン」が少しだけ開いた最初の出来事だ。翌日、デイリーエクスプレス紙がそのうちの二枚を掲載した。宮殿の広報官は「写真はプライベートなものなので、女王は当然ながら公にされてほしくなかったでしょう」と、いかにも王室らしい、控えめな表現でコメントを出した。そんな対応では横暴なメディアを押さえつけられるわけもなく、その後王室はメディア対応でますます無能ぶりをさらけ出すようになる。

そうは言っても、エリザベスの同意なしに番組制作ができたはずはない。彼女は公的イメージを、あらゆる面で自分自身でコントロールしていた。一九六六年、彫刻家のアーノルド・マシンが新たに切手をデザインすることになり、そのために六月二二日にジョン・ヘッジコーが女王のバストアップの写真を撮影した。エリザベスは一枚一枚を仔細に調べ、気に入った写真には「よい」と入れ、気に入らない写真には大文字で「ダメ」と入れた。ドレスメーカーから提出されたデザイン画にも、変更してほしい点を必ず書き入れた。気に入らない提案があっても、従うしかないとわかり、特に王室に明らかにメリットをもたらすと認めたら、優雅に従った。クリスマス・メッセージや議会の開会宣言のスピーチをテレビ放映することも認めたし、一九六九年イタリア大統領ジュゼッペ・サーラガットの公式訪問の際には、バッキンガム宮殿で行なわれた晩餐会にみずから率先してテレビカメラを入れさせた。

これまでも王室の人々を撮影したドキュメンタリーがなかったわけではない。一九六五年に公開された『ロイヤル・ファミリー・アット・ウィンザー』は、エリザベスの両親が三〇年前に撮影を許可したニュース映画を焼き直したような映画だ。王室一家の声は収録されず、カメラは距離をおいて撮影し、気持ちや行動は見る人が崇敬の念を抱くように、解説によって説明された。つまり生々しいドキュメンタリー形式の映像ではなかった。それに引き換え『ロイヤル・ファミリー』は、まったく新しい視点から王室の人々の姿を紹介したドキュメンタリーだ。台本もなければ、伝統行事を撮影するわけでもない。そして番組は制作側、視聴者側双方の期待を裏切らなかっただけではなく、王室に対する新しい見方を作り出した。

エリザベスが『ロイヤル・ファミリー』の企画を承諾したのは、制作側への信頼があったからだ。編集委員会のトップをつとめたのはフィリップで、制作側と王室のあいだに立って両方の意志の疎通をはかる役割は、個人秘書のウィリアム・ヘーゼルタインがになった。また、エリザベスがカメラの前でも自信を持って振る舞えるようになったことも、承諾の理由のひとつだった。『ロイヤル・ファミリー』でひと昔まえの王室像が見られるのは、エリザベスがヴィクトリア女王の鉄の自制心について語るときや、フィリップ、チャールズ、アンと共にランチを楽しむシーンくらいだ。だが、誕生して以来メディアや大衆から細かく詮索されつづけていたエリザベスは、しだいに注視されることに慣れていった。

勇気をふるってエリザベスが協力した『ロイヤル・ファミリー』は、放映されるやいなや圧倒的な支持を得た。ある新聞は、番組はエリザベス個人の大勝利だと書いた。セシル・ビートンの感想が大半の人たちを代表していた。「女王は一貫して、すばらしい人格の持ち主であることを見せている。かなり厳格で、自分をしっかり持っていて、少しばかり親分肌で、生真面目でやや威圧的。

13

「ブロントザウルスのように環境に適応できずに絶滅して、博物館に展示されるだけの存在になりたい人などいない」

しゃべり方はためらいがちで、途中で言いよどみ、言うことを忘れてしまったかと思って言いたいことを推測しようとすると、また話を続ける。これほど人柄がいい人がいるだろうか」

エリザベスの臣民は、初めて彼女の私生活を見た。ノエル・カワードは「彼女は気さくで陽気で、いつも笑顔なのだ」と感想をもらした。「我々は中年の域に差しかかっています。魅惑的であらねばならない存在が、人々からまったく関心を持たれなくなっているような時代になっているのです。かつては王室に対する関心ははるかに高かったのですが」と、フィリップはこのドキュメンタリーについて、企画段階でのテレビのインタビューでこう説明した。『ロイヤル・ファミリー』は、エリザベスとその家族に対する人々の関心をふたたびかき立てることに成功した。サンデーテレグラフ紙が王室の未来について悲観的な予想を書いたことがあったが、それを見事にくつがえしてみせた。「英国王室は退屈でつまらない存在になっていくだろう」という予想だ。一九六九年のギャラップの調査によれば、『ロイヤル・ファミリー』放映後、君主制支持者は六九％で、共和制支持の二〇％弱をはるかに上回り、王室にとっては胸をなでおろす結果が出た。

番組でエリザベスは、女王、妻、母の三つの役割をたくみにこなしている様子を見せている。政治家や公務員の謁見に長男のチャールズ皇太子を同席させて、君主と女家長の役割を同時にはたしている。日常は分刻みのスケジュールで進められる。エリザベスの人生が国民の期待どおりに公私共にうまく回っている――公私共に傑出しているわけではなくても――と思えただけでなく、番組を見た多くの人たちは、王室一家は大丈夫だと安心感を抱いたはずだ。王母はかつて作られた映像や写真で、あたたかで親密な家庭のイメージを宣伝したが、『ロイヤル・ファミリー』は「現実味」と真実を伝えるのを期待されているテレビ番組だったことが以前とは大きく異なった。イヴニング・スタンダード紙のコラムニストであるミルトン・シュルマンは「人々が夢見る王室一家の姿を、見事に時代に合わせたメディアで見ることができるとは、我々はなんと幸運なのだろう」と書いた。家庭を重視するエリザベスをうなずかせるに足る評価である。

チャールズが新プリンス・オブ・ウエールズに

しかし『ロイヤル・ファミリー』の主張には危うさがあった。前世代のジョージ六世を中心とする王室一家は、あくまでも四人のメンバーだけを写真やニュース映画でPRしていたが、番組ディレクターが想定した「王室一家」には、三世代にわたる家族、配偶者たちやいとこたちまで含まれていた。この複雑に入り混じった家族にあって、離婚は調和を乱し、かつての退位につながる暗い記憶を呼びさます。二年前にエリザベスのいとこであるヘアウッド卿が離婚し、固い絆で結ばれた王室一家のイメージを番組で強調したい制作スタッフを悩ませた。ヘアウッド卿夫妻の離婚を、「現在生きている人たちの記憶に残るロイヤル・ファミリーの離婚は三回目（ウォリス・シンプソンとピーター・タウンゼントの離婚で二回）」だと新聞各紙はセンセーショナルに書きたてた。

『ロイヤル・ファミリー』でエリザベスについで中心人物として扱われているのは、チャールズだ。一九六九年一一月、二一歳の誕生日にプリンス・オブ・ウエールズの叙任式が予定されていたからだ。エリザベスとチャールズが交わす視線や笑みや、チャールズがいじらしいほどのやさしさで母に接している様子をカメラはとらえ、母と息子のあいだにあたたかな愛情が流れていることは、少なくとも映像では疑いようもなかった。

13

「ブロントザウルスのように環境に適応できずに絶滅して、
博物館に展示されるだけの存在になりたい人などいない」

だが、一九六八年四月にウィンザー城に滞在したヴァイオレット・ボナム・カーター男爵夫人が一家の様子を観察して、両親とチャールズのあいだには溝があると確信したという話がある。「チャールズ皇太子は両親のどちらにも似ていない。あまりにも違うので、いったいどこから来たのかと思うほどだ」と彼女は書いている。「(エリザベスとフィリップは)チャールズが妹のアンのようにポロやセーリングに熱中し、もっとたくましく荒っぽくなってほしいと願っている。彼らは息子を理解していないし、よく叱る。そんな子どもを、ゴードンストゥンのような荒っぽく、残酷で、誰もが〝冒険心に富む〟ことが期待される学校に入れるなど、言語道断だ。冒険をしたくない子どもに、冒険を義務づけたりしたら、それは悪夢でしかないだろう。私が想像するに、彼はイートンやウィンチェスターのような伝統的な学校に通ったほうが、はるかに幸せなはずだ」とボナム・カーターは書いた。

チャールズの叙任は、エリザベスが一九五八年にウエールズの人たちに約束していたとおりの日程で執りおこなわれた。『ロイヤル・ファミリー』が最初に放映されてから二週間後、スレート板で中世風に舞台装置がしつらえられたウエールズのカーナーヴォン城で、仰々しい儀式によってチャールズは王座につき、王冠をかぶった。

トニー・アームストロング゠ジョーンズが取り仕切ったチャールズの叙任式の模様は、全世界にテレビ放映された。儀式は、城内に集まった人々や式の参列者以上に、テレビを見た五億人に強い印象を残した。何より、儀式が六世紀半前から寸分違わぬ設定と様式で行なわれているのを多くの人たちが知ったことで、番組は成功したと言える。

チャールズの忠誠の誓いは、戴冠式でのフィリップの誓いを思い出させた。『ロイヤル・ファミリー』で見せた「平凡な姿」とは異なり、チャールズをはじめとするエリザベスの一家が過去も未来も君主の一族であり、時代の奔流《ほんりゅう》のなかで生き残ろうとしている王室であることをあらためて人々に認識させた。アングルシー公爵夫人は、式がはじまる前にエリザベスとフィリップが口論しているのに気づいた。王室の結婚がいかなるものかをフィリップがわかっていないことが原因だとシンシア・ジェブは言う。「おそらくフィリップは脚光を浴びるのが自分ではないとわかって、機嫌を損ねたのでしょう」

王室は庶民から隔絶した特殊な世界

『ロイヤル・ファミリー』ではエリザベスの仕事ぶりが紹介された。ガーター勲章の叙勲式、トルーピング・ザ・カラーの観閲、除幕式、馬車に乗る、工場視察、スポーツ選手の謁見、クイーンズ・メダル・フォー・ポエトリーという詩人の授賞式といった仕事は、王室行事日報《コートサーキュラー》や王室記事を満載する写真誌の読者たちにはおなじみだったが、多くのテレビ視聴者は新鮮に受け止めた。

以前はデスクで執務する静止画でしか見られなかったエリザベスの職業人生だが、動画となったことで、報告を受け、指示を出すという組織を率いるトップの一面も番組は見せた。毎日赤い箱に入って外務省からの電報が届けられる。バルモラルに滞在している休暇中もそれは変わりない。首相と海外の大使との謁見もある。ひとりの女性がときに苦しみながらも、フィリップと個人秘書のヘーゼルタインと共に、目的達成の重要性を固く信じて業務に取り組んでいる姿である。番組を見たカナダの作家ミルトン・シュルマンは「家庭的な姿、執務する姿、リラックスした姿」を番組は

13

「ブロントザウルスのように環境に適応できずに絶滅して、博物館に展示されるだけの存在になりたい人などいない」

伝えた、と書いた。

王室内の平凡な日常生活を描いたとはいえ、それでもエリザベスが特別な存在であることは隠しようもない。バッキンガム宮殿やウィンザー城の内装の豪華絢爛《けんらん》さ、王室ヨットが水に浮かぶ宮殿のようであること、日常生活と業務が大勢の使用人たちによってとどこおりなく運ばれること、などだ。王室の厩舎では馬に食べさせるニンジンが銀のプレートに載せられている。たしかにドキュメンタリー番組は、王室の神秘のベールを少し上げて実態を垣間見せたが、番組は、エリザベスとチャールズが一千年以上続いている王家の正統な後継者である一面をより浮き彫りにした。

番組は王室の継続性を注意深く宣伝し、エリザベスが君主としての仕事を家族に助けられながら多忙にこなしていることを伝えた。彼女の「毎日、一秒一刻を楽しんで過ごしている」という言葉が実感として感じられた。イメージチェンジをはかっているスカンジナビアやオランダの歴史ある王家とは、エリザベスがめざす方向は違うと示していた。

即位から二〇年が過ぎたエリザベスの生活が、祖父母や両親の時代から変わらない王室年中行事にしたがっていることが『ロイヤル・ファミリー』で確かめられた。一九六〇年代の社会変動も、エリザベスにとっては初めての労働党政権が社会主義の政策を実施していることも、昔ながらの王室年中行事にまったく影響を及ぼしていない。冬季休暇はサンドリンガムで過ごし、イースターはウィンザーで、夏の終わりには家族一緒にバルモラルで休暇を過ごす。年に一回、キャッスル・オブ・メイに滞在する王母をブリタニア号で訪問する。王室の年中行事のスケジュールは、どんなことがあっても揺るがなかった。復活祭前の受難週に行なわれる王室洗足式、六月のエリザベスの公的な誕生日祝日にはバースデー・パレード（横座りで馬に乗る唯一の行事で、彼女はそれが嫌いだった）、ガーター・サービスと呼ばれる授勲式、議会の開会宣言、慰霊碑前で行なわれる英霊記念祭、というのが年間スケジュールだ。各国大使を招いてセント・ジェームズ宮殿で開催されるレセプションは、王室年中行事における最大規模の宴会であり、ほかにもバッキンガム宮殿やエジンバラのホリールードハウスでガーデン・パーティーが定期的に開催された。エリザベスとフィリップは引きつづき、有名人を「うちとけた」ランチに招くことも続けていた。女優のフローラ・ロブソンは、一九五八年春に開催されたそんなランチ・パーティーに出席したが、そこにはフォーマルなパーティーではありえない髭面《ひげづら》や奇人変人も招かれていたという。

競馬のダービーステークスとロイヤルアスコットの開催時は、何があってもエリザベスは競馬場にいる。英連邦諸国をまわる長期の外遊は、競馬週間を避けるために冬に行なわれることになっていた。

『ロイヤル・ファミリー』は、エリザベスが「今、その場でやっていること」を台本なしで撮影した。番組放映後に行なわれたマス・オブザベーションの世論調査によれば、女王が「今の社会に関心を持って生きている」と答えた人たちの率を、それまでの六九％から八一％に上げる効果があった。エリザベスが物質的には最高水準の豊かさを享受する一方で、職務としては特権を与えられているようでいて何ひとつ決定できない無力感に歯がゆさをおぼえていることが、番組の映像からは伝わった。

だが、その生活は大半の臣民とはかけ離れていた。公共交通機関の利用を禁止され、メディアの詮索に悩まされ、冷戦の恐怖に怯えるという毎日ではあっても、エリザベスの日常は父や祖父たちのそれと酷似している前世紀の王家の暮らしだ。一九四七年、南アフリカを訪れた王室一家の写真を見たエジンバラの骨董商が、「英国の街で見かける平均的な人たちとまるで変わらない」とその平凡さに失望のため息をもらしたことがある。だが一九六九年、『ロイヤル・ファミリー』を企画したヘーゼルタインは、王室一家が「普通の人たち」であることをあえて見せようと狙った。

ミルトン・シュルマンは「組織の人気を高める、または強化しようとしてテレビを利用すると、どんな組織も矮小化の道をたどることになる」と警告した。だが、『ロイヤル・ファミリー』の視聴者でそんな懸念を抱いた人はほとんどいなかった。

働き方を進化させ王室の公務を深化させる

「彼女は才気あふれるわけではないが、知的水準は高く、経験を積んでいる。すでに一八年も政治に関与しているのだ」と一九六九年七月、労働党議員のトニー・ベンは言った。ドーセット州ウィンフリスにある英国原子力公社の重水減速沸騰軽水炉を視察したエリザベスに同行したときの感想だ。反君主制主義者のベンは、エリザベスが視察にあたって完璧なまでに準備してきたことをしぶしぶながら認めた。エリザベスが内閣の文書にみずからくまなく目を通し、また勤勉な個人秘書から事前説明を受けていると議員は知った。

エリザベスは働き方を進化させていた。最初は父のやり方を観察し、一緒に仕事をすることで学んだ。父の代理をつとめるようになってからは個人秘書を頼りにし、そのうち政府からまわってくる文書を、自力で時間をかけて周到に読みこむようになった。即位後は、書類を読む力をつけるうちに仕事のやり方に自信がついてきた。政治ゴシップも含めて、自分が政治に興味があることを彼女は発見した。労働党のロイ・ハタズリーは彼女が「政府が組織としてどう動いているかに興味を持っていた」という。

彼女が熱意をこめて関わっていたのは、英連邦である。加盟国と地域の総督は、英国の首相や内閣ではなく彼女に情報をあげることがあった。みずから任命したアドバイザーやアテンダントを側近としておき、彼らへの信頼は厚かった。

フィリップの鋭い洞察力と知性にも助けられた。一九六九年までに、彼女はまわりを信頼するチームで固めた。即位したはじめから、マイケル・エイディーンとマーティン・チャータリスは彼女の個人秘書と個人秘書アシスタントをつとめた。パトリック・プランケットはロイヤル・ハウスホールドの副執事として、一九五四年から王室の家政に機知に富んだスタイルをもたらした。ハウスホールドのメンバーと宮殿のスタッフを専制君主のように仕切るボボ・マクドナルドは、赤ん坊のころから変わらずエリザベスを「小さなレディ」と崇《あが》めて献身的に仕え、守っていた。一九五八年ブリガディア・スタンレー・クラークは「女王陛下はご家庭におられるときは常に家の女主人の役割を果たしておいでになる。家事のこまごましたことを決められ、家具や内装を変更したり、メニューを選んだりなさっている」と書いた。実際のところ、そういった仕事は副執事のプランケットの役割で、彼がしつらえるテーブルセッティング、照明、宴会メニューや花は、見る人をうっとりさせ、また彼自身の立ち居振る舞いややわらかな人当たりは、エリザベスの宮廷に輝きを与えた。

エリザベスの女官たちは全員長く仕えている。王女のとき最初に侍女になったジーン・エルフィンストーンは、その後女王付き女官となった。一九六〇年、エリザベスはもうふたり、女王付き女官を採用した。メアリー・モリソンとレディ・スーザン・ハッセイだ。七年後、ノーサンバーランド公爵夫人が引退後、以前にウィンザーで自分のボディガードをつとめていたユーストンと結婚したユーストン伯爵夫人を、衣装係として採用した。衣装係は女王の公式行事の衣装すべてを担当し、外遊にも同行するという重要な役割だ。

女官たちは三人とも半世紀以上エリザベスに仕えることになる。スタッフたちが長きにわたってエリザベスに献身的に尽くしたことは、彼女のハウスホールド内の調和がとれていた証だ。エリザベスの宮廷に仕える人たちは誰ひとりとして、女王のかたわらで働く人たちが社会のもっと広い層から選ばれるべきだという主張に賛同しなかった。社会的身分が同じような人たちだけで固めていたからこそ、宮廷内の仕事を支障なくまわしていくことができると考えていたからだ。

オルトリナムの論文が論議を呼んでから一〇年経っても、エリザベスは少しも変わらず自分の周囲のスタッフを排他的な貴族で固めており、王室改革に取り組んだ様子はなんら見えなかった。スタッフはともかく、女官たちは先祖代々の廷臣の家系から選ばれた。「この種の人生を送るには、伝統と継続性を非常に重視しなくてはなりません」と一九九二年にエリザベスは言った。彼女の家庭観を形成したのは、愛国心に満ち、夫である先王の記憶に忠実で、変化を嫌悪する母親である。そして父と同じく、エリザベスも先祖を通して自身の君主像を作りあげた。

労働党党首と女王の奇妙な友情

エリザベスが政治に自信を深めていったことで、一九六四年一〇月からはじまった労働党政権と王室の関係も順調だった。ハロルド・ウィルソン率いる労働党は、一九七〇年から一九七四年にかけて一時保守党に政権を譲ったが、その後取り戻して一九七九年まで内閣を率いた。一九六四年にサー・アレックス・ダグラス＝ヒュームを選挙で破って首相の座についた労働党のハロルド・ウィルソンは、一九一六年生まれでエリザベスとほぼ同世代である。それまで年長の政治家によって庇護され、指導されるばかりだったエリザベスは、初めて自分の意見に熱心に耳を傾ける同年代の政治家と接することになった。一方のウィルソンはエリザベスにすっかり惚《ほ》れこんでしまい、彼の側近は女王の前でぼうっとして骨抜きにされる彼に終始気をもんだ。

エリザベスはウィルソンの選挙結果に接しても、一喜一憂せずに一定の距離をおいていた。ウィルソンは一九七〇年の選挙で保守党のエドワード・ヒースに敗れた。ヒースは保守党の党首にはめずらしく、大工の息子に生まれた労働者階級出身の政治家だった。前首相だった第一四代ヒューム伯爵は、保守党初の党首選挙で党首に選ばれた彼を、「第一四代ウィルソン氏」と呼んだくらいだ。ウィルソンのあとにヒースのような政治家が政権をとったことは、英国社会の空気が変わったことを示している。

ウィルソン内閣に共和制支持者が含まれていたことは有名だ。だが彼自身は急進的な共和制支持者たちにはまったく同調しなかった。労働党支持者の一部から、「ウィルソンはあまりにも保守的だ」と見られていたことが報告されている。エリザベスは個人的にはあくまでも政治に関与しない姿勢を貫いていたが、彼女の人生に大きな影響を与えている王母はそれほど非政治的なわけではなかった。だが王室のふたりの女性たちは、エリザベスが現首相と効果的に歩調を合わせて仕事をし、よい関係を築くことの重要性を十分承知していた。

13

「ブロントザウルスのように環境に適応できずに絶滅して、博物館に展示されるだけの存在になりたい人などいない」

初めて女王に謁見するためバッキンガム宮殿を訪れたとき、ウィルソンは家族を引き連れてきて宮廷の人々を驚かせた。エリザベスは彼ひとりだけに会った。そのとき彼女は、ロンドン郊外の再開発計画であるミルトン・キーンズ・ニュータウン・プロジェクトの内閣の議事録について質問し、首相が準備していなかったことを知った。ウィルソンはとまどい、「女王は常に、国内外のあらゆる問題の詳細についての最新情報に通じておられる」という前首相の言葉が真実であったと知った。彼が進んで自分の過ちを認めてすぐに修正したことで、首相と君主との関係はその後気さくなものになり、ついには和気あいあいと語り合うほどになった。ウィルソンはそうなっても常にエリザベスに敬意を払いながら、対等な立場として接した。

ふたりの関係は、その後いちだんと深まった。立場が大きく違っていることが、互いに対する好奇心を刺激したことがある。ウィルソンは、エリザベスがほとんど知らない階級を代表していた。質素な家庭に育ち、地方の公立学校出身であることを誇りにし、それなのにエリザベスと同じくらい伝統行事を好む、時代遅れな愛国主義者である。エリザベスの侍女のひとりは、初めての謁見後に彼女が「彼との話し合いでは、大変がんばらなくてはなりませんね」と言ったことを覚えている。すぐにエリザベスはがんばった成果を得た。

ウィルソンは自分が同僚議員たちの多くよりも、エリザベスに対してかなりざっくばらんに話をしていることに気づいた。彼は女王が「非常にうちとけて話し、情報通で、どんなことにも関心を持っている」と言った。エリザベスは彼の饒舌を歓迎していた。父ジョージ六世にも仕えた廷臣のエドワード・フォード卿は、「ウィルソン首相は自分が言いたいことをすべて彼女に話しているようだ」と言った。ふたりの会談はしだいに長くなった。ウィルソンはパイプをふかし、エリザベスはなんともめずらしいことに、一杯いかがと勧めるまでになった。

内閣が君主制支持派と反対派に分かれて対立していたために、エリザベスと彼女のアドバイザーたちは、ウィルソン個人と信頼関係を築く必要があった。だが内閣に王室を忌避するような人はほとんどいなかった。リチャード・クロスマンが、政府の「労働者階級の社会主義者たちの多くが、忠実な君主制主義者だ。内閣の労働者階級のメンバーたちは、女王に近ければ近いほど女王を愛してしまう」と嘆いたほどだ。

それでも内閣には、君主制に反対する人たちがいた。そのひとりである郵政長官のトニー・ベンは一九六五年、記念切手にエリザベスの頭部を使うことに反対するキャンペーンを張った。郵政省内の切手デザイナーにエリザベスの頭部を使用しないデザインを考案するようにとうながし、三月に女王に選択肢のひとつとして紹介した。トニー・ベンの提案に、エリザベスはとまどいながらも礼儀上興味を示したものの、個人的な感情はまったくあらわさなかった。そこで彼は、エリザベスが自分の提案に同意したのだと決めつけ、この計画は「変化を求める大衆の欲求によるものだ」と自分に言い聞かせた。ところがマイケル・エイディーンはこの件にひどく感情を害し、王母も反発した。王母は語気荒く「あなたは国の頭《かしら》なのですよ」と言って、いいとも悪いとも決めかねていたエリザベスに、選択の余地はないとうながした。エリザベスがウィルソンに相談した結果、ウィルソンはトニー・ベンに「女王は切手から自分の頭部をのぞくことを望んでいない」と伝えた。トニー・ベンは敗北を認め、エリザベスの頭部は変わらず記念切手に使われた。その後一九六七年六月に、やはりエリザベスの肖像を使った新しいデザインの切手が発売され、現在にいたるまでその切手は史上最高の発行部数を更新しつづけている。

「平常心」で接することができるのは「家族」だけ

一九六九年にはクリスマス・メッセージの放送がなかった。『ロイヤル・ファミリー』が放映され、チャールズのプリンス・オブ・ウエールズ叙任式がテレビ中継されたこともあり、エリザベスはクリスマス・メッセージを文書で出した。「私の思いは、この国と英連邦の人々への公務をはじめたわが年長の子どもたちと共にあります」と彼女は書いた。公務優先を通してきたエリザベスは、幼いときから成人後も、子どもたちの人生の重要な節目に立ち会ってこなかった。だが、臣民たちには「私の子どもたちをどうぞよろしく」と伝えたわけだ。

大きな特権を持ち、生産活動をしない王室を、国民への奉仕を任務とすることで正当化する——一九六九年にその考え方は、一九五二年にエリザベスが即位したとき以上に時代遅れの理想と感じられた。だが王室の存在意義は社会福祉だというエリザベスの考えは、即位から一貫して変わっていない。彼女自身が義務感をもって公務にあたっていることは広く認められていたし、『ロイヤル・ファミリー』はそれを見事に国民に紹介した。

『ロイヤル・ファミリー』で、エリザベスの生活が家庭を中心にまわっているように見せたのは、的を射た紹介だった。育った環境も個人の気質としても、エリザベスは家庭を重視する人だ。マウントバッテンの秘書は、エリザベスが「気のおけない家族のような人に囲まれていないと、リラックスできない」と言っている。母や祖母から、彼女は家族とはどういうものかを学んできた。「私はいつも〝家庭人〟でした」と王母はエリザベスに書いている。王室生活におけるプレッシャーのために、エリザベスの家族はより強い信頼感で結ばれるようになった。エリザベスが「平常心」で接することができたのは、近い関係にある家族だけだった。

エリザベスに会う人たちも、いざ前に出ると平常心は保てなかった。当時人気作家だったダフネ・デュ・モーリアは、廷臣ボーイ・ブラウニングの妻として何回かエリザベスに招かれたことがあるが、一九六二年にエリザベスと話していて、自分がいつものように気の利いた話ができなかったことに驚いた経験がある。「私は何を話していいかわからず、自分の口から出てくる音さえなんだかわからなくなってしまったんです！」と打ち明けた。一九六八年五月、オックスフォード・ユニオンで八〇〇人の学生たちはエリザベスを前に凍りついた。「歓迎の拍手がやみ、突然空気が凍りついた。静まりかえって、ぎこちない沈黙がホールを満たした。女王の前では誰ひとり〝ふだんどおり〟ではいられなかったからだ」と学生のひとりが日記に書いている。

エリザベスは子どものころから、自分の前に出てくると、緊張したり、興奮したり、馬鹿げたことをやったり、やたらと媚《こ》びを売ったりする人たちに慣れていた。英国内だけでなく、海外でも人々の反応は同じだ。「平常心」で接してくれて、自分もいつものようにリラックスして接することができるのは、家族と近親者だけ。家族以外では、母方のボーズ＝ライアン家の親戚たち、父方ではラッセルズ家やグロスター家のいとこたちとは、家族ぐるみで楽しく付き合うことができた。

エリザベスにとって「家族」は、スピーチで圧倒的に重要なメタファーだ。英連邦についてふれるときには必ずといっていいほど「家族」が出てくる。一九七一年には英連邦諸国を「特別な家族──国家で形成されたひとつの家族」と呼んだ。祖父や父が大英帝国について語るときと同じようなイメージだ。王母が執念深く恨んでいるウィンザー公爵と公爵夫人との不和に都合よく目をつぶれば、「家族」は彼女にとって絆と幸福と同義語であり、家庭は彼女が「平常」でいることを許してくれる場だった。

エリザベスは職務についている以外の時間をもっぱら家族と一緒に過ごした。ウィンザー城の小さなプライベート・ダイニングで、フィリップ、アンとフィリップの一番下の姉ソフィアと一緒に『ロイヤル・ファミリー』を見た。「タイニー」と呼ばれたハノーファー王子夫人であるソフィアは、エリザベスと仲がよく、定期的に一家を訪れた。彼女のふたり目の夫であるゲオルグ・ヴィルヘルム・フォン・ハノーファーは、一九四八年に初めてエリザベスとフィリップに招待され、彼らの新居だったバークホールにしばらく滞在していたことがある。戦後、ドイツへの反感が強かった英国社会を考慮して、夫婦との交流は秘密にされた。だがエリザベスは一九五四年に夫婦の末っ子の娘フリーデリケの代母になったし、一九五七年にフィリップは、ソフィアの孫娘であるユーゴスラビアのマリア・タチアナ王女の代父になった。ソフィアの最初の夫、クリストフ・フォン・ヘッセンはナチ党の党員で、ハインリヒ・ヒムラーの側近だった。マリア・タチアナ王女はヘッセンの血を引く孫だったので、代父の件はなおさら秘密にされた。

病んだ姑の最期を看取《みと》る

一九六七年五月から、フィリップやソフィアの母親で、ギリシャ王子アンドレアスの妃であったアリス・オブ・バッテンバーグがバッキンガム宮殿で暮らすことになった。アテネで起きた政治動乱で国を追われて無一文になり、病気持ちで孤独だった義母を、エリザベスは宮殿に招いた。アリスは一九四八年に修道女となって以来、グレイのくるぶしまである修道服を着て、ひっきりなしにタバコをふかし、空咳が止まらなかった。アリスは珍客だった。

エリザベスは以前、修道女になった義母が創設した慈善事業に寄付をしていたことがある。宮殿に引き取ってからは、エリザベスは思いやりをこめて義母に尽くし、ヴィクトリア女王の思い出を語り合った。またアンドリューとエドワードはしゃがれ声の祖母とゲームで遊んだり、宮殿の廊下でアリスが転がしたボールを、アンドリューが暖炉の火かき棒をクリケットのバットがわりにして打ち返したりした。一九六九年末に亡くなるまでの二年半、アリスは息子の家族と共に心豊かに過ごした。

一〇年前にも、エリザベスは慈悲深さを発揮したことがあった。いとこのなかで最年少のマイケル・オブ・ケント王子が生後七週間のとき、父のケント公爵が戦死した。エリザベスは一三歳になったマイケルを、ブリタニア号でポーツマスからウエイマウス、ミルフォード・ヘイヴン、マン島をまわってスコットランドまでの航海に同行させ、夏の休暇をバルモラル城で一緒に過ごした。フィリップ、六歳のチャールズ、五歳のアンとフィリップの母アリスが一緒だった。

王室の財政危機

一九六九年一一月、フィリップがアメリカのテレビ番組で、王室の財政が不安定であると発言したことが公の論議を呼んだ。即位以来、エリザベスの王室費は据えおかれていた。王室費は王室の地所からあがる収益と引き換えに、政府から経費として支払われるものである。一九六〇年代を通

13

「ブロントザウルスのように環境に適応できずに絶滅して、博物館に展示されるだけの存在になりたい人などいない」

して続いたインフレで、消費者物価と人件費が上昇し、王室を運営していく資金が不足するのは避けられなかった。フィリップはアメリカの視聴者に、自分が所有していた大洋航海向けのヨット、ブラッドハウンド号を売らざるをえなくなったと話し、「ポロもあきらめなくてはならないだろう」と言った。ロイヤル・ファミリーはまもなく赤字になる、と彼は説明した。

軽率で分別を欠いた彼のこの発言は、きわめて微妙な領域である問題を白日《はくじつ》のもとにさらした。王室運営のためにどれほどの経費が必要なのか、という問題だ。フィリップよりじっくりと考えたうえで、エリザベスはすでにハロルド・ウィルソンに王室の財政問題を切りだしていた。だが夫の発言は、政府から歓迎されなかった。以前にロンドン港湾労働組合の非公式な指導者だったジャック・ダッシュは、発言を聞いてフィリップのことを「王室労働組合の職場代表か」と蔑《さげす》んだ。ウィルソンも新聞の一面で取りあげられたフィリップの発言を「新聞がすっぱ抜いた重要でデリケートな問題」と困惑した。その後三年にわたって、新聞は王室費について事あるごとに取りあげた。エリザベスは質素倹約を重んじると言われていたが、フィリップが王室の経費としてヨットやポロ競技用の馬にかかる費用の話を出してしまったことで、そんな評判は消しとんでしまった。

政府に要求するエリザベスの王室費には、エリザベスひとりでは手がまわらない公務にたずさわって彼女を支え、エリザベスの王室が国内外で果たす膨大な職務を維持していくことを可能にする王室の一族に支給される手当が含まれている。いとこのアレクサンドラとエドワード、ケント公とその妻キャサリンという王室の親戚三家族は、実際には公務についているにもかかわらず、政府からは手当は出ないためにエリザベスが経費を払っている。

王室への助成金として政府から支払われている九万五〇〇〇ポンドのうち、二万五〇〇〇ポンドは「議会が支払わないので、君主がロイヤル・ファミリーのメンバーに支給している」と庶民院でウィルソンは説明した。「それを差し引きした七万ポンド弱の剰余金は、のちのち生じることが予想される赤字不足分を埋めるために投資にまわされてきた」。一九六二年以来、王室は赤字におちいっており、ロイヤル・ファミリーの三家族に支給されるはずだった二万五〇〇〇ポンドはもう支払われていない。エリザベスが悪いわけではない、と誰もがわかっていた。最も女王に批判的な共和主義者の労働党議員ウィリアム・ハミルトンでさえも、女王が個人的に浪費しているとは責めていない。ハミルトン議員は、経済が落ちこんでいるときに、よりにもよって政府からの助成金の支給額を上げろと要求するのは面の皮が厚い、と言っただけだ。

ウィルソンは翌年一九七〇年に総選挙を実施すると発表した。選挙までのあいだに王室への財政的支援について調査検討する超党派議員による特別委員会を結成し、選挙後に取り組もうとした。ところが彼は選挙に敗北し、保守党のエドワード・ヒースが首相になった。それでもウィルソンは労働党の党首として、王室財政を細かく調査したが、表に出ている収支以外になんらあやしいところは見つからなかった。ウィルソンがエリザベスに深く傾倒していることを考えると、マーガレットや王母の浪費をののしるハミルトンに同調したいとは決して思わなかっただろうし、王室の財政を調査する特別委員会も、エリザベスの財務が二点において守られていることについて、深く詮索しようとしなかっただろう。ただその二点が当時もその後も論議を呼んだ。

特別委員会が触れなかった一点は、王室があらゆる税を免除されていることで、もう一点がエリザベスの個人資産評価だ。特別委員会はエリザベスに年間給与と、その半額をフィリップに支給する案をおずおずと提案した。エリザベスは個人資産の詳細を公表することを拒否し、委員会を率いる保守党議員が彼女の意見を支持したことで、またさまざまな憶測が飛び交うことになった。

労働党が投票を棄権したおかげで、議会は翌年にエリザベスの王室費を九八万ポンドに増額する案を承認した。その後一〇年にわたってこの金額は維持されることになり、他の王室メンバーであるフィリップ、マーガレットと王母への支給額も増額された。また定期的に監査が入ることも決められた。

宮殿にとって増額が政府に認められたことは、経費がまかなえるという点では成功だった。ただ増額にいたるまでに賛否分かれて議会に深い対立が生まれてしまい、エリザベスは不安にさいなまれた。一度など軽い冗談のような口調ではあったが、コッテスロー男爵に「五年後に自分がまだ女王でいられるかどうか、本当にわからない」と言ったことさえある。

国民の生活に王室が貢献していることを正当化せざるをえない特別委員会は、王室の神秘のベールをはぐために『ロイヤル・ファミリー』以上のことをやらなくてはならなかった。王室の金銭的価値に神秘性が入りこむ余地はない。だがエリザベスは、競走馬として優秀なハノーヴァー種の所有に関してはどれほど経費がかかっても一歩も譲ろうとしないばかりか、個人資産を公表する気などさらさら見せなかった。隠そうとすればするほど、憶測が憶測を呼び、王室資産は誇大な金額としてメディアで吹聴された

一九七一年六月、フィリップの頼みでマウントバッテンがついに調停に乗りだし、メディアはようやく女王の資産を憶測で盛る報道をやめた。かつて個人秘書兼王室の金庫番をつとめ、その後にクーツ銀行で働いていたジョック・コルヴィルが、宮殿の指示で、タイムズ紙にエリザベスの資産はおよそ一二〇〇万ポンドにのぼると打ち明けた。マイケル・エイディーンは特別委員会に、エリ

ザベスが王室の免税にこだわる気持ちを伝えた。免税措置は父の功績で、エリザベスはできるかぎり長くその特権を維持していくつもりだった。

生身の人間としての女王

一九六〇年、ロイヤル・カレッジ・オブ・アートで教授としてインテリアデザインを教えるサー・ヒュー・カッソンが、エリザベスとフィリップによってウィンザー城エドワード三世塔の改築責任者に任命された。カッソンは「おふたりは、城内を過去ではなく現代風スイートルームに見せたいという希望をはっきりお出しになりました」という。エリザベスよりもフィリップのほうが、現代風にしてほしいとカッソンに熱心に注文した。カッソンはバッキンガム宮殿のフィリップの書斎を以前に改装した責任者で、ブリタニア号の内装も手がけた。

一方でエリザベスは、エドワード・ボーテンの壁紙が貼られた新しい部屋にかける絵画については、自分の意見を通した。実際に絵画を選んだのはパトリック・プランケットで、女王の美術品鑑定官だったアンソニー・ブラントも、いくぶん軽蔑の目で見られながらも、選定にかかわった。ブラントがまだソビエト連邦のスパイだと自白をしていなかった時期だ。選ばれたのは、彫刻家バーバラ・ヘップワースの作品と、人物がいっさい描かれていない八枚の風景画である。

娘が王座につくことで、生涯にわたって孤独の重荷を背負うことになるのではないかと父ジョージ六世は心配した。だが、笑顔も握手も描かれていない空っぽな風景画に見るような孤独を、彼女はときどき切望した。『ロイヤル・ファミリー』が放映され、チャールズがプリンス・オブ・ウエー

13
「ブロントザウルスのように環境に適応できずに絶滅して、博物館に展示されるだけの存在になりたい人などいない」

ルズに叙任された年、エリザベスはナショナル・ポートレート・ギャラリーの要請で、ピエトロ・アンニゴーニに肖像画を描かせた。一九五四年のアンニゴーニの肖像画では、世界周遊から帰国して以来の、超然とした王族らしい媚びない姿勢が倍以上に強調されており、彼女の孤独はロマンチックに、詩的にすら表現されていた。あらたな肖像画を製作するにあたり、一八回にわたってエリザベスのもとに通ったアンニゴーニは、最初の肖像画と同じくテーマを「君主の孤独」とした。

雑誌のインタビューで彼は「私は彼女を君主として、自分の責任でひとりで問題に取り組む姿を描こうとしました。過去一五年以上にわたって責務と奉仕に身を捧げてきた女王は、私の目からは偉大な孤独に到達なされたように映りました」と言った。そしてもっと軽い調子で「女王が心の鎧《よろい》を脱いで率直に自分をお出しになる瞬間、私は毎度はっとして魅了されるのです」と付け加えた。

アンニゴーニの二作品目となるエリザベスの肖像画は、彼の製作意図を十分に表現している。それはひとりの人間というより、王室という不朽の制度を描いている。しかし、メディアが大々的に宣伝した肖像画をギャラリーで見た大勢の人たちは、君主であることの孤独を女王が無気力に受け入れているようだ、と見て怒った。

叙任式の一週間前にテレビのインタビューに答えたチャールズは、母は「恐ろしいほど感受性が豊かで賢明な人だ」と言っている。アンニゴーニの肖像画はその三カ月後に公開され、やはりはつらつとエネルギッシュに行動する人というより、すぐれた感性と知性を感じさせた。画家は肖像画のエリザベスの「鋭い眼差しは、自分の限界を知っていることを物語っている」と言った。

一九七〇年、ニュージーランドとオーストラリアを七週間にわたって訪問したエリザベスは、一九六三年の訪問時とは違って、浮ついた歓迎ムードで迎えられた。「前回の訪問時とは違う熱狂的歓迎が見られる」とある新聞は書いた。それは一部には『ロイヤル・ファミリー』効果で、エリザベスを同時代人と感じた人が多かったためだ。エリザベスは前回と同様、オーストラリアの国花であるミモザの黄色のコートとドレスに、やはりオーストラリアの花であるアカシアのブローチをつけたが、スカート丈が膝上のミニだった。四四歳の君主としては大胆なファッションだ。また二一歳のチャールズと一九歳のアンが両親に同行したことも、歓迎ムードを盛りあげた。

エリザベスはウエリントンの街で車を降り、人々に直接話しかけながら歩いた。短い距離ではあっても、人々と同じ目線で話をしたことは、それまで君主と臣民とのあいだを隔てていた見えない一線を、君主みずからがまたいで臣民のほうに歩んだ画期的な行為だった。彼女の祖父はもちろん、父もそういうことをやらなかった。エリザベスが、現実世界とそこに生きる人たちへの関心をあらわした行為である。

その夏、エリザベスは英国のコヴェントリーとマンチェスターでも街を徒歩で移動した。街の人々と気さくに接するエリザベスに、ある大臣が「あなたは我々政治家よりも国民とはるかに近いところにいて、国民の思いをより直接的に感じておられます」とお世辞を言った。

『ロイヤル・ファミリー』はエリザベスと家族が「普通の人々」であることを裏書きした。特別委員会は一九七一年に王室の価値に値札をつけた。そして時代に合わせて王室も変わるということを示したのが、街を歩いて人々と接するエリザベスの姿だ。王室の人々が選民であることは決して忘れられることはなかったが、エリザベスは自分たちが現実社会を生きる生身の人間であることを示そうとした。

14

「国と恋愛していた」

エリザベス 44歳〜53歳

社会が求める「安定」の象徴として

エリザベスが中年に差しかかった一九七〇年代後半、英国の経済は破綻していた。だが、このふたつが重なったことによって、エリザベスの女王としての存在感は絶頂に達した。一九七七年夏、エリザベスの即位二五周年を祝すシルバー・ジュビリーの祝賀行事が行なわれ、国民から熱烈な親愛と称賛が贈られた。四〇年前に行なわれた祖父のシルバー・ジュビリーに思いをはせ、エリザベスは驚きと感動を禁じえなかった。ある廷臣に彼女は何回も「ただ驚くばかりです、ほかになんと言っていいかわからない」という感想を繰り返した。友人にも「なぜ私が（女王なのかしら）？私はひとりの普通の人間なのよ」と本音をもらしている。

一九六〇年代から叫ばれた、王室の古い体質を断ち切って改革を進めるべきだという声は消えてはいなかったが、小さくなった。一九七二年一一月には、エリザベスとフィリップの銀婚式（結婚二五周年）を祝うパレードがテレビで中継されたときのコメントも、エリザベスが愛され尊敬されていることを強調した。エリザベスを時代遅れだ、堅物だ、と厳しく批判した一九六〇年代の反逆的な時代精神とは対照的に、一九七〇年代半ばには、そのまったく変わらない姿勢が称賛されるようになった。「結婚制度も含めて、昔からの社会制度が急速に変わっていくことに、疑問が持たれるようになった」のを視聴者は番組から学んだ。「王室は安定の象徴で、王室制度の懐疑論者でさえも、ご夫妻のシンプルで基本的な夫婦の絆のあり方に刺激を受けている」。すでに一九六九年にデイリーテレグラフ紙は、変わらないことの価値を強調する記事を掲載していた。「すべてのことが絶えず変わっていく必要などはまったくない。崩壊と変化がめまぐるしく起きる時代に、普通の人々は、不変で永続的な何かを拠りどころにすることを求めている。王室の高度な役割のひとつは、その拠りどころを提供することではないだろうか？」

エリザベスがその前年にイーストアングリア大学を訪問したとき、「無政府主義にはNO！　君主制にはYES！」というスローガンが書かれた垂れ幕が掲げられた。このスローガンはエリザベスにとって所信表明ともいえるものだったし、王室の不変性を求めたデイリーテレグラフ紙の願いは七〇年代に入ってかなえられることになった。ギルドホールで開催された銀婚式を祝う昼餐会で、エリザベスとフィリップは招待客に「私たちのどちらもうしろを振り返るタイプではありません」と言った。だが君主制への姿勢については、それはあたっていなかった。自由が制限され、日々の分刻みのスケジュールを従順に受けいれてこなしていくために培われた、彼女の現実主義をあらわす言葉にすぎない。

14

「国と恋愛していた」

ギルドホールでのスピーチで、エリザベスはまた、夫を驚かせたに違いないことも言ってのけた。「私たちは大変幸運なことに、幸せで結束の固い家庭で育ちました」。エリザベス自身は「我々四人」というような深い絆で結ばれた家庭で育った。だがフィリップの子ども時代が波乱に満ちていたことを、まるで無視したかのような発言だ。一九七〇年代を通して、エリザベスは英国の王室一家が幸せで結束が固く、国民が憧れ模範にする家庭だという見方を宣伝しつづけた。ギルドホールの招待客たちには「もし私が二五年経って、家庭を持つことをどう思うかと聞かれたら、私はシンプルに確信を持ってこう答えます。大正解です」。

その年のボクシング・デー［訳注：クリスマスの贈り物をする日］は子どもたち四人、母、妹とケントのいとこたちとその家族を含む一九人が集まって祝った。彼女とフィリップは母方のいとこのひとりで写真家のパトリック・リッチフィールド伯爵に記念となる集合写真を依頼した。写真ではエリザベスが真ん中に座り、家族が彼女の周囲をまとまりなく囲み、背後にはジョージ三世とシャーロット・オブ・メクレンバーグ＝ストレリッツ王妃の金縁の額に入った肖像画が飾られている。一八世紀後半に英国を統治したジョージ三世とシャーロット王妃は幸福な結婚生活を送り、一五人もの子どもたちに恵まれた。背景をその肖像画にし、家族に囲まれた笑顔のエリザベスの写真が伝えるメッセージはきわめてはっきりしている。

エリザベスの願いとは裏腹に、マーガレットとトニー・アームストロング＝ジョーンズの夫婦は、ふたりともほかの相手と情事を繰り返し、長期にわたってお互いをののしりあう関係になっていた。エリザベスはゴシップを忌み嫌い、家族の問題から距離をおこうとする傾向があった。だが妹の家庭不和は、王室がこれまで内密にしてきたことをあらわにし、放ってはおけなくなった。

一九七〇年に刊行されたある本の読者は、「トニーとメグ（マーガレット）の果てしない泥試合。トニーが出ていくのか？　それともメグか？」と興味をかき立てられた。著者はマーガレットとトニーを含む夫婦の周辺にも取材してまわっていた。子どもは親の家庭をモデルとするとエリザベスはかたくなに信じていたが、妹の結婚生活はそれを揺るがせた。

一九七一年のクリスマス・メッセージで「私たちは子どもに自分たちの生き方を示し、子どもたちの模範となるよう、価値観を伝えます」と彼女は語った。子どもたちに模範となる生き方を示せているかと言えば、エリザベスは当たらない。それでもそんな言葉を能天気にメッセージとして放送し、結婚生活がしだいに毒々しさを増していくマーガレットをなおも励ましつづけたのは、エリザベス自身が両親の望む理想の人生を歩み、「我々四人」の思い出に浸っていられたからだ。

ウィンザー公爵の死

一九七二年春、フランスを訪れた際にエリザベスはウィンザー公爵を訪ね、胸が締めつけられる思いで涙を流した。亡くなる一〇日前のことで、ガンを患って激しい痛みにさいなまれていた公爵は、かつてのように激しい感情をあらわすこともなくなっていた。王座を捨てたことで自分を責めた家族への思いや、復讐しようとあがいたこと、世間の冷たい無関心などは、すべて思い出になっていた。自分と妻の公爵夫人をフロッグモアに埋葬してほしいという伯父の願いを、エリザベスはすでに承諾していた。伯父がいよいよ最期を迎えるときに会えたことは、公爵ではなくエリザベスにとってもありがたいことだった。四〇年間にわたって伯父とエリザベスの家族とのあいだには深

14
「国と恋愛していた」

い溝があったが、死の間際になって伯父が心配しているのは、あとに残していく妻のことだけだ。点滴をつけていたが、公爵は正装し、寝室から上階の居間に医師に付き添われて移動してエリザベスに会った。エリザベスが居間に入ってくると、立ち上がったばかりか、お辞儀をしようと力を振り絞った。やせて皺だらけになった彼の顔が、父を思い出させてエリザベスの感情を揺さぶった。

エリザベスが公爵を訪ねたことは、確執があったロイヤル・ファミリーがまたひとつにまとまったことだという見方を、歴史家のチャールズ・ペトリー卿をはじめとするコメンテーターは示した。一〇日後に公爵が亡くなり、棺はウィンザーのセント・ジョージ礼拝堂に安置された。葬儀でエリザベスは公爵夫人を気遣い、まるで母親のように接していたという人もなかにはいる。翌日、彼女の侍従であるマクリーン卿が、パリに戻る公爵夫人をヒースロー空港まで送っていった。ロイヤル・ファミリーの誰もマクリーンに同行しなかったことを新聞各紙は伝えた。和解とは言っても、寒々しい関係は変わらなかった。そしてエリザベスはギルドホールでの昼餐会で、あたたかい家庭の絆の重要性を説いたわけだ。

エリザベスが「拡大家族」と見なす英連邦も、危機を迎えていた。英連邦は彼女の王室のアイデンティティとして欠かせない存在で、自分が引き継いだ王室の礎石だと考えていた。一九七〇年にオーストラリア、タスマニア州の首都ホバートでのスピーチで、彼女は「私のタスマニアの人々」と呼びかけた。植民地の領主のような、または時代遅れな家父長的な呼びかけである。自分がユナイテッド・キングダム＝連合王国だけでなく、以前大英帝国の植民地だった国や地域も統治する女王である、という意識から出た言葉だ。

一九七五年九月一六日、オーストラリアの委任統治領だったパプア・ニューギニアが自治領として独立し、エリザベスを女王として抱く立憲君主制を敷いたことにより、英連邦に新しいメンバーが加わった。だが時代が変わって帝国主義はすたれ、かつての支配地に大英帝国の威光を及ぼすことはできなくなった。その空白を英連邦は埋めていない、と英国本国の大半が考えていた。「この先、英連邦の存在意義と目的は何になるのか？　新しい英連邦が現代世界でどんな機能を果たし、価値を持つのか？」と一九六四年にイーノック・パウエル議員はタイムズ紙に寄稿した。英連邦の存在意義が曖昧であれば、それは「巨大な茶番劇」になってしまう、と彼は書いた。

保守党エドワード・ヒースとの関係

ウィルソンが一九七〇年夏に選挙で敗北して、保守党のエドワード・ヒースに首相の座を譲った。ヒースは女王に、英国の国会議員の多くはエリザベスが「家族」と呼んで重視する英連邦を軽視している、とはっきりと伝えた。ヒースは熱心な欧州派で、英国のＥＥＣ加盟を強く望んでおり、相対的に英連邦の比重は軽かった。マーティン・チャータリスは、エリザベスがヒースを難しい人だと考えていたという。ヒースは英連邦への関心が低く、世間話やユーモアをまじえた会話をしようとしなかったし、エリザベス個人に騎士道精神をもって敬愛の情を示すこともなかった。ヒースが興味あるのはセーリングとクラシック音楽で、エリザベスはそのどちらにも興味がなかった。つまり、それまでの首相たちとエリザベスのあいだにあった社交的な交流が、ヒースとエリザベスのあいだには生まれなかった。

ヒースはのちに、エリザベスへの対応に気を遣ったことを打ち明けている。ウィルソンはエリザベスには何ひとつ包み隠さず話すと決めていたが、ヒースは毎週の謁見のときに取りあげる議題について、前もってエリザベスの個人秘書と相談して決めていた。ウィルソンだけでなく、チャーチルやマクミランとも、エリザベスは幅広い話題をとりとめもなく気楽に取りあげて話し合い、そのおかげで彼らとは信頼関係が築けた。だがヒースとはそうはいかなかった。女王との謁見で話した内容が外にもれることは絶対にないことがわかっていたヒースは、機密事項を打ち明けて、秘密保持の重圧から解放されることに謁見の価値を見出していた。生涯未婚を通したヒースは、家庭持ちなら妻に話すような本音をエリザベスに吐きだしていたわけだ。

一方エリザベスは、ヒースが下す決断について微に入り細を穿《うが》つ質問をしながら、自分の見解を示すことは差し控えた。彼はエリザベスに無礼を働いたり、支持しなかったりしたわけではない。一九七三年一二月に、エリザベスの個人資産が暴露されそうになったとき、ヒースは「女王個人が保有している株式を機密扱いとすることを非常に重視している」と表明した。

しかしヒースは歴代の首相たちとは違って、政府の優先事項とエリザベスのそれとのあいだに明確な線を引いた。首相も女王も、国益を前提に問題に取り組んでいると考えていた。だが、最終的な政治的権力はエリザベスではなくヒースが握っている。ウィルソンは南アフリカのアパルトヘイト政策に抗議して武器輸出を禁止したが、ヒースはそれをくつがえして再開する決断を下した。当然ながらアフリカの黒人たちは怒った。タンザニアとザンビアは英連邦を脱退すると脅した。だがエリザベスは、両国に同意する姿勢を公表することはできず、ヒースの助言により、一九七一年一月にシンガポールで開催される第一回英連邦首脳会議への出席を見合わせた。会議の席上、ヒースが決めた武器輸出への反対意見が強く出ることが予想されたからだ。エリザベスはヒースのアドバイザーたちに、会議に出席できなかったことを自分は非常に遺憾に思っていて、英連邦諸国の気持ちを逆なでするやり方は「あからさまな不敬」で気分を害している、と伝えた。またヒースが、首脳会議における自分の役割がどれほど重要かをまったく考慮していないことに危機感をおぼえた。

一九六五年に独立を宣言したが、まだエリザベスを国の首長にしているローデシアが白人支配のルールを変えていないことを、ヒース政権は問題視しなかった。ヒースはただたんに英連邦に関心がなかっただけだ。だがエリザベスは、ローデシアが多数派である黒人を政治の場から排除したままで、ほかのアフリカ諸国の怒りを買っていることを心配していた。この問題を放置していれば、いずれ英連邦は分裂してしまう。しかしアフリカのことなど、ヒースはかまっていられなかった。

政権にとっては、英本国の経済危機のほうが差し迫った課題だ。また北アイルランドでエスカレートしている暴力を鎮圧することは、もっと緊急を要する。一九七二年一月三〇日、北アイルランドのロンドンデリーでデモをしていた市民を、英国の落下傘連隊が銃撃し、非武装の市民一三名が殺される「血の日曜日事件」が起こった。この事件を発端に、派閥抗争による暴力事件が次々と発生し、一年間で四七九名が殺害され、四八七六名が負傷した。

当初、北アイルランド問題は、立憲君主制を脅かす以上に、英国のEEC加盟に対するエリザベスの姿勢に影響を及ぼしたと見られていた。英連邦の存在がEEC加盟を阻《はば》む要因だったが、エリザベスが前週に放映されたクリスマス・メッセージで英連邦を慎重になだめる発言をしたことで、EEC加盟は一九七三年一月に批准された。エリザベスはクリスマス・メッセージで「欧州との新しい結びつきは、英連邦に代わるものではありません」と言った。そして北アイルランドの平和を祈った。

しかし、どちらの願いもかなわなかった。一九七三年一二月、彼女はカナダのピエール・トルドー首相の招きで、オタワで開催された英連邦首脳会議に出席した。ヒースに相談することなく、カナダの女王として招待に応じた。その年の一〇月にはオーストラリアを親善訪問し、一九七四年初めにニュージーランドを訪問したが、どちらも政府の意向を無視したことになった。

一九七四年一月三日、エリザベスとフィリップはEEC加盟を祝ってロイヤル・オペラハウスで開催されたガラコンサート「ファンファーレ・フォー・ヨーロッパ」に出席した。エドワード・ヒースは「女王陛下がわが国の偉大な業績達成をお認めくださったことについて、喜びにたえません」と心情を吐露した。だがギャラップの調査では、EEC加盟に好意的な反応を示したのは三八％に過ぎず、オペラハウス前に集まった反対者たちは、王室の人々が到着したときに怒りを浴びせた。エリザベスは無表情に如才なくやり過ごした。

ガラに向かう途中で、つけていたティアラが破損し、執事のパトリック・プランケットがオペラハウス近くにある自宅から大急ぎで自分の家に伝わるティアラを持ってきて、女王に取り替えさせて事なきを得た〝事件〟があった。それが凶兆だと考える人は、少なくともその時点ではいなかった。

アン王女の結婚

一九七三年五月、アン王女の婚約が発表された。相手は女王の重騎兵連隊《ドラグゥーン・ガーズ》に所属する将校のマーク・フィリップスで、アンと同じく国際的に活躍する馬術家である。このときも世間の関心は、彼がトニー・アームストロング＝ジョーンズと同じく爵位を持たないことに集中した［訳注：トニー・アームストロング＝ジョーンズはマーガレットとの結婚に際してスノードン伯爵に叙された］。だがマーガレットの夫とは違って、マーク・フィリップスは少なくとも表面的には、エリザベス自身が娘の結婚相手として望んでおかしくない人物だった。彼が、犬や馬に囲まれて生活するカントリーライフを理想としていたからだ。フィリップスの父と祖父はどちらも彼と同じドラグゥーン・ガーズの将校だった。一九四七年から一九五〇年にかけて、彼の母方の祖父ジョン・ティアルクス大佐は王立装甲軍団に使役し、ジョージ六世の侍従武官をつとめていた。しかしエリザベスがクラレンス・ハウスに引っ越してからは、家族同士の付き合いはほとんどなくなっていた。

バッキンガム宮殿の庭園で撮影されたカップルは、飼っている黒いラブラドール犬たちと一緒に写真におさまった。娘婿はたしかに馬術家として見事な腕前を持っているし、軍隊での評価も高い。だがエリザベスは娘とマーク・フィリップスがうまくいくかどうか疑わしく思っていた。チャールズを含むほかの家族も、同じようにアンの結婚に不安を持ったが、反対はしなかった。

エリザベスは家庭の問題でリーダーシップを発揮することは、決してしなかった。彼女は伝統的な母親業より、君主という非家庭的な役割のほうを優先して心身を捧げる道を歩んできた。だから子どもたちに家庭のあり方で模範を示すことはできない。またアンは意志が強く、誰がなんと言おうとわが道を行く。エリザベスは子どもたちの自主性を重んじ、あえて口を出さないことにしていた。しかしその後、子どもたちの結婚生活がどうなったかを考えると、それは正しい賢いやり方だったかどうか。叙任式のときにチャールズは、母エリザベスは分別があって賢い人だと褒めたが、それは思い違いだったかもしれない。

14
「国と恋愛していた」

英国の王女として初めて戦車の指揮を執るなど大胆でぶっきらぼうなアンと、マーク・フィリップスとは明らかに不釣り合いだとわかっていながら、メディアは彼女をおとぎ話のヒロインに仕立てあげた。アンが婚約したことで、作家やジャーナリストたちはようやくエリザベスに王女様の役柄を割り当てるのをやめ、次世代にそのバトンが渡された。バッキンガム宮殿もメディアと一緒になって、アンにおよそ似つかわしくない役柄を演じさせた。一九七一年、二一歳の誕生日に、ファッション写真家のノーマン・パーキンソンが撮影したアンの写真がヴォーグ誌に掲載された。一九七三年に、パーキンソンはまた彼女の写真撮影を依頼された。バラ色のバックライトの前に、宝石をつけてフリルのロングドレスを着たアンが、愛する婚約者と一緒にパーキンソンのカメラの前に立った。その写真を見た人々は、一一月のチャールズの誕生日にウエストミンスター寺院で行なわれる予定の結婚式への期待に胸が高なった。

結婚式には花嫁側の親族として、オランダのベアトリクス女王とクラウス王配をはじめ、モナコ王子と王女たちをのぞくヨーロッパの王族が参列した。結婚式後に『プリンセス・アン――ロイヤル・ロマンス』という映画が公開された。「最高のおとぎ話で、王女様は愛する男性と結婚します。この物語も、ふたりは永遠に幸せに暮らしました、となることを祈ろうではありませんか」という曖昧な言葉で締めくくられるナレーションは、ロイヤル・ウエディングが二〇年経つうちに変わったことを示している。エリザベスも、もちろん娘の結婚の幸せを願っていた。だが彼女の接し方では、その願いがかなわないことが証明された。

マーガレットの離婚で問われる王室の「モラル低下」

　妹マーガレットの結婚がなんとかうまくいってほしいというエリザベスの願いも、ゴシップの嵐の前では風前の灯《ともしび》だった。アンの結婚式の夜にバッキンガム宮殿で開催された舞踏会で、セシル・ビートンはマーガレットの夫の姿が見えないことに気づいた。ビートンはその夜、大嫌いなトニー・アームストロング＝ジョーンズについて、いい気味だと言わんばかりに日記にこう書いた。「女王はマーガレット王女が夫を追いだすことを望んでおられるのだろうが、トニーは出ていかないだろう」。エリザベスはこれまでと変わりなく、マーガレットの肩をもってかばいつづけた。

　マーガレットとトニーは別居していた。その年の初め、マーガレットは一七歳年下のか細い男性、ロディ・ルウェリンと知り合った。ロディ・ルウェリンは準男爵の肩書を持ち、ガーデンデザイナーやジャーナリストを名乗っていた。妹がこの男性と浮名を流したことで、ついにエリザベスの堪忍袋《かんにんぶくろ》の緒が切れ、離婚への最後のひと押しとなった。エリザベスは自分の家庭生活において安定を重視し、厄介事があっても見て見ぬふりをして波風を立てないようにするが、対照的にマーガレットは感じやすくいちいち反応した。

　浮気症なフィリップを、一九五〇年代にゴシップ・ライターは追いかけまわしたが、記事になったことは一度もない。フィリップがエネルギッシュに恋愛ごっこを楽しんだ魅力的な上流階級の女性は五指にあまる。だがエリザベスはそれについて公には何も触れなかった。フィリップの浮気は、ふたりの家庭生活に風味を添えた程度で終わった。一方でマーガレットとトニーの関係では、愛情はとっくに失われ、お互い反目するばかりだった。

14
「国と恋愛していた」

一九七六年二月、新聞各紙はついにマーガレットとロディ・ルウェリンの情事について報道し、それを受けて夫のスノードン卿トニー・アームストロング＝ジョーンズから正式に別居が発表された。作家のジョン・グリッグが指摘した王室の「モラルの低下」が白日のもとにさらされたことになる。王室から別居の発表があった日に、ハロルド・ウィルソンが首相を辞職することを発表した。自分の母親も患った若年性認知症の症状が、自分にも出ていることを懸念して、首相に復帰して二年足らずで去ることにした（その後ウィルソンのアルツハイマー病は進行した）。王室に忠実なウィルソンは、自分の辞職がエリザベスの困った妹のスキャンダルから世間の目をそらすことを期待したのかもしれない。だが彼の願いはかなわず、王室の異端児であるマーガレットのニュースは、連日マスコミをにぎわしつづけた。ナショナル・ポートレート・ギャラリーのディレクターで美術史家のロイ・ストロングは日記に「忌まわしい記事が王室を汚す」と書いた。

エリザベスは妹のスキャンダルが王室に汚点をつけたとわかっていたし、将来似たようなことが起こりかねないことも覚悟していた。自分は幸せな結婚生活を送っていたが、それは男女関係が男尊女卑でおさまっていた時代に結婚したおかげだ。両親が家庭を重視してきた姿に見習い、女王としての役割と家庭の両立をはかってきた。二〇年前に、マーガレットはピーター・タウンゼントとの恋愛をあきらめるにあたって、自分も王室の責務を優先する道を選択したはずだったのに、そうはいかなかった。四月に王母はエリザベスに、「クリスマスからの三カ月は次から次へといろいろなことが起こって、本当に大変でした」と嘆いた。

マーガレットの離婚で、またもやエリザベスは妹と王位のどちらをとるかの選択を迫られた。エリザベスがとったのは、折衷案だ。六月にフランスのヴァレリー・ジスカール・デスタン大統領を迎えての公式晩餐会で、エリザベスは大統領の席を自分と妹のあいだにした。一〇月には新しくできた国立劇場のオープニングにマーガレットを伴って出席したし、翌年の即位二五周年を祝うシルバー・ジュビリーにも同席させた。歴史家のジャック・プランブは、ブルックスでのロイヤル・ディナーで王室一家を観察し、「まるで校長のように振る舞う女王は、宮廷の内外に自分がマーガレットと近しい関係であることの理解を求めているかのようだった」と書いている。

しかしエリザベスが公私共にサポートしているにもかかわらず、マーガレットの難しい気質は変わらず、姉に向かっても癇癪を爆発させ、めちゃくちゃな生活態度をいっこうに改めようとしなかった。やりたい放題の乱脈ぶりは、タブロイド紙の格好のネタになった。エリザベスが反対したにもかかわらず、ルウェリンとの関係はまだ続いていた。トニーとの離別をマーガレットは少しも悔やまなかったが、一九七八年にようやく離婚が正式に成立したときには、姉妹はふたりとも精神的打撃を受けた。

エリザベスは愛する妹のことだけを心配していたわけではない。王室がこうむる損害やマーガレットの子どもたちの心の傷が気がかりだった。「お調子者の〝ロディ〟・ルウェリンとマーガレット・ローズ王女についての記事が、一六歳のリンリー子爵（マーガレットの息子）と一四歳のレディ・サラ・アームストロング＝ジョーンズ（マーガレットの娘）に及ぼす影響について、考えない人はいなかった」とジャーナリストのオーベロン・ウォーはプライベート・アイ誌の日記に記した。一九七八年五月二〇日、タイムズ紙の「離婚はいまや批判より同情を受けるものになりつつある。ただ個人の苦々しさを公にさらしつづける場合は事情が違う」という社説で、エリザベスの気持ちは少しだけ安らぐと同時に、自分の子どもたち全員がその意見に耳を傾けるだろうかと不安になった。

スノードン卿は個人的な苦しみを公にさらすことをしないおかげで、離婚後もエリザベスや王母といい関係を保っていた。離婚から三カ月後に彼は再婚した。エリザベスにとっては初孫となるアンの長男ピーター・フィリップスが一九七七年一一月一五日に生まれると、彼はエリザベスから写真撮影を頼まれた。スノードン卿の写真は、エリザベスの子どもたちが誕生したときビートンが撮影した母子の写真とは違って、気さくなイメージで撮られている。祖母として初孫を抱くエリザベスの写真には、階級を問わずどの家庭でも見られる、祖母と孫の親密さがあらわれていた。その写真は、半世紀のあいだに王室と英国社会全体で、家族間の距離と階級差が縮まったことをあらわしているという指摘する声もあった。

アンが夫や子どもたちへの爵位の授与を固辞したので、エリザベスの男子の初孫も爵位を持たない平民になった。初孫誕生前に、庶民院は王室費を一九〇万五〇〇〇ポンドに増額することを発表したが、アンの子どもが平民であると聞いた国民は、その金額を認めて素直に誕生を祝う気になった。

ますます悪化する経済情勢のなかで

一九七三年、アンが結婚式をあげた年に第一次オイルショックが世界を襲い、英国の経済状態はますます悪化した。結婚式の一カ月後には原油価格が七〇%も上がり、生活費が高騰して、エドワード・ヒースは国民に、一週間に三日の電力カットを強いた。一九七四年に二回の選挙で首相に返り咲いたウィルソンも、経済を上向かせることはできなかった。一年間で物価が二五%も上昇するインフレとなり、ストライキが頻発して、国民の分断は深まった。フィリップは「果物のなかにうじゃうじゃ虫がいるようだ」と表現し、エリザベスの任務は社会に高まる不安に配慮したものとなった。

一九七〇年代半ば、南ヨークシャーのシルバーウッド炭鉱を王室が訪問した写真は、その配慮を物語っている。雪に覆われたなかを、頭にスカーフを巻いた上からヘルメットをかぶったエリザベスが、炭坑員と笑顔で会話している写真だ。

一九七六年、英国は国際通貨基金IMFから二三億ポンドのベイルアウト［訳注：破産の危機に迫っている国家に対する金融財政支援］を受けた。二年前に、エリザベス自身もベイルアウトを受けざるをえない事態におちいり、王室費を二回にわたって年間一四〇万ポンドまで増額するよう要求したのだ。不承不承要求をのんだ議会だったが、悪化する経済情勢においてこういう要求を出したことで、エリザベスだけでなく君主制に対する一般国民の支持が得られなくなるリスクがあった。不満が高まるなかで、共和制支持者のウィリアム・ハミルトンは、『私の女王と私』という著書で王室一家を手厳しく攻撃し、大きな注目を集めた。彼の攻撃対象には、カリブ海の高級リゾート地マスティーク島に避寒に出かけたマーガレットも含まれる。「金がかかる贅沢旅行をするなど、勘違いもはなはだしい」と彼は酷評した。

エリザベス個人の経済状況については、マーガレットほど話題になっていなかった。一九七五年、ドレスメーカーのハーディ・エイミスに、メキシコと日本への外遊用の衣装は、経費節約のために「去年のドレスも使いまわしする必要がある」と伝えたが、ハミルトンの反対に反論するまでにはいかなかった。

一九七四年は、競走馬のオーナーとしては、エリザベスが大きな成功をおさめた年となった。四歳未満の雌馬ハイクレアが、ニューマーケット競馬場で一〇〇〇ギニーの賞金を獲得し、シャンティイではディアヌ賞を獲り、アスコットで開催されたジョージ六世とエリザベス女王ダイヤモンドステークスでは優勝した。二〇年近くでエリザベスの持ち馬がクラシックタイトルを獲得したのは初めてだ。二年後、エリザベスの持ち馬グッドウィルに乗馬したアンが、モントリオール・オリンピックに英国馬術チームの一メンバーとして出場した。

即位二五周年を祝うシルバー・ジュビリーの大成功

一九七七年はエリザベスの即位二五周年にあたり、国と英連邦をあげてシルバー・ジュビリーが祝われることになった。一九七六年夏から、ロンドン交通局は銀色に塗ったバス二五台を走らせ、バスの新しい同業組合のスポンサーとなる広告主を見つけることを期待した。英国の歴史で即位二五周年を祝うのは、祖父のジョージ五世についでエリザベスがふたり目となる。英国全土で一年前から準備がはじまった。

予想されたことではあるが、行事に反対する人たちがいた。イングランド北部の町、ノーズリーの町議会の労働党議員たちは、シルバー・ジュビリーの五月の祝日は、労働者のためのメーデーとして祝うようにと主張した。「女王のための祝賀行事を子どもたちがどれほど楽しむとしても、行事はメーデーとして行なうほうがよりふさわしいと私は思う。時代遅れの組織を祝うよりも、はるかにいいはずだ」と町会議員のジョージ・ホワースは一二月に強調した。

同じ月にチャールズは掃海艇ブローニントン号の指揮官を辞して海軍を辞め、シルバー・ジュビリー祝賀行事の公式組織委員会のトップについた。また一九七六年六月には、海軍を辞めたときの退職金をもとに、プリンシズ・トラストという新しい基金を設立した。エリザベスはシルバー・ジュビリーの祝賀行事で、「若者が自分たちのコミュニティのなかで、ボランティア活動で互いに助け合うことを支援するような」企画を望んだ。

エリザベスの性格から、祝賀行事の企画に前もってお墨つきを与えるようなことはしなかったが、ほとんどの行事に関しては、マーティン・チャータリスをリーダーにしたスタッフが事前にチェックして決定し、自信をもって進めた。エリザベスの五〇歳の誕生日が一九七六年四月に盛大に祝われたことで、シルバー・ジュビリーの行事も盛りあがるだろうと楽観的な見通しが立った。タイムズ紙は「この国が得られるだけの励ましをすべて必要としているとき、君主制の核となる組織がかくも健全であることは、心強く安心できることだ」と読者に語りかけた。

英国は財政破綻の危機にあり、IMFの支援を受けるためには、公共支出をカットせざるをえない状況だ。王室や地方のスカウト組織とイギリス婦人会支部は、シルバー・ジュビリーに向けて熱心に準備を進めていたが、政府は冷淡だった。戴冠式のときと違って、即位二五周年への世間の関心は盛り上がりに欠けた。

一九七七年六月七日、セント・ポール大聖堂でロンドン主教の司式のもと行なわれた感謝の礼拝で、エリザベスはこの上もなく幸せそうだった。主教は女王が「常に国民の心をつかんでおられますように」と祈った。二五周年の夏、女王に寄せられる親愛は、国民の広くから真摯に示された。

14
「国と恋愛していた」

エリザベスはイギリス国内三六郡を訪れ、大勢の群衆から歓迎を受けた。世代や人種や階級を超えて、多様な人々が等しく女王に賛辞を送った。クリックルウッドでは、ひとりの電気技師が六カ月かけて焼いて飾りつけをしたケーキを、消防士たちが二五層に積みあげた。バースでは、街の人々の庭から集められた五〇万本のバラの花びらが、エリザベスが乗った車にシャワーのように降り注がれた。当時はまだ労働者階級が暮らす地区だったロンドンのフラムでは、縁石が赤、白とブルーに塗られ、家々の前に大きな旗が掲げられた。ザ・マルには一九五三年の戴冠式のときと同じ規模の一〇〇万人が詰めかけ、黄金の馬車に乗ったエリザベスとフィリップのロイヤル・パレードに歓声をあげた。

カンタベリー大主教は「倦《う》むことなく任務を果たし、忠実に責務をこなし、家庭生活は安定してすばらしく幸せ」なエリザベスを祝した。エリザベスは鮮やかなピンク色のドレスとコートを着た。四二年前、祖父のシルバー・ジュビリーのときに着たドレスと同じ色だ。国の経済が破綻しようかという社会情勢を考えて、衣装は新調したものではなく、一年前のモントリオール・オリンピック開会式のときに着たものだったが、デザイナーのハーディ・エイミスもその衣装には費用がかかったことを認めた。コートは「ドレスと同じ生地で裏地をつけた。厚手のシルククレープは高価なので、大変贅沢な衣装となった」とエイミスは言った。

コメンテーターたちは、黄金の馬車のパレードに人々が「熱狂的に喝采を送った」と伝えた。マーティン・チャータリスは、その後エリザベスが訪れた英国のどの地でも、同じように熱烈な歓迎を受けるのを目撃した。三万人の警官と軍隊が警戒にあたるなか、紛争が続く北アイルランドには二日間滞在した。英連邦諸国をめぐる九〇〇〇キロを超える旅にも出た。

チャートタリスは「彼女は国と恋愛していた」という。伝記作家で歴史家のフィリップ・ジーグラーは、エリザベスが群衆のなかを歩くと、「あちこちから手が伸びてきて、まるで彼女が中世の修道僧で、触れると癒されるとでも思われているようだった」と言った。

その様子は、国の経済がどん底にある最悪の時期における、一個人の栄光だった。エリザベスの結婚式のとき、詩人のジョン・メイスフィールドが捧げた詩を思い出させる。「希望の光が見えず、何もかもうまくいかないときに、王冠が輝く。そこは国の精神が集結するところ」。王室の祝賀では、大衆の愛情が花火のようにいっとき輝くものだ。一九七七年夏、エリザベスは国中をめぐって歓迎する人々のあいだを歩き、王室へのあたたかい気持ちが戻っているのを肌身で感じてご機嫌だった。歴史家のロバート・レイシーは、歩いているエリザベスと短く言葉を交わした若い女性の話を書き留めている。「私たちはあなたを愛しているから、ここに来たんです」。それに対して、エリザベスは心から感動してこう答えた。「そのお気持ちを私も感じますし、大変ありがたく思っています」。のちにエリザベスはそういう言葉を公の場でも繰り返し使うようになり、そのうちありがたみが薄れた。だが一九七七年まで、エリザベスが率直に自分の感情をあらわすことはめったになかったから、そのときの彼女の感動がどれほど強かったかがうかがわれる。

二五年間にわたるエリザベスの国への奉仕を伝える六月八日の一面記事に、デイリーメール紙は「皆さん、幸せですか？　私は幸せです！」という見出しを掲げた。彼女が味わっている幸福感は、国民から寄せられる称賛によるもので、同時に彼女の幸福な様子は国民も幸せにした。二日後、彼女はロンドンでの一連の祝賀行事の最後を飾る、テームズ川パレードに臨んだ。

深夜を過ぎてから、彼女はバッキンガム宮殿に集まった人々の前にもう一度姿をあらわした。あ

14
「国と恋愛していた」

る記録によれば、宮殿のバルコニーにひとり残っていたマーガレットが「群衆の熱い思いに息をのみ」姉を引き戻したのだという。いとこの妻であるケント公爵夫人は、そのときのエリザベスが「自分に向けられるあふれるほどの親愛の洪水に戸惑い、圧倒されていた」という。群衆の歓声の声は耳をつんざくほどだった。女王は自分を見上げる人々のあいだに大歓声がさざ波のように広がるのを見ても、小さく手を振っただけだった。自分には母のように、公の場で人々に自然に応対する能力がないことが、エリザベスには常々よくわかっていた。怖いもの知らずで、君主の座に縛られないマーガレットのほうが、人々が何を望んでいるかを本能的に理解したから、姉をバルコニーに引っ張りだしたのだろう。

二五周年にエリザベスはふたつの重要なスピーチを行なった。そのどちらも、エリザベスにはめずらしいことに個人的な思いをこめている。ひとつは、五月に議事堂敷地内にあるウエストミンスター・ホールで、議会の君主への忠誠の誓いに応えたスピーチである。そのスピーチでは、地域、特にスコットランドで繰り広げられている執拗な権限委譲への要求に反対を表明して注目を集めた。「私はユナイテッド・キングダム、つまり連合王国の女王として戴冠したことを忘れるわけにはいきません」と彼女は断言した。そして「おそらくこの二五周年という区切りは、連合王国全域で暮らす人々に、あらためて私たちがひとつにまとまった連合であることの恩恵を思い出させる機会なのでしょう」と続けた。外交的配慮から「おそらく」という言葉を使ってやわらげているが、エリザベスの「連合王国」への強い思いがのぞくスピーチだ。

ふたつめは、その年の終わりのクリスマス・メッセージで、自分の「連合王国」が縮小することへの強い懸念をふたたびはっきりあらわした。二五周年の祝賀に集まった人々には「世界に向けて、私たちはひとつにまとまった国民であることを示しました」と話した。感謝の礼拝後にギルドホールで行なわれた昼餐会で、エリザベスは一九四七年南アフリカのケープタウンで国への献身を誓ったことに触れた。「あのころ私は若くて世間知らずで、青くさい宣言ではありましたが、あの宣言を一度たりと後悔したことはないし、ひと言たりと撤回したいとは思いません」と彼女は確固たる信念をこめて言った。近しい人たちは、自分が発した言葉に彼女が感動している様子を見た。スピーチが終わって席についたとき、彼女は平静さを取り戻そうとしながらも、笑みがこぼれるのを抑えられなかった。

感動が大きいときほど、自分の思いを表面にあらわさないようにしてきたエリザベスが、なぜ二五周年の祝賀では平静を保つことができなかったのだろう？　自分のスピーチに自分で感動したからか？　ギルドホールまで街中を歩いて人々と接した経験に高揚したのか？　君主として四半世紀統治してきて、歴史に名を刻んだことに感動したのか？　それとも自分の信念をこれまで最も力強い言葉で表明し、王冠への誓いをあらたにしたことに喜びをおぼえたからか？　生涯をかけて使命をまっとうする、という自分の信念の強さに心を揺さぶられたのか？

シルバー・ジュビリーは、エリザベス個人の絶頂期を象徴していた。国民の賛辞はエリザベス個人に捧げられていた。たしかにフィリップは常に彼女のかたわらにいたが、ふたりが一緒に業績を達成したことが称えられたわけではない。エリザベス女王という君主が、これから先も国を統治することが公に認知された決定的な出来事だった。エリザベスが女王にふさわしい人物であるのを「連合王国」は認めた。

変わらないことで称えられる女王

シルバー・ジュビリーの夏、エリザベスはあちこちで開かれた野外パーティーや子どもたちのお茶会に出席し、彼女が子ども時代に近所の人たちと楽しんできたそんな行事が復活したことを人々は喜んだ。『ロイヤル・ファミリー』をテレビで見た人たちは、エリザベスを以前の君主たちより親しみをもって評価した。エリザベスはその年、国民生活の中心的存在にまで祭りあげられた。絵葉書、子どもたちのスクラップブック、ビスケットの缶からマグカップにまでエリザベスとフィリップの写真が登場した。おかげで、一世紀前のヴィクトリア女王のゴールデン・ジュビリーと同じくらいの経済効果がもたらされた。

英国の人々は、エリザベスと自分たちとの違いがわかっていた。格式ばったマナー、スピーチの堅苦しさや、手袋や帽子が一般的でなくなった時代のいかめしいワードローブは、エリザベスが一般国民とは異なる存在であることをあらわしている。彼女の形式重視の姿勢は、君主と臣民のあいだの距離を保っていた。彼女の生活のスケールの大きさと豪華さは、多くの人たちの想像を超えていた。

銀婚式の年に、彼女はバークシャーにあるポルハンプトン・ロッジ・スタッドという馬の飼育農場を購入し、サンドリンガムとハンプトンコートでの競走馬の繁殖と訓練をより拡充させた。一九七三年には、王室御用達の宝飾品メーカーのガラードに注文して、ルビーとダイヤモンドの新しい王冠を作らせた。一九七四年、サンドリンガムの大々的な改装をインテリアデザイナーのヒュー・カッソンの同僚であるデイヴィッド・ロバーツに発注した。ヴィクトリア朝時代に建てられた豪邸の一棟を壊して新しい棟を建て、母屋《おもや》を現代風に作り直す改装には、二〇万ポンドかかった。エリザベスはヒュー・カッソンに「サンドリンガムに私たちがつぶされてしまわないことを祈っています」と手紙を書いている。

一九六〇年代は価値観が大きく変動した一〇年で、エリザベスの形式重視の姿勢は「堅物」と冷笑されたが、一九七〇年代の後半、贅を尽くして格式を守ることが、王室の威厳を示すと称えられるようになった。シルバー・ジュビリーの年に、エリザベスは変化に動じないことで評価された。

エリザベスの治世は、その後も変わらないことが貫かれる。英国の人々が彼女に期待しているのは、世の中の変化に動じないことだと、本能的に理解しているのだろう。テレビのコメンテーターは視聴者に「女王の治世がはじまって以来、幸せなことも悲劇も起こったけれど、彼女はどんなことが起きても英国と英連邦の魂を、慎み深く、だが王にふさわしい威厳をもって保ちつづけている」と解説した。

ＢＢＣはその年、セックス・ピストルズの「ゴッド・セーヴ・ザ・クイーン」を放送禁止にした。「神よ、女王を救いたまえ／ファシスト政権を／あいつらはおまえをコケにする／隠れた水素爆弾だ」という歌詞を問題視したためだ。女王を守りたいという、以前の保護本能がまた発動したかのようで、世間の女王賛美に迎合した禁止令だった。

かつてエリザベスを批判したオルトリナム卿や、そのころ王室への批判を繰り返していたジョン・グリッグでさえも、エリザベスを称えた。グリッグはエリザベスの最も重要な資質は、「並はずれて安定した性格にある」とした。変化を望まない女王は、変わらないことで称えられたわけだ。「ファッションがめまぐるしく移り変わり、道徳が恐ろしく崩壊していく時代に、女王は自身の高い規範に従って生きている。そうすることで、その規範に従わない人たちさえも、不承不承ながら彼女を称賛するのだ」とグリッグは書いた。

オルトリナム卿がナショナル・アンド・イングリッシュレビュー誌上でエリザベスを批判してから二〇年が経ち、社会が大きく変動した一九六〇年代を経て、言論界はエリザベスのあるがままの姿を受け入れた。その後現在にいたるまで、言論界におけるエリザベス像は変わっていない。一九八二年、即位三〇周年にある新聞が「すべてが変わっても、彼女は変わらないままだ」と書いた。ウィルソンのあとに首相になったジェームズ・キャラハンは、エリザベスの慎重さが王室への信望を揺るぎないものにしている、と言った。

宮廷を支えてきた人物の死と退任

シルバー・ジュビリーの二年前、エリザベスは公私共に自分を支えてきてくれた大切な人をなくした。パトリック・プランケットである。七代目プランケット男爵の彼は、ジョージ六世の侍従武官を務め、その後王室の家政を仕切るマスター・オブ・ハウスホールドとしてエリザベスに仕えた。プランケットは生涯独身を通し、気さくな人柄で誰からも愛され、想像力が豊かで機転が利いた。プランケットこそ、エリザベスの宮廷に調和とスタイルをもたらした人物だった。彼は幼少期からエリザベスを深く崇拝し、それを周囲に隠そうとしなかった。隅々まで目が行き届き、ほかの人はあえて触れようとしないデリケートな話題も、エリザベスと率直に話し合った。プランケットが得難い人材で、ほかには替えがきかないことを、エリザベスはよくわかっていた。

デイリーミラー紙は、エリザベスの公式な伝記で、プランケットは「女王の目となり耳となって、彼女が近づくことが許されない世界の案内役になった」と書いている。たとえばロンドンのフラム・ロードにあるABCシネマにお忍びでエリザベスを映画鑑賞に連れだし、その後近くのカジュアルなレストランで食事を共にしたり、フィリップが留守のときにはエリザベスと一緒に冷凍食品の夕食をとりながら、テレビでクイズ番組やコメディを一緒に見たりした。プランケットはエリザベスと一緒に乗馬を楽しみ、フィリップと一緒に狩りに出かけ、王母やチャールズと一緒に釣りをし、マーガレットとはピアノを連弾した。

しかし手術ができない末期の肝臓ガンを宣告され、プランケットは一九七五年のイースターに亡くなった。その死から二カ月経っても、エリザベスは「親しい友人が亡くなって、まだ立ち直れない」と嘆いた。プランケットがいなくなって、伝統を重んじながら、堅苦しくなく、臨機応変に儀式や宴会を仕切る人がエリザベスの宮廷にいなくなった。異例なことに、エリザベスは彼の葬式と追悼礼拝の両方に出席した。彼の家族は、タイムズ紙に掲載されたプランケットの訃報欄の記事にはエリザベスの手が入っていたと信じている。エリザベスは彼の希望どおり、フロッグモアに埋葬し、天蓋の形をした墓碑を建てた。

女官のひとりは、プランケットが「エリザベスと同等の立場で話ができた人だった」という。君主と宮廷人の関係を、きょうだい同然だったと伝記作家なら書くかもしれない。だがエリザベスは彼に宛てた最後の手紙でも、堅苦しく「敬具　エリザベスR」とサインを入れて、彼と自分との距離をはっきりと示した。一方で彼女は、プランケットのもとに運ばれる朝食のトレーに載せた手紙に、春の花を集めた小さな花束を添えるような気遣いを見せた。

プランケットがエリザベスに遺産として贈ったのは、一九世紀初めに活躍した風景画家リチャード・パークス・ボニントンが描いた小さな海景画である。以前に彼のカントリーハウスの応接間の暖炉の上にかけられていた絵で、お気に入りだった。英国の海岸と空が描かれ、プランケットにとっては日常生活の慌ただしさをひととき忘れさせて、気持ちを解放してくれる絵だった。

一九七七年、ボボ・マクドナルドが自分に仕えて五〇年が経ったことを祝って、エリザベスはガラードに注文し、二五個のダイヤモンドに二五個のゴールドの雄蕊《おしべ》をつけた花のブローチを贈った。エリザベスにとってボボは、夫、母や妹と同じくらい揺るぎない信頼と親密さで結ばれている最も近しい人だ。七〇代前半のボボは、まだ「小さなレディ」のもとを辞する気はなかった。王室のほかの使用人やハウスホールドのメンバーたちに高姿勢で接するので、ボボが煙たがられているのをエリザベスは知っていたが、パトリック・プランケットが亡くなり、マーティン・チャータリスから一一月に引退する決意を伝えられたとなっては、ボボまで引退させる気はなかった。エリザベスの生活がスムーズに運ぶために、ボボはまだ欠かせない人材だったからだ。両親と同様エリザベスも、長く働いている人を自分のまわりにおくことで得られる安定を重視していた。

しかし一九七〇年代後半、仕事でも家庭生活でも親しい人が去っていくことは避けられず、エリザベスは無力感を感じた。四人の子どもたちの三人は成人した。仕事上でも個人的にも、マーティン・チャータリスがいなくなることは損失だ、と母に付き添ってきたアンが、お別れの挨拶で言った。エリザベスはチャータリスに彫刻入りの銀のトレーを贈り、「一生忘れない」とひと言だけ感謝をあらわした。チャータリスは泣いた。泣くだろうと自分でもわかっていた。会ったときから恋に落ちた女性に、二七年仕えてきたのだ。空気を読まないアンのぶっきらぼうな態度のおかげで、その母は感傷にひたって一緒に涙をこぼさないですんだ。シルバー・ジュビリーが成功したのは、チャータリスがしっかりと仕切ったおかげである。彼がいなくなれば、王室の催事が盛りあがりを欠くことは目に見えている。エリザベスは「もし何か困ったことが起きて、彼が必要になったら、まだそばにいてくれる」と自分をなぐさめた。

プランケットが亡くなったことと同様に、チャータリスの退任によって、エリザベスの王室から明るさが、また彼女のスピーチから威勢のよさが減じた。チャータリスの後任のフィリップ・ムーアは、チャータリスにあった遊び心や、エリザベスへのロマンチックな思いからの献身はなかった。その役目は、一九七二年から個人秘書アシスタントをつとめているウィリアム・ヘーゼルタインにまわってきた。エリザベスの指示で、ヘーゼルタインがレディングの市長に出した王室訪問に対する礼状に、彼のユーモアがうかがえる。「新しい治安判事裁判所は大変に快適で、利用者たちは誰もその心地よさを評価しないでしょうが、レディングにすばらしい公共建築物ができたことはまちがいありません」

チャールズの王女様探し

アンが家庭に落ち着き、エリザベスは祖母になる喜びを噛みしめていたが、気がかりなのは長男チャールズが三〇歳になってまだ独身であることだった。プリンス・オブ・ウエールズの叙任式の

14
「国と恋愛していた」

ときに、チャールズが母に特別な親近感を抱いたことは疑う余地はない。だが、君主とその後継者のあいだにあった特別な親愛の情は、チャールズがフルタイムで王室の仕事に従事するようになって一〇年経つうちに、徐々に薄れてしまった。家族一人ひとりの職務の区分け上、それはいたしかたないとはいえ、母と息子のあいだの距離は開いていた。

エリザベスは息子に対して愛情深く接してはいたが、自分の父親が五〇代で亡くなったことを考慮しなかったのかどうか、チャールズに自分が受けたのと同じ帝王教育を授けようとせず、自分がやっている仕事を分ける気を見せなかった。「私の人生における大きな問題は、自分が人生で果たすべき役割がよくわからないことです」とチャールズは一九七八年一一月に学生たちの前で話した。それはある意味率直ではない言葉だ。両親は彼の役割について明確な考えを持っていたからだ。

大叔父であるマウントバッテン卿も、チャールズと同じ考えだった。マウントバッテンは、エリザベスとその家族の陰の参謀になることを楽しんでいた。気のまわらないエリザベスや、何事も自分の判断で決断を下したがるフィリップよりも、自分はチャールズにより寄り添っているとマウントバッテンは思っていた。祖母である王母は、本来なら母親が示すべき愛情を自分に注いでくれている、とチャールズは信じていた。その一方で、本来なら親が示すべき人生への指針を授けてくれるのは、たいていマウントバッテンだった。

マウントバッテンはチャールズにとって強く、だが感情の機微を理解した助言者で、一九七八年、節目となる三〇歳の誕生日になっても甥がまだ独身であることを、母親のエリザベス以上に心配していた。未婚のまま女性たちと浮名を流したプリンス・オブ・ウエールズのことが、マウントバッテンの脳裏にあったのは間違いない。大伯父にあたるウエストミンスター公爵と同様、チャールズは自分の地位のおかげで、性的体験の機会にふんだんに恵まれていた。チャールズが次々と女性たちと恋愛ごっこに興じているうちに、自堕落な人生を送ることになるのではないかと、マウントバッテンは不安だった。「手当たりしだいに女の子のベッドにもぐりこむ」ことはやめさせ、皇太子という地位に傷がつく前になんとかしなくてはならない。彼はチャールズに「デイヴィッド伯父は坂を転げ落ちるように堕落し、ついには不名誉な退位に追いこまれて、永遠に無益な人生を送るはめになった」と警告した。マーティン・チャータリスも、チャールズの生活にあるのは「狩猟、射撃、ポロと密通」だけだと断じたことがある。

チャールズ自身も、両親やマウントバッテンと同じくらい、妻を見つけなければと焦っていた。ある友人への手紙に「結婚だけが私を癒してくれると言われている。たぶんそうだろうね」と書いたことがある。だが、結婚についての悩みを両親に打ち明けたことはなかった。そこでとったマウントバッテンの解決策は、いかにも彼らしかった。自分の孫娘のアマンダ・ナッチブルをチャールズに勧めたのだ。ところが、孫娘はチャールズのプロポーズを断った。エリザベスはウエストミンスター公爵の娘レディ・レオノーラ・グローヴナーがお気に入りだと噂があった。大衆は昔ながらのロイヤル・マリッジのロマンスを好み、新聞各紙はエリザベスが、ベルギー王家の王女だったジョゼフィーヌ＝シャルロットとルクセンブルグ大公ジャンの長女マリー・アストリッド王女を選んだと書きたてた。母親のジョゼフィーヌ＝シャルロットは以前にバッキンガム宮殿でのエリザベスの「学友」に選ばれるという噂があったほど縁が深い。その娘は「美しく、落ち着きがあって、無欲の女性で、女王に気に入られている」と言われていた。理想の嫁候補だったが、空想だけで終わった。

一九七八年一一月、チャールズの三〇歳の誕生日を祝う舞踏会が、バッキンガム宮殿で開催された。主宰はエリザベスで、チャールズと噂があった若い女性が五人招かれた。そのなかに、ウェリントン公爵夫人の娘レディ・ジェーン・ウェルズリーと、レディ・セーラ・スペンサーがいた。セーラ・スペンサーは、かつて王母付きの女官のひとりだったスペンサー伯爵夫人シンシアの孫娘であり、侍女だったファーモイ男爵夫人ルースの孫娘でもある。このときセーラ・スペンサーの妹で一七歳のダイアナも、舞踏会に出席していた。

六年前のチャールズの恋の相手で、今はハンサムな近衛兵アンドリュー・パーカー・ボウルズの妻におさまっていたカミラは、エリザベスの指示で招待客リストからはずされた。カミラの結婚後も、チャールズは彼女との関係を続けているとエリザベスは数人の将校たちから知らされていた。エリザベスは彼の恋愛についても、また招待リストからカミラをはずすことも、チャールズにはひと言も話をしなかった。

マウントバッテンの悲劇的な死

一九七二年六月、マウントバッテンは侍従武官のマクリーン卿に、自分の葬儀の式次第についての「提案」を含む、「大いなる葬儀親書」を送った。自分の葬儀は壮麗に執りおこない、金に糸目をつけるなという内容だ。マクリーンからの提案でマウントバッテンは自分の葬儀の計画を立てたわけだが、ふたりともそれが必要になるにはまだ時間があると思っていた。たしかにその見通しは正しかった。しかし、マウントバッテンはそれから七年後、思いもかけない悲劇的な死を迎えることなる。

マウントバッテンは一九七二年からすでに、毎年八月に娘たちや孫たちと訪れるクラッシーボーン城の安全について内閣府に問い合わせていた。アイルランド島北部のスライゴーにあるカントリーハウスは北アイルランドに近く、紛争の影響が懸念されていたからだ。一九六一年から私服警官が目立たないように、女王の姻戚にあたるマウントバッテン家の人たちがアイルランドで夏の休暇を過ごすあいだ警護していた。一九七四年までに、カントリーハウスの周辺には二八名の警察官が警備につくことになっていた。

一九七九年八月末、IRAがマウントバッテンの釣船シャドウ五号に爆弾を仕掛けた。三〇名近くの警官が警護にあたっていたのに、テロは防げなかった。釣船がロブスター養殖の網近くまで来たとき、船は爆破され、マウントバッテンとアイルランド人の船員ひとり、孫息子のひとりが即死し、長女のパトリシア・ナッチブルとその夫ブラボーン男爵、夫の母ともうひとりの孫息子ティモシーが重傷を負った。「英国の支配階級に、おまえたちの政府が我々に仕掛けている戦いは高くつくのだと思い知らせる」とテロリストたちは宣言した。そして目的は達成された。

このテロに、エリザベス以上にショックを受けた人はいない。スコットランドのバルモラル城にいたエリザベスは、姪のサラ・アームストロング＝ジョーンズとクラシー教会のバザーに出ていた。エリザベスとその家族にとって、マウントバッテンはときにはうっとうしく思えるほどお節介をやく親戚であると同時に、家父長のつもりで親切に尽くしてくれる貴重な助言者だった。エリザベスにとっては一家の歴史の生き証人であり、フィリップとチャールズにとっては代理父であり、拠りどころだった。チャールズは、大叔父は「最も賢明な相談相手でありアドバイスをくれる人

14
「国と恋愛していた」

だった」と言った。

一〇月、マウントバッテンの長女で、エリザベスの古くからの友人でもあるパトリシアがまだ入院中だったとき、その一四歳の息子で、双子の弟を亡くしたティモシー・ナッチブルと姉のアマンダを、エリザベスはバルモラルで静養させた。深夜にバルモラルに到着したとき、エリザベスがあたたかく迎えてくれたことを。ティモシーは思い出す。「あひるの母鳥が、いなくなっていたヒナたちを見つけたかのような出迎えでした。愛情と気遣いをこめて、私たちに家族の様子を尋ね、スープやサンドイッチでもてなし、実の母親のようにいたわってくれました」という。「そのときの不思議なあたたかさを私は忘れることができません。女王がまるで母親のように世話を焼いて、やさしく愛情を示してくださったのです」。エリザベスは、自分の家族以外の人たち、特に自分自身の過去とつながりのある人たちには、深い親愛と気遣いを示すことができる。この逸話はそれを物語っている。

テロでマウントバッテンが殺されてしまったあと、排他的な王室のサークルで影響力を発揮するのは、王母だけになった。伝統を重視し、王室の権威に心からの敬愛をもって女王に助言するのも、いまや王母だけだ。だが王母の視点に、マウントバッテンの鋭さや想像力はなかった。プランケット、チャータリス、そしてマウントバッテンは、王母ほどエリザベスに大きな影響力を持っていたわけではない。しかしエリザベスが信頼していたこの三人は、王室の外側にある世界への窓を開き、彼女と子どもたちとの関係を取り持ってくれた。

ＩＲＡのメッセージは、エリザベスにはっきりと伝わっていた。安全が脅かされているのは君主制そのものではなく、王室の狭い排他的サークルに閉じこもる彼女個人なのだ、と。

15

「あらゆることに節度を保つ」

エリザベス 53歳～61歳

激動の八〇年代がはじまる

シルバー・ジュビリーを無事に終えたエリザベスは、ますます自信を持って職務にあたるようになっていた。一九七六年一一月に議会の開会宣言からバッキンガム宮殿に帰ってきたエリザベスが開口一番「私の馬たちをご覧になった?」と聞いたことを、テレビのプロデューサーはおぼえている。明るくはつらつとした様子からは、厳しい儀式で長いスピーチをした疲労などはみじんも見えなかったという。彼女の頭のなかは、職務以上に馬のことで占められていて、その後の一〇年、彼女はますます馬にのめりこんでいく。

一九八〇年代のエリザベスの人生は、ふたりの女性に振りまわされることになる。性格も考え方も自分とはまったく異なるふたりと、彼女は何度も衝突を繰り返した。ひとりは首相のマーガレット・サッチャーであり、もうひとりはかわいらしいはにかみ屋のティーンエイジャーで、チャールズが妻に選んだダイアナだ。

親愛の情は生まれなかったサッチャーとエリザベス

一九七九年、野党の保守党が内閣に提出した不信任決議案後に行なわれた選挙で、労働党のジェームズ・キャラハンはマーガレット・サッチャー率いる保守党に敗れた。かつて郵政大臣をつとめた労働党のトニー・ベンは「過去五〇年で最も右寄りのリーダーに率いられた保守党政権」と日記に書いた。マーガレット・サッチャーは一九七九年五月から一九九〇年一一月まで首相をつとめることになる。

「友情なき友好関係」というのが、ジェームズ・キャラハンから見たサッチャーとエリザベスの関係だ。表面的には対立しないが、そこに友情はないという意味だ。それは間違いなくエリザベスのマーガレット・サッチャーに対する姿勢を言いあてていた。

首相と女王として会っていた時期だけでなく、それ以降も、ふたりの関係は広範囲にわたってさまざまな憶測を呼んだ。サッチャーが内閣を組織してから一年も経たないうちに、彼女の女王に対する態度は、あるタブロイド紙もこう皮肉るほどだった。「この国には王冠をかぶる女性はまだひとりしかいない。もうひとりの女性がどう思おうとも」

一一年以上の付き合いにもかかわらず、ふたりの女性はお互いが理解できなかった。エリザベスはエドワード・ヒースと同じく、マーガレット・サッチャーとも親しく付き合おうとしなかった。

ヒースはエリザベスに対して、政府組織における彼女の役割以上の関心を持つことはなかったが、サッチャーは君主制に深い敬愛の念を抱いていたがために、エリザベスに対して個人レベルで近づくことをしなかった。エリザベスの広報官によれば、サッチャーは「王権を神のごとく崇拝していた」という。その表現はいささか大袈裟だろうが、サッチャーの王室に対する敬意は本物で、エリザベスに謁見するときには床に這いつくばるほど深く恭《うやうや》しく礼をした。サッチャーはエリザベスを、継承された理想の権化《ごんげ》として扱った。エリザベスが接した七人の首相のうちヒースをのぞく六人は、彼女を保護しなくてはならない女性として慇懃《いんぎん》に接するか、ユーモアを交わしながら個人的にも親しくつきあってきた。エリザベスに言わせると「飾り気なく、率直に、素朴に」女王個人に接していた。だがサッチャーには、エリザベスの機知に富んだドライな言葉は通じなかったし、女性同士だからといって腹を割って話し合うような関係にはならなかった。

何事にも先生役になって講義したがるサッチャーの性向を、エリザベスが嫌っていたのではないか、とささやかれていたが、その噂はおそらく当たっている。だが、謁見のときに首相が椅子に浅く腰かけることが女王には気に入らなかったとか、首相が立て板に水のごとくしゃべりつづけ、口をはさむ余地がなかったことに女王が閉口した、という話はやや疑わしい。エリザベスは自分でしゃべるよりも、人の話に耳を傾けるほうが多いからだ。「私はスポンジのように話を吸収する」と自分でも言っていた。

一九八五年夏、侍従たる男爵夫人のレディ・トランピントンは、エリザベスがサッチャー首相との謁見について「彼女は長居しすぎでしゃべりすぎる。男性たちのなかに長くいすぎたのね」と言ったことを報告している。また聞きによる報告だが、発言そのものよりも、そのときの口調がエリザベスの感情をはっきりあらわしていたという。皮肉っぽく、苛立ちをこめて、また困惑まじりの口調だったそうだ。

首相との女王のどちらが力を持っているかははっきりしていたから、ふたりのあいだに気持ちを通じさせようとするのであれば、エリザベスから働きかける以外に道はない。だがほとんどの場合、彼女はそうしなかった。エリザベスの話はサッチャーの自伝にはまったく出てこない。ふたりの女性たちのお互いに対する態度は、終始一貫して礼節を守った堅苦しいもので終わった。サッチャーはエリザベスに対し君主として敬意を払ったが、女王が個人として何を考えているかまで思いをめぐらすことをしなかったのは確かだ。

愛国主義が君主と首相を結びつけていた。ふたりとも英国の自国における富を復活させたい、また海外における威光を取り戻したいと強く願っていたし、サッチャーが掲げた「イギリス愛国主義」という看板は、彼女の首相時代を通して王室の存在を特別なものにすることに貢献したと、労働党のピーター・ショアも認めている。国内における因習的な束縛を乗り越え、男性が支配する領域で実績を残さねばならないという使命感を抱いていることは、ふたりに共通していた。だがそのやり方が異なった。非政治的で、何事も中道主義を貫き、議論から一歩引いて自分の意見を述べないようにしているエリザベスは、王座という地位こそが国民をひとつにまとめる力だと考えていた。彼女の見解は現実主義に徹し、その姿勢は協調的だ。

サッチャーは英国を貿易協定の拘束から解放し、国の放漫財政の引き締めをはかることに骨身を削った。その一方で、社会主義者の唱える集産主義を忌み嫌いながら、エリザベスを頂点とする時代遅れなエスタブリッシュメント階級にも常に不審の目を向けた。サッチャーが尊重するのは、自分と同じくらいのアグレッシブな闘争心で、彼女の哲学の中心にあるのは、民営企業と勤勉だ。そして対立が険しくなるほど、彼女は生き生きとした。だがエリザベスは何よりも対立を嫌う。

エリザベスが重んじるのは国のまとまり、互いの親近感、公共心である。彼女は保守的で、現状をあるがままに受け止めた。ある側近はこう言う。「関心がおありになるのは、物事が今あるように運ぶこと、忍耐心、礼儀正しさ、キリスト教徒らしい振る舞い、正しいことをすること、です」。

サッチャーは改革主義者で、強引に自分の意志を押し通す。そのためにすでに分断されていた英国社会の亀裂をより深くした。首相になった初期のころにブリストル、ブルクストンとテクストンで暴動が、ベルファストでハンガーストライキが起き、失業率が急増し、ホームレスが街にあふれた。当時のエリザベスは憂鬱そうで沈んでいることが多かった、と園芸家のアルヴィルド・リーズ＝ミルンはエリザベスのはとこのレディ・メアリー・ケンブリッジに言った。彼女は、「時代の趨《すう》勢《せい》に心を痛めていらしたからでしょう」とその理由を推察した。

それでも、エリザベスは英国の君主と英連邦の長の仕事を変わらず楽しんでいた。対照的にサッチャーは英連邦を軽視し、英国経済になんの利があるのかと疑い、英連邦諸国のリーダーたちを軽蔑していた。彼女の視線は英国国内だけに向いており、エリザベスの国際的視野を共有しようとはしなかった。

最初は堅苦しかったふたりの女性たちの関係は、やがてエリザベス側からは好意が、サッチャー側からは称賛が示されるようになったが、一〇年以上のあいだには何回となく衝突があった。

15
「あらゆることに節度を保つ」

ローデシア問題を黒幕として解決に導く

マーガレット・サッチャーが政権をになって数カ月のうちに起こった出来事で、ふたりの女性のどちらが確かな国際的な政治力を持っているかがはっきりする出来事が起こった。

一九七九年七月初め、バッキンガム宮殿はエリザベスがザンビア共和国の首都ルサカで開催される英連邦首脳会議に「断固とした強い意志」で出席すると発表したが、これは「異例な通達」だった。わざわざこのような発表をした目的は、以前に保守党政府がエリザベスの出席に何回となく否認の決議を出したことを踏まえて、先手をとろうとしたためだ。特に現首相自身がこの会議に興味を示さず、ザンビアでのゲリラ活動が拡大していて危険だということを理由に、女王の出席を阻むのではないかと懸念したからだ。

新聞各紙は宮殿が予想したとおりの反応を示した。「女王は今、〝危険な任務〟を遂行しようとしている。翌月ザンビアで開催される、英連邦首脳会議への出席である」と報じたのはデイリーミラー紙である。白人支配政権であるローデシアに対する経済制裁を渋るサッチャーに、アフリカの英連邦諸国のリーダーたちは怒りをつのらせており、エリザベスは自身の影響力を議会で行使する必要に迫られていた。会議はその問題をめぐって荒れることが予想された。英連邦に加盟するローデシア近隣諸国と英国首相が、ローデシアの独立と新政府の樹立をめぐる問題で対立を深めるに違いない、とエリザベスは見ていた。対立を阻止しないことには、英連邦という組織そのものが分裂しかねない。

ザンビア大統領のケネス・カウンダは当時のことをこう語る。「到着してすぐに、ローデシア問題をめぐる緊張が、加盟諸国のあいだで非常に高まっていることに気づかれた。だが女王ご自身が関わられることで、怒りの激しさは鎮められた」。エリザベスは大統領専用リムジン車内と、宿泊先となったルサカ郊外にある小さな別荘で執務した。空港から会場に向かう車中で、同乗するカウンダ大統領に、晩餐会で予定している彼のスピーチから、サッチャー首相とローデシアの白人少数派に対する敵対的な言辞を省くようにと説得した。次に各首脳と個別に非公式な会合を設けた。「英連邦諸国は独立後それほど時間が経っておらず、国内政治も不安定な状況で、ローデシアの問題について今回示された英国首相の姿勢が大きな論議を呼んでいた。そんななか、女王は舞台裏でひそかに首脳たちと会って働きかけた。彼女は敵対する勢力の仲裁役となり、前向きに考えるようにとうながした」とバーミンガム・デイリーポスト紙は報じている。

英連邦内部で彼女に期待される役割は、事前に根回しをすることと、慎重に事を運ぶようはかることだ。エリザベスは会議では発言をせず、「ローデシアのための純粋に黒人多数派のルール」を制定するという、満場一致で決まった公約にいたるまでの公の討論にはいっさい関わらなかった。アドバイスをしなかったし、直接的な提案を出すこともしなかった。彼女が貢献したのは、自然に同意にいたるような雰囲気作りだ。自分がホストになって、晩餐会やレセプションに政府首脳を招き、三日間、政府首脳一人ひとりと滞在先の別荘で個人的に会った。「ほかに誰も聞いていないところで、一人ひとりとじっくり話をする。それがとても有効だ」と一九八五年に彼女は言っている。英連邦首脳会議の満場一致の公約から一年足らずのうちに、白人支配政権は終焉《しゅうえん》し、ローデシアはジンバブエ共和国として独立した。

舞台裏で影の黒幕として動いたエリザベスの外交手法は、結果を出しただけでなく、キープレーヤーのあいだに、彼女なしには合意にいたらないという確信が生まれた。翌年エリザベスは「真っ当に正直に生きることが、社会的倫理観を維持するうえでは欠かせません」と断言した。彼女がルサカに届けたのは、正直さと寛大さだ。ほかの家族と違って、彼女は黒人多数支配を一貫して支持しつづけた。彼女が到着した夜、ボツワナのサー・セレチェ・カーマ大統領は、「個人としてすばらしい勇気と献身を示された」と称えた。ケネス・カウンダはのちにエリザベスのことを「偉大な人物。リーダーのなかのリーダー。我々はみな彼女が英連邦にどれほど尽くしておられるかを知っているから、全員が彼女の調停のメッセージに応えた」と称賛した。

主役の座を降りて

ザンビアから戻ったエリザベスは、バルモラルにこもって慣れ親しんだ日常を楽しんだ。雷鳥猟、散歩、乗馬、屋外や丸太小屋でのピクニックやバーベキューだ。「心の平安を感じながら、丘の美しさを愛《め》でつつゆっくりと散歩する。パトカーのサイレンや警官たちの叫び声は聞こえず、早く早くとせきたてられることもない」時間を満喫したようだ、と王母からチャールズへの手紙に書かれている。

彼女の個人秘書フィリップ・ムーアは外務省に宛てて、「ルサカ合意」にエリザベスが貢献した内容を毅然《きぜん》とした口調で指摘する書簡を送った。書簡では王室の誇りを示し、エリザベスにしてはめずらしく、自分が英連邦に果たす役割の重要性を強調しただけでなく、望んだ結果が得られた喜びをあらわしていた。

翌年の夏に王母が八〇歳の誕生日を迎えた。エリザベスとマーガレットはロイヤル・オペラハウスで最高潮を迎えるような誕生日祝いの計画を練った。三人の女性たちは、ロイヤル・ロッジでノーマン・パーキンソンに記念写真を撮影させた。戦前にマーカス・アダムズが撮影した写真と同じような服装と構図で、王母のかたわらにふたりの娘たちが寄り添う写真だ。祝賀セレモニーでエリザベスは喜んで母に上座を譲った。コヴェント・ガーデンでのセレモニーでは、エリザベスはひと晩中「喜びで輝いていた」と美術史家のロイ・ストロングは言う。「母との競争は厳しかっただろうが、彼女はこの機会には一歩譲る懐《ふところ》の広さを見せた」。姉妹は母に毛皮のコートを贈った。王母はマーガレットへの礼状に「私の生涯最高の、最も胸躍るサプライズでした！」と喜びを表現した。一方、王母からの礼状に対するエリザベスの返事は、いかにも彼女らしい文面だった。家族全員が「常に国民と共に歩んでこられ、この国と英連邦に尽くされ、特にご自身の家庭を築かれたあなたの人生に、深い愛をこめた感謝の気持ちをもって祝っております。国民があなたにどのような感情を抱いているか知って、励まされてきたであろうことを願います」という堅苦しいが敬愛をこめた内容だった。

母が無事に八〇歳の誕生日を迎えられたことを、誰よりも喜んでいたのはエリザベスだった。献身的で寛大な娘である彼女が、深い愛をこめて母に感謝を捧げていたのは間違いない。

一九八〇年代は、エリザベスがスポットライトを浴びる場所から一歩引く一〇年となった。即位三〇周年を迎え、六〇代に入り、結婚生活も四〇年が経とうしている。タブロイド紙がますますセンセーショナルに書きたてるようになった王室ニュースを大衆が楽しむようになった一九八〇年代の風潮に、雄々しく立ち向かったのはエリザベスただひとりだ。一九八一年陸軍連隊による式典トルーピング・ザ・カラーの最中に、ひとりの男がエリザベスに向けて六発発砲した事件のときも、エリザベスは驚いた馬をなだめて、何事もなかったように行進を続けた。その一年後には、男がバッキンガム宮殿に押し入り、寝室に忍びこんだ事件があったが、そのときも落ち着いて対処した。

成人した子どもたちが、ロマンチックなものからそうでないものまで、さまざまな馬鹿げた所業でタブロイド紙を騒がせ、首相は政界を支配しようとする意図をあらわに示した。

一九八〇年代、王室でも英国でも、主役はエリザベスではなかった。

チャールズとダイアナの婚約

一九八〇年秋、チャールズのお妃《きさき》に有力な候補があらわれて、ジャーナリストたちは興奮すると同時に安堵した。レディ・ダイアナ・スペンサーは貴族の家に生まれた純情な一九歳で、チャールズと一時噂のあったセーラ・スペンサーの一番下の妹だ。継母はダイアナについて「彼女とは話が続かない。デュラン・デュランについて話したらそれでおしまい」と言ったことがある。そんな女の子が王位継承者の新しいガールフレンドになるなど考えられなかった。

チャールズは彼女の一二歳年上で、内省的で思慮深く、時代遅れな育ち方をしている。しかも短気で感情がコントロールできない。ダイアナは子どものころに両親が離婚したトラウマを引きずっており、プリンス・オブ・ウエールズと結婚して、家庭を築くことを夢見ていた。彼女の義理の祖母にあたるロマンス小説作家のバーバラ・カートランドは、マウントバッテンの個人秘書に「ダイアナは早くからチャールズに心を寄せていた」と話したことがある。愛らしい容貌の影には、わがままで自己中心的な性格が隠れていた。意志は強かったが、情緒は不安定だった。

チャールズは結婚を焦っていた。ダイアナは貴族の家に生まれ、これまで恋愛の噂はない。チャールズはカミラ・パーカー・ボウルズと恋愛関係にあったし、これまで相談役をつとめてきたマウントバッテンはもうこの世にいない。将来王妃となるのにふさわしい女性を見つけることについて、彼と両親は話し合ったことがなかった。この件で非難されるべきなのは、チャールズと両親の双方だ。「深刻な影響がある事柄について腹を割って話し合う関係でいるべきだ、と片方は思っていたが、もう片方は話し合いに二の足を踏んだ」とチャールズは一九八七年に、当時を振り返って言った。

息子と王室にとって重大な局面においても、エリザベスは自分の感情面や結婚の経験を後継者となる子どもに伝えようとしなかった。周囲から根掘り葉掘り精査されるプレッシャーがかかる結婚生活に、どうやって自分が耐えてきたかという経験を息子に伝え、あなたの結婚もそうなるということを警告すべきだったはずだ。

メディアの報道が過熱していき、チャールズも動かざるをえなくなった。一一月半ば、有名な王室ジャーナリストのオードリー・ホワイティングは、ダイアナが「(王室一家が)未来のプリンセス・オブ・ウエールズとして望むすべてを持っている」のははっきりしている、と確信をもって書いた。ホワイティングがダイアナを将来の王妃にふさわしいと考えた根拠は、貴族出身であることと、スペンサー家がエリザベスの家族と縁があったことにある。ダイアナの父、第八代スペンサー伯爵は、エリザベスと父ジョージ六世に侍従武官として仕えた。ダイアナの父方母方の祖母たち

15
「あらゆることに節度を保つ」

と、四人の大伯母たちは王母のハウスホールドの一員として仕え、ダイアナの姉のひとりのジェーンは、一九七七年からエリザベスの個人秘書アシスタントをつとめるロバート・フェローズと結婚している。またエリザベスは、ダイアナの弟チャールズの洗礼式で、代母をつとめた。ダイアナは子どものころサンドリンガム・エステートにあるパークハウスに住んでいて、アンドリューとエドワードを幼いときから知っていた。

結婚への強力な後押しとなったのは、ダイアナの母方の祖母ファーモイ男爵夫人であるルース・ロッシュが立ちまわって、王母の承諾を取りつけたことだ。王母はチャールズだけでなく、エリザベスの意志決定にも大きな影響力を持っていた。エリザベスは友人に「彼女（ダイアナ）は私たちと同族です。私はスペンサー家の娘たち三人とも好きです」と書いた。祖母とジョック・コルヴィルが四〇年前にエリザベスの交際範囲が狭いことを懸念したが、いまだに彼女は自分と同じ貴族階級としか付き合わなかった。チャールズが決断を迫られ追い詰められていることを心配しながらも、ダイアナが自分もよく知っている貴族階級の出身であることに、エリザベスが一面でほっとしていたこともうなずける。

ダイアナを選んだのは、祖母である王母がエリザベスの相手に望んだことと同じ考えを、チャールズも持っていたことを示している。王母は貴族の若者たちで構成される近衛兵のなかから娘の相手を選びたかった。エネルギッシュで、自由な考え方をするフィリップより、自分と同じ貴族社会に属する青年のほうがふさわしいと思っていた。ダイアナの出身家庭は王母の出身家庭と似ており、王妃として成功した母のように、ダイアナも王妃となってうまくいくだろうとエリザベスは考えた。家族のほかのメンバーと同様、エリザベスもチャールズが正しい選択をすることを強く願っていた。ダイアナはのちに、態度が煮え切らない息子に、エリザベスがひどく腹を立てたことをほのめかしている。

噂はエスカレートしていったが、チャールズはいっこうにその先に進もうとしない。「物事が悪化していくほどに、王室熱は高まる」と王室と近しく接してきたロイ・ストロングは書いたことがある。これまでもエリザベスの治世で、経済状況が最悪になるたびに、王室は国民に現実逃避となるファンタジーを提供してきた。メディアの過熱する報道に苛立ったエリザベスにうながされたこともあったろうが、フィリップはチャールズに手紙を書いた。フィリップは手紙で、ダイアナとの関係があまりに噂になってしまって、今さら結婚を考えた付き合いではないとなるとダイアナの評判に傷がつく、と息子に注意した。チャールズは父の手紙を最後通牒《つうちょう》と読んだ。王室記者の憶測とは裏腹に、実はチャールズとダイアナはお互いのことをほとんど知らなかった。チャールズは不安でいっぱいだったが、フィリップは決断を下すよう息子を励ました。

チャールズは母に自分の不安を直接相談しなかったが、ジャーナリストのヒューゴ・ヴィッカーズは、チャールズが母に怒りをぶつけたという噂があったことを書いている。「僕の結婚と僕の性生活はまったく関係ないからな」と言ったというのだ。もし噂が本当ならば、それはカミラ・パーカー・ボウルズとの関係を、間接的にせよ母親に伝えたことを意味する。チャールズは友人たちにはもっと率直に気持ちを打ち明けていたから、友人たちのなかには少数ではあったが、結婚に反対する者もいた。

チャールズはプロポーズし、ダイアナは承諾した。一九八一年二月二四日、婚約が発表された。

15
「あらゆることに節度を保つ」

国民の大半はニュースに有頂天になった。対照的にマーガレットは冷静に、王室一家が「全員心から安堵した」とコメントした。だが彼女は友人たちに「カミラはチャールズのことをあきらめる気などさらさらない」とも明かしていた。マーガレットは、カップルも王室一家も幸せだとは決して言わなかった。

チャールズとダイアナはエリザベスと共に写真におさまった。ふたりは一緒にテレビのインタビューを受けた。そこでインタビュアーが「おふたりはとても愛し合っていらっしゃるようですね」と言ったところ、ダイアナが「はい、もちろんです」と答えたのに対し、チャールズが「『愛している』という意味によりますね」と答えたのだ。そのインタビューを見たジャーナリストで歴史家のケネス・ローズは「一九歳の女の子が王室に囚われてしまうことへの何がしかの悲しみがある」とコメントした。一九四七年にエリザベスが結婚したときには、そんな立ち入った質問をするメディアはどこもなかった。だが時代は変わり、王室の人々はプライベートな感情までさらけだすことが要求されるようになった。ローズのコメントは、チャールズの返事に見るような王室に入っていく、若きダイアナを心配して出たものだ。

王母が晩餐会を開き、ダイアナに大きなサファイアのブローチを贈った。ダイアナはのちにそれを中央にあしらってチョーカーにした。エリザベスは推定二万八〇〇〇ポンドの婚約指輪をダイアナのために購入した。楕円形のサファイアのまわりにダイヤモンドをあしらった指輪である。

不安と不信感が渦巻くなかでの結婚

即位以来、エリザベスの生活は国事中心であり、チャールズが婚約してもそれは揺るがなかった。五月には予定どおり彼女とフィリップはノルウェーを公式訪問し、北アイルランドでハンガーストライキを行なった人々への、サッチャーの処分に対する抗議のプラカードに出迎えられた。息子の結婚式をめぐる騒動がおさまるはずの秋には、チュニジアを訪問する予定だった。

公務を離れた一家の日常は、エリザベスを中心にまわった。三月に彼女とフィリップはゴードンストゥンに飛んで、末っ子エドワードの学校行事を見学した。子どものころからの習慣で、四月にはウィンザー城で家族と一緒に五五歳の誕生日を祝った。結婚式の二日前の七月二七日、アンのふたり目の子どもザラの洗礼式後のレセプションで、赤ちゃんを抱いていたのはエリザベスだった。赤ちゃんの代父代母をつとめたなかには、カミラの夫であるアンドリュー・パーカー・ボウルズがいた。

ダイアナがバッキンガム宮殿に移ってきてから、エリザベスが友人に書いた手紙がある。「ダイアナはここでの暮らしが、期待していたほど気楽ではないとわかるはずです」という一節から、若い女性の複雑な感情をエリザベスが感じ取っていたことがうかがわれる。だが一方で、物事を表裏両面から見ることをしないエリザベスが、嫁となる女性の気持ちをどれほどわかっていたかはあやしい。チャールズと同じくらいダイアナの精神状態に不安を持っていたとしても、少なくともエリザベスはそれを見せなかった。

チャールズに仕えるスタッフは、婚約後すぐに、ダイアナは気分の浮き沈みが大きく、カミラ・

15
「あらゆることに節度を保つ」

パーカー・ボウルズのことを強迫的に知りたがるのに気づいた。だがそれに対して何か意見することを、彼らは控えた。エリザベスは、ダイアナの情緒不安定が結婚前の不安から来るものだと片づけた。

セント・ポール大聖堂で行なわれた結婚式はテレビ中継され、世界中で七億五〇〇〇万人がエリザベスの幸福そうな笑顔を目撃した。ダイアナはウエディングブーケの根元に、新しく「マウントバッテン」と名づけられた小さな黄色いバラの花をはさんだ。王室に入ることをアピールする象徴的な意志表示である。「女王が幌をあげたランドー型馬車に乗って、沿道で歓喜の祝福を送る群衆のなかをロイヤル・ウエディングから戻るのを眺めた」と作家のアラン・ベネットは、エリザベスが私事であり、かつ公の行事でもある子どもの結婚式を経験する様子を見守った。公私が入り混じるなかで物事に対処しなくてはならないことは、王室特有の難問である。「スペンサー伯爵と笑顔でおしゃべりをしようとする一方で、群衆の熱狂に応えなくてはならない」のだから。新婚カップルが宮殿のバルコニーでキスをする姿に群衆は大喜びで、エリザベスとフィリップはカップルが第一段階の新婚旅行に旅立つ前に開かれたクラリッジ・ホテルでのパーティーを大いに楽しんだ。

だが、ダイアナと花嫁付添人たちの舞台裏での様子をパトリック・リッチフィールドが撮影した写真には、式のあと疲労困憊し青ざめた表情のエリザベスが写っている。年齢からくる疲労を抜きにしても、その様子はもうエネルギーが尽きはてたようで、しかも写真にフィリップの影がなかった。結婚が衝撃的な結末を迎えることを考えると、この写真はそれから一〇年以上にわたって、タブロイド紙の記者たち数人が引っかき回すようになる王室の未来を予告している。ダイアナをはじめ、王室の次世代を中心になってになうはずの若いメンバーたちは、無慈悲で苛立たしい記者たちの最も悲惨な餌食《えじき》となる、という未来だ。

翌日、エリザベスはドレスメーカーのハーディ・エイミスの仮縫いに数時間を費やした。慌ただしい大変な結婚式後すぐに時間をとってもらったことに、エイミスは礼を述べた。エリザベスの答えは、家族の大きな祝い事のあと、数えきれないほど多くの母親たちが言うことと同じだった。「何かすることがあってうれしいのよ。結婚式が終わった今、生活がいつもより単調に思えるから」とお答えになった」とエイミスは言う。エイミスがもっと驚いたのは、エリザベスが宮殿前のザ・マルに、大勢の群衆が集まって祝ってくれたことに大変驚いたと言ったことだ。たんなる社交辞令で言ったわけではなく、エリザベスは国民が息子の結婚をそれほど祝ってくれることが本当に意外だったらしいことに、エイミスは驚いた。

一見無垢に見えながら、自分のことしか考えず、感情がすぐに顔に出る若い女性が、自制心の塊である姑にかわって、国際的なアイコンとなる日が来ることを、このときいったい誰が予想できただろうか。

ダイアナの苦悩が理解できないエリザベス

その年の一一月五日、ダイアナの妊娠が公表された。当然ながら新しいプリンス・オブ・ウエールズの誕生に世間の関心はますます高まったが、一方でダイアナ自身はプライバシーが失われたことも含めて、自分の地位の現実を受け止めるのに苦闘していた。祖母のルース・ファーモイは「彼女が学ばねばならないことがどれほどたくさんあることか」と記した。エリザベスは妊娠公表の前月に、ダイアナがロンドンで心理カウンセリングを受けることを認めつつも、子どもが生まれることで息子夫婦の結婚にかすがいができると信じ、王室の未来の後継者が生まれることを待ち望んでいた。

ダイアナが王室の生活にスムーズになじむように、エリザベスは彼女付きの女官に最年少のスーザン・ハッセイを任命し、助けてくれるよう頼んだ。だがレディ・スーザンは、チャールズと二〇年以上にわたって親しく付き合っており、チャールズがゴードンストゥン校でのみじめな日々を手紙で訴えていたような仲だ。エリザベスがよかれと思った女官の選択は、彼女がダイアナのおかれている状況をいかにわかっていなかったかを示している。頼り甲斐があり、誠実でウィットに富んだスーザン・ハッセイは、情緒不安定で精神的に脆いダイアナには「うってつけすぎる」ほどの人選だったが、ふたりの付き合いはしだいに苦々しいものになった。ほかの宮廷内の人々とダイアナとの関係も、ぎくしゃくしていった。

一二月初め、エリザベスは新聞、テレビとラジオのニュース記者たちをレセプションに招待し、その場で広報官のマイケル・シェイは、メディアから一挙一動を見張られることに、ダイアナが神経をすり減らしているからどうか控えてもらいたいと、王室からの温情の依頼をした。エリザベスはダイアナに、いつでも会いに来ていいと伝えた。自分が嫁を怯えさせているかもしれないなどとは、エリザベスの頭にはまったく浮かばなかった。姑と嫁を間近で見てきた人たちは、ダイアナはエリザベスに気軽に親しく近づけなかったという。王室と近しいロイ・ストロングでさえも「女王は大変威厳があり、人を萎縮させ、近寄りがたい、と私は思う」と書いている。

エリザベスはダイアナを助けたくて手を差しのべたのだが、ダイアナが必要としていたのは、エリザベスの経験を超えたところにあった。エリザベスは嫁がなぜ不幸なのか話し合うことができなかった。親身になって人の話を聞くことができないのはエリザベスの性格だったが、ダイアナはそれを自分への無関心の証拠と誤って解釈した。

立てつづけに身の危険にさらされる

一九八一年四月一三日、トルーピング・ザ・カラーの最中に起こった出来事で、エリザベスとその家族を、聖職者や新聞各紙が手放しで称賛する風潮がはじまった。王室が国民に感傷的な陶酔感を提供することに、またもやエリザベスがひと役買ったことになる。その日、午前一〇時五七分、エリザベスが騎乗するバーミーズという黒の雌馬が発砲に驚いて、王立カナダ騎馬警察と共に行進していた列をはずれてザ・マルを駆けだした。数秒でエリザベスは驚きから立ち直り、馬の耳元に何事かささやいて首を叩いて落ち着かせた。おそらく彼女は、自分にも落ち着けと言い聞かせたに違いない。行動は冷静でも、エリザベスの顔は恐怖で青ざめていた。自分に向けて六発も発砲されたのだ。犯人は一七歳のマーカス・サージェントという青年だった。群衆からは怒りの声があがった。「発砲した若者が取り押さえられて救急テントに連行されるとき、群衆のなかから『そいつを殺《や》っちまえ！』という声があがった」と記憶している人がいる。サンデーミラー紙は「群衆のお祭り気分は発砲後に憤怒《ふんぬ》に変わった」と報じた。サージェントに五年間の実刑を言い渡した裁判長のレーン卿は「国民の怒りを考慮しなければならない」と言った。

エリザベスの冷静さには称賛の声がやまず、英雄視された。事件後もエリザベスは予定されてい

15

「あらゆることに節度を保つ」

た公務を取りやめることなく、ふだんどおりにこなした。メディアには彼女を「意志堅固な人物」と称える見出しが躍った。その週にウィンザーで彼女と会ったロングフォード伯爵夫人エリザベス・パケンハムは、彼女は心も精神も強健だとあらためて思った。

何年も経ってから、狩猟のときの母の様子を間近で見ていたチャールズが「頑丈にできた人だ」と言ったことがある。新聞各紙は、「女王は、公務を遂行するときには人々が自分を見ることを可能にすべきだ」と言っていることを、宮廷人や警察のスポークスマンからの証言として報じた。第二次世界大戦中、ドイツ軍の英国への大規模空襲のあいだ、両親が信条にしていたことを自分流に解釈してモットーにしたわけだ。「女王は人々の前に姿をあらわさなくてはならない」というのが彼女の信条だ。

のちにエリザベスは、騎乗していた馬が動揺しやすく、落ち着かせるのに苦労したことを打ち明けている。それでも直感的に冷静に振る舞えた。彼女のとっさにとった豪胆な行動と、感情を外にあらわさない性格は、国際的に称賛を浴びた。

一九八一年一〇月、ニュージーランドのダニーデンで、エリザベスはふたたび銃撃のターゲットになった。女王の生命を脅かした事件に驚愕し、もう公式訪問がなくなることをおそれたニュージーランド政府は、共謀して四〇年間も事件を隠蔽した。犯人は一七歳のクリストファー・ルイスだった。彼は殺人罪に問われ、一九九七年に自殺した。エリザベス自身はもしかすると事件を知らなかったかもしれない。ニュージーランド政府関係者は遠方で聞こえた銃声を、州議会の終了を告げる音だと説明した。

フォークランド紛争

だがその翌一九八二年にも、エリザベスの勇気を試す事件が起きた。即位三〇年にあたるその年、エリザベス個人の資質だけでなく、君主制が組織として潤滑に運営されていることに称賛が集まっていた。即位記念日は、同時に父の死を悼《いた》む日でもあるから、エリザベスはサンドリンガムで静かに過ごす。しかしその年の春は平和に終わらなかった。

アルゼンチン南部にあるフォークランド諸島とサウスジョージア島は、一八四一年以来英国の王室領で、英国が実効支配してきた。アルゼンチンは三月一九日にサウスジョージア島にあった捕鯨施設を解体するために作業員を派遣して工事を進めたが、そのとき島にアルゼンチン国旗を掲げたことと、上陸したなかにたまたまアルゼンチン軍人が混じっていたことが英国を刺激した。英国はアルゼンチン外務省に抗議し、氷海警備船を派遣したが、それに対しアルゼンチン側は、作業員の退去を阻止するために軍を派遣した。アルゼンチン側は、この危機に乗じてフォークランド諸島とサウスジョージア島を英国から取り戻すことをもくろんでいた。

アルゼンチンが侵攻したと見たマーガレット・サッチャーは、軍の派遣を決めた。そしてエリザベスは、英連邦に加盟するフォークランド諸島の女王として、紛争は「フォークランド諸島の人々を救出し、基本的な自由を守るためだ」という大義を発表した。

派遣された部隊には、彼女のお気に入りの息子、二二歳のアンドリューがヘリコプター操縦士として加わっていた。バッキンガム宮殿は、エリザベスはアンドリューのこの紛争への従軍を支持していると声明を発表した。エリザベスは息子の従軍を、両親が戦時中にロンドンにとどまり、国民と共に戦った勇気ある行動に匹敵すると考えていると言って、一人の母親としての同情を集めた。

サッチャーは戦争を、世界に英国の優位を誇示する機会ととらえ、英国内で高まる愛国感情に乗じて自身の人気を高めたいと考えた。戦争が勃発した四月初め、トニー・ベン労働党議員は、庶民院が「やみくもな愛国主義に囚われている」と言ったが、議会だけでなく国民のあいだにも愛国心が高揚していた。

サッチャーの好戦的姿勢は、ヴィクトリア女王を彷彿とさせた。だが、エリザベスは対照的に控えめだった。サッチャーの同僚で弁護者であるアラン・クラークによれば、女王は「おそらくサッチャー氏が想定していた役割に及び腰だったのだろう」という。歴史学者のデイヴィッド・キャナダインは、戦争をはさんだ緊張の日々に女王は「奇妙なほどテンションが低く、上の空だった」と証言している。首相が女王にどんな役割を期待していたのかは、今となっては知るよしもない。エリザベスは部隊が帰還したのち、負傷者を救急病棟に見舞い、以後毎年セント・ポール大聖堂で行なわれるフォークランド・メモリアル礼拝に参列している。

紛争の数カ月前、即位三〇年を機にエリザベスがチャールズに王位を譲る可能性があることが報道された。だがフォークランド紛争が勃発したために、その話は立ち消えになった。退位しなかった理由を、ハロルド・ウィルソンはエリザベスが「女王という職業を宗教として考えて」いて、神の前で生涯まっとうすることを誓ったからだと説明して、人々を納得させた。

寝室に男が侵入

六月一四日のアルゼンチン降伏から数週間後、バッキンガム宮殿のエリザベスの寝室に男が侵入するという事件が起きた。

イラストレイテッド・ロンドンニュースによれば、「喜劇のような武勇談で終わったが、一歩間違えば悲劇になりかねなかった」と報じた。二週間のうちに、ＩＲＡがロンドンの中心部で軍を攻撃するテロ事件が起きたこともあり、王室の警備状況が国家危機につながりかねないという不安の声が大きくなるきっかけとなった。

犯人のマイケル・フェイガンは住所不定無職の時代遅れなはぐれ者で、妻に去られて立ち直れず、行き当たりばったりの生活を送っていた。彼はバッキンガム宮殿の庭園側の塀を乗り越え、宮殿内に侵入した。以前にも侵入しようと思ってやってみたら、誰からも見とがめられずに中に入れたことから、またやったという。

七月の早朝、塀を乗り越えたフェイガンは、最初からエリザベスの部屋に行くつもりだったが、寝室の場所はたまたま見つけただけだという。真実はどうであれ、フェイガンはエリザベスのベッドのそばに立ち、彼女の抗議にもかかわらず出ていこうとしなかった。片手は灰皿を割ったために血まみれだった。エリザベスは助けを呼ぼうとしたが、部屋の非常ベルも宮殿内の電話もつながらず、フィリップは約束があって街に出かけていて留守だった。

エリザベス付き部屋係のエリザベス・アンドリューがあらわれて、「あらまあ、奥様、血がついておりますですよ、いったいどうなさったんです?」という能天気な問いかけをしたおかげで緊

15
「あらゆることに節度を保つ」

張がほぐれた。最初に従僕が、次に警官が遅ればせながらやってきて、エリザベスを救いだした。

フェイガンには女王を傷つけるつもりはなかった。エリザベスがリバティプリントのナイトドレスを着ていたことと、裸足が「小さかった」と言ったことから、彼が女王に魅せられたことがうかがえる。エリザベスは恐怖などおぼえなかったと主張し、数時間後に予定どおり叙任式に向かった。

だが間違いなく、エリザベスはショックを受けていた。何年も経ってから、フェイガンは自分が女王と会っていた時間は数秒にすぎなかったと主張した。ふたりの話を照らし合わせると、女王と不届き者がふたりきりだった時間はせいぜい一〇分間だったことがわかっている。エリザベスはプライバシーを重視してきたが、それまでひとりきりになったときに自分が非力だと考えたことがなかった。マーカス・サージェントの発砲事件やマウントバッテンのテロによる死亡、フェイガンの侵入事件で、彼女は動揺した。

エリザベスだけでなく、国中がこの事件にショックを受けた。しかし王室に対する見方が大きく変わりつつあることが、この事件の受け止め方にもあらわれた。三〇年前にも同じような侵入事件があり、そのときには王室の警備に対する大々的な抗議の声があがった。一九八二年に起きたこの事件では、王室への敬意を欠かさないイラストレイテッド・ロンドンニュースでさえも、これが人騒がせな茶番にすぎないのか、それとも悲劇につながりかねない重大事件なのか、判断をためらった。

エリザベスの勇敢さがまた称えられたが、事件当初こそ賛辞を書きたてていたメディアは、すぐにチャールズとダイアナ、特にダイアナの動向に話題を転じた。エリザベスの落ち着きぶりを称賛する声に偽りはなかったが、その勇気に感動するより、尊敬するという声のほうが大きかった。マーケット・リサーチ・エンタープライズ社がその秋に行なった調査で、エリザベスは王室のメンバーのなかで「最も好かれている」と答えた人が三七%にのぼってトップだったが、人々は王室にもっと異なるものを求めるようになっていた。

ウィリアムの誕生と家族の問題児たち

六月二一日、チャールズとダイアナの最初の子ども、ウィリアム・フィリップ・アーサー・ルイが誕生し、二週間後に洗礼式が行なわれた。エリザベスにとっては二番目となる男子の孫で、彼女に言わせると「もうひとり後継者」が誕生したことになる。君主として、王室における子どもの誕生の重要性を軽く見ることはできなかった。

子どもの誕生が、チャールズとダイアナの問題をすべて解決する特効薬になるという期待は、さすがにエリザベスも抱かなかった。結婚して一年も経たないうちから、息子夫婦がうまくいっていないことに勘づいてはいたものの、状況をすべて把握していたわけではない。だが、孫の誕生は少なくとも彼女の悲しみを束の間癒してくれた。二日前にチャールズの会計官と秘書をつとめたルパート・ネヴィル卿が亡くなっていた。彼はマーガレットの息子デイヴィッドの代父もつとめた人物だ。パトリック・プランケット同様、ネヴィルはエリザベスの若いころからの友人で、物静かだが信頼できる同志だった。その彼を失って開いた穴を、束の間孫が埋めてくれた。

チャールズとダイアナだけが、エリザベスの心配の種だったわけではない。その秋、長女のアンと夫であるマーク・フィリップスの不仲が新聞で報じられた。エリザベスはアンが護衛官のピーター・クロスと恋仲であることは知っていた。

そのうちアンドリューも、フォークランド紛争に従軍したことで自信をつけ、自分はもう一人前の男だと宣言し、エリザベスの次男として積極的に王室の一員としての役割を果たそうとしないことがはっきりした。アンドリューが次から次へと女性に手を出すプレイボーイであることは、メディアで広く報じられて有名だった。「その行状に眉をひそめる人全員が、彼は〝放蕩者《ほうとうもの》〟だと認めている」という。王室の一員としての模範的な行動からはかけ離れ、ロマンチックさも品位もなく、女あさりを繰り返していた。翌年出版された王子の「伝記」には、王子の称号であるHis Royal HighnessのＨＲＨはHis Royal Heart-throb（女あさり殿下）のほうがふさわしいとまで書かれた。

変化する英連邦の存在意義

その秋の英連邦諸国ツアーで、エリザベスは南太平洋に浮かぶ島国ツバルを初めて訪れた。新聞はその訪問を「すばらしい冒険旅行」と書いたが、エリザベスにとっては家族の心配事を一時忘れて休息を得る意味があった。九つの島からなるツバルは、一九七八年に英国から独立したばかりの立憲君主制国家で、エリザベスを女王として仰ぐ。英連邦加盟諸国のなかでは最小の国である。エリザベスは、腰みのをつけた二六人の「戦士」たちによって運ばれるカヌーに乗せられて、島に上陸した。その後、こうもりの姿焼きなどの伝統的な名物料理がふるまわれる宴会に、エリザベスは真珠のネックレスと島民から贈られたシタギソウの花輪をつけた衣装で出席した。歓迎の宴会で、彼女は本国ではめったに見せないくつろいだ笑顔を見せている。だが、そんな「休息」も束の間で、帰国してすぐにウエストミンスターで議会開会宣言を行なった。

エリザベスの英連邦諸国訪問への熱意は少しも減じることがなかった。相続した「大英帝国」の主要な一面を継承する英連邦への思いは深い。ただ、一九五〇年代から六〇年代にかけてアフリカの国々は次々と独立していき、「大英帝国」の支配から離れていった。カナダとオーストラリアでは共和制への移行を求める運動が散発する。一九七〇年代には欧州をひとつの理念のもとにまとめようとする汎欧州主義が広がり、英国国民の多くが抱く英連邦のイメージは他国と共有できなくなっていた。即位した一九五三年には、英連邦を統一するエリザベスの役割は、英国で広く受け入れられていた。だが三〇年経つうちに、英連邦の価値そのものが疑問視され、世界中に散らばる英連邦諸国をエリザベスが長として訪問することの意義にも、疑問が呈されるようになった。

一九八三年三月、エリザベスのカナダ訪問について、王室に懐疑的なBBC特派員のケイト・エイディは、「この訪問が害を及ぼしたという事実はない。それどころか小さな町の公会堂での歓迎行事に出席した人たちは、女王とワクワクしながら握手し、大いに満足し楽しんだ。王室の品格ある振る舞いは、正義と慈善と事業の発展を助けることが確かめられた」と書いた。エイディは自分の目にはエリザベスが野暮ったく映ったのを隠そうとせず、英連邦諸国の訪問は王室の「存在価値とつとめを示すためのショー」であると結論づけた。

エリザベス自身と一般大衆の意識とのあいだに溝があることは、一九五〇年代半ばから認識されている。エリザベスは王室の存在価値とつとめを誇り高く受け入れ、外の世界でも胸を張って王室の価値を訴えてきた。英連邦諸国訪問だけでなく、クリスマス・メッセージでも、非営利団体で働く人たちと叙任式で交わす会話でも、それを強調してきた。だが王室が市民の公共福祉に貢献しているというアピールは、時代性を追求するジャーナリストたちには響かなくなった。そこで王室からの発言はますます個人にスポットライトをあてたものになっていき、王室の日常業務に関わるものが減っていった。

エリザベスとフィリップがカナダのブリティッシュ・コロンビアを訪問した際の英国での反応は、より好意的に受け止められた。エイディとは反対に、カナダのマックリーン誌はエリザベスが「憂鬱を晴らすレジェンドな力」を持った「本物のスーパースター」だと称えた。

誕生したときから世界的な知名度を持つエリザベスは、スーパースターになろうという野心など持つ必要もなかった。自分の役割を真剣に受け止め、ふさわしい敬意をもって実行してきた。一九八三年一〇月二五日、英連邦加盟国のひとつであるグレナダで軍事クーデターが起こり、当時のアメリカのレーガン大統領が介入したときは、グレナダの女王として当然ながら強い怒りを示した。レーガン政権はエリザベスに、グレナダの左翼政権を牽制するためだという侵攻の意図を伝えなかったし、その件を彼女のアドバイザーたちと協議することもしなかった。エリザベスは二年後、グレナダに近接するバルバドスでスピーチを行なったとき、「カリブ海に浮かぶ小国の脆弱性」という辛辣な言葉を使い、自分の憤りの強さをあらわした。

セレブになってしまった王室メンバー

即位二五周年の公式ポートレートとしてウィンザー城で撮影されたエリザベスの写真を、アンディ・ウォーホルが一九八五年加工して作品にした。ウォーホルは名声に強くとらわれていた。「私は英国の女王くらい有名になりたい」というウォーホルにとって、エリザベスは「セレブ」の代名詞だった。ウォーホルがエリザベスのポートレート写真を大胆に彩色した四枚のスクリーンプリントの作品は、彼女を人形のような仮面に変えた。作品はエリザベスをグローバルなブランドとして称えている。世界中の誰もがひと目で誰かわかるという意味では、キャンベルのスープ缶と同列だ。王家の人々を図像化するとこうなるということを示した作品である。

意図的かそれとも無意識か、ウォーホルはチャールズが言う「正装して女王化する」ことの重要性を理解しているエリザベスの姿を巧みにとらえていた。即位以来、彼女は何回となく肖像画に描かれ、ポートレートを撮影されてきた。その姿は必ず王室のしきたりどおりの正装で、勲章と宝石をつけた姿だ。正装した姿に、彼女は「王権」の一バージョンを投影していた。そこには彼女自身の個性はまったくあらわれていない。個性は、女王であることの二の次だ。小説家のアンソニー・パウウェルは、ロドリーゴ・モイニハンが撮影したプライベートな場面でのエリザベスの写真に仰天したという。「これまで見てきた彼女とはまったく違う人物が写っていた。巷《ちまた》で言われている彼女の性格が、その写真にはより鮮明に出ていた」とパウウェルは言う。

公に見せる「エリザベス女王」のイメージは、個性など消したマスクなのだ。エリザベスにとって、君主は神聖な信仰であり、その役割は公に奉仕することにある。女王の図像を切手や紙幣など日常生活で目につくあらゆるところに存在させることが、一般大衆の潜在意識に君主制の考え方をサブリミナル効果で刷りこむ鍵になる、とエリザベスは気づいていた。

一方でウォーホルのイメージは、モイニハンやパウウェルが目撃した「本物の」エリザベスとも

15
「あらゆることに節度を保つ」

まったく別物だった。彼はエリザベスを卑小化して、ひとつの枠にはめ、カメラの前でポーズをとる女優と同じレベルの肖像にした。ウォーホルはエリザベスの名声に着目した。彼の鮮やかな「肖像画」は、治世の後半に世界を席巻《せっけん》する「セレブ文化」において、彼女が「王室のスター」であるとはっきり示した。王室をセレブ中のセレブのスターとして扱う風潮が引き起こす問題に、しだいにエリザベスとその家族は悩まされることになる。

君主制は世襲によって成り立つ制度であるから、セレブ文化とは根本的に異なる。王室のメンバーは生涯にわたって公に認知される必要があるが、それに引き換え、マスコミでの知名度が問われるセレブの賞味期限は短い。大衆の興味は移ろいやすいからだ。大衆の関心を集め、メディアで注目を集める「セレブリティ（有名人）」であることと、女王の地位についてエリザベスが持っている見方とはまったく別物である。

メアリー皇太后が言った、君主とは厳格で純潔なものだという見方がエリザベスには染みついていた。だが、彼女の家族の若いメンバーたちは、君主制における王族とセレブリティの区別を明確につけようとしなかった。だからジャーナリストと気軽に話をし、テレビのトーク番組に出演する。メディアはそれに飛びついて、王室を舞台にした安っぽいメロドラマの登場人物のように扱う。子どもたちのそんな行動を注意することを、エリザベスはためらった。自分はメディアに気軽に登場して自分の価値を落とすことはしない、というだけに留めていた。

六〇歳の節目

一九八六年四月、エリザベスが六〇歳の誕生日を迎え、息子のアンドリューがサンドリンガムで母のポートレートを撮影した。ニットのアンサンブルの前で腕を組み、幸せそうに驚くほどリラックスした表情を見せるエリザベスは、女王というよりおふくろさんのイメージだ。

六〇歳の節目を記念して、切手に新しいポートレートが採用され、テレビドキュメンタリー番組が制作されることになった。一九七一年から使われてきた紙幣のデザインも一新されることになり、イングランド銀行所属の写真家がエリザベスを撮影した。節目にあたって寄せられた祝辞は、圧倒的に好意的だった。

祝賀のハイライトは、四月二一日にロイヤル・オペラハウスで披露されたエドワード・エルガー作『子ども部屋』というバレエ作品だ。一九三〇年に、当時ヨーク公爵夫人だった王母とその娘たちに捧げられた作品の再演である。振付を担当したフレデリック・アシュトンはマーガレットと相談しながら、ピカデリー一四五番地の子ども部屋を舞台で再現した。マーガレットはアシュトンに、子どもの話だからといって「あまりおどけた感じにはしないでね」と頼んだ。そして幕があがってすぐ、姉妹ふたりは息を呑んだ。乳母のアラーや家庭教師のクローフィーと共に過ごした子ども部屋の情景の記憶が、鮮明によみがえったからだ。ロイヤルボックスにいる姉妹と王母は、なつかしさに涙が止まらなかった。上演後、エリザベスを演じたダンサーが着ていた衣装のマントが、マーガレットからエリザベス本人に贈られた。

銀婚式のとき、エリザベスは過去を振り返ってなつかしがるようなことはあまりないと言ったが、それから一〇年後の私的な場での会話で、その発言は正しくなかったと否定している。老舗《しにせ》の本屋ハッチャーズが開催したパーティーの席上、彼女は家族や友人たちから送られた手紙をたくさん保管していて、ときどき読み返していると打ち明けた。「読んでも悲しくなったりはしません」と彼女は言った。

エリザベスは長い付き合いを大切にしていた。過去は現在と違って理解できるもので、記憶のなかで変わらない思い出である。彼女にとって過去は、すばらしい幸せな時間の記憶を意味していた。

アンドリューの結婚

エリザベスの誕生日を祝うバレエが上演されたオペラハウスでは、春の花が飾られた。屋外はまだ凍りつくような寒さだったが、花のせいばかりでなくロイヤルボックスにはひと足早く春が訪れた雰囲気だった。前列の端に座るアンドリューの横に、はじけるほど元気な若い女性が、ダイヤモンドをきらめかせて座っていた。数週間前のイースターを、彼女はウィンザー城で王室一家と共に過ごした。王母はエリザベスに宛てた四月一〇日の手紙で「セーラはしっくりとなじんで幸せそうに見えたと思います」と書いた。「彼女は本当に陽気な方ね。家族の一員となることを心から感謝して喜んでいらっしゃるみたい。いとしいアンドリューに心底夢中でいらっしゃる。それがいちばん期待できそうで、ほっとします」

バッキンガム宮殿は、プレイボーイのアンドリューが三月一七日にセーラ・ファーガソンと婚約したと発表した。アンドリューのプロポーズから一カ月後だ。エリザベスは息子の選択を喜んだ。エリザベスのいちばん年少のいとこのマイケル・オブ・ケント公と二年前に結婚したマリー＝クリスティーヌは、チャールズとダイアナの結婚がうまくいかないことにエリザベスが「お手上げ状態」だったという。そんななかでのアンドリューの結婚に、エリザベスは王母と同じく大いに期待した。ダイアナ・スペンサー同様、セーラ・ファーガソンも貴族の出身だ。彼女の父はエリザベスの個人秘書ロバート・フェローズのいとこで、フィリップとチャールズのポロ仲間だ。セーラもエリザベスと同じようにカントリーライフを好んだ。カップルは元気いっぱいで騒々しく、ふたりと仲のよいジャーナリストはセーラに「ファーギー」とあだ名をつけた。

セーラが子どものときに両親が離婚したことで精神的なトラウマを負ったことは、ダイアナと同じだ。ダイアナと同じく、セーラの母も家庭と子どもたちを捨てた。そのせいばかりではないだろうが、セーラは王室の一員に求められる品格を欠き、義務感のかけらもなかった。威勢ばかりがよい若い女性について、「王室が必要としている新鮮な空気を入れてくれる」とエリザベスが言ったことに対する批判はあった。在位四〇年目の女王ならば、その批判に耳を傾けられる謙虚さと冷静さはあったはずだ。

五月、エリザベスは息抜きに、プライベートでアメリカを訪問してエネルギーを充電した。アメリカの駐英大使だったウィリアムとセーラ・ファリッシュと一緒に、ケンタッキー州ヴェルサイユ近くのレーンズ・エンド農場に滞在した。アメリカでファリッシュ夫妻と一緒にプライベートな時間を過ごすのは、これが二回目となる。

ウィリアム・ファリッシュはアメリカのジョッキー・クラブの副会長で、馬と犬の話題で、エリザベスと話が尽きなかった。一九八四年一〇月訪問時のエリザベスの目的は、「自分の雌馬をアメリカの種馬に会わせるためだ」と宮殿の広報官はいたずらっぽく説明した。エリザベスは最終目標を、ダービーの優勝馬を育てることにおいていた。

一九八六年七月二三日、アンドリューとセーラ・ファーガソンはウエストミンスター寺院で結婚式をあげた。エリザベスはアンドリューにヨーク公爵の称号を授けた。父と祖父が持っていた称号である。エリザベスは、ハートネルのもとで修業し一九六九年から彼女の服を作りはじめたイアン・トーマスがデザインした青いコートとドレスを着た。エリザベスのドレッシング・ルームに入っていったフィリップが、着付けをしていたエリザベスを見て褒めたところ、彼女がうれしそうに顔を輝かせた、とトーマスは記憶している。

結婚式のあいだ、チャールズとダイアナの息子で、四歳になるウィリアム王子が終始落ち着きがなくて、エリザベスを苛立たせた。一九三一年一〇月、自分が五歳のときにレディ・メイ・ケンブリッジの花嫁付き添い人をつとめた際には、お行儀よく振る舞って褒められたのに、なんという違いか。だがそれぐらいで幸せ気分に水が差されはしなかった。

サッチャーとの不仲説

ウエストミンスター寺院の外で、ジャーナリストたちは集まった群衆から一面の見出しとなりそうなコメントを聞きだそうとしていた。サンデートリビューン紙はチェシャーからやってきた三人組を見つけた。そのひとりは「女王とサッチャーさんは絶対にうまくいっていないと思う」と言った。

結婚式の数日前、サンデータイムズ紙はサッチャーの政権運営が「気配りに欠け、敵対的で、分断を引き起こしている」とエリザベスが思っていると報じたことがあったからだ。エリザベスのアドバイザーたちの最初の反応は、いったい誰がそんな恐ろしい衝撃的なコメントをメディアにもらしたのか、という発言者探しだった。ウィンザー城からエリザベスはサッチャーに電話をかけて、動揺する首相をなだめ、おそらくメディアがいい加減を書いたのだと言った。「そんな話はまったく事実ではありません」と彼女は慰めた。一週間以内に、その話を記者にしたのは、エリザベスの広報官マイケル・シェイであることが判明した。シェイは電話取材に答えて、女王と首相が対立しているとかそれをにおわせるようなことなど言ったことはないと否定し、記者とは当たり障りのない話しかしていないと断言した。しかし、張本人はやはりシェイで、彼の意見にすぎなかったということで一件落着した。数カ月後、シェイは王室での職を辞した。

新聞の読者は、三四年間も政治に関していっさいコメントしない分別を持っているエリザベスが、無防備にそんなことを言うはずがないと、記事に対して賢明にも疑いを持った。サッチャーも、エリザベスには非がないと認めた。サッチャーが心配したのは、王室が政権を認めていないという噂が自分の草の根の支持に悪影響を与えるのではないかということだった。だが、英連邦をめぐってエリザベスと首相の意見が食い違っていることは、うすうす感づかれていた。

三日前に、英連邦諸国が参加する競技会コモンウェルスゲームズがエジンバラではじまったが、アパルトヘイトを敷く南アフリカへの制裁にサッチャーが反対したことから、黒人国家三二カ国がボイコットした。ルサカでの首脳会議のときのように、エリザベスは英連邦という組織の継続をはかるための妥協案を見出そうと奮闘した。英国の長としての役割と、英連邦の長としての役割が対立する危険を、彼女は理解していたからだ。

エリザベスと首相の関係には深刻な問題があるという見解は、その後もささやかれつづけた。火のないところに煙は立たないと思った人は少なからずいたのだ。

子どもたちを放任したツケ

一九八七年夏、エリザベスはアンにプリンセス・ロイヤルの称号を与えることを協議した。メアリー皇太后の娘で、エリザベスにとっては叔母にあたる、ヘアウッド伯爵夫人プリンセス・メアリーが一九六五年に亡くなって以来、二二年間プリンセス・ロイヤルは不在だった。君主の長女に与えられる称号であるプリンセス・ロイヤルをアンに授けるのは、アンの公務への貢献を認めてのことだ。特にセーブ・ザ・チルドレンの理事長として熱心に子どもの権利保護の活動に取り組んでいた。称号授与は時代遅れな王室の意志表示であったが、エリザベスとフィリップはとりわけ叙任を好んだ。

しかし同じ月に、宮殿の上級スタッフ全員が反対したにもかかわらず、エリザベスは子どもたちがテレビで慈善事業の資金集めを呼びかけることを許可した。言いだしたのは末息子のエドワードだ。エドワードはその年の初めにイギリス海兵隊を任期途中で辞めてしまい、母を失望させていた。突拍子もないことを思いつくエドワードが、人気テレビ番組『イッツ・ア・ノックアウト』の王室特別版『イッツ・ア・ロイヤル・ノックアウト』をやろうではないかと言いだしたのだ。四人の王室メンバーがそれぞれ慈善事業を打ちだし、チームを率いてゲームをして競い合い、一〇〇万ポンドの資金を集めるという計画だ。アン、アンドリューとセーラが賛成し、それぞれチームのリーダーになった。チャールズは参加を断り、ダイアナの参加も禁止した。

王室のメンバーを、中世風にしつらえられた屋外のセットでどたばた劇に参加させることが、いいアイデアとはとても思われなかった。テレビタレントやスポーツ選手に宮廷風馬上試合のパントマイムをやらせたり、リーダーとなっている王室メンバーに大袈裟なお辞儀をさせたりすることなどは、明らかにやりすぎだった。平民が君主に敬意を払う行為であるお辞儀を、王室のメンバーが率先して大衆向けの娯楽番組でやらせることには大きなリスクが伴う。低俗な娯楽番組への出演は、歴史のなかで受け継がれてきた王室の品位を貶《おとし》める。番組は王室のステータスを損なったと批判が集中した。

「君主制は幻想を巧みに操作することで成立する。王室の年長者たちは、礼節のイメージを示すことで幻想を生むのが、自分たちの義務だと考えてきたはずだ」とある地方紙はこの番組についての不快感を示した。『イッツ・ア・ロイヤル・ノックアウト』は王室から参加したメンバーたちから、君主制が成り立つ基本である幻想をはぎとってしまった。終始居心地が悪そうだったアンだけはなんとか批判をかわせたが、セーラは大はしゃぎして視聴者を幻滅させた。撮影現場での記者会見では、ジャーナリストたちがイベントを称賛しなかったことに怒ったエドワードが、足音高く会場を出ていったことでよけい恥をさらした。

期待どおりにどのチームにも相当額の寄付が集まったが、そのことでさらにこの企画による悪影

15

「あらゆることに節度を保つ」

響が残った。王室一家に国民が望むのは、保守的な価値観を体現することだ。それを理解するのが遅すぎた。ある作家は「特権、富と賛辞と引き換えに、（王室の人々は）事あるごとに自分たちは重い義務を課せられていることを示さなくてはならない」と非難した。

　エリザベスの子どもたちは、この件に関して制作の配慮が足りなかったとテレビ局を責めることはできない。非は全面的に彼らにある。王室のある職員は、番組は「すべりやすい坂道をゆっくりとすべりおりるように、王室という組織を物笑いの種にしてしまった」と言った。

　エリザベスがエドワードの企画を許したことで、彼女が人生を捧げてきた君主制に与えなくてもいいダメージを与えてしまった。伝記作家のジョン・ピアソンが「これまでエリザベス女王は、君主制という神話の真髄を少しも損なうことなくつとめてきた。彼女は王権に献身的に奉じた父王に教わったとおり、君主を神聖な信仰と考えている」と書いてから一年しか経っていなかったのに、エリザベスの王室に対する社会の見方は急激に変化していた。追い討ちをかけるように、子どもたちの愚かな行為に直面して、王室の神話がいかに脆く傷つきやすいかが明らかになった。

　エリザベスは「ヴィクトリア女王のように、『あらゆることに節度を保つ』という古い格言を信じている」と主張し、自制心と倹約の精神で実行してきた。湯たんぽカバーは擦り切れるまで使い、使用しない部屋の電灯は消してまわるという徹底ぶりだ。だが彼女もフィリップも、節度を保つことを子どもたちに教えなかった。五年前に出版された本でフィリップは、「（一個人として）自分の態度と行動には責任をとる」ことが重要である、というのを自分の信条としていると打ち明けている。実際には、フィリップは親として放任主義で、エリザベスも子どもの好きなようにさせることを許しており、それが四人の子どもたちに見逃せない過ちを犯させることになってしまった。

16

「いつまで我々の上に君臨するつもりだ？」

エリザベス61歳〜71歳

王室改革に着手

一九八七年一一月の最終週、エリザベスはこれまで女性には授与されてこなかった、イングランドとスコットランドの騎士団員を示すガーター勲章とシッスル勲章を、女性も受勲できるとする歴史的な決定を発表した。王室の近代化への一歩だ。

だが、この決定について性差別撤廃のひとつの証だと称賛するメディアもあるにはあったが、多くの人々の関心を惹いたわけではない。タブロイド紙は相変わらずダイアナのことしか報じなかった。美術史家のロイ・ストロングたちとプライベートなランチを共にしたとき、マーティン・チャータリスは「(王室の) 若い世代の方たちを案じている」ともらした。ロイ・ストロングは「彼らは〝丸裸〟にされてしまったのも同然で、王室の神秘性を取り戻す必要がある」と力説し

16
「いつまで我々の上に君臨するつもりだ？」

た。だが王室の神秘性を保つのは、もはや手遅れだ。ダイアナは夫に対する怒りをつのらせたあまり、メディアと危険な共謀をはかって事態を破滅に導こうとしていた。セーラの不謹慎な行状など、子どもっぽいと許せるほどあくどいやり方だ。

エリザベスは子どもたちの行状に頭を悩ます一方で、王室運営の合理化という課題に取り組む必要に迫られていた。三〇年以上前から、フィリップは宮殿と宮廷の非効率な運営を批判し、改善を唱えつづけてきた。一方エリザベスは、父が守ってきた王室の運営方法を引き継いでいかねばならないと思っており、またことさらに変化を嫌う母を気遣って、夫が提案する改革に本腰を入れようとはしなかった。

一九八〇年代半ば、大々的な王室改革に取り組むことを決意したエリザベスは、宮廷の重鎮で、子どものころからの友人であるデイヴィッド・オグルヴィ、第一三代エアリー伯爵にその重責を委ねた。エアリー伯爵は、メアリー皇太后に献身的に仕えた女官の最年長の孫で、父は王母の前宮内長官であり、妻はエリザベスの女官で唯一のアメリカ人女性だ。また弟のアンガスはエリザベスのいとこのアレクサンドラと結婚している。マーチャントバンク（投資銀行）であるシュローダーの頭取だったとき、彼は「ウォール・ストリートのエグゼクティブでありながら、スコットランドの族長でもある」と言われた。エアリー伯爵が、チャールズ・マクリーンのあとを継いで宮内長官になってほしいとエリザベスから頼まれたのは、サンドリンガムでの狩猟のときだった。

エリザベスの個人秘書たちは、即位以来彼女の仕事ぶりが、細かいところまできっちりと整理され、組織的に運ばれているところを見てきた。デイヴィッド・エアリー伯爵は、エリザベスが実務に長けており、必要とわかれば合理化をはかる意志があることにすぐに気づいた。エアリー伯爵はエリザベスが管理する宮廷のハウスホールドの仕組みを観察し、個人秘書たちの仕事がスムーズに運ばれているか、また儀式が確実に運営されているかに特に注目した。そして宮廷内のあらゆるところで、業務を全面的に見直し、多すぎる部署を整理し、宮廷をある意味で再構築する必要があると指摘した。王室内の人員配置だけでなく、政府と行政に過度に依存しているところも是正せねばならない。

エリザベスは、効率化推進のために外部のコンサルタントを入れるようにというエアリー伯爵の提言を受け入れた。その「外部」の人材が、イートン校出身のマイケル・ピートである。王室の会計検査を行なっている会計事務所ピート・マーウィック・マクリントックのパートナーのひとりで、いわば「内部」の人間だ。任命されてから一年後に、ピートは一三九三ページにわたる報告書を提出した。変更の提案は二〇〇に及び、そのすべてをエリザベスは受諾し、提案された大半が三年をかけて改革された。

エアリーが女王に、王室改革は不可欠だと迫り、エリザベスは受け入れたものの、しぶしぶであったことは間違いない。古参の職員たちはショックを受け、不満が渦巻いた。一九世紀から少しも変えることなく、正しいと信じて行なわれてきた慣習を、ピートの改革案はひっくり返した。エリザベスの父も祖父も、もちろんエリザベスも守ってきた労働慣習が大きく変わった。大々的に効率化をはかることによって、さらされている誹謗《ひぼう》中傷から王室を守ることができるというのがピートたちの主張だった。一九七一年、政府の特別委員会が王室の財務に疑問を投げかけて以来、王室の運営費は論議の的になっており、メディアの追求はいっそう強まることが予想されていた。

深まるメディアと王室の対立

一九八〇年代から王室とメディアの争いはますます熾烈になっていった。エリザベスの子どもたちとその配偶者たちの浪費や放蕩、傲慢な振る舞いが、夫婦仲の不和の噂と同じくらいメディアの攻撃材料となった。高まる批判をかわすためにも、王室の経費抑制は必須だ。たとえば、バッキンガム宮殿の電球を替えるための費用ひとつとっても、年間九万二〇〇〇ポンドもかかっており、削減は十分に可能だとされていた。

王室が財務管理を立て直すことで、政府から王室に支給される長期資金援助計画の交渉で、政府から前向きな回答が引き出せるとピートは指摘した。その結果、一九九〇年に王室費が年間七九〇万ポンドに増額されることが認められ、この金額が一〇年間据えおかれることも決まった。このときはまだエリザベスは知るよしもなかったが、それから一〇年間、王室の存続さえ危ぶまれるような出来事が次々と起こる厳しい時期に、追加予算を政府に頼みこまないですんだのは、この増額があったからだ。

王室費の増額は、サッチャーの置き土産である。王室を崇拝し、エリザベスを君主として崇めていたサッチャーの最後の捧げ物だ。その年の一一月、保守党内でサッチャーのリーダーシップを疑問視する声があがり、党首退任要求が出された。英国史上初の女性首相だったサッチャーの政権は一一年半で終わった。あとを継いだのは、ジョン・メージャー首相だ。サッチャーが自身の政党から追われる屈辱を味わったことは、エリザベスを落胆させた。同情したエリザベスは、かつて同じ憂き目にあったウィンストン・チャーチルを慰めたときと同じように、サッチャーを宮殿に招待した。サッチャーはその申し出を断ったが、感激した。エリザベスはサッチャーに、ガーター勲章とメリット勲章を授与した。かつての不仲説を打ち消す意味をこめたものだ。メリット勲章は、首相の退任時に誰にでも授与されるものではない。だからその授与は、エリザベスのサッチャーに対する格別の褒美だと受け止められた。

エリザベスの治世がはじまってから、国の経済状態が悪化すると、王室が国民の気持ちを高揚させることが何回も繰り返されてきた。エリザベスの結婚式も、即位二五周年のシルバー・ジュビリーも、景気低迷で漂っていた沈滞ムードを吹き飛ばした。一九九〇年後半から九一年前半にかけて、ジョン・メージャー政権は公に景気後退を宣言した。

八月に九〇歳になる王母の誕生日は、国民が王室への親愛の情を示して元気づけられるよい機会になることが期待されたが、王室内は混乱するばかりでそれどころではなかった。エリザベスの三人の子どもたちの結婚は、景気低迷期にそれぞれ破綻していたからだ。

一九九〇年八月二日、イラクがクウェートに侵攻した。五カ月後の一九九一年一月一七日に、国連が多国籍軍の派遣を決定し、イラクを空爆して湾岸戦争がはじまった。フォークランド戦争と比較すると、英国がクウェートの解放に果たした役割はごく小さい。まだアンドリューは海軍将校だったが、イラクでの実際の戦闘には加わらなかった。この緊急事態に、エリザベスの家族が自分たちのことにかまけ、なかには海外にバカンスに出かけている者もいることを、新聞各紙は強く非難した。コラムニストたちは「王室一家の無神経な行状」を書きたてた。あるテレビ局の世論調査では、回答者の八三%が「王室のメンバーたちの行動に吐き気がする」と答えている。

二月七日、首相官邸に暫定ＩＲＡ軍が迫撃砲を撃ちこむ事件が起きた。その日、ロイヤル・ブロンプトン・ナショナル・ハート＆ラング病院でスピーチする予定だったエリザベスは、事件を受けて五分間で内容を書き直した。「今朝、私たちの民主主義体制と生き方を傷つけようとする人たちがいることを思い出させる事件が起きました。その人たちに私は言いたい。あなたがたの企みは決して成功しないでしょう」

二週間後にエリザベスは、テレビのスピーチで湾岸戦争について触れた。エリザベスのスピーチは、戦争が短期間で終結し、犠牲者も最小限であることを祈るという内容だったが、英国が主導した戦争ではないとしても、戦争への呼びかけの力強さは欠いていた。ブロンプトン病院でのスピーチと比べ、タイミングの悪い、ピントはずれな内容のスピーチは、国民には響かなかった。二日後、エリザベスの個人秘書から、王室は政府閣僚から戦争遂行について詳細に報告を受けているという発表があったが、テレビでの的はずれなスピーチを自己正当化したかのように受け取られた。

王室幻想の崩壊

一九八九年一二月、ロイヤル・アルバート・ホールで行なわれた児童コンサートで、エリザベスはある子どもから「王冠をかぶるのはどんな感じですか？」と質問された。それに対して彼女は「かなり重いですよ。あなたも長いあいだかぶって歩きまわりたいとは思わないでしょうね」と答え、少し間をおき、「王冠は重いように運命づけられている、と私は思います」と付け加えた。

君主であることはエリザベスにとって重いことだったろうが、四〇年間の大半でその「重さ」を大いに楽しんでいたことは行動からはっきりと見てとれる。だがチャールズとダイアナの離婚騒動から、エリザベスは君主という職業が決して楽しいばかりではないと痛感するようになった。メディアから、先例のないほどの攻撃がエリザベス個人に向けられ、王室一家が理想の家庭像を示すというヴィクトリア朝時代の考え方は、王室の権威と共に消えていった。

アン、チャールズ、アンドリューの家庭が、一九九〇年代初めに次々と崩壊していったのは、エリザベスが親として子どもと距離をおいていたことが原因だと、メディアと国民の一部から責める声があがった。エリザベスはその声に苦しんだ。しかし、感情を抑制できる自制心を冷酷と責める人たちが、同じ激しさで彼女の子どもたちとその配偶者たちの自制心の欠如を責めるのは矛盾している。

王室にも英国社会にも、最もダメージを与えたのが、チャールズとダイアナの離婚だ。ふたりが繰り広げる夫婦喧嘩は、王室の威信を傷つけた。エリザベスとフィリップは、子どもたちの結婚の破綻が、自分たちの四〇年間の結婚生活にも暗い影を落とすと予想した。フィリップは私的な場で、「私がこの四〇年間やってきたことはすべて虚しかった」とこぼしたことがある。

エリザベスは王室運営という仕事では、エアリーとピートの改革案を採用し、一九九一年から二〇〇〇年までに三〇〇〇万ポンドも王室の年間維持費を削減する手腕を見せた。しかし家庭運営はそう簡単に改善できなかった。対立を嫌うという性質を母親から受け継いだエリザベスにとって、自分の家族に強く意見するなど、とてもできなかった。

エリザベスと彼女のアドバイザーたちが、メディアの王室報道に強い対決姿勢をとったことが、かえって反発を招く事態となった。一九八七年一月、フィリップはサン紙を、著作権違反で訴えた。エドワードの英国海兵隊での指揮官に彼が出した手紙が漏洩《ろうえい》し、タブロイド紙がそれを掲載したことを訴えたのだ。王室が法的手段に訴えて、メディアに報復をはかることはしばしばあることなので、タブロイド紙はひるまなかった。

メディアはエリザベス自身に対する攻撃をはじめた。一九八八年一二月、パンナム機が時限爆弾で爆破される事件が起きた。そのとき、現場であるロッカビーをすぐに訪問しなかったことで、「女王は決して災害現場を訪れない」と非難されたのだ。即座に現場に向かわなかったのは、たんにスケジュール調整ができなかったからで、エリザベスに非があったわけではない。だがこの事件の前、同じ年の六月に北海油田のパイパーアルファで爆発事故が起きたときのことや、ベルギーのゼーブルッペ港で、英国に向かうフェリーが沈没事故を起こしたときに現場に向かわなかったことまで持ち出されて非難された。ウエールズのアベルヴァンでボタ山が崩壊し大勢が亡くなった現場に、エリザベスがすぐに向かわなかったときの失望と怒りを再燃させたのだ。

しかしそれからしばらくして行なわれた、バービカン・センターによるロイヤル・ブリテン観光アトラクションによる世論調査で、エリザベスと王母は、最も人気のある王室メンバーに選ばれている。また五月にフィリップと三日間、英国王室属領であるチャンネル諸島を訪問したエリザベスは、いたるところで大勢の人々から大歓迎を受けた。王室の人々が車から降りて街を歩き、人々と直接接するウォークアバウトは、当時はまだ堅苦しく礼節が守られており、厳選された人たちしか話しかけることが許されなかった。「空虚な笑顔とぎごちなさを神経質な笑いで包んで、わざとらしい歓声があがるなかを女王が人々を元気づける」行事だと劇作家のアラン・ベネットは言ったことがある。ウォークアバウトでフィリップは、エリザベスが見過ごしているものに気づかせるのがうまかった。女王に気づいてもらえずがっかりしている子どもを、安全バリアの柵越しに抱きあげて、しおれた花束を女王に渡させたこともあった。

同じ調査で、マーク・フィリップスと離婚したにもかかわらず、アンのほうがダイアナやセーラより人気票を集めた。エリザベスの侍従武官のひとりであるティモシー・ローレンス騎士分団長が、既婚者の王女に一年半にわたって送ってきたラブレターをタブロイド紙が暴いたにもかかわらず、アン王女の人気は「嫁」たちよりも高かったのだ。

英国で人気の社会風刺人形劇『スピッティング・イメージ』で、ダイアナとエドワードのこんな会話が放映された。「『イッツ・ア・ロイヤル・ノックアウト』の失敗で幻滅されちゃったでしょ。その後どんな仕事してるの？」と聞いたダイアナに、エドワードは「何もしてないよ。別に仕事なんかしなくたってかまやしないしさ。何もかも与えられている身分だからね」と答える。王室の若い世代に対する世間の見方を要約する会話だった。

王室一家への不満が高まっていることに、エリザベスが対処しきれないのは事実としても、仕方ない面もある。即位以来、彼女だけでなくフィリップも非常に多忙なスケジュールをこなしてきた。前年は六〇〇件以上の公務をこなしている。メディアの記事を見るかぎり、国は女王夫妻の努力に応えているとは言えない。何かというと人を批判ばかりする時代の風潮から、エリザベスの個人資産と免税措置がまたもや国民の注目を集めるようになった。マウントバッテンは二〇年以上前、エリザベスとフィリップに、隠蔽するほど人は知りたがり、結局暴かれてしまうと忠告したことがある。

ハーパース&クイーン誌が、エリザベスは世界一の富豪で、個人資産は六〇億ポンドにのぼると報じた。エリザベスの資産が前年に二五%も増え、一九九一年だけでも優良株への投資のおかげで一日に一〇〇万ポンドの利益をあげている、という内容だ。景気後退の影響をもろに受けている国民には、衝撃的な情報だった。一方、別の情報源は、個人資産についてははるかに低い数字を示した。巨額であろうが、少なかろうが、一九五二年から個人資産を積みあげてきたエリザベスには、それに対する税金を支払う余裕は十分にあると国民は考えた。エリザベスの個人資産と免税の問題は、チャールズとダイアナの別居と、チャールズとカミラ・パーカー・ボウルズとの不倫関係の話題から、いっとき世間の目をそらした。

メディアの追及は衰えることがなかったが、一方で、免税措置を撤回させることによる利点をあげて、エリザベスを説得する材料を、メディアは見出せないでいた。一九九二年二月にすでに、宮殿は個人資産の免税の扱いについて財務省と交渉を始めていた。しかしそのことは公表されなかった。エリザベスの資産を公にしないことが、長年不文律《ふぶんりつ》になっていたからだ。

ダイアナがファッションに贅沢しすぎると責めることはたやすかった。セーラが頻繁に海外で休暇を楽しんでいることに憤慨するのも簡単だ。彼女とアンドリューがサニングヒル・パークに新居を構えたときも、エリザベスはその醜悪さに辟易《へきえき》しながらも、建築費と内装費の三五〇万ポンドを文句も言わずに支払った。一九九一年までのセーラの無節操な浪費癖を調査したガーディアン紙は、ヨーク公夫妻の新居にかかった費用は、実際には五〇〇万ポンドだったことを暴露した。

一九八三年から一九九〇年の八年間に、チャールズとダイアナのあいだにはウィリアムとヘンリー（ハリー）が、アンドリューとセーラのあいだにはベアトリスとユージェニーが生まれたが、どちらの夫婦も危機を迎えていた。

ダイアナとドキュメンタリーがあばく素顔のエリザベス

いとこのマーガレット・ローズは、エリザベスが不快なことやよくわからないことについて、見て見ぬふりができる能力があると指摘する。「彼女は幸いなことに、ある種の心配事を脳の一部に封じこめてまったく考えずにすませ、気分よく幸せに過ごせる特別な能力があるんですよ」

一九九〇年一〇月初め、エリザベスはその能力を発揮し、子どもたちの私生活をめぐる騒動や心配事から、しばらくきっぱりと距離をおくことにした。チャールズとダイアナの結婚生活について、そもそもエリザベスは断片的にしか情報を持っていなかった。一九九一年七月に、ダイアナの三〇歳の誕生日パーティーで夫婦が大喧嘩をしたことを、ダイアナはデイリーメール紙にぶちまけていたのだが、それもエリザベスは知らなかったことにした。

もちろんふたりに意見したり、それぞれの言い分を聞いたりすることがエリザベスにはできたはずだが、それは彼女のやり方ではなかった。エリザベスは、自分の子どもたちよりも母親や妹のほうと距離が近かったし、ダイアナが泣きながら訴えに来たときも、エリザベスはただ困惑しただけだった。チャールズは意地でも両親に自分たち夫婦の話を相談しようとはしなかった。「女王、フィリップ殿下、プリンス・オブ・ウエールズの三人ともが、お互いに話し合うことは難しいと

16
「いつまで我々の上に君臨するつもりだ？」

思っている」というのが、チャールズの友人デヴォンシャー公爵夫人がチャッツワースに招かれたときに感じたことだ。

チャールズだけでなくエリザベスも、礼節を重んじ、品性を重視する自分たちが属する王室の基本ルールを、ダイアナが破り捨てようとしていることに気がついていなかった。そして起こったのが、一九九一年夏、タブロイド紙の記者のインタビューに答えた、ダイアナの赤裸々《せきらら》な告白ビデオの収録である。ダイアナはこれまで抱えてきた個人的な苦悩を暴露して楽になりたいという一心で、インタビューに応じた。ダイアナが責めたひとりが、エリザベスだ。姑の自制心と行儀のよさを、ダイアナは非情だと決めつけた。

暴露インタビューには何も対処せず、彼女とフィリップはそれまでどおりの日課をこなし、エリザベスは一九九二年に行なわれる予定の即位四〇周年行事について考えていた。節目となる年に企画されていたのは、これまでの彼女の軌跡をたどったドキュメンタリー『エリザベスR』の制作である。『ロイヤル・ファミリー』以上に間近でエリザベスの姿を記録することが、制作者側に許可されていた。王室に背を向ける空気が英国社会に広がるなか、カメラは物議をかもす王室メンバーたちではなく、ただひたすらエリザベスの姿のみを追いかけた。

一九九〇年代後半に、バッキンガム宮殿に送り込まれたBBCのプロデューサーが一一人いる。そのなかからエリザベスと世代がいちばん近いエドワード・ミルゾエフが、この番組のプロデューサーに選ばれた。ミルゾエフは以前、桂冠詩人だったジョン・ベッジュマンと映画を製作したことがあり、一〇年前にエリザベスが心の内を明かした『英国女性と馬：あるラブストーリー』に基づいたドキュメンタリーも制作した。今回の番組では、映画製作者としてこれまでのドキュメンタリーを超えるものを撮らなくてはならないと彼は心した。

一九六九年の『ロイヤル・ファミリー』の撮影は、エリザベスにとって楽しい経験だった。二〇年以上経った今度の番組制作では、メディアと関わることによるリスクを考慮し、制作者側の意図にただ従うのではなく、エリザベスは自分の意見を出すことにした。ミルゾエフは言う。「私の印象では、女王は自分に『(自分自身のドキュメンタリー番組が制作されることは)いいことなのだ』と言い聞かせていたようだった」

いよいよ制作がはじまった最初から、ミルゾエフは自分が考えている以上に困難な仕事になると気づいた。映像にかぶさるコメントは、エリザベス自身をナレーターにしようと彼は考えていた。だがその交渉に半年もかかった。「女王はそういう仕事をしないという理由をあげられ、(説得に)時間がかかった。それに自分についてコメントすることに、女王には不安があった」

大半の視聴者にとって、エリザベスがナレーターをつとめたことがこのドキュメンタリーの最大の見どころになった。作家のジェームズ・リーズ＝ミルンは「少しも臆することなく、自分の映像についてウィットに富んだ解説をなさった。ユーモラスで、機知に富み、賢明さが強く印象づけられた」という。

『ロイヤル・ファミリー』と同様、エリザベスはこのドキュメンタリーでも一年にわたってさまざまなところでの撮影を許可した。バッキンガム宮殿、ウィンザー城、サンドリンガム、エジンバラのホリールード宮殿、バルモラル城、エプソム競馬場のプライベートボックス席、ロイヤル列車などだ。執務中もオフタイムも撮影されたが、君主は実質的にオフの時間はいっときもないことをミルゾエフは知った。「彼女が『さあ、これでおしまい。今から女王であることをやめて、楽しみましょう』という瞬間はないのです」と友人も家族も言っている。ハロルド・ウィルソンの妻メアリーは『議会開会宣言』という詩のなかで、バルモラルでエリザベスが「自分の地所を自由に散歩しているあいだ／孤独ではあっても彼女は女王だ」と書いている。

番組では、瞬間的にもエリザベスの家族の存在に視聴者が気づくことがないよう、細心の注意を払って撮影しなくてはならなかったにもかかわらず、ミルゾエフはエリザベスが家庭を非常に重視していることが印象に残った。職員、個人秘書と広報官たちはそろって、君主と同じようにポーカーフェイスだ。王室の業務はとどこおりなく行なわれており、家族のトラブルの影響を感じさせなかった。ミルゾエフは、エリザベスの生真面目さ、公的な謁見の陰でなされる努力、情熱、負けず嫌いなところを映像にとらえた。彼の見たエリザベスは「何事もおもしろがり、楽しむ精神が旺盛で、まるで少女のようで、きわめて魅力的」な人物だった。そして番組の視聴者もまったく同じ感想を持った。

「身の毛がよだつほどの出来事」が続く

番組は一九九二年二月六日に放送された。放送時間帯の電気と水道の消費量が、番組視聴者数の多さを裏付けており、エリザベスがまだ国民から高い関心を寄せられていることが証明された。

だがその後、王母がのちにエリザベスに「身の毛がよだつほどの出来事」と言ったほど恐ろしい出来事が続いた。まずダイアナが単身インドを訪問し、タージ・マハルの前にひとりで座っている姿が撮影された。これはダイアナの計算ずくの演出で、世界にチャールズとの不仲を知らしめる写真となった。三月にはアンドリューとセーラの別居が発表され、四月にはアンが離婚した。

その年のクリスマス・メッセージで、エリザベスは即位四〇周年の節目となる年に、「父を手本にして」「国民の皆さんにできるかぎり奉仕」しようとしてきた、といういつもながらのメッセージを送った。一九九二年に起きた殺伐とした出来事を考えると、このメッセージは空虚に響いた。エリザベスが自分の両親への敬愛の念をこめるほど、自分の子どもたちの人生が崩壊していく前で無力であることを認めたようなものだった。

恐らくこのメッセージを聴いた人たちは、すでに王座について四〇年近く経っているのに、いまだに彼女が父親を模範にしていることに驚いたに違いない。自身が育った家庭の「我々四人」の家族観があまりに強すぎたためか？　それとも今、子どもたちのせいでまた王室が危機にあるなかで、兄の不始末の尻ぬぐいのために思いがけず意に反して王座につき、危機を回避した父の姿に励まされるのか？　最も単純に考えれば、メッセージはエリザベスの謙虚さの証明であり、王室の存続が危ぶまれた退位を思い出させたいという意図があったと言える。

ダイアナが暴露本で王室に爆弾を落とす

ダイアナはチャールズへの恨みをますます大っぴらにメディアで語るようになり、王室がこうむるダメージは大きくなっていった。一九九二年六月七日付のサンデータイムズ紙に、その後出版された『ダイアナ妃の真実』（早川書房）の抜粋が掲載された。著者のアンドリュー・モートンによる暴露記事にダイアナが関与していることを疑ったのは、チャールズだけではない。ダイアナは、エリザベスの個人秘書のひとりである義兄のロバート・フェローズに対し、自分の関与を否定した。エリザベスにとって、モートンの暴露記事は晴天の霹靂だったし、憤り以上の複雑な思いを味わった。心配だったのは孫息子たちのことであり、王室に及ぼす悪影響である。エリザベスとフィリップは、チャールズに話し合いを強く求めた。その席でエリザベスは、別居までに少し時間をおくべきだとアドバイスした。

暴露記事の第二弾が掲載された後、エリザベスとフィリップは、チャールズとダイアナ双方とウィンザー城のエリザベスの居室で話し合った。宮廷人たちがもらした話では、エリザベスの弱腰にフィリップが苛立ちをあらわにしたという。「ノーというべきだとわかっていても、自分から率先してノーというのが嫌なあまりに、イエスと言ってしまう。だからフィリップが『しっかりしろよ、リリベット！　がんばれ！　ちゃんと意見しろ！』と励ました」。このときフィリップは、妻にかわってチャールズとダイアナの双方に、自分たちの不幸な結婚生活を互いのせいだとあげつらう前に、子どもたちと王室のことを考えろ、と強く意見した。エリザベスとフィリップの結婚生活の核にあったのは、自分を犠牲にしても君主とその配偶者としての責務を果たすことだった。両親は息子と嫁に、お互いに歩み寄ることを求めた。

二回目の話し合いへの参加を、ダイアナは拒否した。それでもエリザベスは、ダイアナとチャールズが結論を急ぐ前に、周囲のアドバイスに耳を傾ける意志があると信じていた。フィリップは嫁に手紙を書いた。自分もダイアナと同様、王座の後継者と結婚したけれど、常によそ者扱いされて、自分の居場所をつかむまでに苦労したという内容の手紙だ。

フィリップの気持ちがエリザベスと同じであることが、その手紙にははっきり示されていて、その証拠に「私たち」という複数形を主語にして綴られていた。ダイアナはその気持ちがよくわかっていて、返事に「お二方にたくさんの愛を」と返事をしている。フィリップはダイアナに、「英国国民の英雄になる」という自己満足だけで王妃はつとまらないのだ、と警告した。だがその声はダイアナには届かなかった。そういう父親的なアドバイスにダイアナはもううんざりしていて、王室の一員として自分の責務や、国に対して「本来自分が果たすべき」とされている役割を今さら説いて聞かせられたくはなかった。だから舅の手紙に彼女は態度を硬化させ、エリザベスからも距離をおいた。

ダイアナがモートンの暴露本に加担したことが明るみに出て、『ダイアナ妃の真実』に関わっていないと嘘を言ったことがばれ、エリザベスの家族はいっせいにダイアナに怒りの矛先を向けた。マーガレットの怒りはことさらに激しく、エリザベスもすぐに妹の気持ちを察した。

ほかに取るべき対策がなく、少しでも休みたくて、エリザベスは例年と変わりない夏を過ごした。一億三〇〇〇万ポンドをかけたマンチェスターの高速鉄道システム、メトロリンクの開業式に出席したり、ノースウエールズのオーバートン・オン・ディーがひとつの行政区「バラ」として勅許［訳注：君主による公的認可］が下って七〇〇年目にあたることを祝して、イチイの植樹を行なったりした。表面的には、なんの不安も抱いていないように装っていた。そんなエリザベスについて、カンタベリー大主教を引退したロバート・ランシーは、「度重なるトラブルや不運な出来事が続いていることを考えると、彼女の平然とした様子は立派だ。自分のまわりで起こっている出来事に対して、感情を見事にコントロールしている。自制心は変わらない」と語った。

彼女にとって、何よりも君主としての責務が第一で、家族の問題よりも任務が優先される。三日間のカナダ公式訪問で、ブライアン・マルルーニー首相は、カナダ人は「あなたに忠誠と親愛を捧げ、あなたと王冠と共にあります」と約束した。エリザベスにとってその言葉は、気持ちの休まることがない日々を慰めてくれた。

一世代後まで王室が残れるかどうかの危機

ドキュメンタリー番組『エリザベスR』で、エリザベスは「人間はいつも希望を持っていると私は思います」と言っている。だが、その夏に起こった一連の忌まわしい出来事に関しては、そんな楽観的な見方はできなかった。八月、セーラが南仏のプールサイドでトップレスで横たわる写真が新聞に掲載された。彼女の足指をテキサスの百万長者が舐めている写真だ。公爵夫人は苦しまぎれに「彼はフィナンシャル・アドバイザーだ」と言い訳した。

写真が掲載された新聞が出た朝、セーラは夫と家族と一緒にバルモラルに滞在していた。チャールズとダイアナのことで失望を味わったエリザベスは、自制心が許すかぎり最大の怒りをあらわにした。数日後サン紙が、ダイアナと愛人ジェームズ・ギルビーの電話でのやりとりを暴露した。エリザベスの子どもたちの結婚生活は、ただ破綻しただけではなく醜いゴシップにさらされた。メディアは私生活を残酷なまでにあばきたて、読者は下品なスキャンダルをむさぼるように求めた。

王室のメンバーは、私生活を売り物にする有名人と、なんら変わりない扱いを受けていた。ロバート・ランシーが「マスコミでもてはやされるファッショナブルな有名人になってしまうと、一

○年くらいで大衆に飽きられる」と警告したことがまさに現実となった。作家で新聞のコラムニストのアンドリュー・ノーマン・ウィルソンは、エリザベスの子どもたちについて「彼らが何をやってもその行状はドタバタ喜劇になり、道化師にされてしまう。おかしな時代だ」と書いた。アンドリュー、セーラとチャールズには当てはまる見方だったが、ダイアナは違った。自分を犠牲者として大衆に売りこむために、ダイアナは熱心にメディアを利用した。

エリザベスも違った。彼女は自分の私生活をおもしろおかしく取りあげさせないよう、防御を固めていた。家族が大衆の飽くなき好奇心の餌食にされるなかで、エリザベスが動揺を見せずに落ち着いていると周囲は見て、称賛した。一方で「女王の顔色は青白く、まったく元気がなかった」と宮廷のある上級職員はいう。「精神的に疲弊していらっしゃる様子は目にあまるほどで、お姿を見ると泣きたくなりました」。かすかに喜びをあらわしたのは、『エリザベスR』が放映されたときだった。ジェームズ・リーズ＝ミルンは、四月初めにウエストモーランド伯爵が「王室の危機的状況」について話したことを記録している。「今、世論調査が行なわれたらさんざんな結果となるだろう。一世代後まで王室が残っていけるか疑わしい」

エリザベスの免税措置がまたもや問題になった。実際には、エリザベスは自分の私的な収入にかかる税金を自発的に支払う計画を進めていた。同時に、その夏にバルモラルで首相と話し合い、国民のあいだに高まる不満を鎮めるために、王室費の見直しをはかり、夫と母をのぞく家族全員の公務にかかる経費を、エリザベスが個人的に支払うのはどうかと相談していた。エリザベスが個人収入の税金を支払うというニュースを、一部のメディアは鼻で笑って、追及の手をゆるめない姿勢を見せた。一方、宮殿は王室費の見直しについては触れなかった。

ウィンザー城の火事

一九九二年一一月二〇日、ウィンザー城で火災が発生し、セント・ジョージ広間や一連の大広間など百室以上が焼失した。オレンジ色の炎があがり、晩秋の陰鬱な曇空に灰色の煙が蔓延した火災を目撃した人たちのなかには、ウィンザー朝の権力が崩壊するきざしと見た人も少なからずいた。

火事見舞いの手紙に、エリザベスは落ち着いた調子で返事を書いた。パントマイムの指導者で、長年エリザベスが文通していたシリル・ウッズとその妹アイリスに送った返礼に、自己憐憫《れんびん》の言葉はない。「建物は大きな被害を受けて、一部は焼け落ちましたが、部屋にほとんど家具や絵画がなかったことは、不幸中の幸いでした。電気回線の敷設工事のために、部屋を空っぽにしていたからです」と彼女は説明した。そして、ウッズ家がすぐに城の家具等を中庭に運びだす作業の手配をしてくれたことに感謝した。

アンドリューも含む作業要員は、ルーベンス、ヴァンダイクやゲインズバラなどの名画や、一八世紀の家具やセーブルの陶器などを運びだした。「過去の記憶が詰まった部屋が、現代によみがえることを願っています」とエリザベスは書いた。修復作業によって「この特別な場所を以前よりもすばらしい場所にする」ことを彼女は望んでいた。妹のマーガレットには、火事で「三つの奇跡が起こった」と言っている。人命がひとりも失われなかったこと、火事が起こった夜に風がなかったこと、そして電気の配線工事のために部屋が空っぽになっていたことだ。

火災から一カ月後、エリザベスは落ち着きを取り戻していた。その切り替えの速さは驚くほどだった。改修によって城を一新することを、彼女は真剣に考えていた。ウィンザー城は自分の愛する居宅であり、傷ついた王朝は城の名前を冠している。火災についての英国社会の反応は、エリザベスへの親愛が薄れていないことを示す一方で、最近の王室への幻滅もはっきりとあらわすものだった。エリザベスが厄介事に消極的にしか対応しないことを、フィリップは常々批判してきたが、今回彼女は状況を好転させるよう積極的に行動した。

一五時間にわたって燃えつづけた火災後に現場をひとりで訪れたエリザベスは、ニュース映像ではフード付きのマッキントッシュのレインコートを着て、疲れ切って寂しげな表情を浮かべている。結婚四五年で起こった最も衝撃的な出来事なのに、フィリップは海外にいた。テレビでアンドリューは、母が「ショックを受けて打ちのめされている」とコメントした。同じ日の遅い時間に、エリザベスに慰めの言葉をかけようとウィンザーを訪れた人たちは、誰も彼女に会うことができなかった。

ひと晩中燃え盛った火災のあいだ、エリザベスはフィリップと長時間電話で話した。通話時間の長さが、エリザベスの悲嘆の深さをあらわしている。英国の人々は火災の様子をテレビで見て、信じられないという思いで慄然《りつぜん》とした。だが不人気の政府が、莫大な改修費用を税金で支払うと拙速に発表したことで、同情は怒りに変わった。怒りはまたもやエリザベスの免税措置に向けられた。

現場で煙を吸ったことでエリザベスの風邪が悪化した。四日後のギルドホールでの昼餐会では熱が三八度以上あり、ほとんどしゃべることもかなわなかった。「女王は昨日、伝統を破り、王室の一員も人間的な弱さを持っていることを公に認めて、批判も節度を保ってほしいと要求された」とデイリーテレグラフ紙は、見せたことのない悲痛な表情のエリザベスの写真と共に掲載した。

16
「いつまで我々の上に君臨するつもりだ？」

ひどい年を乗り切る

二日後、ジョン・メージャー首相はエリザベスが税金の支払いを決めたことを発表した。火災の前から決めていたことで、タイムズ紙が以前に「王室の若い世代についてメディアがスクープ合戦を繰り広げたことにより、国民と王室のあいだの溝が広がり、大きな不信感が生まれたことへの対応」として、女王が自分の資産への課税を考えていると報じていた。これにより、マーガレットとエリザベスの四人の子どもたち全員は、個人的に政府から支払いを受けることがなくなり、エリザベスが受け取る王室費から家族に配分されることになった。政府も王室も譲歩した形だが、双方共にパニックを引き起こした。

火災のあと、以前にエリザベスの個人秘書をつとめていたサー・エドワード・フォードが慰問の手紙を送り、そのなかで彼は「アナス・ホリビリス」という言葉を使った。ラテン語で「ひどい年」という意味だ。一九九二年はエリザベスにとってまさにアナス・ホリビリスであり、ギルドホールでのスピーチで彼女は、もっと思いやりを持って考えていただきたいと懇願し、この言葉を使った。彼女は王室の責任を認めたうえで抗議した。「私たちは皆同じ国家社会の一員です。お互いを監視するにあたって、少しのやさしさとユーモアと理解があれば、それだけでよい効果をもたらすことができます」

昼餐会に招かれたひとり、保守党議員のジャイルズ・ブランドレスは、女王のスピーチは「最高にすばらしかった。ひとひねりしたユーモアがあり、個性的でとても感動した」という。反響は大きかった。王母は数カ月後に、アナス・ホリビリスを乗り切った娘に「じつに見事だったと思います」と手紙で賛辞を送った。声なき大多数の人々も同じ意見だった。

一二月九日、これまでのようにウィンザー城で年末年始を過ごすことができなかったエリザベスは、サンドリンガム敷地内にある、家族が一九六〇年代からお忍びで訪れていた五部屋しかない別荘に滞在した。その間に庶民院で、首相がチャールズとダイアナの別居を発表した。破綻した結婚の憲法での取り扱いについて心配する王室の気持ちを汲んで、首相は「プリンセス・オブ・ウエールズがその時期が来たときに、王妃となるべきではない、という理由はない」と歯切れの悪い、まわりくどい言葉を付け加えた。王室は時代遅れな控えめな言葉で、やっと離婚についてふれた。エリザベスとフィリップが「悲しんでいる」というその言葉は、少なくとも過去一年間には一度も公に伝えられなかった。エリザベスの気持ちは悲しみをはるかに超えていた。テレビを見ずに、彼女は犬を連れて散歩に出た。動揺を見せないために。

ブックメーカー（賭け屋）のウィリアム・ヒルは、チャールズが王座を放棄する確率を、一〇対一から六対一に下げた。ある労働党議員はアメリカのジャーナリストたちに「私はチャールズ皇太子がチャールズ王になるのを見られないと思う」と話した。六週間後、一九八九年にチャールズがカミラと電話した内容が暴露されると、同じ見方をする人が増えた。タブロイド紙が通話内容を掲載すると伝えられたエリザベスは、「これ以上事態が悪化することはないと思っていたのに」と答えた。

彼女が気遣ったのは王母だ。そして王母とマーガレットは、エリザベスを心配した。モートンによる『ダイアナ妃の真実』が出版された年の夏から、王母の健康状態がしだいに悪化していることを、友人たちは心配していた。エリザベスとマーガレットは杖を使うようにと母に勧めて、プレゼントした。「片手にぴったりと、まるで手袋をはめているかのようにおさまり、安心して頼ることができますよ。特にふらつきがあるときには役立ちます。杖に支えられていると思ったら、私はとてもほっとするし、うれしいわ」と、エリザベスは母を気遣い、ユーモアにくるんで母を説得する手紙を一九九三年夏に送っている。だが王母は杖を使いたがらず、一九九三年に贈られた軽装馬車のほうを喜んだ。

一九九三年九月二三日、ボボ・マクドナルドが亡くなった。八九歳だった。数年前に役目を解かれたボボは、バッキンガム宮殿のエリザベスの部屋の上階で、看護師に付き添われて過ごしていた。亡くなったときにバルモラルにいたエリザベスは、休暇を切りあげてボボの葬式に参列した。ボボの葬儀は、セント・ジェームズ宮殿にある王室家族のためのザ・クイーンズ・チャペルで行なわれた。ボボが亡くなったことで、子どものころから心の奥にあることまで打ち明けて、全面的に信頼をおいていた人をエリザベスは失った。ボボがエリザベスに寄せた揺るぎない忠誠心は、フィリップと母に向けるエリザベスの思いに匹敵した。

即位から四〇年間、日々起こるさまざまな出来事を「ごくありふれた日常」と見ることをエリザベスは自分に課していた。チャールズとダイアナの別居から、五年後のダイアナの死までの緊張と不安の日々を乗り切れたのは、どんなことも日常とみなすその姿勢のおかげだった。

エリザベスは、ダイアナがモートンの本で暴露した内容に反応しなかった。自分自身への批判についても、ギルドホールでのスピーチで節度が必要だと説いた以上のことは言っていない。彼女はただ淡々と女王の自分に課せられた仕事をこなした。公務、謁見と叙任が、公的生活において最も重視していた仕事である。特に叙任においては、爵位を受ける人の経歴に目を通し、ウィンザー城で週末を過ごすあいだにしっかりと記憶した。

エリザベスは、チャールズとダイアナの結婚生活を修復することができなかった。ふたりの不和が自分の家庭にダメージを与えることを正しく恐れていた。だが一方で、自身が生ける伝統であり、変化が激しく渦巻く世界にあって、信頼できる静止点であることを示した。継続性がいかに重要かを訴え、世界の変化から自分と王室を守るのは継続性にある、という主張を変えなかった。保守主義のエリザベスにはその姿勢を貫くことがしっくりきたのだろう。だが、相変わらず控えめな調子でしかその主張を訴えなかったから、地方紙以外では注目を集めなかった。

冷戦終結後の世界で示す英国王室の役割

チャールズとダイアナの双方がメディアを利用して自分たちの点数を稼ごうとするのに比して、エリザベスのやり方はおとなしすぎた。そのため英国内だけでなく海外においても、王室のあり方をめぐってより大きな議論が巻き起こった。特にオーストリアでは、労働党政権を率いるポール・キーティング首相が、二〇〇一年までに英国王室との絆を切る計画を進めはじめた。

桂冠詩人のテッド・ヒューズに王母は、王室一家が「悲劇的な出来事に打ちのめされている」と家族の気持ちを代弁した。エリザベスがその夏バッキンガム宮殿の一般公開を決めたとき、王母は協力を拒んだ。宮殿の一般公開は、王室にとって大きな収入源であり、ウィンザー城の修復費用がまかなえる。それだけでなく、王室一家が大衆にとって、より近づきやすい存在になることを象徴する。エリザベスにとっては、宮殿を訪れる人たちがタブロイド紙が報道する猥雑な内容に好奇心をかき立てられて増えつづけているのだとしても、王室への関心を持っている人が大勢いることに、少し安心材料を見出していた。

一九九三年五月、エリザベスはフィリップと共にハンガリーを公式訪問して四日間滞在した。東側ブロックの国への初めての訪問である。その年の一〇月に予定されていた、ロシア訪問の準備も兼ねていた。ロシアでエリザベスは、ボリス・エリツィン大統領に「私たちはふたりとも、このような訪問が実現するとは夢にも思わない人生を送ってきましたね」と言った。

一九九四年五月、フランスのミッテラン大統領と共に、英仏海峡トンネルの開通式に出た。一カ月後にふたたびフランスを訪問し、ノルマンディー上陸のDデイから五〇周年を記念する式典に出席した。アロマンシュ＝レ＝バンの海岸で、七〇〇〇人以上の退役軍人が彼女に敬礼した。自分と同じく第二次世界大戦を生き延びた世代の軍人たちからあたたかな歓迎を受けたことで、家族のトラブルからいっとき気がまぎれたに違いない。エリザベスはその前夜、アメリカ大統領のビル・クリントンと妻のヒラリーを王室ヨットのブリタニア号に招待した。クリントンは、エリザベスの外交手腕の質の高さと、自分の国と歴史への深い愛情に感銘を受けた。同じ月に、長い議論を経たのち、エリザベスはしぶしぶながらブリタニア号を退役させるという政府の計画を受け入れた。

チャールズの暴走と両親との不和

王室一家崩壊の危機は続いていた。エリザベスの頭のなかが家族のことでいっぱいだったのは無理もない。人との対立を嫌うエリザベスは、フィリップが反対したにもかかわらず、一九九二年サンドリンガムでの家族のクリスマス・パーティーにダイアナが参加することを許した。そして、母、妹と娘が猛反対したにもかかわらず、ダイアナが頼むと、国家行事への参加を認めた。

ところが、思いもかけない打撃を王室に与えたのは、ダイアナではなくチャールズだった。一九九四年六月二九日、プリンス・オブ・ウエールズ叙任二五周年の数日前に放映されたドキュメンタリー番組で、チャールズは自分が関わっている幅広い慈善事業について紹介した。番組には、ジャーナリストのジョナサン・ディンブルビーによるインタビューが加えられていた。

ジョナサンの父、リチャード・ディンブルビーは、エリザベスの戴冠式も含む王室の主要儀式のコメンテーターをつとめてきて、ラジオやテレビの視聴者にとって、エリザベスと王室を深く崇拝し、ロマンチックな敬愛を捧げている人物と認識されている。ところがその息子は、一四〇〇万の視聴者の前で、エリザベスの後継者に不倫を告白させたのだ。ジョナサン・ディンブルビーはまた、教会に対する見解についてもチャールズに語らせた。チャールズはインタビューで、英国国教会から距離をおき、ローマ教皇からイングランド王ヘンリー八世に与えられた「信仰の擁護者」という称号ではなく、ただの「信仰を擁護する者」でありたいと思っている、と語ったのだ。

番組は二年間かけて制作され、チャールズは両親に内容の大枠は伝えていた。両親は彼に、私生活についてはくれぐれも慎重に話すようにと言った。元恋人だったカミラとチャールズとの関係が

16
「いつまで我々の上に君臨するつもりだ？」

結婚生活を最初から脅かした、というダイアナがモートンに語った話を両親は心配し、前々から息子に忠告してきたというのに、チャールズはそれを無視した。

ディンブルビーのドキュメンタリーは、チャールズの公務についての紹介だったが、視聴者の記憶に最も大きく刻まれたのは、王位継承者が自分の不倫について公の場で告白したことだ。前代未聞の出来事だった。母と同じく、チャールズも正直さを尊ぶ。だがフィリップが現実主義とロマンスを天秤《てんびん》にかけて常に現実主義を貫いてきたのにならって、エリザベスも現実的に有効な道を重視する。だから、恋の炎に水をかけるほうが現実的によしと見れば、沈黙してやり過ごす。一方チャールズは、引退した王室職員に手紙で「沈黙したままやり過ごすのは、『危なげなく生きる』ことだと私は思っている」と書いた。

息子の行動に、エリザベスは仰天した。追い討ちをかけるように、チャールズの日記や私文書をもとに、ディンブルビーが本を書いたというニュースが流れた。一〇月半ば、エリザベスがモスクワに到着する一日前、本の出版に先駆けてサンデータイムズ紙が抜粋を掲載した。本にはチャールズの結婚生活だけではなく、生い立ちも書かれていた。エリザベスとフィリップが「息子に深い愛情を持っていたが、それを表に出すことはしなかった」ことや、フィリップが息子に「わけもなく厳しく接した」ことなどだ。ディンブルビーが描くエリザベスは、「超然としているというよりも無関心」。そして大事な場面で、母の「かばう言葉や姿勢」がなかったと指摘する。

本の出版社は「王となるべく生まれた男の唯一信頼のおける物語」と自慢し、チャールズは伝記作家が両親を冷淡に描いたことを黙認した。本はあらゆる方面からセンセーショナルな批判を呼んだ。

ロシア訪問という、女王として重要な任務の最中に起こったこの出来事は、チャールズと母との親子関係がうまくいっていないことをはっきり示す証拠となった。息子をプリンス・オブ・ウエールズに叙任して以来、二五年のあいだに母子関係は悪化するばかりだ。アン、アンドリューとエドワードは怒り心頭に発して、急いで両親を弁護した。「我々は最善を尽くした」とフィリップは素っ気なく反応したが、エリザベスは自分の考えを胸に秘めたままだった。

国外では愛されつづける女王

一九八〇年代後半から九〇年代前半にかけては、王室の存在をめぐるさまざまな意見の食い違いがあらわになった一〇年間だったが、エリザベスの海外訪問はめざましい成功をおさめた。そのことで英国の政治家たちは、女王が国際的に敬われ愛されていることをあらためて思い知った。ロシアを訪問し、すぐにエリツィンと気持ちを通じ合わせたエリザベスは、フィリップと共にモスクワとサンクトペテルブルグで群衆から大歓迎を受けた。ロシアの人々にとっては、英国王室のスキャンダルより、英国女王夫妻の魅力のほうがずっと大きな関心事だ。クレムリンでの晩餐会で、エリツィンはエリザベスを「威厳をもって使命を果たしておられる」と賛辞を送り、「あなたは重要な思想を体現しておられます。王室は民主主義政府に欠かせない一部になりうるし、国家の精神と歴史的統一を具現化できるのです」と言った。

ロシア人は女王らしい姿を望んでいると前もってアドバイスを受けていたエリザベスは、エリツィンとフィリップがラウンジスーツの際にも、夜の会合には宝石類をふんだんにつけて出席しなくてはならなかった。ボリシェヴィキ革命が勃発したとき、亡命したロマノフ朝の皇族たちから当時のメアリー王妃が受け取った宝石類は、さすがに英国に残してきた。唯一持ってきたロシアの宝石は、ニコライ二世の母マリア・フョードロヴナ皇后のコレクションにあった大きなサファイアとパールのブローチだけだ。エリザベスの曽祖父にあたるエドワード七世から、デンマークの元王女マリアが結婚祝いに贈られたものだ。エリツィンはエリザベスたちに、「ロシアでは、女王は国の知恵、歴史の継続性、国家の偉大さを人格化した存在だとみなされます」と言った。ロシア訪問中に折に触れてエリザベスが見せた思慮深さが、この賛辞を引きだした。

一九九五年三月、英国からの独立を主張するＩＲＡと、英国との結合を保持しようとするプロテスタントとのあいだで停戦が成立してから六カ月後、エリザベスは北アイルランドを訪問した。ベルファストで厳重な警備体制のなか、エリザベスは徒歩で群衆に声をかけてまわった。ロンドンの新聞は「アルスターの平和が進行していることを信じた勇気あるミッション」と称え、その豪胆さに舌を巻いた。アイルランド共和国からの「脅しに、彼女はひるむことがないことを身をもって証明した」という意見に、異を唱える声はあがらなかった。

アイルランド島は連合王国のひとつである北アイルランドとアイルランド共和国のふたつに分離し、エリザベスはエリツィンが言うような「国家の精神と歴史的統一」を体現する存在にはなれなかった。エリザベスが北アイルランド南部の独立自治体であるアーマーを訪問したことを報じたアイルランド共和国の新聞サンデートリビューン紙は、エリザベスの堅苦しさを冷淡さと見なし、学童たちの沈黙を無関心ととらえて報じた。そして、美しく撮れていないエリザベスの写真に、こんなコメントをつけて掲載した。「小柄でがっちりした体格の女性で、小さく暗い目と小皺の上に頬紅、おしろいと口紅で薄化粧している」。この表現は六九歳の君主の容姿を、感情をまじえず正確にとらえているが、女王という身分への魔法も神秘もあたたかみも感じていない表現だ。

二カ月後、南アフリカでも、エリザベスは身の安全を気にしていないように見えた。実際、彼女が身の安全を顧みず、王室の一行が黒人居住区を訪問すべきではないというアドバイスを軽視していたことは確かだ。ちょうど一年前に、ネルソン・マンデラが南アフリカで新しく発足した民主主義政権の初代大統領に選出された。エリザベスはこれをことのほか喜んだ。南アフリカ共和国があらためて英連邦の一員に復帰したのは、「奇跡みたい」と言ったほどだ。

南アフリカ訪問を、エリザベスはめずらしくみずから率先して計画した。外務大臣のダグラス・ハードに、「マンデラ氏は多くの人たちからアドバイスを受けているけれど、誰ひとり彼に実際に手を貸している人はいません。彼は具体的な助けを必要としています。彼には注目が必要なのです」と主張した。英国女王が訪問すれば、誕生したばかりの国家は注目を集めることになるだろう。その意見に論理的な根拠があったわけではなく、ただ経験に基づいた認識である。自分が訪問することで、南アフリカは国際的な承認を確かなものにし、国内の支持を高めることになるとエリザベスには経験的にわかっていた。

英国内の世論に配慮して、彼女はしぶしぶながら南アフリカには飛行機で向かうことにしていた。ブリタニア号にかかる費用への批判を避けるためだ。ところが訪問を仕切る担当が、ブリタニア号を商業イベントに使用して旅費をまかなうことを企画し、エリザベスの懸念を払拭した。エリザベスとフィリップは南アフリカまで飛行機で行き、ブリタニア号に乗り換えて、ケープタウンには王室ヨットで公式に到着した。ネルソン・マンデラとエリザベスは強い友情の絆を築き、南アフリカは英連邦の最も強力なメンバーのひとつとなった。彼女はマンデラにメリット勲章を授与し、「世界一慈悲深い人物」と称賛した。

国賓として迎えられた晩餐会で、彼女は前回二一歳のときの南アフリカ訪問時に贈呈されたダイヤモンドのネックレスをつけた。ズールー族の王が雌ライオンのぬいぐるみを贈り、黒人白人を問わず、大勢がいたるところで「また南アフリカに戻ってきてくださり、ありがとうございます」と歓迎した。駐南ア高等弁務官のサー・アンソニー・リーヴは、内務大臣のダグラス・ハードに「女王はその数を知ったらきっと驚かれると思うが、何千何万もの黒人が熱狂的に歓迎した。サーボ・ムベキ副大統領が深く礼をして『モタラレプラ、雨をもたらしてくれた方』という称号を贈ったとき、土砂降りの雨のなかで皆が狂喜した」と手紙に書いた。

エリザベスはスピーチで、誰もが不可能だと思っていた南アフリカの変革が達成されたことを称えた。いつものことながら、感情をこめずに淡々としたスピーチだったが。

チャールズとダイアナの泥沼戦争

海外訪問が成功したといっても、当然ながらチャールズとダイアナの差し迫った問題には効果を及ぼさなかった。エリザベスもフィリップもなすすべがなかった。エリザベスはただ孫息子たちに悪影響が及ばないように、また王室への敬愛の念がこれ以上損なわれないように、ということだけを考えていた。

ディンブルビーの暴露インタビュー以来、両親とチャールズとの関係は緊張をはらんでいた。フィリップの親戚で、エリザベスの女官をつとめたパメラ・ヒックスは、エリザベスのいとこのアレクサンドラが「チャールズは絶対に女王に相談しない」と言っていた話を繰り返した。「ふたりのあいだには決定的な溝があった」という。外部の者たちはそれぞれの結論に達していた。元カンタベリー大主教のロバート・ランシーは「プリンス・オブ・ウエールズは、より破滅的な状況となるのを避けるために離婚するに違いない」と五月終わりには確信していた。

エリザベスは母と妹に支えられていた。五月八日、三人は五〇周年を迎えたヨーロッパ戦勝記念日にバルコニーに立った。エリザベスは、国民はテレビの前に座るほうを好むからバッキンガム宮殿に集まったりしないのではないかと懸念していたが、そんな心配はいらなかった。宮殿の外には大勢の人々が集まった。ひとつには、王母の根強い人気が最近のスキャンダルに優《まさ》っていたからだ。女官のひとりは、バルコニーから室内に戻ったエリザベスの目に、今にも涙があふれそうになっているのに気づいた。国民から見放されたのではないかという不安が杞憂だったことと、母への誇らしさから涙がにじんだのだろう。

だがそんな感傷にひたっていたのも束の間だ。ダイアナはエリザベスのアドバイザーたちに、六日後に冷たい夫への最後の報復を計画していると告げた。BBCの時事ドキュメンタリー番組『パノラマ』で、一時間のインタビューが放映されるという。一九九五年一一月二〇日に放映された番組は、二三〇〇万人が視聴した。その日はエリザベスとフィリップの四八回目の結婚記念日で、ふたりは慈善活動のための番組『ロイヤル・バラエティー・パフォーマンス』への出演を義務的にこなさなくてはならなかった。

別の筋からの話として、ダイアナのインタビューは、ケンジントン宮殿で、カメラマンひとりだけしか入らないという極秘体制のもと、一一月五日に録画されたという。王室の伝記作家ケネス・ローズは、ダイアナが同じ話を「何回も、何回も、繰り返し話し、ついにはもっともらしく聞こえる域にまで到達した」と手厳しくそのやり方を非難した。

ダイアナの大胆なパフォーマンスは、結婚の失敗をチャールズと愛人のせいにするように注意深く計算したものだ。ダイアナは王室内部のスタッフたちが、彼女を「危険人物」のように扱ったと非難し、初めてエリザベス自身の君主としてのあり方を攻撃した。「誰かがここから出て、国民を愛し、それを示さねばなりません」と反逆のプリンセスは視聴者に言った。彼女はエリザベスの家族が冷たいと責めたことがあった。「人々の心の王妃」となるはずの彼女は、心の内を露骨にさらけだし、エリザベスの背中に決闘を申し込む白手袋を投げつけた。

エリザベスは、「番組を一度も見たことがない」と周囲にきっぱり断言している。家族の誰もがダイアナを非難するなか、エリザベスだけは同情的だった。放送翌日のトーク番組で『パノラマ』を見たというある女性が言った。「王室はいったいどんなゲームをやっているのかしら？　仕返しゲームでもやっているつもり？」。最初はおもしろがっていた国民の堪忍袋の緒がついに切れた。

トニー・ベンは苦々しく、ダイアナは五五分間にわたるインタビューで、王室に大きなダメージを与えたと指摘した。チャールズとダイアナの対立は、王室の核心部分を傷つけかねない報復合戦となり、エリザベスもはや黙認できないところに来ていた。三週間後、フィリップと首相それぞれと話し合い、個人秘書のロバート・フェローズに強く迫られたエリザベスは、チャールズとダイアナの双方に要求書を出した。「国の最善の利益のために、早く離婚に同意すべし」という書簡だ。

その年のクリスマス・メッセージは、初めてITVから放送された。議員たちがBBCの王室認可の取り消しを要求したからだ。元BBC理事で、ミステリ作家のP・D・ジェイムズは、BBCの組織と王室の信頼関係は壊れたと言った。ダイアナの義理の祖母で、小説家のバーバラ・カートランドが、ダイアナの目的は「愛を取り戻すことだ」とかばったが、失笑を買っただけだった。

王室の未来をはるか先まで見通す

エリザベスはすでに、ダイアナひとりと離婚にあたっての要求を話し合っていたが、その間に事件が起こった。一九九六年三月一三日、スコットランド中央部の小さな町ダンブレーンの小学校に銃を持った男が侵入し、児童一六人と教師を殺害した。エリザベスはアンに伴われて、母の日である三月一七日に現場を慰問に訪れた。弔問の花輪を捧げ、集まった人々に声をかけながらふたりは町を歩き、ダンブレーン大聖堂で遺族たちと会い、スターリング王立病院に入院している児童たちを見舞った。小児科コンサルタントのジャック・ベアティー医師は、病院でのエリザベスは、まるで自分の孫たちのように負傷した児童に接していたと話す。大聖堂に集まった人々も、エリザベスが深い悲しみをあらわしていたと言った。

ダイアナは自分の役割は「人々の心の王妃」となることだと言ったが、エリザベスはまさにその役割を果たしていた。エリザベスはダンブレーンの人々の苦しみを受け止め、国の代表として同情をあらわした。ダンブレーン慰問はエリザベスにとって、過去の事例から学んだ教訓を活かしたものだった。アベルヴァンの事故で学んだように、ダイアナのカリスマ的人気による癒しよりも、時《じ》宜《ぎ》を得た慰問のほうが重要であるという教訓だ。

五カ月後の八月二八日、チャールズとダイアナの離婚が決着した。エリザベスは一九九六年に七〇歳となったが、一九九二年と同じくこの年も、アナス・ミラビリス＝すばらしい一年とはならなかった。劇作家のアラン・ベネットは日記に、「王室制度を信じるのは、自分が最後ではないかという気がする」と書いた。そう思うのは彼だけではなかった。

エリザベス、フィリップと四人の子どもたちに上級アドバイザーを加えた宮廷内部の「ウェイ・アヘッド・グループ（王室の未来を考える会）」が、生き残りのために立ちあげられた。サンドリンガム、バルモラルやバッキンガム宮殿で、年に二、三回グループによる会議が開かれた。王室一家の公務を地理的にどこまでカバーするかということにはじまり、社会的弱者にも配慮しているのを示すためガーデン・パーティーの招待客をどの範囲まで広げるか、といったことまでが話し合われた。

最初に誕生した王家の女性に王位を継承させることの是非から、王室の税金に関することまで、法律の変更に関わる改革案も話し合われた。話し合いの結果は、二〇一三年の王位継承法に反映され、二〇一一年一〇月二八日以降に誕生した王位継承の資格を持つ人物について、男子優先の長子相続制に取ってかわり、性別に関係なく年長の子どもが継承順位の上位につくことになった。またローマ・カトリック教徒との結婚が許されることになった。

グループの目的ははっきりしている。エリザベスの広報官チャールズ・アンソンによれば、「王室が近代社会に対応していくことを確認する」ことだ。会議ではフィリップ、チャールズ、アンドリュー、エドワードの男性陣が独断的な意見を述べ立てるなかで、エリザベスは耳を傾け吟味《ぎんみ》する側にまわった。自分のなかで、彼女はすでに明確な見解を持っていた。アンソンによれば、話し合われたことの大半は「おそらく前もってかなり練られていた。女王はグループよりもはるかに先まで見通されていた」という。

エリザベスは未来を考えていた。

ダイアナの死

一九九七年八月三一日日曜日、エリザベスはバルモラルにいた。この日の早朝、パリの病院でダイアナが亡くなった。パパラッツィの追跡から逃れようとした車が、アルマ広場下の地下車道でトンネルの柱に激突したのだ。同乗していた新しい恋人は、ハロッズ百貨店のオーナーの息子ドディ・ファイドで、プレイボーイで有名だった。ダイアナは三六歳だった。一五歳のウィリアムと一三歳のハリーはそのとき、父チャールズと祖父母と共にバルモラルにいた。五人がそれから六日間もスコットランドに留まったことで、国民のあいだにしだいに非難の声が高まり、メディアは不満をよりかきたてる報道を繰り返した。すぐにロンドンに戻らずに、なんら行動を起こさなかったために、エリザベスの王室は最大の危機に直面することになった。

本来なら王座につくはずだった伯父が、離婚歴のある女性を伴侶に選んだことで、父がやむなく即位したという過去のせいで、エリザベスは離婚に対してトラウマがある。チャールズとダイアナの離婚は、国民と王室を分断しかねない恐れがあった。ダイアナのチャールズへの非難は、エリザベスへの非難にまで及んだ。そこにダイアナの死である。国民は、エリザベスと彼女の家族がバルモラルに閉じこもり、パリの悲劇になんら反応しないことに怒りを募らせた。近代社会において、王室一家が国民感情と対立する姿勢を見せると、いかに簡単に王室制度そのものを危うくするかを示す出来事だ。

かつて英国人は感情を抑制するストイックな国民性があるとされていた。だがこのときは、国中が悲しみの奔流に巻きこまれた。ダイアナよりも王母に年齢が近いジェームズ・リーズ＝ミルンは、国全体が悲痛な思いをあらわすことにとまどいをおぼえ、「ダイアナ妃の死をこれほどまでに深く嘆き悲しむとは信じられない」と言った。ケンジントン宮殿の外には大勢の弔問者が集まった。バッキンガム宮殿の柵の前にも人々が詰めかけた。彼らはすぐに気づいた。ロンドンでダイアナの死を悼んでいるのは自分たちだけではないか。エリザベスも家族も宮殿にいないとは、いったいどういうことか。

エリザベスは、ダイアナを知らない人たちと悲しみを分かち合う気にはならなかった。それは彼女自身の悲しみであり、家族の悲しみだ。家族を失った思いを、家族ではない人たちと共有するつもりはなかった。宮殿は「女王とプリンス・オブ・ウエールズは、恐ろしい知らせに大きなショックを受けて苦悩している」と声明を出した。ダイアナの死を聞いての、エリザベスとチャールズの偽らざる反応である。ダイアナに対する自分たちの感情への言及はひと言もなかった。

エリザベスは孫のウィリアムとヘンリーのことだけを気にかけていた。アドバイザーたちは、彼女とフィリップは国民の悲しみがわかっていたというが、ダイアナの死に対する反響がこれほどまでに大きくなることは予想していなかった。エリザベスは国民感情を読み誤ったことに気づいた。起こっていることがはっきりすると、彼女は方針を変えて誤りを正す。過去五〇年間を通して、彼女は国民が自分に、女王であると同時に妻、母、姉であることを望んできたことがよくわかっていた。だからこの場合、まず家族を第一に考えて対策を取ることにした。

エリザベスは、ダイアナの遺体を英国に戻し、王室の一員として最大の敬意を払って、セント・ジェームズ宮殿のチャペル・ロイヤルに安置する手配をした。そしてプライベートな家族葬をしたいというダイアナの家族であるスペンサー伯爵と母のフランシス・シャンド・キッドの要求を認めた。ウィリアムとヘンリーに関しては、今は屋外で新鮮な空気に触れながら、メディアに追いかけられないことが重要だ、と判断した。

エリザベスはまたその朝、新しく首相になったトニー・ブレアが公式声明を出すのを承諾した。ブレアはダイアナを「人民のプリンセス」と持ちあげた。エリザベスの曾祖母であるメアリー・アデレイド・オブ・ケンブリッジ王女に与えられた呼び方にならったものだ。「ありとあらゆる場所で、人々は彼女を自分たちの仲間のひとりだと思っていました」とブレアはその言葉の意味を説明した。

ある意味では、大きな誤解を招きかねない文言だが、声明は一般国民の感情をとらえた。それ以上に、ブレアはダイアナがこう見られたいと思っていた自分像を声明にこめた。亡くなる前に、ダイアナは自身が貴族の家庭出身で王室に近い環境で育ったにもかかわらず、自分を拒絶した（と彼女が信じている）王室一家とは対極の社会にいるかのように振る舞った。ブレアは国民を「非王室」と位置づけて、ダイアナもそちらに属するひとりだとし、王室の人々と分けた。それはダイアナを送るにあたってブレアが見せた騎士道精神にのっとった配慮だったが、すでにダイアナをまるで聖人か殉教者のように祭りあげている国民感情を、ますます煽《あお》るものとなった。

だがブレアの大衆迎合的発言は、エリザベスを動かすまでにはいたらなかった。エリザベスと家族は、ウィリアムとヘンリーと共にバルモラルから動かず、クラシー教会で礼拝にあずかった。司祭はダイアナにひと言も言及しなかった。ダイアナの息子たちを動揺させたくなかったからだという。エリザベスには、前王やマウントバッテンが亡くなったときのような、悲しみの表情はまったくなかった。意図的ではなかったにせよ、王室一家はダイアナが嫌ったステレオタイプな王室らしさを貫いたことになる。

その日の終わりに、エリザベスは家族だけでプライベートな葬儀をしたいというスペンサー家の意向をくつがえし、大々的な葬儀を行なうと決めた。月曜朝九時、ウエストミンスター寺院で、王室の一員が亡くなったときと同様の大規模な葬儀を行なうというデイヴィッド・エアリーの提案を承諾した。

ケンジントン宮殿の周囲はおびただしい数の花束で囲まれていた。花束には、ダイアナを殉教した聖人のように敬愛する言葉が書かれたカードやメッセージが添えられている。エリザベスもフィリップも国民から愛情を示され、賛辞を捧げられることがあっても、それは個人として崇拝されているというよりも、自分たちが非凡な地位にあるためだと解釈していた。ウィリアムが祖母について「名声を得ようなどとまったく考えていない。それは確かだ」と言ったことがあるほど、エリザベスは大衆に媚びるような言動を決してしなかった。ダイアナの死に対する国民の反応は、王族の死を静かに悼んできたこれまでのものとはまったく違い、エリザベスの理解を超えていた。

それでも、何よりも自分が優先すべき義務は、孫息子たちの幸せを守ることだという信念は揺らがなかった。スタッフや首相の説得で彼女はすぐにロンドンに戻らなかったのだが、人々はそう思わなかった。日が経つにつれて、人々の感情は悲しみから、しだいに王室が動かないことへの怒りへと変わっていった。チャールズ・スペンサーは、姉ダイアナの死は過剰報道のせいだとメディアを責めた。そしてメディアは短絡的に、七一歳の女王をスケープゴートにした。

バッキンガム宮殿にエリザベスが滞在しているときに掲げられる旗がないことが、無関心を示していると受け止められた。父王が亡くなったときも半旗を掲げなかったし、自分が死んだときもそうするつもりはない。だが結局、エリザベスは英国国旗を掲げる認可を出さざるをえなかった。国会議員のジャイルズ・ブランドレスは「世界は構想を失った」と書いた。「問題はバッキンガム宮殿の旗竿《はたざお》にあるようだ。タブロイド紙は旗竿を血祭りにあげようとしている。（女王は）大衆の意見に屈し、英国国旗は今、バッキンガム宮殿に半旗として掲げられている」

エリザベスは予定よりも早くバルモラルを引きあげてロンドンに戻り、特別な演説をすることにも同意した。タブロイド紙が一面の見出しを飾るための悲しみに満ちたメッセージを要求していたし、テレビのニュースではリポーターに引っ張りだされた女性たちが、王室を貶めるような発言をしていたからだ。しかしそれ以上に、彼女のスタッフたちが早く戻ってほしいと説得した。王室一家は、あまりにも長くロンドンを留守にしすぎていた。

トニー・ブレアも、チャールズの助けを借りて、ロンドンに戻るように彼女を説得した。しかし孫息子たちを守るというエリザベスの決意は揺るがなかった。国民の感情を第一に考えて行動するという本来の義務を果たすよりも、孫息子たちのケアを優先したのだ。

16
「いつまで我々の上に君臨するつもりだ？」

個人秘書アシスタントのロビン・ジャンヴリンは、エリザベスが「落ち着いた様子ではあったが、無関心ととられているだろうと思って落ちこんでおられた」という。別のスタッフは「あたふたしておられた」という。アメリカのABCテレビネットワークが委託したMORIの世論調査によれば、英国人の四人に一人が、王室がないほうが国はよくなると答えた。

エリザベスは九月五日金曜日の午後にバッキンガム宮殿に戻った。早めに夏休みを切りあげたのは、は、国民の強い感情に動かされたことをあらわしている。王室の公用車が宮殿の門の手前で止まったのはっきりとわかるような感情をあらわさないまま、エリザベスはフィリップと一緒に車を降りた。礼儀正しく、控えめではあったが、人々からの拍手が広がった。黒い柵の前に供えられた山のような花束を彼女はゆっくり確かめるように眺めたあとで、群衆のほうに歩いていった。彼女が車を降りて、自分たちに話しかけるとは思ってもいなかったから、その午後、宮殿前で待っていた人たちに静かな驚きが広がった。しばらく面食らって沈黙していた人々のあいだから、まず拍手が湧きおこり、女王と王配は人々と言葉を交わしはじめた。

その行動は国民とのあいだの緊張を緩和し、さらにエリザベスがバッキンガム宮殿のチャイニーズ・ダイニングルームから生中継を行なったことで、一気に空気がなごんだ。エリザベスは窓を開け放ち、ザ・マルにそびえ立つヴィクトリア記念碑と、先ほど会話を交わした群衆を背景にした位置をとり、国民に呼びかけた。顔はかすかに紅潮しているように見えた。ふだんの静かな調子ではなかったが、態度は毅然としていて、いつもどおり威厳をもって落ち着いた口調で話をした。ダイアナについて「たぐいまれな、才能に恵まれた人」と称え、称賛と尊敬をこめた。愛という言葉は使わなかったが、ダイアナからは学ぶべきものがあると示唆した。エリザベスには、ダイアナが亡くなった今となっては、ダイアナのことに関して自分を中傷した人たちやメディアに言いたいことがあっただろう。だがそれを口にすることなく、翌日に行なわれるダイアナの葬儀は、国民が団結する機会となる、と締めくくるだけにした。

この放送に対する反響は、圧倒的に好意的だった。トニー・ブレアの広報官であるアラステア・キャンベルは、女王であり祖母であるという立場をしっかりと踏まえた、すばらしいスピーチだと称えた。

翌朝、大衆が最後にダイアナに別れを告げた場面でも、エリザベスの誠実さは示された。宮殿の正門の前で、馬にひかせた砲車に乗せられたダイアナの棺を一家と共に待っていたエリザベスは、ダイアナの記章旗がかけられ花輪が飾られた棺が前を通り過ぎるとき、頭を下げたのだ。その誠実さは称賛に価した。

葬儀後、エリザベスもフィリップも、スペンサー伯爵のとげとげしい批判になんら反論しなかった。エリザベスはバルモラルに戻った。憂鬱ではあったが、一面ではほっとしていただろう。バルモラルで過ごすことで、エリザベスは気力を取り戻した。ダイアナの死へのお悔やみの手紙に、定型どおりのタイプした返礼の手紙を送った。そのなかの一通、女官のヘンリエッテ・アビル・スミスに、エリザベスは短い言葉を書き添えた。「感情はまだ混乱したままですが、私たちは最悪の経験を乗り越えました！」。本音だったのだろうが、「！」が意味ありげだ。最悪の危機を脱したであろうという希望的観測と、数日間に味わった恐怖の両方がこめられた「！」である。

まだ首相に就任して四カ月のトニー・ブレアは、女王とのつきあい方については手探り状態だったが、一連の出来事で教訓を得たと話した。のちに彼は、エリザベスはすでに自分の行動がどういう反響を呼ぶかまでしっかり読んだうえで行動していたと話した。自分より前に首相だった人たちと同様、ブレアも、自分の使命に極めて忠実であるエリザベスが、治世中、最も重大な危機をはらんだ一週間に、自分の使命を忘れる行動をとるはずがないとわかったのだ。

マーガレットは姉を励ます手紙を送った。「あなたに愛をこめて称賛を送ります。事故のあと、あなたがどれほどやさしく一人ひとりの人生に気を配り、かわいそうな男の子たちが母を失った苦しみに耐えられるように配慮したか。先頭に立って指揮を執り、皆の意見に耳を傾け、決定を下すのはいつもあなたです。ただただ、あなたのすばらしさに感じ入るばかりです」。マーガレットが味方であることは、エリザベスにとって重要だった。フィリップと母を除くと、妹ほどエリザベスの内面を理解している人はいない。子ども時代に同じ経験をしてきたことが、双方の理解の礎《いしずえ》になっていた。エリザベスはハンドバッグに、マーガレットから贈られた金の小箱をいつもしのばせており、そこにはスイーツを入れていた。

王室ヨットの退役式で流した涙

マーガレットは、一二月に行なわれたブリタニア号の退役式への出席を拒んだ。英国海軍の基地内にあるポーツマス港の桟橋で行なわれた式で、エリザベスは心が締めつけられるほどの悲しみを味わった。よく晴れた寒い日だった。費用がかさむ改修よりも退役を選んだ政府の決断を受け入れたのは、自分の選択肢が限られているとエリザベスにはよくわかっていたからだ。「私たちは今、ブリタニア号に悲しみをこめて別れを告げなくてはなりません」と言ったとき、言葉は型どおりで、表現もいつもどおり控えめではあったが、彼女の目に涙がこみあげた。泣くまいとしても、涙は流れつづけた。かたわらのチャールズに笑顔で話しかけて気をまぎらわそうとしたが、涙は止まらなかった。

海洋で得られる人目にさらされない自由な時間を失うつらさを嘆いたのだ、と宮廷人は思った。船上は、彼女が真の彼女自身でいられる場所だった。結婚生活とほぼ同じだけの四四年間を、エリザベスはブリタニア号と共に過ごした。王室ヨットはエリザベスの英連邦での公務を支えてきた。バルモラルでの夏季休暇では、スコットランドの西側沖に浮かぶウエスタン・アイランズをめぐった。王室とヨットはパートナーだった。どちらもエリザベスが深く愛している国を象徴するものだ。今、英国とエリザベスは国の誇りのシンボルだったヨットを失った。

二年前に内閣府に宛てた書簡で、エリザベスの次席個人秘書だったサー・ケネス・スコットは、エリザベスにとって王室ヨットがいかに重要かということをはっきりと書いていた。「最近の書簡のなかで控えめに書いてきましたが、それは政府にとって代替のヨットを許可することが非常に大きな問題であるとわかっていたからですし、新聞の見出しに『女王が新しいヨットを要求』と書かれることだけは避けたいと思っていたからです。しかし宮殿が沈黙を守っているのは、女王陛下がこの問題に深い関心を寄せられていないからではないことを、私ははっきりさせたいと思います。反対に、ブリタニア号の四二年間の使役に匹敵するヨットを、二一世紀に国が用意する道を見出してくだされば、女王は大いに歓迎なさるに違いありません」

エリザベスの「深い関心」は実を結ばなかった。一九九〇年代は、エリザベスにとっても、王室にとっても、報われない一〇年間となった。

17

「女王に寄せる人々の親愛の情は決して消えることがないようだ」

エリザベス 71歳～80歳

金婚式を迎えた女王夫妻

一九九七年一一月二〇日、ウィンザー城での舞踏会は、五年前の火事で被害を受けた部屋をまばゆいほど豪華に改修して開催された。エリザベスとフィリップの金婚式を祝う舞踏会だ。ロイヤル・フェスティバル・ホールでのガラ・コンサート、ギルドホールでの昼餐会、ウエストミンスター寺院での感謝祭の礼拝に続いて、政府が主宰した「庶民のための祝宴」が催され、節目となる一年が締めくくられた。

フィリップはエリザベスの寛容さは特筆ものだと称え、ブレアは彼女が「威厳があり、物腰柔らかで、飾り気がなく、どんなことにもひるまず、鋭いユーモアのセンスがあり、物真似も相当なものだ」と評した。エリザベスは昼餐会の招待客に、夫と過ごした半世紀のあいだ、夫はいつも自分の「力であり、支えだった」と話した。また別の場所では、競馬好きの彼女らしく、幸せな結婚生活は「勝ち馬表彰式場《ウィナーズ・サークル》」のように喜びにあふれている、と話した。長くフィリップの個人秘書をつとめたマイケル・パーカーは、「フィリップはどんなときも、何があっても、女王の面倒を見ることを第一にも、第二にも、第三にも考えてきた」と言った。

金婚式の祝賀には、ヨーロッパ中の王室の人たちがロンドンに集まり、その数は戴冠式以来の多さとなった。

母と妹の健康不安と公務スタイルの変更

数カ月後、六七歳の誕生日を祝っていたマーガレットは軽い脳卒中を起こした。「四〇年間タバコとウィスキーを手放さなかったつけがまわったのか？」と美術史家のロイ・ストロングは冷ややかに言った。マーガレットの健康状態は一九七〇年代から不安定だった。しかしマーガレットは、もの忘れが多くなったことをのぞくと、脳卒中前と同じくらいまでに回復して、一年後にはカリブ海のマスティーク島に戻った。

マーガレットの脳卒中からまもなく、サンドリンガムの厩舎で王母が転倒し、左の腰骨を骨折した。王母もすぐに回復したが、三月末まで公務を縮小した。だがエリザベスは、九八歳の母に残された時間は長くないと覚悟したし、面倒ばかり起こす孤独な妹が、母のように九〇代まで長生きはできないことも認めざるをえなかった。母と姉妹の女性同士の絆が失われるかもしれないことを思って、エリザベスは一九九八年の前半を不安な気持ちで過ごした。

ダイアナの死によって王室がスタイルの変更を迫られたことが、エリザベスのスケジュールにあらわれている。王室と臣民、ブレア政権の呼び方だと庶民との距離を縮めるような公務と行事が模索された。三月二七日、エリザベスはデヴォンの町、トップシャムにあるブリッジ・インというパブを訪問した。同族経営によるパブの開業一〇一周年を祝うためだ。地方紙が開業記念日について報じると、バッキンガム宮殿からの問い合わせの電話がかかり、エリザベス訪問の詳細を詰めるために「ピカピカに磨かれた靴を履き、クリップボードを抱えた人々が、まだ眠っているトップシャムの町にやってきた」。パブには一九三七年の、ジョージ六世の戴冠式のために購入した旗がいくつか飾られていた。エリザベスは旗のことについて話し、フィリップへのお土産として記念のエール樽を受け取った。九月のマレーシア訪問では、子どもたちのためにサッカーボールにサインを入れた。ハロゲートでは、クリスマスのパントマイム劇『アラジン』のキャストに挨拶した。

自分は庶民受けするためにわざわざ派手なことをやっているわけではない、と彼女自身は主張した。しかし「私は政治家ではありません」と本人が言う一方で、ダイアナ亡きあと、スタッフたちにはエリザベスの「ブランド再構築」をはかろうという意図があった。

こじれるばかりの母と息子の関係

だが悲しいことに、エリザベスとチャールズはいまだに親密に話せないままでいた。

ダイアナが亡くなったあとも、母と息子の関係はぎくしゃくするばかりだ。ディンブルビーの暴露本で両親を非難したあとの一九九六年秋、チャールズがエリザベスにもバッキンガム宮殿にも相談せず、マーク・ボランドを自分の個人秘書補佐に昇進させたことも、母の不信感を深めた。マーケティングと広報の専門家であるマーク・ボランドが、いったい王室で何をするのかといぶかしむ声があるなかで、チャールズは自分の不人気を挽回《ばんかい》する役割を彼に課した。ダイアナが亡くなって一週間後、葬儀が大々的に行なわれることが決まった直後に、ボランドは葬儀プランの詳細を取材先のメディアにリークした。メディアに取り入って、チャールズの評価を高めようとするボランドの戦略だった。エリザベスのアドバイザーたちを無視し、チャールズの承認だけを得てリークしたことに、エリザベス側は不信感を抱いた。

一九九八年五月に、ドーセット州パウンドベリーに、チャールズ肝《きも》いりで建設していた新開発のモデルタウンが完成した祝典に、エリザベスは息子のためを思って出席した。だが母が熱意をこめて称賛したにもかかわらず、チャールズは不満だった。「私が人生をかけたプロジェクト」を、たった二〇分しか見学しないとは何事か、と機嫌を損ねたのだ。

一一月のチャールズ五〇歳の誕生日を機に『五〇歳のチャールズ』というドキュメンタリー番組が制作されることになったが、制作側から出た発言で母と息子の関係はますますこじれた。「我々は側近の方から、王室は急進的な改革が必要だとチャールズ殿下は信じておられると言われました。改革をもどかしいほど望んでおられる、と。だからもし女王が退位したら、皇太子は『個人的に大喜び』なさるだろうとのことです」と制作者がメディアに話したことが原因だ。

バッキンガム宮殿とセント・ジェームズ宮殿は即座にその発言を否定する共同声明を出し、チャールズはエリザベスに遺憾の意を電話で伝えた。実際には、怒り心頭に発したエリザベスが、チャールズを海外訪問先まで追いかけて、ドキュメンタリー制作者の言ったことを彼が本当に知らなかったかどうかを確かめたのだ。従順なチャールズは、母の退位をうながすなど「とんでもなく無礼」で「有害」で、「まったくもってまちがっている」と公式に発表した。それでもエリザベスは深く傷ついた。

数日後、エリザベスは落ち着きを取り戻し、バッキンガム宮殿でチャールズの誕生パーティーを開催した。グロスター家やケント家の一族と王母、またチャールズが関わっている多くの慈善事業の代表者も出席してのパーティーだった。エリザベスは息子の「先見の明、思いやりとリーダーシップ」を称えた。チャールズはそれに応えて、五〇年以上にわたって両親が寛大さを示したことを「限りなく評価している」と言った。その言葉は前の週に起こった出来事を考えると、空々しく聞こえたことだろう。

翌晩、チャールズの住居であるハイグローヴで、ヨーロッパの王族とエリザベスの内輪の親しい人たち、ダイアナの女官だったスーザン・ハッセイをはじめとするエアリー家やブラボーン家の人たちを招いて晩餐会が催されたが、エリザベス、フィリップとマーガレットは行かなかった。チャールズは仲介者を通して母に招待状を送っていたが、三人とも欠席の返事だった。パーティーのホステスがカミラ・パーカー・ボウルズだったからだ。カミラは一九九五年に離婚が成立して以来、チャールズの人生に「欠かせない人」になっている。二〇年間、彼女はエリザベスが主催するパーティーの招待客リストからはずされていた。エリザベスがカミラと会うことを承諾するまで、それからまだ一年半かかった。

二週間後の一九九八年一一月二四日に行なわれた議会開会宣言で、エリザベスはいつものように、政府が彼女のために書いた原稿を読みあげた。「貴族院を、より民主的で、国を代表する議会とするための改革の第一段階に着手する」と彼女が貴族院改革案について読みあげたところで、労働党の議員たちから「しかり、しかり！」と声があがり、保守党の議員たちはそれに対して「恥を知れ！」と応酬した。君主の演説が途中でさえぎられるなど、前代未聞のことだ。貴族院の議員は大半が世襲制だったが、改正を求めた法案では、貴族院の議員は一代限りとし、世襲貴族は議席と評決権を喪失することになっていた。

エリザベスは議員たちの野次の応酬に眉ひとつ動かさずに開会宣言を読みあげた。自身は世襲制度によって王位についているが、法案は世襲制を脅かすものだ。一九六七年、労働党のエムリス・ヒューズが「一代貴族法とする改正案」を提出した際、エリザベスが断固として廃案にすると決め、裏で働きかけたことを覚えているものは、そこにいたとしてもほんの数名だった。エリザベスは翌年には、カーディフのウエールズ議会で、またエジンバラのスコットランド議会で開会宣言を行なった。たとえ世襲により獲得したものだとしても、彼女自身の地位は、憲法でしっかり守られていた。

末っ子エドワードの結婚

一九九九年六月、ウィンザー城のセント・ジョージ礼拝堂で、エドワードとソフィー・リース＝ジョーンズの結婚式が執りおこなわれた。ダイアナの死を乗り超えて、王室一家が前に進んでいることを象徴する明るいニュースだ。ソフィーは七年前からエドワードと交際していた。ダイアナやセーラのようにエリザベスの一族との関わりは何もなかったし、貴族階級の出身でもなかった。一九九三年にエドワードと出会ったソフィーは、交際期間中バッキンガム宮殿の一室でひとり暮らしをしていた。サン紙は八ページにわたる「ソフィー」の特集記事を組んで婚約を伝えた。それを見た王室側は、エドワードの婚約者を第二のダイアナのように扱うのではないかと警戒した。

ソフィー、エドワードと宮殿が一致団結して、メディアの過剰報道に対抗した。エドワードはリポーターたちに「私たちは最高の親友で、それが肝心です。友だちとしての付き合いから、たまま深く愛し合うようになりました」と話した。コメンテーターはふたりの交際が、アンドリューとセーラの結婚期間よりも、また「チャールズとダイアナの短い幸福な時間」よりも長く続いていることを指摘した。カップルは結婚後も、非王族としてそれぞれの仕事を続けていくことを計画していた。エドワードはテレビ番組のプロデューサーとして、ソフィーは広報関係の仕事をするという決意だったが、ふたりとも仕事での評価が低かったために、結局王室と距離をおくという宣言は撤回せざるをえなかった。

エリザベスはエドワードにウェセックス伯爵の称号を授与すると結婚式の日に発表した。またフィリップのあとを継いで、エジンバラ公爵となることも決められた。フィリップと末の息子の親密さがうかがえる決定だ。夫婦が結婚後に、ウィンザー城から二〇キロ足らずのところに立つ、五六室あるチューダー・ゴシック様式の豪邸バグショット・パークに住むことに、エリザベスは同意した。タイムズ紙の王室担当記者は、「バッキンガム宮殿よりはるかに質素な居宅」と巧みに表現した。

バグショット・パークは、ヴィクトリア女王のお気に入りだった三男のコノート公爵アーサーの居宅で、エリザベスのアドバイザーたちは、王室の末子には大きすぎて経費がかかると考えていた。エリザベスは、同じく管理費がかさむガットクーム・パークの邸宅をアンのために購入し、アンドリューとセーラの居宅サニングヒル・パークの高額な建築費用を負担していた。そしてエドワードには、代父だったコノート公爵の居宅を与えたわけだ。エドワードは五〇〇万ポンドかけて改修し、その後貸借期間を一五〇年に延ばした。

エドワードの結婚式は、エリザベスにとってほっとひと息つく祝い事になった。ダイアナやセーラとは違って、ソフィーとは最初から互いに気心が通じ、嫁と姑の関係は順調だった。九八歳の母と妹と一緒に、エリザベスもうれしく式に参列した。

結婚式の四カ月前の二月に、マーガレットはマスティーク島の自宅で足にひどい火傷《やけど》を負った。エリザベスは妹を英国に緊急帰国させて一カ月以上治療にあたらせたが、火傷の治りは悪かった。マーガレットはよくなろうとする気がなく、家族を失望させた。エドワードの結婚式の数週間前まで、果たしてマーガレットが式に参列できるかどうかわからない病状が続いた。はかばかしい回復が見られないことに苛立ちながらも、妹のために最善を尽くすエリザベスは、マーガレットが正常を取り戻したことにある部分ほっとしてもいた。秋になると、マーガレットは限定的ではあるが公務に戻れるほど回復した。

17
「女王に寄せる人々の親愛の情は決して消えることがないようだ」

新世代首相と女王のすれ違い

エリザベスは女王という地位の重圧に慣れたとはいうものの、以前には感じなかった不安に悩まされるようになっていた。トニー・ブレアは彼女の即位後に生まれた若き労働党の首相で、ウィルソンやキャラハンのように王室に条件反射的に恭順の姿勢をとろうとしない。ブレア政権は、継承されてきた形式的儀礼に苛立ちを深めていた。苛立ちの原因は、二〇〇一年に総選挙を実施しようとしたところ、エリザベスに議会の解散を求めるのに失敗したことだ。議会の解散は、憲法によって王室に与えられた特権のひとつだった。

首相に就任してまもなく、エリザベスと関係を密にすることには価値があるとブレアは考えるようになった。彼の助言者たちが「女王に愛情が芽生えたのか」と彼をからかうほど、ブレアはエリザベスに接近した。首相になって一年経つうちに、彼のエリザベスとの謁見時間は、マーガレット・サッチャーやジョン・メージャーよりも長くなったが、メージャーと違って、謁見後に一杯誘われることはなかった。

いくら近くなったとはいえ、女王と首相の考え方は顕著に違った。ヒースやサッチャーと同様、ブレアは英連邦にほとんど関心がなかった。何百時間もかけて狩猟禁止について討論したものの、ブレアは自分が田園にもカントリーライフにも興味がないことを、エリザベスの前で露呈しただけだった。エリザベスが狩猟にたずさわる人がどれほど大勢いるかを熱く説明したことに、ブレアは驚いた。ブレア政権は一九九〇年代の「クール・ブリタニア」と呼ばれる英国文化の盛りあがりをもっと発展させようとしていたが、オールド・ブリタニアを代表する女性がそれを過小評価していることにもショックを受けた。エリザベスを弁護する人たちでさえも、ブレア政権が打ち出す斬新な政策の前で、エリザベスが「まるで前世紀の遺物のように見えた」と認める。

イングランド、スコットランド、ウエールズ、北アイルランドそれぞれの議会に、権限を移譲するというブレア政権の施策は、ユナイテッド・キングダム＝連合王国の絆をゆるめるおそれがある。エリザベスは一九七七年から、自分はユナイテッド・キングダムを継承したと強く主張してきた。貴族院の世襲を廃止する改革は、世襲制の原則をあからさまにひっくり返す。世襲によって支配権を相続してきた王室の長としては、不安は高まる一方だ。

ある公務員は、ブレア政権の王室に対する姿勢は、脳天気な傲慢さだと表現した。宮殿内でも、ダイアナの死で見られた世間の反応に乗じて、ブレアは王室で主導権を握って、改革に乗りだそうとしているのではないか、という疑いが強くなった。エリザベスもこの種の姿勢には、条件反射的に警戒を強めた。エリザベスがわかっているかぎり、ブレアがやろうとしていることは、ダイアナが望んできたことではないはずだ。

ブレアは変化を焦りすぎていた。エリザベスは常に長期的視野に立って王室を考えていた。フィリップは、ブレアの王室近代化案は「面倒を引き起こすだけだ」と言った。ブレア家とウィンザー朝一族が一緒になると、お互いに不愉快になった。ブレアは回想録で、エリザベスと家族について、敬意をまったく示さずこう書いた。「（バルモラルで）週末を過ごした経験は、好奇心はそそられたが、現実離れしていて、めまいがするほど異常だった」

レスター伯爵の娘アン・グレンコナーは、首相の妻チェリー・ブレアとバルモラルで会ったときの様子を詳細に書いている。「彼女はそこにいることを喜んでいる様子を少しも見せなかったという印象がある」。エリザベスは、ブレア夫妻がバルモラルで居心地の悪い思いをしていることに、しっかりと気づいていた。伝記作家のウィリアム・シャウクロスは、二〇〇三年九月にバルモラルに招待されたとき、王室の人たちが「ブレア夫妻に話しかけ、もっとくつろいだ雰囲気を作りだそうとみんな必死だった」という。

一九九九年の大晦日、エリザベスはミレニアム・ドームのオープンにあたって新世紀を迎える式典に参列した。「蛍の光」が流れるなか、首相の手を握ったエリザベスの唇は引き結ばれたままで、親しみをあらわすふりをすることはもうできないと物語っていた。

その年のクリスマス・メッセージで、エリザベスはチャーチルが自分の大義を支えてくれた、と語った。「ウィンストン・チャーチルは私の治世で出会った最初の首相でしたが、彼は『過去を遠くまで振り返れば、未来もより遠くまで見渡せる』と言いました」。それはブレア支持者とは違う見方だった。

最悪を乗り越えた先に見える未来

一九九九年一一月、オーストラリアで君主制を存続させるか廃止するかをめぐって行なわれた国民投票で、エリザベスは国家元首の座を維持した。君主制支持派の首相ジョン・ハワードは、共和制モデルとして代替案を出した。エリザベスに代わって、オーストラリア議会が選んだ非選挙、非王族の国家元首をおく、という案だ。ハワードが示した共和制モデル案は、国民投票によってしりぞけられた（ハワードは最初から棄却されることを予想しながらその案を提出していた）。二〇〇〇年三月、エリザベスとフィリップのオーストラリア訪問は、いよいよお別れツアーになるのかと当初考えられていたが、国民投票の結果で空気は変わって歓迎ムードになった。

しかしエリザベスは、否決の結果に勝ち誇った気持ちにはなれなかった。シドニー・オペラハウスでのスピーチは、控えめな表現を注意深く使いながら、オーストラリアの女王として引きつづき関わっていきたいと述べた。また長期的な展望に立って「オーストラリアにおける君主制の未来は、オーストラリアの人々の問題です」と言った。そして英国から遠く離れた国との長い関係を振り返った。「一九五四年二月に初めてシドニーに降り立ったとき、私はこの地のたくましく、純朴で、創造的な国柄の一端に触れました。この国の五〇年間の歴史に刻まれた、喜び、悲しみと挑戦、変化を共に味わってきました」とし、父について言及した。「私はオーストラリア訪問に向かう途中に父が亡くなったことをいまも忘れられません」

エリザベスは過去を振り返れるようになった。アナス・ホリビリス＝ひどい年と嘆いた危機は乗り越えた。ウィンザー城は見事に改修され、セーラは王室一家の一員ではなくなり、ダイアナの記憶は時間と共に薄れていった。セント・ジェームズ宮殿のオフィスが必死に努力したかいがあって、いっとき地に落ちたチャールズの評判もしだいに好転している。カミラ・パーカー・ボウルズのことも、社会は少しずつ受け入れるようになっていた。

当然のことながら、身勝手な政治家と違って短期的な視野にとどまっていないことが明らかになって、エリザベス自身の評価も好転した。二〇〇〇年一〇月、タブレット紙はこう書いた。「エリザベス二世ほど清廉潔白な国家の長は、世界中探してもいない」。ケンジントン公園には費用をかけてダイアナをしのぶメモリアル・ファウンテンが建設されていた。そのオープニングで、エリザベスは現在の心境について述べることができた。「もちろんつらい時期もありましたが、思い出は時の流れと共におだやかで美しいものになっていきます」

エリザベスは七四歳になったが、若々しく行動的で生き生きとしており、一〇〇歳になる母のそばにいると、まだ中年期にあるようだった。ウィリアムが一八歳、アンドリューが四〇歳、アンが五〇歳、マーガレットが七〇歳の誕生日を迎え、八月には母の一〇〇歳の誕生日がやってきた。エリザベスとマーガレットは、母と共にバッキンガム宮殿のバルコニーに立った。あと二年で、エリザベスは即位半世紀を迎える。ゴールデン・ジュビリーとなるその祝祭に向けて、その夏から準備が始まった。指揮を執るのは、前年に辞任したロバート・フェローズのあとを継いだ個人秘書のロビン・ジャンヴリンだ。

妹と母を見送る

その冬、エリザベスにとってはほろ苦い誕生祝いもあった。七〇年前、マーガレットとふたりで花嫁付き添い人をつとめた叔母のグロスター公爵夫人アリスの一〇〇歳の誕生日がケンジントン宮殿で祝われた。軍隊パレードを叔母と共に観覧したエリザベスだが、マーガレットは車椅子に座り、サングラスをかけて治療によってむくんだ顔を隠していた。あのとき結婚式が行なわれた礼拝堂は戦時に爆撃されたが、美術館として改修され公開されている。エリザベスはよみがえる記憶に心が痛んだ。

翌週、ひとりでサンドリンガムに滞在していたエリザベスのもとに、吹雪《ふぶき》を押してヘリコプターが母と妹を運んできた。ふたりとも車椅子だったが、クリスマスをサンドリンガムの自室で過ごしたいとやってきたのだ。マーガレットは少ししか食べられず、目は見えなくなっていた。ほとんどしゃべらず、チャールズや女官が大声で本を読むのに耳を傾けるか、テレビの音を聞いて痛みをまぎらわし、やっとの思いで一日を過ごした。王母の状態はそれよりは少しよかったが、ウイルス性の疾患と気力の減退で、マーガレットがエリザベスに付き添われてロンドンに戻ったあとも、サンドリンガムに留まった。

重苦しいクリスマスが過ぎ、エリザベスの即位記念日、つまりはジョージ六世の命日になっても不安の日々は続いていた。その三日後、マーガレットが亡くなった。もともと問題を抱えていた心臓がまた発作を起こし、二月九日午前二時半、ケンジントン宮殿から病院に運ばれた。眠れぬ夜を過ごすエリザベスには経過が伝えられたが、搬送から四時間後にマーガレットは自分の子どもたちに見守られて息を引き取った。

エリザベスの「愛する妹、プリンセス・マーガレットが今朝就寝中におだやかに亡くなった」という発表に、悲しみの爆発はなかった。報道はさまざまだった。BBCは若かったころに触れて「マーガレットは王室におけるステイタスと、目を奪うほどの魅力で、大衆の関心を集めたスターだった。一世代あとのプリンセス・オブ・ウエールズであったダイアナに匹敵するほどの人気を集めていた」と報じた。「もしマーガレットが一九六〇年代半ばに亡くなられていたら、ダイアナの死と同じくらいの衝撃を与えていただろう」とある日記作家は書いた。世間の反応は冷ややかで、コメンテーターはエリザベスの妹が亡くなったという事実以上に、マーガレットの独断的な行動や傲慢さを、エリザベスが懐柔しながらおだやかに受け止めて耐えていたことに焦点を当てた。

17

「女王に寄せる人々の親愛の情は決して消えることがないようだ」

エリザベスはウィンザー城内のセント・ジョージ礼拝堂で内輪の葬儀を行なう前に、前から決まっていた公務をすませた。葬儀は二月一五日、前王の葬儀から五〇年目にあたる日に執りおこなわれた。礼拝堂前の階段で、マーガレットの棺が霊柩車に乗せられるのを見つめていたエリザベスは、よろめいた。黒い手袋をはめた手で、彼女は涙をぬぐった。

公的な場では、彼女は次々と行なわれる即位五〇周年、ゴールデン・ジュビリーの行事をてきぱきとこなしていたが、ひとりになるとマーガレットのことしか考えられなかった。エリザベスの記憶のなかの妹は、喜びにあふれ、人々から愛され、自分にとって最も身近な仲間だった。

葬儀から三日後、彼女とフィリップはゴールデン・ジュビリーの英連邦諸国ツアーの最初の訪問地となるジャマイカに旅立った。そこを皮切りに、ニュージーランドとオーストラリアを訪問することになっている。エリザベスは毎日母に電話をかけた。宮殿内のことを取り仕切るスタッフが携帯電話に出るまで、恐ろしい知らせを聞かされるのではないかと不安で落ち着かなかった。公私を分けることが、いつもよりずっと難しい日々だった。

ゴールデン・ジュビリーを記念しての英連邦ツアーは、五〇年前の初のツアーと比べると訪問した三つの主要な国の関心は低かった。それでもエリザベスの訪問後に行なわれたジャマイカの世論調査では、王室の公式訪問は重要だと考える人の割合は五七%にのぼったし、オーストラリアのニュース解説は「女王に寄せる人々の親愛の情は決して消えることがないようだ」と伝えた。エリザベスの行動は、いかにも彼女らしかった。個人的なストレスをいっさい見せなかったのだ。

王母はイースター前日の聖土曜日に亡くなった。エリザベスが帰国して一カ月後、マーガレットの死から七週間後のことだった。乗馬服姿のままロイヤル・ロッジに駆けつけたエリザベスに、医師たちは王母の状態が悪化していると告げた。母が意識のあるあいだ話しかけつづけたが、いったん離れて服を着替えて戻った。

その日の午後三時一五分に母が永眠したとき、エリザベスは枕元に付き添っていた。エリザベスのいとこのマーガレット・ローズ、妹マーガレットの子どもたちのデイヴィッド・リンレーとサラ・チャットも一緒だった。エリザベスは、息子たちとクロスターズでスキーをしていたチャールズに祖母の死を伝えた。やがて王母の司祭であるジョン・オーブンデン司祭がエリザベスと家族のために近くのロイヤル・チャペルで晩禱《ばんとう》を捧げた。翌朝、同じチャペルで行なわれたイースターの早朝礼拝にエリザベスはあずかり、王母の棺はそれから二日間そこに安置された。

王母の葬儀は、他の王室の人々以上に念入りに計画されて執りおこなわれた。棺のロンドンへの移送にはじまり、ウエストミンスター・ホールでの行列祈禱、遺体の一般公開、ウエストミンスター寺院での国葬、セント・ジョージ礼拝堂での最後のお別れの儀式に至るまで、すべてが荘厳な雰囲気のなかでとどこおりなく行なわれた。

葬儀前夜、エリザベスはウィンザー城からテレビ放送で国民に呼びかけた。彼女がスピーチを通して、一人称代名詞である「私」を使いつづけたことが象徴的だった。王母の長い人生を称えると共に、亡くなってからの九日間に自分に寄せられた励ましとお悔やみに感謝を述べた。使われたシンプルな言葉は、人々の胸に響いた。「皆様が生前寄せてくださった母への愛と、亡くなった今、示してくださっている母への敬意に、心から感謝いたします」。まだマーガレットの死を悼んでいる最中のエリザベスは、人々が母の死に寄せる哀悼の意に感動していた。

17
「女王に寄せる人々の親愛の情は決して消えることがないようだ」

ウエストミンスター・ホールで、彼女と家族はカンタベリー大主教の司式で祈りを捧げた。それから車でフィリップと共にバッキンガム宮殿にいったん戻った。エリザベスたちの乗った車がパーラメント・スクエアからホワイトホールに向かうのを静かに沿道で見守っていた群衆から小さな拍手が起こり、やがて拍手は広がって最後には轟くほどの拍手喝采となった。それまでで最も感激した瞬間だった、とエリザベスは言う。

王母の弔問に訪れた群衆は、エリザベスがストイックに自分の感情を制御し、悲しみに耐えている姿を称えた。拍手は、彼女の人間性を称え、母を亡くした娘と妹を亡くした姉をいたわり、濃密な愛情で結ばれていた「我々四人」のうちたったひとり生き残った人への励ましから起こったものだ。その拍手は、ゴールデン・ジュビリーの記念コインに刻まれた「人々の愛情が女王を守る」というラテン語をまさに象徴するものだった。

七カ月前にニューヨークで「愛する代償として悲しみがあります」とエリザベスのスピーチが読みあげられた。九・一一の犠牲者を追悼する式典で、個人秘書のロビン・ジャンヴリンが書いたメッセージを、駐米イギリス大使がエリザベスにかわって読みあげたものだ。同じ日、エリザベスは彼女の厩舎のレーシング・マネージャーで、一九四〇年から親しい友人だったカーナーヴォン伯爵ヘンリー・ポーチェスターの死に打ちのめされていた。「愛する代償に悲しみがある」と書いたのはジャンヴリンだったが、その言葉はエリザベスの気持ちそのままだった。

即位五〇年からその先の未来へ

エリザベスの広報官チャールズ・アンソンは、エリザベスが即位五〇周年と聞いた国民の反応を思い出す。「なんと、もう五〇年も王座におられるとは！　そんなに長いとは思えない」というのが一般市民の声だった。一〇年前にミラー紙が「いったい、いつまで我々の上に君臨するつもりだ？」と毒づき、それに対してデイリーメール紙が「御代の永らえんことを」と皮肉で答えてから一〇年経ち、国民の声は変わった。

エリザベス自身が「一年を通して、私が覚えているかぎりこれ以上ないほど詰まったスケジュールで動いた」というほど、その年はユナイテッド・キングダムの隅々まで駆けまわった。

即位記念日に誕生した人たちを招待してガーデン・パーティーを主催し、バッキンガム宮殿の庭園でポップやクラシックのコンサートを催した。ポップ・コンサートで演奏したひとりは「献身、やさしさ、忍耐と忠誠の力の権化」とエリザベスを称えた。セント・ポール大聖堂でナショナル・サービス・オブ・サンクスギビング（神恩感謝の国家礼拝）が行なわれた日、バッキンガム宮殿のバルコニーには特別な垂れ幕が掲出された。エリザベスは集まったおよそ一〇〇万人の群衆の歓呼の声に応えた。そうした祝賀行事を、エリザベスは「身がすくむ思い」と言いながら喜んだ。ロンドン交通局は二五周年のときにならって、車体をゴールドに塗った二階建てバスを走らせたし、閣僚は一人二〇〇ポンドずつ出して銀の大皿を贈った。二八組のカップルが、この年に生まれた自分の子どもに「ジュビリー」という名前をつけた。

エリザベスは金婚式と同様に、ヨーロッパの王室の君主たちとウィンザー城で即位五〇周年を祝った。ベルギー、オランダ、スペイン、デンマーク、ノルウェー、スウェーデンとルクセンブルグの王や女王たちだ。そのうち五人が、エリザベスとフィリップの祖先であるヴィクトリア女王の血を引いている。連合王国のシンボルであるユニオン・ローズが身頃に刺繍されたイヴニングドレスを着たエリザベスは、大きなダイヤモンドが入ったストマッカー（胸の三角形のパネル）をつけた。メアリー皇太后からの結婚祝いだったが、あまりにも大きすぎてめったにつけないものだ。

ゴールデン・ジュビリーの成功は、ヨーロッパの王室のなかでエリザベスが中心的存在であるのを示しただけではない。過去だけでなく未来も、ヨーロッパ内だけでなく世界中に五四まで広がった英連邦のメンバーたちも、エリザベスの即位五〇年を祝していた。治世中最大の危機だった一九九〇年代を乗り切ったエリザベスは、王家と国の愛の絆を強めるように、国中を駆けまわって行事に出た。ギルドホールでのスピーチで、エリザベスは国に対して持っている感情を、はっきりとこう語った。「感謝、敬意と誇り。私がこの国と英連邦の人々に対して持っている思いは、この三つの言葉に要約できます。そして私にとってのゴールデン・ジュビリーの意味も、です」

春に妹と母を亡くしたエリザベスにとって、ゴールデン・ジュビリーで味わった幸福感が何よりの癒しになった。「ジュビリーは最高に興味深い経験だった」とフィリップは友人への手紙で書いた。「そこで示された人々の熱狂には、刺激を受けないではいられなかった」

孫息子ウィリアムへの気遣い

二〇〇二年六月四日、バッキンガム宮殿のバルコニーを見上げていた群衆から、一度だけ悲鳴に近い耳をつんざくほどの大歓声があがった。エリザベスの孫息子であるウィリアムが姿をあらわしたときだ。二〇歳になったウィリアムは、美しい母によく似た若者に成長した。ダイアナの死後、メディアはウィリアムの報道を自粛した。エリザベスの子どもたちやエリザベス自身が子どもだったとき以上に、ウィリアムたちはメディアから守られていた。

名前だけは世界中に知られていても、ウィリアム自身について人々はほとんど何も知らなかった。エリザベスは自分の背後にいる孫息子を歓迎する声に、少しも反応しなかった。ただ群衆に向かって手を振り、儀礼飛行を見上げ、ザ・マルに広がる色とりどりの傘の波と、ザ・マルを彩る国旗に目をやっていただけだ。

エリザベスの関心は、数年前からウィリアムに向けられていた。エリザベスとフィリップは、両親の苛烈な離婚騒動でウィリアムが深く傷ついていると認め、ほかの人以上にその感情を深く推しはかってきた。フィリップは、離婚が決まる前から、ウィリアムを支えてやるようにとエリザベスをうながしてきた。ウィリアムがチャールズともダイアナとも会わないとわかると、彼を日曜のランチに呼んだ。ウィリアムはイートン校で学んでおり、ウィンザー城までは歩いてすぐだった。日曜のランチをとるオーク・ルームは、エリザベスが毎年祖父母や伯父叔母、母方の親戚やいとこたちと誕生会を楽しんだ部屋だ。その部屋で、彼女はウィリアムと昼食をとりながら話をした。

のちにウィリアムは、祖母がいつもおだやかだったことを思い出す。恐らく彼も、祖母の思い出の部屋で食事をすることで、時代を経ても変わらないことへの安心感を得ていたのではないか。エリザベスは自分が祖父母から吸収した王室のあり方を、いずれ王位を継承することになる孫息子に伝えようとしたはずだ。ウィリアムが二一歳の誕生日を迎えたとき、エリザベスは彼に、君主の役

17
「女王に寄せる人々の親愛の情は決して消えることがないようだ」

目は「人々を助け、人々に尽くし、誠実さを示すことだ」と諭した。個人的な心配事よりも、より強く、深く、人々のことをいちばんに考えないといけない、と。

二〇〇三年六月二日、戴冠式五〇周年を記念してウエストミンスター寺院で行なわれた礼拝で、ウィリアムはエリザベスのかたわらに立った。エリザベスは前年夏に行なわれた豪華なお祭りではなく、「もっと静かで内省的な」祝典を望んだ。一九五三年の戴冠式のときに、エリザベスがウエストミンスター寺院に献上したブルーの法衣をつけたウエストミンスター首席司祭が司式し、参列した信徒たちは、エリザベスが一身を捧げてきた思想をかみしめた。参列していたロイ・ストロングは、「これまで陛下が果たしてきた国への義務と奉仕に、これ以上あらたに加えることはない。陛下はこれ以上できないほど立派につとめを果たしてこられた」と思った。

首席司祭は、信徒席には戴冠式に参列した二〇〇人以上の軍人たち、当時聖歌隊員だった人たちのほか、三四人の「戴冠式ベイビー」がいると話した。エベレスト初登頂を果たしたエドモンド・ヒラリー卿は、この日のためにカトマンズから飛んできてエリザベスを喜ばせた。

その後エリザベスは、ゴールデン・ジュビリーを記念して、ザ・マルに歩行者用道路ジュビリー・ウォークウェイが延伸されたことを記す銘板の開幕式を行なった。九歳のルイーザ・ハリントンが、王冠の形のブーケをエリザベスに贈った。深刻な拘束型心筋症を抱えるルイーザは、「女王様に会って、その日だけプリンセスになりたい」という手紙を書いた。重病の子どもたちを支える慈善団体から、その手紙がバッキンガム宮殿に送られ、エリザベスがロビン・ジャンヴリンに「記念式典のあいだに、この少女に会いたいわ」と言ったことがきっかけだった。ダイアナ的な慈善事業ではなく、政治家の宣伝行為でもなかった。そこには五年前、しきたりにこだわって宮殿に半旗を掲げることを渋ったエリザベスの姿はなかった。

カミラを正式に認める

ウエストミンスター寺院の王室一家とは離れた聖歌隊席に、カミラ・パーカー・ボウルズの姿があった。チャールズがハイグローヴで、ギリシャの前国王コンスタンティノス二世の六〇歳の誕生日祝いを主催したとき、エリザベスは息子の愛人に初めて挨拶した。それから三年が過ぎて、カミラはやっとエリザベス主催の行事への出席を認められるようになった。カミラは自分の人生に欠かせない大事な人だと、チャールズは強硬に主張した。国民にふたりの関係を受け入れてもらうように、マーク・ボランドは注意深くメディアに情報を流し、写真を撮影させる機会を作るなど涙ぐましいほど努力を続けた。

カミラと会ったことは、エリザベスがふたりの関係を認めたのを意味する。スタッフや家族、特にマーガレットの娘サラ・チャットにうながされた結果だ。宮殿のスタッフは、エリザベスがカミラを「認めはしたけれど、受け入れてはいない」という姿勢を貫いていたという。ある宮廷人は、ハイグローヴでのふたりの出会いは「非常に短く、かしこまっていた」と言った。チャールズのスタッフのひとりは、「氷を割ったというよりも、ひびを入れた程度」だったと話した。

いつものことながら、エリザベスは公的な立場と私的な思いのバランスをとっていた。チャールズの幸せを願いつつも、自分の欲望を満たすために王室の安定を危険にさらすという彼の決意が理解できなかった。離婚に対する彼女の見方は、伯父の退位によって決定づけられた。母が生きているあいだは、特にそれが強かった。自分の結婚が長く続いているから、よけいに離婚を認めるのは難しい。自分から事を荒立てることはしないエリザベスは、チャールズの私生活に関して、息子とは相反する意見を持ちながらも、あえて対立を避けたままやり過ごしていた。だがハイグローヴで君主と息子の愛人が顔を合わせた事実によって、チャールズの人生におけるカミラの役割が公に認められやすくなったのは確かだ。エリザベスはいつものように、用心深く事を進めた。

二〇〇一年八月にスペクテーター誌が、エリザベスがチャールズとカミラの結婚を承諾するのではないかという憶測を報じた。だが宮殿は高飛車《たかびしゃ》にそれを否定した。スペクテーター誌は「王室情報に精通している宮殿のオブザーヴァー」から聞いた話として、エリザベスが「治世で最後に残った重大な件は、チャールズとカミラの関係をはっきりさせることであり、具体的にはそれは笑顔で結婚を承諾することだ、という意見を受け入れた」と書いた。もちろんエリザベスは王室に大きなダメージを与えている息子たちの関係の解決が、王室の健全性を取り戻すためには必要だとわかっていた。だが結婚に同意するには、まだ時間がかかった。

二〇〇二年初め、マイケル・ピートがチャールズの個人秘書となることを、デイヴィッド・エアリーはエリザベスに知らせた。翌月にマーク・ボランドがチャールズのオフィスを辞めることになり、この人事でバッキンガム宮殿とセント・ジェームズ宮殿の関係は改善した。

エリザベスはカミラのことが嫌いではなかった。カミラは国に対して、ダイアナよりもエリザベスに近い考え方を持っていて、活発に皮肉を利かせた物言いをする。六月に、彼女はカミラを王室メンバーの一員として公の席に出る手配をした。カミラをゴールデン・ジュビリーで開催されたふたつのコンサートに招待したのだ。ジュビリーの成功を祝うリッツでの晩餐会にも招待した。

だがエリザベスは、一〇月にBBCの時事ドキュメンタリー番組『パノラマ』が伝えた、チャールズたちの結婚に国民の四二％しか賛成しておらず、五二％はカミラが将来王妃になることに反対だ、という世論調査を意識していた。

エリザベスを狼狽《ろうばい》させたのは、ハイグローヴに近いテットベリー教区の引退した司祭が、チャールズが陥っている苦境は、デイヴィッド伯父が味わったのと同じ、苦々しいジレンマを引き起こすだろうと言ったことだ。「私が思うに、チャールズは自分の義務がどちらにあるかを決めなくてはならないだろう。愛している女性か、それとも未来の君主の地位か。どちらを選ぶのか？」

英国国教会の首長として、また両親の「結婚は神が定めた神聖なもの」という信仰を共有する娘として、エリザベスは教区司祭のその意見を簡単にしりぞけることができなかった。しかし彼女は指導を仰ぐことはできた。カンタベリー大主教だったジョージ・ケアリーとその後継者のローワン・ウィリアムズのふたりは、チャールズとカミラの結婚を支持した。実際にはウィリアムズのアドバイスは教会の規範に反するものであり、英国国教会の聖職者たちのあいだに分断を生じさせたのだが。

二〇〇四年のクリスマス、エリザベスはサンドリンガムでチャールズの再婚に同意した。

エリザベスは二〇〇五年四月九日にウィンザーのギルドホールで行なわれた、チャールズとカミラの民事婚には参列しなかった。彼女とフィリップは、その後にウィンザー城のセント・ジョージ礼拝堂で七〇〇名以上を集めて行なわれた礼拝と奉献の儀式には参列した。エリザベスの決断は、伝統的な正統性への批判があることに配慮し、母であるだけでなく、英国国教会首長であることを示したものだ。

外部の人を入れずに内輪の人たちだけを招き、エリザベスは息子と新しくコーンウォール公爵夫人になったふたりのために祝いのパーティーを主催した。その席でエリザベスは上機嫌だったという。六月に彼女とフィリップは、チャールズとカミラと共に、セント・アンドリューズでウィリアムの卒業式に出席した。

八〇歳を迎えて考える次世代のこと

これでやっと家族間のトラブルが一段落したことになる。翌春からはじまった、エリザベスの八〇歳の誕生日を祝う一連の行事は、王室一家が落ち着きを取り戻したことを証明した。エリザベスは「血縁の原則」に基づく順列を見直し、最も身近な人たちの関係の順列を定めた。娘のアンもいとこのアレクサンドラも、チャールズ不在時にカミラに恭順の礼をとる必要はない。エリザベスはアレクサンドラに、「愛するいとことして、この国にすばらしい貢献をしてくれた」とすでにガーター勲章を授与していた。ギルドホールでの昼餐会で、エリザベスは「日々私を支えてくれている」という感謝の言葉を、フィリップと共にチャールズにも送った。

チャールズはテレビ放送で、母の誕生日に寄せて「何事にも、誰にも真似できないほどの誠実さと不屈の精神で取り組み、どんなときにも落ち着いていて、その顔を見れば安心して信頼感が湧いてくる。世界にはときにとまどうような変化が起き、どうしたらいいかわからないような出来事が起こるが、母は身をもって、そんな世界における奉仕、義務と献身のあり方を示している」と称えた。八〇歳になった母は、その父である先王が示した安定感と勇敢さを持っているとした。何が起こっても表情に出さないエリザベスは、四〇年前にはその無表情は弱さだと批判されたが、チャールズはそれが強さだと称賛した。

誕生日行事は一二月のリッツでの晩餐会で締めくくられた。そこにエリザベスは自分の女官だけでなく、王母とマーガレットの女官たちも招待する気遣いを見せた。その前に、国中の自分と同じ誕生日の人、九九人を招待する昼餐会を開催し、歓迎スピーチで「私たちは双子みたいなものですね」と挨拶した。双子のキースとジャック・ハーストが彼女に、お母様と同じくらい長く生きられますようにというと、予想外の答えが返ってきた。「本当にそんなに長く生きたいですか？」

一〇月に個人的な顧問官たちに送った書簡には、自分の死を予想した記述があった。「君主が死んだら、王位継承委員会を二四時間以内に召集し、新しい君主を発表すべし」

演じるのではなく女王であること

一九七七年五月、フィリップは彼の会計官だったボーイ・ブラウニングの未亡人ダフネ・デュ・モーリアに同情する手紙を書いた。リチャード・アッテンボローが監督した映画『遠すぎた橋』でのボーイの描かれ方が許せないとし、「エンターテインメントのために歴史を書き換えるとは、映画製作者たちにはあきれてものが言えません」と伝えた。

エリザベス自身の人生も、何本もの映画やテレビドラマで描かれてきた。二〇〇六年に公開された『クィーン』は、ダイアナの死が伝えられたあとの王室の暗い日々を描いた映画だ。映画は「五五年間、国を治めてきた女性に対する人々の見方を変えた」と新聞各紙は評した。エリザベスを演じたのはヘレン・ミレンだ。エリザベスはバルモラル、サンドリンガムとバッキンガム宮殿に小さな映写室を持っているほど「大の映画ファン」だが、トニー・ブレアには『クィーン』は観賞する気にならないと言った。

映画で描かれた一週間は、思い出に残したいような日々ではなかったし、女優が自分を演じているのを見るのもいやだった。エリザベスは物真似上手だ。生涯にわたって、彼女は人々や物事に対する反応を外にあらわさないことを強いられてきた。馬鹿げたこと、ごまをする人や尊大な態度に接しても、いっさい反応しない。だが、あとからそういう人たちの物真似をすることで緊張をほぐしてきた。自分が女優になったつもりで女王を演じてしまえば、いかに真剣に誠意をもって演じても、王室を空虚な劇場にしてしまう。彼女の人生は架空の物語ではなく、現実なのだ。それをフィクションにしてしまえば、王室の存在目的の重さを否定することになる。

宮殿の広報官は、ヘレン・ミレンがアカデミー主演女優賞を獲得したのを、エリザベスが喜んだと発表した。受賞のスピーチでミレンは「(エリザベスの) 勇気と一貫性に敬意を表します」と言った。のちにエリザベスは、ミレンをアスコット競馬場の彼女のボックス席でのお茶に招待した。

映画は大好評だった。デイリーテレグラフ紙の「映画で、女王は思いやりと落ち着きがあり、威厳を持った姿で描かれていた」という評は、広く共感を呼んだ。

エリザベスその人も、変わらず思いやりと落ち着きがあり、威厳ある勇気の人でありつづけた。

18

「彼女は国民を幸せにしてきた」

エリザベス 82歳〜94歳

最後までつとめあげる覚悟

「長年私が見てきたところ、最も幸せで満足そうで充実感があふれているように見える人は、社交的で利他的な人生を送っている人たちです」とエリザベスは二〇〇八年のクリスマス・メッセージの放送で語った。

八二歳になった彼女がその一年間でこなしたのは、四〇〇件以上の英国内外での公務だ。歴史上、彼女ほど過酷ともいえるスケジュールでつとめを果たしてきた君主たちはいない。その公的生活は義務感に支えられていた。高齢になって、疲れをおぼえることもあった。フランスの元大統領ニコラス・サルコジは、国賓となった三月の晩餐会で無遠慮にも、女王であるのに嫌になったりしたことはありませんでしたか、と聞いた。エリザベスはそれに対して「ありますよ。でも口には出しませんけれど」と答えた。

二〇〇七年、エドワードはドキュメンタリー映画製作者に「王室の〝仕事〟には、ちゃんとした意味での〝帝王教育〟などまったく存在しない」と言った。エリザベスとフィリップは終始一貫して、自分たちの背中を見せて子どもたちを教育しようとしてきた。両親が公務に熱心に取り組み、エリザベスの場合には公的な場で謙虚さを示す姿を見せることが、子どもたちにとっての「帝王教育」といえばそうだったが、その結果には疑問が残る。

二〇〇八年一一月に開催されたチャールズ六〇歳の誕生パーティーで、エリザベスは息子夫婦が、王室の「公務と他者への義務を、根本方針に沿って」忠実に実行している、と称えた。エリザベスはいとこのマーガレット・ローズに、退位を考えたことはない、と言ったことがある。「認知症になったり、脳卒中を起こさないかぎり、私は退位しない」と。二〇〇二年カンタベリー大主教を辞したジョージ・ケアリーに、「私は退位できない。最後までつとめあげます」と言ったこともある。二〇〇九年一一月、エリザベスがカリブ海の公式ツアーから戻ったとき、マーガレット・ローズは「ときどき、彼女のアドバイザーたちは、彼女がもう八三歳になっているのを忘れているのではないかと思います。おそらくペースを落とすのを本人が望まないのでしょうが」と気遣った。

アドバイザーたちはマーガレット・ローズの意見に同感だったし、エリザベス自身もエネルギーを無駄に消費しないすべをだいぶ以前から身につけ、活動のペースをゆっくりと落としていった。二〇一六年になってやっと、エリザベスは子どもや孫たちに、自分がたずさわっているさまざまな後援事業の仕事を譲るようになった。それでも、家庭内における彼女の地位に影響はなかった。動物心理学者のロジャー・マグフォード博士は二〇一六年に、エリザベスが家族を「やさしさと権威をもって、それぞれにふさわしいやり方で、一人ひとりを支配している」と分析し、その接し方が、飼い犬たちとの関係と似かよっていると言った。彼女が家族に対してやさしく、でも威厳をもって接することができるのは、フィリップが背後でしっかりと妻を支え、子どもたちに対して必要とあれば好戦的に出ることによって可能になる。だがエリザベスは、家族を支配しようとしてきたわけではないし、家族はいつも彼女の賢い忠告に従ってきたわけではない。

二一世紀がはじまった数年間は、王室一家はひとつの組織として潤滑に運営されているように思われた。王母の死後、エリザベスはようやく女家長の座についた。母のアドバイスはなくなったし、日曜の礼拝後にロイヤル・ロッジで共に過ごすことも、毎朝電話をかけることもなくなったが、エリザベスは堅固な意志を持つ母の意見に、敬意を払って耳を傾ける習慣からようやく解放された。

二〇〇二年に行なわれた即位五〇周年のゴールデン・ジュビリーが終わってすぐに、王室の補佐官たちは、二〇一二年のダイヤモンド・ジュビリーの準備を、二〇〇九年からはじめることを明らかにした。つまり、ゴールデン・ジュビリーはエリザベスの治世における最後の大きな行事とはならないことになる。

ＭＯＲＩの調査によれば、二〇〇六年に「女王が君主として今のまま公務につかれる」ことに満足すると答えた国民は、八五％にのぼった。身体が頑健で、国民の支持が高いのを見ても、エリザベスが一〇年後にも女王でいることは十分に考えられた。エリザベスとフィリップは、チャールズとアンをのぞくと、家族の誰よりも多忙なスケジュールをこなしていた。国内だけでなく、海外の公式訪問も、ノルウェー、フランス、ドイツ、アメリカ、ベルギー、トルコ、バルト三国と数多い。各国の元首や王族の公式訪問も多かった。二〇〇九年には新しくアメリカ大統領に就任したバラクとミシェルのオバマ夫妻と謁見し、エリザベスはすぐにふたりととりわけ親密で打ち解けた関係を築いた。

隔年で開催される英連邦首脳会議への出席も続けており、オーストラリア、ナイジェリア、マルタ、ウガンダとトリニダード・トバコを訪問した。英連邦への親しみと関心は、少しも衰えることがない。一九九四年に名誉爵位を授与したジンバブエの大統領ロバート・ムガベが、腐敗と蛮行を重ねたことに抗議して、二〇〇八年には爵位を剥奪することに同意した。

ウィリアムへの「帝王教育」

生真面目なエリザベスは、祖母のメアリー皇太后から植えつけられた王朝の統治意識で未来を見ていた。二〇〇八年、彼女はウィリアムを、七〇〇年近い歴史があるガーター騎士団の一千番目の騎士に任命し、ガーター勲章を授与した。ウィリアムは弱冠二六歳という若さだったが、一九四七年に自分が二一歳で受勲したことを踏まえての判断だ。四年後には彼にシッスル勲章も授与した。

そして、ウィリアムの人生における重要人物との関係も受け入れた。キャッスル・ヒルで父と並び、ガーター騎士団の伝統的な行進の儀式を行なうウィリアムを、六年越しのガールフレンドであるキャサリン・ミドルトンが見守った。その日、キャサリンは王室一族の席に招かれ、カミラとソフィーと並び、初めて王室の公式行事に参列した。ソフィーには、控えめに公務に励むことへの感謝のしるしとして、エリザベスからザ・グランドクロス・オブ・ザ・ロイヤル・ヴィクトリア勲章が授与された。

翌年、ウィリアムとヘンリーはチャールズから独立して、共同で王室を構えることになった。エリザベスは注意深く孫たちの独立を見守った。エリザベスの提案で、元外交官のデイヴィッド・マニングが、「賢者」としてふたりのパートタイムで無報酬の後見役となった。

二〇一〇年一月、ウィリアムが祖母の代理としてニュージーランドとオーストラリアを訪れる初めての海外公式ツアーに出たときには、マニングも同伴した。マニングの役割は、エリザベスの希望を汲んだ指針に沿って、将来の国王を指導することにある。ウィリアムはウエリントンに新設された最高裁判所の開所式にも出席した。エリザベスの個人秘書であるサー・クリストファー・ガイトは、ウィリアムの出席は非公式だと主張したが、それがエリザベスの指示によることは明らかだ。孫息子に対しては、エリザベスは「帝王教育」を実施していた。

エリザベスが信頼するスタッフたち

王室叙位叙勲名簿がエリザベスの八〇歳の誕生日に発表され、そのなかでアンジェラ・ケリーにロイヤル・ヴィクトリア勲章が授与されていた。活発で短気なリバプール育ちのケリーは、エリザベスが即位した年に生まれた。一年後、ケリーはみずから申し出て、女王陛下のパーソナル・アシスタント、アドバイザー兼キュレーターに就任した。ジュエリー、勲章とワードローブを整える役目である。ボボが亡くなって二年後に就任し、三五年以上衣装係をつとめたペギー・ホースの後継者として、ケリーは一〇年以上にわたって、エリザベスの上級衣装係をつとめてきた。

エリザベスとケリーは親密な関係を築いていた。アメリカ人の写真家、アニー・リーボヴィッツがエリザベスの肖像写真を撮影したとき、エリザベスのガーター騎士団の衣装の着付けを手伝っている映像で、最後にケリーがエリザベスの肩をやさしく叩いているシーンがある。エリザベスが議会開会宣言のために大英帝国王冠をかぶった姿に、感動して思わず涙をこぼしたことを、ケリーは楽しそうに認めた。ボボがエリザベスと共に歩んできた長い歴史にはかなわないものの、ケリーはほかの王室のハウスホールドよりも、エリザベスが信頼し親しみを持って接する使用人で、それがときに周囲の嫉妬を買った。

ケリーは、エリザベスとの関係が二〇〇二年のマーガレットと王母の死で接近した、と言われることを否定し、「私はお母様や妹さんの代わりにはなれません。心の内を話されたいことがあれば、ご家族にお話しになります。あくまでも仕事上の関係です——ただ近い関係ではあります」と言う。

エリザベスは最も長くつとめた女官たちのことも、同じくらい深い信頼を寄せていた。二〇一〇年、それぞれ五〇年エリザベスに仕えたメアリー・モリソンとスーザン・ハッセイの業績を称えて、バッキンガム宮殿で「女官としての一世紀」という晩餐会を催した。

また二〇〇七年、ロビン・ジャンヴリンのあとを継いで個人秘書となったクリストファー・ガイトは、就任してすぐにエリザベスの信任を得た。ガイトは二〇〇二年からスタッフだったが、個人秘書としてはエリザベスが九一歳になるまで一〇年間仕え、最も信頼される側近だった。

機転が効くガイトは、エリザベスの加齢に伴うデリケートな課題に適宜対応し、君主の将来を予測して仕事をした。二〇〇八年からはチャールズの仕事もした。母と息子のあいだを取り持ち、現君主と後継者がより密に協力し、とどこおりなく仕事を共有できるようにすることを、ガイトは自分の責務とした。エリザベスは公務から引退する意志は見せていないが、将来やってくる王室の交代をスムーズに運ぶよう準備することは必須だ。

エリザベスが王権交代を予測して、その準備をみずから指揮するのは、実務能力が衰えていない証だ。自分の責務の二面性を、彼女は認識していた。国家と英連邦に対しての一面と、君主制を守っていくというもうひとつの面である。

エリザベスとガイトは二人三脚で仕事をした。「クリストファーの言葉で、女王陛下がどうお考えなのかがわかる」と閣僚のひとり、ガス・オドネルは言った。エリザベスのスタッフのひとりは、ガイトはエリザベスの考えていることを直感的に察する能力があるという。ガイトの慎み深さはエリザベスにしっくりと合っていた。チャールズの個人秘書であるエリザベス・ブキャナンは、女王の「非凡な」働きを公に認めさせることに、ガイトが大きな喜びを感じていたと断言する。エリザベスはガイトが、「物事の雑然とした些末な部分を整理して、その本質を見極めるさまは、まるで外科医のようだ」と彼の洞察力を高く評価していた。

ガイトは問題について、慎重に計算された答えを「非常に短く、簡潔な体裁」で表現すると評価されていた。エリザベス自身のビジネスライクなアプローチと合ったスタイルだ。バッキンガム宮殿とチャールズがオフィスをおくクラレンス・ハウスとの関係を強化するうえで、彼の根気強さは欠かせなかった。エリザベスとチャールズの関係と同じく、王室のふたつのオフィスの関係は必ずしも和気あいあいたるものではなかったからだ。

二〇一〇年五月六日に行なわれた総選挙で、ブレアの後継者である労働党党首のゴードン・ブラウンは、議席を大きく減らして、労働党は単独で政権を維持することが困難になった。ブラウンは労働党だけで政権が維持できないなかで首相にとどまらざるをえない。窮地に陥った内閣に対して、ガイトは憲法の見地からのアドバイスをした。ダウニング・ストリートにガイトが訪れたことで、内閣成立にはエリザベスの認可が必要であることを人々は思い出した。だがエリザベスは五日間にわたった交渉期間中ウィンザーに留まると決め、自分は政権運営についての話し合いには参加せず、結果にはいっさい関与していないことを明確に示した。

ブラウンは五月一〇日に辞任し、新首相として就任したデイヴィッド・キャメロンのもと、保守党と自由党の連立内閣が成立した。四三歳のキャメロンは、これまでエリザベスが接した首相のなかで最も若い。エリザベスが初めてキャメロンを見たのは、私立小学校の劇でウサギ役を演じていたときだ。宮殿はこの解決に胸をなでおろした。彼女が首相を「選んだ」と言われた一九五七年と一九六三年のような非難が、また起こるのではないかという不安があったからだ。

新政権がさっそく直面した問題のひとつに、王室費がある。サッチャーが増額した王室費を一〇年間据えおくと決めた期限が二〇〇〇年に切れたあと、ブレアは次の一〇年間も同じ額を支給すると決めた。二〇一〇年までに、政府は財政支出の引き締めを行なうことになり、王室助成金も引き締めの一項目となった。そのため王室費として支給されている年間七九〇万ポンドでは運営費用がまかなえず、六〇〇万ポンド赤字になった。耐用年数を超えたバッキンガム宮殿に、構造的な修復が必要になったための費用が主な支出である。

二〇一一年一二月に成立した王室助成金法では、ジョージ三世の治世初めの一七六〇年に導入された、王室助成金のモデルが破棄された。それまで財務省から支出されてきた王室費に替わって、運輸省から旅費が、文化・メディア・スポーツ省からコミュニケーション費が支出され、エリザベスにはクラウン・エステートと呼ばれる王室の公的な領地からあがる収益の一五％が毎年支給されることになった。

新しい王室助成金法は二〇一三年から施行されることになり、七年後に見直しがはかられることも決められた。国立会計検査院が王室助成金を精査したうえでの新しい方式だ。財政管理を不透明にしておく危険性を熟知している君主を抱くバッキンガム宮殿は、新しいやり方は「国の長が財源を得る方法として、近代的で透明性が高くシンプルだ」と声明を出した。

ウィリアムの結婚と「最長」記録づくしの英王室

二〇一一年四月二九日、ウィリアムはキャサリン・ミドルトンと結婚式を挙げた。エリザベスが八五歳の誕生日を迎えたあとだ。ウエストミンスター寺院での挙式は世界中で放映され、三〇億人が見たとされる。エリザベスは孫息子にケンブリッジ公爵の称号を授与し、アイリッシュ・ガーズ（イギリス陸軍フッドガーズ連隊に属する近衛師団）の大佐に任命した。ヴィクトリア女王にならって、エリザベスは孫息子が結婚式でアイリッシュ・ガーズの儀礼服を着用すべきだと主張した。

18
「彼女は国民を幸せにしてきた」

一方フィリップは、二年前に英国王室の歴史上、君主の配偶者である王配として、最長の記録を達成していた。ジョージ三世の妻シャーロット・オブ・メクレンバーグ＝ストレリッツの、五七年七〇日の記録を抜いたのだ。ウィリアムの結婚式の数日前、彼の父チャールズも記録を達成した。四月二〇日に、チャールズはエドワード七世が持つ皇太子期間の記録を抜いた。数字の問題ではないとエリザベスは言ったが、彼女自身も二〇一五年九月九日に、英国で最長の治世期間を誇る君主となった。

その日エリザベスはフィリップに付き添われて、スコティッシュ・ボーダーレイルウェイの開通式に出席した。短いスピーチで、彼女は最長治世期間の達成を「ただの一度も私は望んだことがありません」と述べ、たいしたことではないとした。議会から届いた祝福のメッセージにも、「長いあいだ生きていると、多くの節目があることは避けられません。私も例外ではありません」と言った。

だが一方で、チャールズがいつまでも皇太子であることに居心地の悪さを感じていることや、彼が自分に対して何かと挑戦的であることを、エリザベスはより強く意識するようになっていた。チャールズの幅広い慈善活動は高く評価されていたから、エリザベスは意識して自分の仕事を息子にまかせるようにしていた。二〇一三年以降は長距離に及ぶ海外公式訪問は彼に代行させた。クリストファー・ガイトの助けもあり、君主の行政的な仕事にもチャールズは精通するようになっており、政府からの書類はエリザベスへのものと同じものが、チャールズにも届けられるようになっている。

たそがれを迎える夫妻

フィリップの苛立ちをなだめるのがむずかしくなっていた。二〇一一年、九〇歳の誕生日を迎えたフィリップは、もう引退の準備はできているとほのめかした。「私はすでに自分の役割は十分果たした」と彼は言った。「今はもう少し楽しみたい。責任を少し軽くして、慌ただしいスケジュールに追いまくられることを減らし、準備することも、言うことを考えることも減らしたい。賞味期限が過ぎる前に辞めたほうがいい」

フィリップは自分のように、生涯つとめを果たすという戴冠式の誓いに縛られていないことをエリザベスは認めていた。九〇歳の誕生日に夫に贈ったのは、究極の称賛の証であるイギリス海軍トップとなるイギリス海軍卿の肩書だ。誕生日の昼餐時まで内緒にしていて、夫を驚かせた。フィリップは身振りで感激をあらわした。彼が引退したのは、それから六年後だ。

エリザベスのダイヤモンド・ジュビリーのための公式肖像写真は、バッキンガム宮殿のセンター・ルームで一二月に撮影された。エリザベスはフィリップが結婚時に贈った大きなダイヤモンドのブレスレットをつけた。ナショナル・ポートレート・ギャラリーがトーマス・シュトゥルートに依頼した肖像写真で、夫と妻はウィンザー城の豪華絢爛たる内装の薄暗い部屋で、金の縁取りのソファに隣り合って座っている。冬の寒々しいイメージは、女王夫妻が高齢期に入ったことを感じさせた。

写真のイメージはあながち的はずれではない。エリザベスの日常は、以前のように仕事中心ではなくなっていた。だが、ヴィクトリア女王と同じく、エリザベスも在位六〇周年を迎えると、ひた

18
「彼女は国民を幸せにしてきた」

すら称賛されて、神のように崇められる存在に祭りあげられていた。国民の女王への崇敬は、ダイヤモンド・ジュビリーの前に行なわれたウィリアムの結婚と、ロンドンで開催されるオリンピックへの期待によって、より強くなっていた。

だがエリザベスは、衰えを知らぬスタミナと治世の長さによってだけ称えられているのではない。二〇一一年五月、彼女のアイルランド共和国訪問には、世界中から大きな称賛が寄せられた。長年続いた北アイルランド紛争は、一九九八年にようやくベルファスト合意によって停戦となったが、エリザベスのアイルランド訪問によって英国とアイルランドの関係はまた一歩近づいた。最初は一日半で組まれていた予定を、エリザベスは四日間に延長するよう申し出た。訪問が成功裡に終わったのは、彼女自身のすぐれた外交手腕と、自分が訪問することで英国とアイルランドの友好関係をより強固にするという明確な意図をもって臨んだからだ。

エリザベスはアイルランド民族自決主義者たちの戦いの重要な場所を巡った。その後のダブリン城での国賓待遇の晩餐会で、エリザベスはアイルランドの国花であるシャムロック（三つ葉のクローバー）を二〇〇〇以上手刺繍されたドレスを着て、祖母のガールズ・オブ・グレートブリテンの勲章とアイルランドのティアラをつけた。英国のアイルランド支配を詫びることはなかったが、スピーチをゲール語で「大統領と友人の方々」とはじめて、アイルランドの人たちにカタルシスと癒しを与えた。彼女はマウントバッテンの殺害事件についても触れた。スピーチは英国と隣国のアイルランドとの関係に、確かな新しい一ページを開いた。

対照的に、その年の一〇月にオーストラリアのパースで開催された英連邦首脳会議でのエリザベスのスピーチは、告別の辞のようだった。八五歳のエリザベスと九一歳のフィリップにとって、オーストラリアとニュージーランド訪問は短期間であったにしろ、あまりにも疲労したために、もう二度と訪れることはないだろうと思われた。

フィリップの提案もあり、エリザベスはアボリジニの格言を引いたスピーチをした。「私たちは皆、このとき、この場所の訪問者です。私たちはただ通り過ぎていくだけです。私たちがここにいる目的は、観察し、学び、成長し、愛すること、そして私たちは自分たちの家に戻っていきます」。共和主義者の首相ジュリア・ギラードはエリザベスに、オーストラリアは彼女に「永遠に親愛と深い尊敬を捧げる」と約束した。選挙で選ばれた首相を、エリザベスにかわって国の長とするかどうかを問うた一九九九年の国民投票で、それが否決されて以来、オーストラリアの英連邦離脱の意志は弱まっていた。

ダイヤモンド・ジュビリーで示された女王への崇敬

二〇一二年、エリザベスとフィリップは訪問地をイギリス連合王国のみに限定した。オーストラリアから帰国して数週間も経たないうちに、フィリップは冠状動脈血栓症の治療のために、ヘリコプターでケンブリッジシャーのパップワース病院に救急搬送された。宮殿からの公式発表では軽症であるように伝えられたが、エリザベスが大きなショックを受けたのは間違いない。その年のクリスマスから年末にかけて、王室には暗い影が落ちた。

ふたりにかわって、子どもたちや孫たちが英連邦への公式訪問ツアーに出た。海外ツアーには出られないエリザベスとフィリップのもとには、世界中から訪問客が訪れた。ふたりをことのほか喜ばせたのは、五月半ばにウィンザー城で開催された昼餐会である。出席したのは、五五〇頭の馬とその倍ほどの人数の騎手たちで、この年エリザベスが最も楽しんだ行事となった。

ダイヤモンド・ジュビリーの最後を飾るテームズ川での壮麗な行事は、激しい雨が降りつづくなかで行なわれ、お世辞にも楽しいとはいえなかった。とりわけフィリップにはこたえて、行事後に膀胱炎で入院した。マーガレット・ローズはエリザベスが夫の病状に恐怖していたという。それでも集まった大勢の群衆たちを見て、「はしけや橋、河岸に大勢の人たちが、雨にもひるまず集まってくれた」ことに感激したと言ったそうだ。エリザベスはときおりフィリップと微笑みを交わし、幸せそうな表情を浮かべた。フィリップはその後に行なわれた野外コンサートとセント・ポール大聖堂での感謝の礼拝を欠席したが、エリザベスは女官のレディ・ファーナムを伴って出席した。フィリップがそばにいない彼女の孤高の姿に注目が集まった。

しかし礼拝後にギルドホールで行なわれたレセプションで撮影された写真では、エリザベスは幸せそうでくつろいだ表情を見せている。ダイヤモンド・ジュビリーにふさわしく、彼女は祖母のメアリー皇太后から相続した、南アフリカのカリナン鉱山で発見された史上最大のダイヤモンドから取られたカリナンⅢとⅣをあしらったブローチをつけた。彼女は巨大なそのダイヤモンドを「おばあちゃまのチップス」と呼んでいた。最後にバルコニーに出たとき、ザ・マルからアドミラル・アーチまで人波が続き、大勢から祝福を寄せられたことに、いつものように慎ましやかにではあるが驚きをあらわした。

「これだけの人たちがあなたのために集まっているのですよ」と言ったのはウィリアムだ。それに対して「まあ、なんてすごい。こんなにも大勢の方々が集まってくださるとは、私は思ってもみませんでした」と彼女は即座に答えた。同日夜、エリザベスは感謝を伝える放送で、即位六〇周年のイベントへの心からの感謝を伝えた。

「彼女は国民を幸せにしてきて、すべての場面で彼女自身が幸せで、充実して、くつろいでいることが示されている」とカンタベリー大主教は感謝の礼拝で、エリザベスの公的人生について話した。家族に対する愛情、近年の健康管理、六五年間にわたる夫婦の強い絆、日々の祈りと深く根ざした信仰、スタッフの愛情深く行き届いた気遣い、君主の義務を心から楽しんで、自分の能力を精一杯用いて果たしていることへの喜び、それらを礎にして、エリザベスは心を平静にして来たるべき未来に備えていた。

オリンピック開会式に007と登場

エリザベスはこれまでの成功にあぐらをかくことはしなかった。一週間後、彼女はオリンピックの開会式に思いもかけない姿で登場し、「人々を幸せにした」。

その計画は秘密裡に運ばれた。ジェームズ・ボンドを演じるダニエル・クレイグが、バッキンガム宮殿を訪れてエリザベスをヘリコプターに乗せ、オリンピック・スタジアムまで連れてくるという短い映画がその年の春に撮影された。映画製作者のダニー・ボイルを宮殿とつないだのは、エリザベスの衣装係をつとめるアンジェラ・ケリーだ。

エリザベスは「こんばんは、ミスター・ボンド」というセリフを言わせてくれとリクエストした。かつらをかぶったスタントマンが、ヘリコプターから開会式会場に降り立った。

エリザベスは映画と同じ衣装で、ロイヤル・ボックスに座った。短い映像だったが、彼女ははっきりと楽しんでいた。

スコットランド独立を陰ながら阻止

即位六〇周年を迎えた夏、感情的にはどうであれ、彼女はあえて公然と「連合王国」であることを擁護しなかった。イングランド、スコットランド、ウエールズ、北アイルランドという各地域への権限移譲をめぐる議論が、ケルトの民族独立主義を刺激して政治問題化したからだ。しかし首相の要望により、二〇一四年秋に行なわれたスコットランドの独立を問う国民投票には、慎重にではあったが重要な干渉を行なった。

国民投票がいよいよ最終段階に入った週、エリザベスはバルモラルに滞在していた。スコットランドの民族自治主義を唱える独立支持派が盛りあがってくるように思えて、首相のデイヴィッド・キャメロンは恐慌をきたした。自分とエリザベスの個人秘書同士、またエリザベスと彼自身が話し合うなかで、彼はエリザベスに助けを求めた。のちに彼は「不適切なことや憲法に抵触するようなことはいっさい言っていない。ただ数ミリ眉毛をあげただけだが、それで方向は変わると思った」と主張している。エリザベスは首相の要望に応えて、投票前の日曜日に、スコットランドの村クラシーの教会の外で話をすることにした。礼拝後、集まった有志の人々に「誤った選択」が安全を脅かさないようにと祈ったと話した。そして、近づく国民投票について、エリザベスは冗談めかした口調で「私は人々が未来について非常に慎重に考えることを望んでいます」と言った。その言葉はジャーナリストとカメラマンの耳にも届いた。ふだんからジャーナリストたちは、女王と人々とのやりとりを見守るように教会前に招かれていた。

その後、キャメロンは彼女が「物事の見方をわずかに変える手助けをした」と断言し、広く報道された彼女のコメントが、スコットランドの分離主義に反対したと解釈されたとの見方を示した。即位二五周年のときに、エリザベスがウエールズとスコットランドの民族自治主義に反対していたことがこの解釈につながった。

彼女をよく知っている人たちは、父から受け継いだものを失いたくないという彼女の強い思いを理解している。連合王国は、王冠への忠誠によって「連合」している。エリザベスのスコットランドへの親近感は根強い。生まれてからずっと夏はスコットランドで過ごし、スコットランド生まれの母の縁戚者が大勢暮らしている。乳母で衣装係だったボボもスコットランドからやってきた。夫と息子たちはスコットランドで教育を受けた。妹のマーガレットもスコットランドで生まれた。スコットランドでは「ゆっくりと休むことができる」と言ったこともある。

デイヴィッド・キャメロンが、国民投票の結果、スコットランドがイギリス連合王国にとどまることが決まったと電話で伝えたとき、エリザベスほど「喜びをあらわした人はいなかった」と言った。彼女の声は「さも満足そうだった」。当然のことながら、彼女は国民投票にはかった首相の行動を、軽率だと思っていたが。

18
「彼女は国民を幸せにしてきた」

癒しを与える息子と怒りを買う息子

一九九〇年代に機能不全に陥っていると見なされていた王室だが、ウィリアムとキャサリンの二人目の子どもシャーロット・エリザベス・ダイアナが誕生した二〇一五年五月二日には、そんな見方は遠くなった。ケンブリッジ公爵夫妻は核家族で、強い家族意識で結ばれている。そしてシャーロット王女誕生の一カ月前、クラレンス・ハウスはチャールズとカミラの結婚一〇周年の写真を公開した。

エドワードとソフィーの結婚生活も順調だった。ウィンザーに近いバグショットで暮らすエドワードの家庭をエリザベスは定期的に訪れて、孫のレディ・ルイーズ・マウントバッテン＝ウィンザーとセヴァーン伯爵ジェームズと親しく交流していた。エリザベスはふたりに乗馬を教え、ルイーズが馬車競技をはじめると聞いたフィリップは喜んだ。フィリップ自身も九〇代になってもその複雑な競技を楽しんでいた。

ソフィーはエリザベスと英国軍史への関心を共有している。ソフィーに対するエリザベスの愛情は、実の娘であるアンに対するものとは異なるが、アンが重責をになない公務に多忙であることから、エリザベスにとってソフィーは、マーガレットや王母にかかわる最も近しい女性になっている。

一見して平穏無事に見えた王室一家であるが、不穏な空気は流れていた。二〇一一年三月第二週、エリザベスとお気に入りの息子アンドリューとの不愉快な話し合いは一時間に及んだ。二〇〇一年に海軍を退役して以来一〇年間、アンドリューは政府から、貿易と投資の特使という役目を与えられた。アンドリューは特使として「イギリスに大いに貢献してきた」、と外務大臣のウィリアム・ヘイグは説明した。しかしアンドリューが請求する旅費などの多額な経費に対する疑惑や、大勢の好ましからざる人物との個人的な交際も頻繁に問題視されていた。

好ましからざる友人のひとりが、ニューヨークの実業家ジェフリー・エプスタインだ。二〇〇八年にエプスタインは児童買春の罪で実刑判決を受けた。二〇一〇年一二月、アンドリューはエプスタインと一緒にニューヨークのセントラルパークにいるところを写真に撮られた。この写真が公表され、アンドリューにささやかれていた黒い疑惑が、疑惑にとどまらなくなった。彼の友人たちや協力者たちのなかには、リビアの最高指導者だったカダフィ大佐の息子やカザフスタンの独裁者ナザルバエフ大統領の娘婿もいる。メディアはアンドリューの「特使」という役割とはいったいなんなのかと、政府を執拗に追及した。

エリザベスは当初、人と対立するのが苦手な性格から、息子の疑惑に関わることに消極的だった。だが、無節制から不適切な行動をとるとどれほど危険なことになるかを、エリザベスはわかりすぎるほどわかっている。アンドリューのスキャンダルがメディアで追及されると、ウィリアムの結婚の祝賀ムードに水を差しかねない。粗野で無神経な次男にエリザベスは愛情を持っていたが、息子のスキャンダルに王室が巻きこまれかねないという危険を見逃すほど、エリザベスの愛情はやみくもではなかった。ましてや将来君主になるウィリアムの結婚は、王室の栄光ある未来を約束するものでなくてはならない。お気に入りの息子であっても許すわけにはいかなかった。

クリストファー・ガイトはアンドリューの金遣いのあらさを十分に知っていたし、その野放図な行動を断固として制限しようと策を練っていた。ガイトがアンドリューの娘たち、ベアトリスとユージェニーが公務に加わることに反対したという噂もある。

当初、閣僚たちはアンドリューをかばっていた。ビジネス・イノベーション・技能（ＢＩＳ）省大臣のヴィンス・ケーブルは、特使として王子が打ち出す見解は、英国の企業を「経済的に支えている」と繰り返した。しかし二〇一一年三月、ＢＢＣの王室特派記者ピーター・ハントは、アンドリューがエプスタインと友人関係にあった以上、特使という役目が解かれることは「避けられない」と言った。

アンドリューが特に親しい息子だったために、エリザベスは彼の娘たちとも仲良くしており、スキャンダルがあっても娘たちとの関係は変えなかった。ダイヤモンド・ジュビリーの夏に、彼女は王室の順列を改定した。ウィリアム同伴でないとき、妻のキャサリンはエリザベスと血縁のあるプリンセスのアンといとこのアレクサンドラ、そして孫娘のなかでもお気に入りのアンドリューの娘たちベアトリスとユージェニーにも恭順の礼をとらなくてはならない。ヴィクトリア女王は晩年に公的な場に未婚の孫娘を同伴することが多かったが、それにならってエリザベスも、アンドリューの娘たちを王室洗足式やガーデンパーティーなどの公務に伴うことがしばしばあった。特にベアトリスに信頼を寄せ、自分の幸せな子ども時代を象徴する「小さなおうち」の修復をまかせている。のちにベアトリスは、エリザベスから借りたドレスで秘密の結婚式を挙げた。お気に入りであるしるしに、エリザベスは自分が結婚式のときにつけたダイヤモンドのティアラも貸した。

公務をひそかに縮小

いつか死がやってくることを意識していたのは、個人秘書だけではない。ダイヤモンド・ジュビリーが盛りあがったのは、エリザベスの年齢を意識したことにある。即位五〇年のゴールデン・ジュビリーのあと、王室内には楽観的な雰囲気があったが、二〇一二年のダイヤモンド・ジュビリーが終わったのち、エリザベスの治世はたそがれを迎えている気配が漂うようになった。九〇代になった夫に支えられて、エリザベスはふだんどおりに仕事をしていたが、そのペースはゆっくりになった。それでも仕事がないときは、変わらず定期的に乗馬を楽しむほど元気ではあった。

二〇一四年、八八歳になった君主は四〇〇件の公務をこなした。翌年のスケジュールには、五回目となるドイツへの公式訪問と、マルタ共和国で開催される英連邦首脳会議への出席が組まれていた。一九七四年以来となるマルタへの公式訪問は、英連邦の会議と重なった。ドイツでの歓迎は予想どおりだった。タブロイド紙ビルドで、フランツ・ヨゼフ・ワグナーはエリザベスの若いころの訪問を振り返った。ワグナーは彼女を「おとぎ話の母」と称え、「ドイツでは誰もが彼女にうっとりと魅せられ、iPhoneやiPadを開くのも忘れるのではないか。我々は子どもに戻ってしまうだろう」と書いた。

エリザベスは、マルタの首都バレッタで開催された英連邦首脳会議でのスピーチで、九四歳になった夫と息子のチャールズだけでなく、六〇年間たゆまず成長してきた英連邦にも賛辞を送った。エリザベスの口調はいつもどおり淡々としたものだったが、四年前のパースでのスピーチと同様、それは告別の辞でもあった。英連邦の長として歩んできた六〇年間について、「私はその責任をずっと大事にしてきました」と言った。ＩＴＶの記者の「さようならを伝えておられるという思いから逃れられない」という感想が、大方が持ったスピーチの印象だった。

もう遠出はしないと決断したことから、エリザベスが英連邦首脳会議に出席するのは、マルタが最後になると思われていた。ところが、自分抜きで英連邦の未来を考えてほしいと伝えたわずか三年後の二〇一八年、ロンドンで首脳会議が開催され、エリザベスはまた長としてスピーチをした。そこで伝えたのが、「父が一九四九年にはじめたこの重要な仕事を、プリンス・オブ・ウエールズが続けていくことを、心より望みます」ということだ。数日後、彼女の推薦を受けてメンバー国の首脳たちは、チャールズを英連邦の長とすることを決め、女王を喜ばせた。彼女は自分が受け継いだものを治世中にしっかりと守って成長させていっただけでなく、本来なら相続するものではない英連邦の長という地位を、自分の後継者に引き継がせることができた。

英国の臣民の大半は、エリザベスが職務をしだいに減らしていることに気がついていなかった。彼女自身も、ガイトや宮殿のアドバイザーたちも、職務縮小を悟られないように気を配った。マーガレット・ローズは、エリザベスが「いっさい気づかれないようにしながら、多くの公務を少しずつ委譲していく」よう計らっていた、という。

九〇歳の誕生日には、それまでの二倍以上の祝賀が寄せられた。四月二一日、祝福を伝えたい人たちがウィンザー城の外に朝五時から集まった。城からギルドホールまでエリザベスは人々と言葉を交わしながら半時間かけて歩いた。時間がかかったのは、集まった人があまりに多かったからだ。オープンカーになっているレンジローバーに乗ったエリザベスとフィリップは、町まで出かけた。「怖いくらい幸せ」なエリザベスは、町に新しくできた「クイーンズ・ウォークウェイ」の開通式に出た。

夕刻には城内のウォータールーの間でのプライベートな晩餐会の前に、彼女は国中一二〇〇箇所に広がる篝火《かがりび》の最初のひとつに火を灯した。チャールズは母に捧げる短いスピーチで、篝火は「国中と英連邦からあなたに捧げられる愛と親愛のしるしです」と言った。ティータイムまでに、エリザベスの誕生日を祝うツイートが二五万も投稿された。アニー・リーボヴィッツが撮影した三枚のポートレートも公開された。一枚目はエリザベスがひ孫たちやまだ幼い孫たちと一緒の写真、二枚目は犬と一緒の写真、そして三枚目はアンと一緒の写真だ。フィリップと一緒の四枚目の写真は、エリザベスの公的誕生日とフィリップの九五歳の誕生日の少し前の六月に公表された。

毎年恒例の夏の誕生日祝賀パレード、トルーピング・ザ・カラーも変わりなく催された。長年、エリザベスは横乗りで騎馬してきたが、一九八七年からは、軍の儀礼服ではなく、普通のドレスを着てフェートン型四輪馬車に乗るようになった。九〇歳の誕生日のために彼女が選んだのは、目にも鮮やかなグリーンのコートと、おそろいの帽子だった。デザインしたのは、九年前に彼女のワードローブを一新するために起用されたスチュワート・パーヴィンだ。エリザベスは公的な場での服装がいかに重要であるかを十分すぎるほどわかっていた。二〇一六年六月、彼女が選んだ「蛍光カラー」がSNSをにぎわせたことがあった。エリザベスは人々を驚かそうと蛍光カラーを選んだわけではないが、SNSを騒がせたのは、一〇〇歳近くなっても彼女が人々の注目を集める特別な存在であることの証明だった。

フィリップの引退と秘書ガイトの辞任

だが彼女の九〇代は、喪失と逸脱の一〇年となる。二〇一六年一一月、マーガレット・ローズが九一歳で亡くなった。いとこであり、生涯を通しての親友だったローズの死は、エリザベスにとってまたひとつ、子ども時代との決別を意味していた。エリザベスには悲しみにひたる暇はなかった。数日後、別のいとこであるアレクサンドラの八〇歳の誕生会を予定どおり主催した。

二〇一七年五月四日、バッキンガム宮殿はフィリップが公務から引退すると発表した。ふたりで話し合って決めたことで、すでに六年前にフィリップが公言したことがやっと実現した。エリザベスにとってこれは重大事だった。その年の秋から、エリザベスはひとりだけで、もしくは家族のほかの誰かと一緒に公務を行なうことになる。チャールズ、ウィリアム、ヘンリー、アレクサンドラ、アンとソフィーがフィリップに代わる役目をになった。

結婚七〇年目となる年の初めから、エリザベスとフィリップは別々に過ごす時間が長くなっていた。フィリップはサンドリンガムのウッドファームで、身の回りの世話をする近習、侍従、家政婦と共に暮らした。エリザベスはできるかぎり列車に乗って彼を訪れ、毎日電話で話した。ノーフォークの邸宅にエリザベスがいるときにフィリップが合流することもあったが、彼にはもはや家父長として家族を厳格に指導するのはかなわなかった。

夫のおかげでエリザベスは王室の大家族を統制する任務から解放されていたのだが、それはもう望めない。加齢による身体の衰えにフィリップは苦しんでいた。二〇一八年四月に股関節置換手術を受けたが、歩行は困難なままで、聴力の衰えはいちじるしかった。

エリザベスは、以前に比べると自分を支える人がいなくなったことを、二〇一七年秋に強く感じたに違いない。その年、個人秘書のクリストファー・ガイトも彼女のもとから去っていった。ガイトの辞任は、チャールズとアンドリューのふたりから圧力がかかったからだが、決断したのはエリザベス自身だ。チャールズがアンドリューに後押しされて、母にガイトを辞任させるよう迫った。アンドリューは、自分が特使の役目を失ったのはガイトのせいだと深く恨んでいた。

バッキンガム宮殿の宴会場に、フィリップの指示として五〇〇人の王室スタッフが集められた。だが指示を出したのはガイトだった。エリザベスの個人秘書の「鶴のひと声」で集められたスタッフたちは、力を合わせて君主を支えるようにと彼から申し渡された。

翌日、ノーベル平和賞受賞者であるアウン・サン・スーチーをバッキンガム宮殿で歓待したエリザベスの隣に立ったのは、ウィリアムだ。チャールズは公式会見を主催した。しかしガイトの指示は、誰が王室を支配しているかを誤解させかねないものだった。

チャールズのスタッフは、フィリップの引退にともない、エリザベスの家族全員にエリザベスを支える機会をまわすように、というガイトの提案にいきどおった。そのような「提案」をするのは、次期君主たるチャールズであるべきだ。一応否定はしたが、チャールズ自身もスタッフのその意見に賛成したようだった。

ガイトの辞任は、エリザベスにかわって式部卿であるウィリアム・ピール伯爵から申し渡された。公式には、ガイトは円満に辞任したことになっている。エリザベスは恐らくいやいやながら決断して、すぐに後悔したに違いない。新聞各紙は、エリザベスが自分を支持してくれなかったことにガイトが「傷ついた」と報じた。

それまでずっと夫に頼ってきて、相談できる同年配の近しい人がいなくなった九一歳の女性が、家族から強く迫られたときに抵抗するのは難しい。エリザベスはこれまでも対立を避けてきた。面と向かって反対するよりも、笑顔で妥協するほうを選び、大勢の人たちとの関係において、常に中立でいることが女王としての役目だと思ってきた。ガイトは彼女に見事に仕えてきてくれたし、おそらくエリザベスが亡くなるまで個人秘書の地位にとどまるだろうと予測されていた。アンとエドワードは、ガイト辞任の件で心を痛めていると発表した。

チャールズとクラレンス・ハウスのスタッフは「恥ずべき、情けない」決断を下した、と王室の伝記作家ロバート・レイシーの言葉が伝えられた。ガイトに代わって、エドワード・ヤングが個人秘書となった。愛想がよくて、人気があり、親切で、エリザベスの利益をいちばんに考える人物だ。だがガイトに比べると、指揮を執るタイプではなく、機略に富むところもなかった。

「毎日が新しいはじまりです」とエリザベスは二〇〇二年のクリスマス・メッセージの放送でこう話した。「人生では、正しいことをしようと試みること、長期的な視野を持つこと、その日できるベストを尽くすこと、そして神を信じること、それしか生きていく道はないと私はわかっています」

EU離脱とヘンリーの結婚

九〇歳の公式誕生日の前に、国民投票によって英国はEUから離脱することが決まった。EU残留か離脱かの選択をめぐって、英国は分断された。その後の政治的不安定の先触れとなる出来事だ。エリザベスはそれまでと変わらず政治的中立の立場を守っていたが、政府が国民投票をうまく運ばなかったことに、彼女が驚いているという声があった。政治の場における彼女の立場が憲法でどう決められているかについての議論はそれまでもあったが、二〇一九年秋、首相のボリス・ジョンソンが彼女に助言し、議会を五週間にわたり閉会させたのは違法であると最高裁判所が断言したことは、大きな注目を集めた。

一方で、国民投票の結果を受けて、多くの人が将来に不安を持っていたこの時期、またもや王室のロマンスが人々に気晴らしを提供し、ロイヤル・カップルが国をひとつにまとめるのではないかという期待を抱かせた。

エリザベスの三人目の孫息子ヘンリーが、二〇一七年一一月二七日、アメリカの女優メーガン・マークルとの婚約を発表した。メーガンは離婚経験者で、父親はオランダ・アイルランド系、母親がアフリカ系アメリカ人である。ふたりは二〇一八年五月一九日、セント・ジョージ礼拝堂で結婚式を挙げ、サセックス公爵と公爵夫人となった。結婚後二年も経たないうちに、ふたりは王室の公務から離れることを決め、息子のアーチーと娘のリリベットと共に北米で暮らしている。

ヘンリーは母ダイアナの死以来、メディアに対してずっと反感を抱いており、兄ウィリアムとの関係も悪かった。またメーガンも、英国で公務を果たすにあたって周囲から細かく詮索されることに不快をおぼえていた。ふたりが王室を離れた原因はそのあたりにある。だがふたりの王室との決別のやり方は突然で、とげとげしいものだった。

エリザベスの新しい個人秘書のエドワード・ヤングが、ヘンリーとメーガンをうまく英国王室に溶けこませるような方策を持たなかったことを責める人がいたが、ふたりの王室離脱の気配は十分予測できるものだった。結婚式の一カ月後、エリザベスはメーガンをチェスターでの公務に伴ったことがあったが、米国での女優生活から王室へと劇的な変化に新しい公爵夫人が適応するにあたって、一日の公務同伴は十分ではなかった。エドワード・ヤングとメーガンは個人的にお互いを嫌いあっており、宮廷内にはぎくしゃくした雰囲気が漂っていた。

二〇一九年春、サセックス公爵夫妻に海外での役目を与えるという計画が提案された。長くアドバイザーをつとめているサー・デイヴィッド・マニングとクリストファー・ガイトが提案し、計画を進めた。このときにエリザベスはガイトを呼び戻し、儀式担当の終身侍従に任命した。ガイトはクイーンズ・コモンウェルス・トラストという英連邦の若者擁護者団体の会長をつとめており、ヘンリーが理事、メーガンが副理事に就任した。夫妻はアーチーを連れて、南アフリカへの公式訪問ツアーに出た。

ところが訪問中に撮影されたテレビインタビューで、ふたりは王室への不快感を露骨に訴えた。一二月、ヘンリーはチャールズに、王室の上級メンバーからはずれたいと伝えた。その年のクリスマスをサンドリンガムで過ごさないとふたりから伝えられたエリザベスは、予想はしていたもののショックを受けた。

アンドリューの大失態

エリザベスにとってその年のクリスマスは波乱の日々となった。フィリップが一二月二〇日に「既往症の経過観察と治療」を受けるために、ヘリコプターでサンドリンガムからロンドンの病院に運ばれ、クリスマスイヴにやっと戻ってきた。フィリップは戻ったが、サセックス公爵夫妻がカナダでクリスマスを過ごすと決めたこともあり、雰囲気は盛り下がるばかりだった。

しかもアンドリューが一一月にテレビのインタビューで大失態を演じた出来事が尾を引いていた。その年の初めに、児童買春で服役中だったジェフリー・エプスタインが刑務所で自殺した。エプスタインと親交があったアンドリューを、報道番組『ニュースナイト』がインタビューに呼び、なんらかの自責の念や後悔の言葉を引きだそうとした。常識的に考えれば、エプスタインの犯罪の被害者たちに対して何か言うことはないかと聞かれれば、アンドリューが謝罪する言葉を発するだろうと思ってもなんら不思議ではない。しかも被害者のひとりである女性が、一七歳のときにアンドリューから性行為を強要されたと訴えたことを受けてのインタビューだ。

ところがアンドリューは女性の申し立てを頑固に否定し、番組で改悛している様子も後悔もいっさい見せなかった。番組制作側が思ってもみなかった反応だった。番組とアンドリューに激しい抗議が寄せられ、彼は王室の公務から引かざるをえなくなった。それでもアンドリュー側は、公務停止は「一時的なものだ」と言い張った。

アンドリューとエプスタインとの親密な交際と彼らの性的スキャンダルが次々と明るみになるなかでも、エリザベスは息子を支持しつづけてきた。八月に、母と息子は一緒にクラシー教会に車で向かっているところを写真に撮られている。日曜朝に、王母が亡くなったあとアンドリューが住んでいるロイヤル・ロッジに寄ってお茶をする習慣を、エリザベスは変えようとしなかった。

テレビインタビューが放映された数日後、ふたりは一緒に車でウィンザーまで行っている。エリザベスはアンドリューの公務からの引退を決め、二〇二〇年二月に予定していた彼の誕生日の計画をキャンセルしたのだが、それでも、なぜ息子がインタビューを受けるのを止めなかったのかとエリザベスは非難された。

ヘンリーの王室離脱

一方で、ヘンリーとメーガンの行動ほど、家族におけるエリザベスの支配力が弱まっていることを示した出来事はない。二〇二〇年一月八日、サセックス公爵夫妻は「王室一家の〝上級〟メンバーとしての役割から抜ける」意志を表明し、「これからは英国と北米を行き来する」が、「女王、英連邦と支援者たちへの私たちの公務は引きつづき尊重します」と発表した。王室メンバーの一員である時間とそうではない時間を分けて、公務をはずれて家族の時間を過ごし、メディアの監視を受けずにいるのがふたりには許されることになる。

ヘンリーからの相談がないまま、声明が出される数分前にこの話を聞かされたエリザベスは、傷ついて落胆した。一月一三日にサンドリンガムで会議を開き、この件に対して即座に対応を取ると伝えた。五日後にエリザベスの結論が出された。

サセックス公爵夫妻は今後王室の公務につくことはないし、公的資金も与えられない。ふたりはHRH＝陛下の称号は使用できない。エリザベスの公式声明は、愛情に満ちた訣別《けつべつ》の言葉だった。「本日の取り決めにより、ふたりが幸福で平和な新生活をはじめることを、家族全員が心より願っています」。損害をできるだけ小さく食い止め、明るくはないだろうが、新しい一〇年を毅然とはじめようという意志があらわされた。

エリザベスは感情に溺れる女性ではない。理性で理解した道をひたすら歩んできた。「他者に尽くすことこそが、最たる高貴だ」という父の信念を生涯尊重してきた。君主であることを最優先し、奉仕と義務の使命を守ることは片手間にできるものではないと確信していた。だからこそヘンリーたちにはこの対応しかないと考えたのだが、その配慮はすぐに裏切られた。一年も経たないうちに、ふたりは米国のテレビインタビューで不満をぶちまけたのだ。自分たちの言い分をテレビインタビューで公にすることは、もはや王室の常套《じょうとう》手段となったようだった。

最愛の人との別れ

エリザベスは二〇二〇年三月、英国がコロナウイルス感染防止のためにロックダウンしたため、ウィンザーに引きこもった。「女王陛下バブル」と呼ばれる非感染者の限られたハウスホールドのスタッフたちで守られたところに、フィリップも合流した。ついにふたりは、ほかの高齢者カップルと同じように、くつろいだ時間をふたりでゆったりと過ごせることになった。

城内のプライベートな庭を散歩し、一緒に食事をとり、邪魔が入ることも、仕事に追われることもない時間を過ごした。結婚して八〇年経って、やっと訪れた平和な最終章である。

二〇二一年四月九日、フィリップが亡くなった。エリザベスは夫を失って「ぽっかりと開いた大きな穴に呑みこまれそうだ」と言った。家族は、寡婦になった彼女が変わらず周囲の人を気遣うことを称賛した。

英国と世界中の国々の困難な日々を通して、光を与えてくれたのはいつもエリザベスだ。二〇二〇年四月一一日、六八年にわたる治世で初めて、彼女はイースターにメッセージを発表した。イースターは死からよみがえるという希望に満ちた祝日であることを視聴者に思い出させ、「死の暗闇の先には光があり、よりすばらしい人生が待っている」と確信していると締めくくった。人々はその言葉にエリザベス自身ではなく、沈黙のうちに希望を示す一本の蠟燭の灯《あか》りを見た。

コロナ禍での愛に満ちた励ましのメッセージ

世界をパンデミックが襲った二〇二〇年春に、エリザベスは三回、人々にメッセージを送ったが、イースターのメッセージはそのなかのひとつだ。

四月第二週に、ピカデリー・サーカスの電光掲示板に、エリザベスが登場した。緑のドレスに、めったにつけないメアリー皇太后のリッチモンド・ブローチをつけた白髪のエリザベスだ。防護服をつけたカメラマンがひとりだけウィンザー城に入り、撮影した映像が使われた。映像と共に、文字でメッセージが流れた。「私たちはまだ我慢を強いられるでしょうが、よりよい日々が戻ってくることに安らぎをおぼえるでしょう」

コロナウイルスに怯える日々が続くなかで出されたエリザベスのメッセージは、確かな希望を与えた。国の長となった一九五二年から七〇年近く経ち、英国は人種も宗教も文化も多様な人たちが暮らす国となった。視聴者に向けて、彼女はいつものように威厳をもって、礼儀正しい落ち着いた口調で語りかけ、感染防止と治療・看護の最前線でがんばっている人たちと、自粛して家にとどまっている人たちへの感謝を伝えた。感染リスクにさらされながら働いている人たちだけでなく、緊急事態宣言による指示に従って不便な日常に耐えている人たちも称えたのだ。

そして、「この時代を生きる英国人は、どんな時代に生きた人たちよりも強い」と誇りをもって伝え、「もし私たちが団結して、確固たる意志をもてば、きっと乗り越えられるでしょう」と安心感を与えた。

エリザベスは七〇年間、常に国民に希望を示し、利他であることを称え、安心感を与えてきた。それがエリザベスの、非凡で不変の使命の真髄にあるものなのだ。

訳者あとがき

本書は英国人作家、マシュー・デニソンによる“*The Queen*”の翻訳である。

著者はヴィクトリア女王や英国を代表する作家ヴィタ・サックヴィル・ウェスト、ビアトリクス・ポターの伝記などを手がけ、歴史ノンフィクション作家として高い評価を受けている。

エリザベス二世の在位七〇周年目前の二〇二一年に出版された原書は、エリザベス女王の生誕前から新型コロナウイルスによるロックダウン時まで約一〇〇年の女王の人生をたどり、英国社会のみならず国際社会においてエリザベス女王が果たしてきた役割を客観的、かつ詳細に描く。メディアをにぎわせた王室のロマンスやスキャンダルにもページが割かれているが、それ以上に立憲君主制下における君主の役割と政治とのかかわり、また大きく変動した戦後の英国社会で王室がどう存続してきたかに焦点を当てている。

そこで女王自身の人生ドラマもさることながら、第二次世界大戦以降の国際情勢――冷戦、植民地の独立、数々の紛争――における英国の立ち位置が重要なバックグラウンドとなる。エリザベス女王の七〇年間にわたる治世は、二〇世紀初頭まで経済的・軍事的に世界の覇権を握っていたグレートブリテンおよび北アイルランド連合王国（英国の正式名称：United Kingdom of Great Britain and Northern Ireland）が急速に衰退していく時期にあたる。祖父や父が治世していた時代は、英国が国際社会でまだ大きな力を持ち、世界の富を有していた。彼らから君主のあり方や振る舞い方を教えられたエリザベス女王は、そのやり方や考え方を踏襲しつつ、大きく変わった英国と英連邦（Commonwealth of Nations：英国の旧領土であった五四の国と地域が加盟する経済同盟）の長としてのあり方を一から考え直さねばならなかった。

エリザベス女王が生まれた一九二六年には、英国の労働者たちが大規模なゼネラル・ストライキを起こし、祖父ジョージ五世が労働者側に配慮しながら政権と調整をはかるという出来事があった。第二次世界大戦後、エリザベス女王が即位する前後から大英帝国の植民地は次々と独立していき、エリザベスを女王と仰ぐ国はあっても、政治的に英国の支配を受ける国は減っていった。戦後、英国は経済の建て直しに時間がかかり、深刻な不況が長く続いた。高い失業率やインフレに苦しむ経済状態は「英国病」というありがたくない名称までつき、各地でストライキが頻発した。帝国主義時代の意識を引きずったまま起こしたスエズ動乱はみじめな敗北を喫し、国際社会から非難を浴びて、英国の衰退を決定づけた。

一九六〇年代には、英国のエスタブリッシュメントと呼ばれる階層が支配する社会に若者たちが反旗をひるがえし、新しい価値観や思想を表現するスウィンギング・シックスティーズと呼ばれる文化革命が起こった。エスタブリッシュメントの頂点に立つエリザベス女王と英王室を批判する声は大きく、貴族階級からもエリザベスに王室改革を迫る意見が出た。一九九〇年代にはエリザベスの子どもたちの結婚が破綻し、メディアは嬉々としてスキャンダルを書きたてた。老朽化したウィンザー城で起こった大規模な火災は、英王室の内部崩壊を象徴する災害だとささやかれた。

それでもエリザベスの王室は生き延び、国民から愛されている。二〇二二年現在、エリザベス女王は即位七〇周年のプラチナ・ジュビリーを迎える。欧州のほかの王室が消滅したり名目だけになっていくなかで、なぜ英王室は「臣民」から崇められる存在でいられるのか？

その謎の解明のために、著者は新聞、雑誌、ラジオやテレビなどメディアを通じてこれまで伝えられてきた本人の言動をこまかく調べ、それをもとにエリザベス女王自身が「連合王国」と英連邦の長として、何を考え、どんな行動をとってきたかを時間軸に沿って追っていく。エリザベス本人だけでなく、家族、親族、ときの首相たち、国賓としてエリザベスの接待を受けた各国首脳たち、英連邦の「臣民」たちの言葉までをこまかく拾って、その答えを探す。なぜ千年以上前からはじまった王朝が、二一世紀にいたっても存続できているのか？　英国の王室に何か特別な〝力〟があるからなのか？　それともエリザベス女王本人の資質によるものなのか？

エリザベス女王の伝記はこれまで数えきれないほど出版され、何本もの映画やドラマでその人生が描かれてきた。最近では、エリザベスを中心とする王室一家を描いた極上のエンターテインメント作品『ザ・クラウン』がネットフリックスで配信され、世界中で人気を集めている。だがいうまでもないが、本書で描かれるエリザベス女王は、エンターテインメント作品の登場人物とは別人物、とはいわないまでも、一線を画している。エリザベス女王は現実社会に生きている人間なのだ。それなのに『ザ・クラウン』の主人公エリザベス以上に、本書『ザ・クイーン』で描かれるエリザベス女王は実に興味深い人物であり、その人生は波乱万丈でドラマチックだ。原書は五六八ページ（厚さ五センチ）で、日本語版も六〇〇ページの大部となった。カタカナの人名地名が並ぶ本書を最初から最後まで読み通すのは大変と思われるかもしれない。そこで、エリザベスの人生と英国の政治社会の節目となったいくつかのポイントをあげてみるので、「謎解き」の手がかりとしていただきたい。

1　なぜエリザベスは女王になったのか？――人生を変えたエドワード八世の退位

エリザベスの人生を根本から変え、その倫理観や心理に大きな影響を与えたのが、エドワード八世の退位だ。父バーティーの兄デイヴィッドは、エドワード八世として即位したものの、わずか数カ月で退位して、弟に王位を譲った。3章で描かれる祖父の死からエドワード八世即位と退位、そして4章でのジョージ六世即位はドラマチックである。

祖父ジョージ五世と祖母メアリー王妃は、次男の子どもで、しかも女の子だったエリザベスに王位を継がせることなどまったく考えていなかった。むしろ、そんな厳しい役割をになわせるのはかわいそうだ、と思いやっていた。ところが王位継承権第一位の長男デイヴィッドの放蕩ぶりに落胆するうちに、しだいに「この聡明な孫娘が次期君主となったら……」という思いが胸をよぎるようになる。

2章では、エリザベスと祖父母との親密な関係だけでなく、皇太子だった伯父デイヴィッドが近代社会における王室のあり方に疑問を持ち、王になどなりたくないと自堕落な生活を送っていたことが描かれる。第二次世界大戦前夜の英国社会と、当時の英国植民地の「臣民」たちは、君主に何を望んでいたのか？　なぜエドワード八世が次期君主にふさわしくない、ふさわしいのはエリザベスだ、と王室だけでなく英国政府、宗教界が判断したのか？　そして、なぜエリザベスが一〇歳にして「私は将来、この国の女王になる」と受け入れたのか？

王位が世襲制であること、神のもとで誓った「正統」な結婚で生まれた子どもにだけ王位継承権があり、よって離婚も離婚歴があることも許されない。それを守っていくことが英王室存続の道である、という伯父の退位が教えた教訓が、エリザベスの人生を変えた。

2　なぜ女王は夫フィリップと添いとげられたのか？——現実主義に徹した夫婦関係

結婚式を挙げたときエリザベスはまだ王女だったが、王位継承権第一位であり、いずれは君主となることがほぼ確実だった。それでもエリザベスは、夫のあとを歩く妻になることを神の前で誓った。家庭では自分が王様でいたい夫の気持ちを汲んでの誓いだったことが、本書でも8章と9章で描かれる。

エリザベスがフィリップにひと目ぼれしたとか、ふたりが結婚生活で生涯変わらぬ愛を貫いたと本書は繰り返し書いている。ロマンチックラブ・イデオロギー（結婚は恋愛を動機とし、次世代再生産のための性交を神聖視する考え方。近代家族の基本理念）が王家の結婚でも重視されるようになっていたものの、実際にはエリザベスの周囲も本人も、配偶者選びでは恋愛感情以上に王室の血を引く次世代の再生産を重視していた。エリザベスが現実主義者で、ロマンチックな感情以上に、まずは王室を維持していくための現実的な道を選んできたからこそ、英王室〝直系の血〟は次世代、次々世代へと引き継がれていく。

しかし、ギリシャとデンマーク王室の血を引くフィリップにしてみれば、歴史に残るのが妻の名前だけで、妻の血だけが重視されるのはおもしろくなかった。しかも妻に仕える個人秘書（驚くほど大きな権力を有している）や廷臣たち、ロイヤル・ハウスホールドとよばれる王室の人々の身のまわりのことから家事いっさいを請け負うスタッフ（まちがっても召使いと呼んではいけない）、そして妻の実家の親戚たち（とくに王母）が、フィリップに疑いの目を向け、やることなすことに反対するか無視する。いったい自分はなんなのだ？　とフィリップは悩んだ。しかも自分の苦悩を妻エリザベスにぶつけて悩ませつづけたようだ。9章ではフィリップのそんな苦悩が語られる。

そうした状況だから夫婦のあいだにはさまざまな軋轢《あつれき》があった。だが、夫婦ともに現実主義を貫いたおかげで、添いとげられた。離婚はしたくないし、できないし、絶対にしない。そこで夫を立て、夫に従い、ぎりぎりまで夫に譲り、しかし最後の一線は決して譲らず自分の意見を通す。そんな夫婦関係をエリザベスは貫いた。傑物である。

3　なぜ家庭と女王が両立できたのか？――「理想の家庭像」の重圧を超えて

本書では、エリザベスが育った家庭（父ジョージ六世、母エリザベス、妹マーガレット）の絆の強さを表現した「我々四人」という言葉が繰り返し書かれている。思いがけず王位につくことになったジョージ六世は、帝王教育を受けておらず、実績もなかったことにコンプレックスを持っていたという。どういう君主像を示せば「臣民」の尊敬を集められるか、と悩んだ王が拠りどころにしたのが家族である。「わが王室は新しい時代にふさわしい家庭像を示している」ということを、王も娘エリザベスも、スピーチのたびに強調した。とくに既婚女性として「女王」という責務をになうことになったエリザベスは、自分が家庭では妻や母として立派につとめ、同時に「英国の家族」のためにつくしている、と強調した。

9章で戴冠式を終え、10章からいよいよ本格的に女王の任務をはじめたエリザベスは、すぐに女王として自分が何をなすべきかを理解して、君主としての実力をつけていく。だが、家庭運営には苦労した。12章では、子どもの教育を母や夫にまかせきりにしていることを非難され、16章ではチャールズとダイアナの離婚で強く意見ができなかった弱腰が、18章ではアンドリューの裁判沙汰にまで発展した児童買春の問題を母親として意見しなかったことが批判される。

しかし考えてみてほしい。年間六〇〇件の公務をこなし、多いときには年の半分以上、国内外の「出張」に出る女王の任務を果たしながら、両親世代に理想とされた「我々四人」のような家庭を築くなど土台無理な話である。エリザベスが家族のトラブルから心理的にも物理的にも距離をとり、一貫して女王の任務を優先させたからこそ英国王室は存続できたといえるのではないか。社会が女性に求める役割はこの一世紀で大きく変わったのに、家庭で妻や母に求める役割が一九世紀から変わらないことは、王室一家でもトラブルを引き起こすのだ。

4　なぜ七〇年も女王でいられるのか？——愛される理由

エリザベスは自分から何か意見を述べることがなく、感情表現がとぼしく、身体接触を嫌い、スピーチのトーンが単調だと批判されてきた。しかし立憲君主制の君主として、週に一回の首相との謁見で、たとえ雑談でも何かしら個人的な意見を述べてそれが伝わると、大きな政治問題に発展するだろう。国賓として招待した人物に好感が持てなくて、つい顔に出てしまったり、親愛の情を示そうとやたらとハグしたりすることは、君主には許されない。批判される「短所」は、君主としての「長所」。だからこそエリザベスは長く敬愛されてきた。

選挙で選ばれる大統領や首相と、世襲制で決まる君主とは、「愛される」ことの意味がちがう。また世界一の有名人であっても、エリザベスはいわゆるセレブリティとはちがう存在だ。君主としてどう振る舞うべきか――エリザベス女王はそれをしっかり理解し、体現してきたからこそ、七〇年間にわたって世界中で愛されつづけている。

カンゼンの坪井義哉さんから本書の翻訳を打診されたとき、王室に興味がなかった私が「やりたいです！」と手をあげたのは、ネットフリックスで配信されている『ザ・クラウン』にはまっていたからだ。しかし本書を翻訳して、女王の人生はドラマや映画で描かれるようなきらびやかなものではないとわかった。また王室と立憲君主制が揺るぎない制度では決してなく、維持存続のために王室のなかの人たちが必死に闘いつづけていることもわかった。二一世紀の厳しい現実社会で、女王はその闘いの最前線に立って指揮をとっている。君主制に賛成／反対はさておき、その姿は九六歳になっても雄々しく頼もしい。本書をお読みいただければ、近々公開されるドキュメンタリー映画『エリザベス　女王陛下の微笑み』の姿もいっそう輝いて見えるだろう。

エリザベス女王の公式誕生日である発売日には、みなさんとともに祝杯をあげたい。エリザベス女王陛下、お誕生日おめでとうございます！　ゴッド・セーヴ・ザ・クイーン！

二〇二二年　初夏

実川元子

写真クレジット

著作権者を特定し、画像を転載するご許可を得るために
あらゆる努力をいたしましたが、
誤りや脱落があった場合はお詫び申し上げ、
今後の版で修正を加えさせていただきます。

［口絵1］

P.1 WPA Pool/Getty Images **P.2** The Life Picture Collection / Getty Images; PoPPerfoto / Getty Images; PhotograPh by Marcus Adams / The Royal Collection, Camera Press London; **P.3** Sueddeutsche Zeitung Photo / Alamy Stock Photo; Getty Images; **P.4** Magite Historic / Alamy Stock Photo; PA Images / Alamy Stock Photo; **P.5** PA / ToPFoto; Hulton Archive / Getty Images; Hulton Archive / Getty Images; **P.6** PhotograPh by Marcus Adams / Camera Press London; **P.7** © Cecil Beaton / Victoria and Albert Museum, London; Granger, NYC / ToPFoto; PoPPerfoto / Getty Images; **P.8** ToPical Press Agency / Getty Images; PoPPerfoto / Getty Images; **P.9** ANL / Shutterstock; PA Images / Alamy Stock Photo. **P.10** Hulton Archive / Getty Images; © Cecil Beaton / Victoria and Albert Museum, London; **P.11** Annigoni Portrait / Camera Press London; **P.12** Hulton Archive / Getty Images; ToPFoto; **P.13** MirrorPix / Getty Images; PA Images / Alamy Stock Photo; **P.14** PA Images / Alamy Stock Photo; Wikimedia Commons; **P.15** PA Images / Alamy Stock Photo; Ray Bellisario / PoPPerfoto / Getty Images; **P.16** PoPPerfoto / Getty Images; Lynn Pelham / The Life Picture Collection / Getty Images.;

［口絵2］

P.345 © Estate of Kenneth Hughes / National Portrait Gallery, London; on loan from American Friends of the National Portrait Gallery Foundation, Inc.; Gift of Mr Ford Hill; **P346** Hulton Archive / Getty Images; Lichfield Archive / Getty Images. **P.347** Anwar Hussein / Getty Images; Lichfield Archive / Getty Images; **P.348** Tim Graham / Getty Images; Trinity Mirror / MirrorPix / Alamy Stock Photo; **P.349** Serge Lemoine / Getty Images; MirrorPix / Getty Images; **P.350** © Norman Parkinson Archive / Iconic Images; Tim Graham / Getty Images; **P.351** Tim Graham / Getty Images; PA Photos / ToPFoto; **P.352** Sion Touhig / Getty Images; Tim Graham / Getty Images.

著者
マシュー・デニソン
MATTHEW DENNISON
英国生まれのノンフィクション作家、ジャーナリスト、放送作家。
これまで著した9冊のノンフィクションの中には、
ヴィクトリア女王やその末娘ベアトリス王女の伝記など英国王室に関する作品がある。
また英国の有名な作家・詩人のヴィタ・サックヴィル＝ウェストの伝記
『Behind the Mask: The Life of Vita Sackville-West（仮面の裏で）』（未邦訳）は、
英国の権威ある媒体であるタイムズ紙、オブザーバー紙、スペクテーター誌で
2014年にブック・オブ・ザ・イヤー賞を受賞した。
『たのしい川べ』などの著作が日本でも広く親しまれているケネス・グレアムや、
ピーターラビットの生みの親、ビアトリクス・ポターなど
英国を代表する作家たちの伝記も高い評価を受けている。

訳者
実川元子
MOTOKO JITSUKAWA
翻訳家、ライター。上智大学仏語科卒。
訳書にサンチェス・ベガラ『ココ・シャネル』、
フォーデン『ハウス・オブ・グッチ』、トーマス『堕落する高級ブランド』、
リトルトン『PK』ほか多数。著書に『翻訳というおしごと』など。

編集　藤井久美子
編集協力　渡辺貴之
DTP　ライブ
ブックデザイン　albireo

ザ・クイーン

エリザベス女王と
イギリスが歩んだ一〇〇年

発行日

2022年6月11日　初版
2022年10月4日　第3刷　発行

著者

マシュー・デニソン

訳者

実川元子

発行人

坪井義哉

発行所

株式会社カンゼン

〒101-0021　東京都千代田区外神田2-7-1 開花ビル
TEL 03(5295)7723　FAX 03(5295)7725
https://www.kanzen.jp/
郵便振替　00150-7-130339

印刷・製本

株式会社シナノ

ISBN 978-4-86255-646-2　Printed in Japan